日本経済の歴史

〔第2版〕
列島経済史入門

中西 聡……【編】
Satoru Nakanishi

名古屋大学出版会

日本経済の歴史〔第 2 版〕

目　　次

第 II 部　経済社会の展開
―――近世から近代へ―――

序　章
日本経済の歴史をどのような視点でみるか

　本書では，人間の経済活動の積み重ねとして経済の歴史を考えたいと思う。人間は「人」の「間」と表現されるように社会的存在であり，その経済活動の成果を他の人と交換することで経済社会の一員となると考えられる。そのことは，個々人の行動が経済社会の趨勢を決めることも意味している。それを明確にしたのが，数年前から世界で拡大した新型コロナウィルスの感染禍であったと思われる。この感染禍に対して，世界各国は様々な対応をとってきたものの，感染禍が収まりかけると人々の行動様式が変化して，政策の転換を促したり，再び感染を拡大させたりするという状況を繰り返してきた。そして，歴史の大きな流れを見ても，特定の個人の思想や行動で短期的に「事件」が生じた場合もあったが，長期波動（構造）は無数の人々の行動の積み重ねや自然環境の変化が創り上げてきた。経済の歴史も無数の人々の経済活動の積み重ねの所産と言えよう。

　近年の歴史学は，超長期への関心が高まっているように感じられる。例えば，人類の起源についても，古人骨に残された DNA を解読し，その遺伝子情報から，詳細な推測が可能になっている（篠田 [2022]）。また，地球環境においても，樹木年輪セルロースの酸素同位体比を分析することで樹木年輪の年代を決定したり，当時の気候を推定できるようになり，古い時代の気候復元の試みが行われている（中塚監修 [2021]）。そのことは，過去の積み重ねが現代につながっているという歴史の基本を，改めて我々に認識させており，それゆえ，経済の歴史を扱うとしても，少なくとも古代までは振り返る必要があろう。

　本書の特徴である，古代から日本経済の歴史を扱うに至った背景もそこに求められる。その場合，文献資料の少ない古代社会について明らかにするには，文献のみに頼るのではなく，考古学などの研究対象になる物体，民俗学などの研究対

象になる伝承も含めて，総合的に社会を評価していく必要があり，近年の考古学による物体資料の分析の精緻化は，それを助けるものである。本書も，それらの研究成果に負っているところが大きい。

とはいえ，文献資料と物体資料は，性質の異なるものが多く，文献資料のなかでも，それらから導かれた見解には，相互に矛盾するところも多い。その場合，本書は，多くの人々が首肯し得るような歴史像を提示することに努めつつ，異なる歴史像も合わせて紹介して，読者が自分なりの歴史観を持つことの助けとなるようにした。本書巻末の入門ガイドでも触れるように，独りよがりな歴史観は避けた方がよいが，社会的多数の歴史観に個々人の思想まで束縛されることはあってはならない。そのため，両論併記の側面が強いことも，本書の特徴である。

その上で，人々が，経済活動の成果を互いに交換するあり方から経済の歴史を見る場合，そうした関係は，現代社会では，その大部分が市場を媒介とした売買として行われている。市場での売買の視点から現代の経済を考えてみた場合，「フェア・トレード」の考え方に注目する必要があろう。市場での売買が，お互いに「公正（フェア）」な価格で行うことができれば，売り手と買い手の双方がある程度納得するであろう。しかし現実はそれほど甘くはない。市場では，対等の取引は少なく，売り手と買い手のどちらかがより強い立場にあることが多い。その場合，一般には立場の強い方に有利な価格で取引されることとなり，「公正な取引（フェア・トレード）」は実現しないこととなる。歴史的にみて，立場の強い方が独自の価格を設定して，立場の弱い方がそれに従わざるを得ない状況は世界的規模で生じており，特に先進国が強い立場を利用して，開発途上国に不利な取引条件を強制してきたことが南北問題などで問われてきた。

現代においてそうした問題は，開発途上国の急激な経済成長のなかで，先進国内および開発途上国間の経済格差としても問われるが，そうした状況を少しでも改善すべくフェア・トレード運動が国際的に進められている（長坂編［2008］）。フェア・トレード運動とは，先進国が開発途上国の産品を不利な取引条件を押し付けて安く購入することで，開発途上国の人々が健康的な生活を維持し得なくなっている現状を踏まえて，開発途上国の産品を，生産者自身が望ましいと考える生活水準を生産者が保てる価格（「適正な価格」）や，その生産者が正当な利潤配分を受け取れる価格（「公正な価格」）で購入しようとする運動である。

生産者に利潤が保障されてこそ，生産が継続されるとの発想は，松下電器（現

パナソニック）の創業者である松下幸之助にもみられる。松下は，1930（昭和5）年前後の昭和恐慌下で，新製品を販売する際に，販売代理店が販売価格を下げるように求めたのに対し，「正当なる原価に正当なる利潤を加算した価格をもって販売するのでなければ正しい経営ではない」として，ほかの一流メーカー製品より高い価格での販売に踏み切った（松下［1986］）。正当なる原価＋正当な利潤＝（正しい）販売価格という松下の発想は，いわば「足し算の経済学」と言える。経済成長期でこれから所得が増える期待があれば，高い価格でも高品質であれば売れるであろうが，不況下で所得が増える期待があまりない社会では，生産者が正当なる価格を主張しても，それが受け入れられるとは限らない。

　一方，日本でも最大手の家電量販店のヤマダ電機の創業者である山田昇は，「安さ」が最大のサービスであると考え，ローコスト経営を徹底して激安競争を勝ち抜いてきた（村上・テレビ東京報道局編［2012］）。そこでは，市場で取引が成立する価格（＝買い手が購入できる〔したい〕価格）が重視され，単位当たり市場価格－単位当たりコスト＝1単位の生産物の利潤となる。いわば「引き算の経済学」と言える。

　現在の日本経済は，「引き算の経済学」の方が理解しやすいと考えられるが，コストが市場価格を上回れば，利益が生まれず，コスト削減の努力が求められるものの，その努力に限界がきて利益を上げられなくなると経済活動が困難になる。そして，現代の日本では，コスト節約競争のなかで，安価な輸入資源やエネルギーに頼り過ぎた結果，国内資源が十分に利用されず，輸入資源の高騰が生じたため，否応なしに物価上昇へと向かった。

　また利益が上がっても，過剰に労賃を切り下げて利益を無理に捻出した場合は，そこで働く人々の生活を維持できなくなったりする。その場合には，人々が得た所得に，生活扶助や社会福祉など何らかの補助をしてその生活を維持させることが必要となろう。そこでこそ，「足し算の経済学」が重要となる。つまり，市場経済社会では，「引き算の経済」を基本としつつも，それではうまく対応できない部分に「足し算の経済」たる制度的補助が加わることで，社会全体としての経済活動が可能になると言えよう。そこでの制度的補助を政府や支配権力が担う場合もあれば，共同体など人々が作り上げた社会が担う場合もあった。

　こうした局面は，先ほどの松下幸之助や山田昇の例を見ても分かるように，過去に幾度となく生じており，昭和の初めの恐慌期に，当時の企業家がどのような

行動をとったか，あるいは高度経済成長期にどのような競争が生じたかなど，過去を知ることで将来を見通す力を養うのが，歴史学の役割であろう。

　本書は，そうした役割を担う歴史学に対して主に経済の面からアプローチするが，経済活動は古くから，広い範囲で行われてきたことにも目を向ける必要がある。アジアのなかの日本の位置付けが，近年強調されるようになったが，日本とアジア諸国との関係は，外交や軍事のみではない。特に，古代・中世の日本社会が行った周辺諸国との外交は，使節の交換と物資の交易がセットになっており，政治と経済が密接に関係していた。鎌倉時代にモンゴル勢力が日本に襲来したが，それは交易を求めてのことと考えられ，2回の襲来の間にも，断続的に日本とモンゴル勢力との交易は続けられていた。その意味で，日本経済の歴史を知ることは，アジア諸国との関係の歴史を知ることにもつながると言える。

　一方，古代・中世の日本社会では，経済活動の成果が貢納や贈与の形で交換される比重が多く，市場での取引も行われたが，それを全面的に展開させない社会体制が存在した。特に，古代・中世社会では，寺社勢力が，貢納や贈与を受ける立場となるとともに自ら市場取引に関与し，交換経済を担うことが多かった。そこで，本書では古代・中世社会を一区切りとして第Ⅰ部で取り上げ，宗教が人々の経済活動の規範に大きな影響を与えた時代の展開を概観する。

　近世社会になると，幕府権力による宗教統制が強まり，経済活動における寺社勢力の重要性は小さくなるが，身分制が社会を大きく規定しており，市場経済の展開は身分制によって制約を受けた。身分制は，経済活動だけではなく社会規範全体へ大きな影響を与え，明治維新で身分制が制度上は廃止された後も，それに代わる社会規範として19世紀末に近代的法制度が整備されるまでは，身分制の慣習が根強く市場経済を制約し続けたと考えられる。そこで近世社会が始まった17世紀初頭から19世紀末までを一区切りとして第Ⅱ部で取り上げ，身分制が人々の経済活動の規範に大きな影響を与えた時代の展開を概観する。

　20世紀に入り，近代的法制度が人々の自由な経済活動を保障するようになると，市場経済は社会全体に浸透し，本格的な市場経済社会となり，市場経済の限界を支える仕組みも近代法体系によって作られることとなった。こうした20世紀以降の社会を第Ⅲ部で取り上げ，近代法体系が人々の経済活動の規範に大きな影響を与えた時代の展開を概観する。

　このように本書は，日本経済の歴史を大きく3つの時期に分けて叙述するが，

その際に考慮したのは，交換経済とその背後に存在する社会全体との関係である。市場経済を考える際に重要な概念であるコストは，その商品が市場に提供されるまでの生産・流通のなかで決まり，市場経済には生産・流通が重要な要素として含まれる。市場経済に限らず，貢納経済・贈与経済においても生産物が貢納・贈与の対象となることが多く，それらが交換の場に提供されるまでの生産・流通の側面は重要である。一方，市場価格は，買い手の消費需要によるところが大きく，貢納経済・贈与経済も，貢納や贈与を受ける側の消費需要に影響を受けると考えられ，経済には人々の消費生活も重要な要素として含まれる。

　さらに交換経済の限界を支える仕組みにおける支配権力・共同体・政府などの役割も考慮に入れる必要があり，いわゆる「政策」がもう一つの重要な要素となる。ただし，「政策」は日本の支配権力や政府が自由に行えるとは必ずしも限らない。島国とはいえ，日本は古代から周辺諸地域と多様な交流を図ってきており，近世社会の「鎖国」状況のなかでもそれは続けられ，貿易として直接的経済関係をもつと同時に，政治的諸関係を通じて「政策」面での制約要因ともなった。

　以上の点を加味して本書では，各章の序において，世界経済と日本との関連を通観し，それに続く各節で，①政策，②生産，③流通，④生活・環境を，それぞれ柱として日本の社会全体を経済的側面から概観することを目指した。経済史の概説書は，社会のなかで経済的要素の強い部分を切り取って概観することが多い。しかしそれでは，経済活動の背後にある社会全体の変化を見逃すことにもなりかねない。それを避けるために，本書では社会全体のなかで，少しでも経済的要素と関連する領域の叙述をできるだけ含めるように努めた。それゆえ本書各章の各節は，これらの柱とそれぞれ対応するように配置している。なお生産の局面は，産業間のバランスをとるために第一次産業（農林水産業）と第二次産業（鉱工業）にそれぞれ分けて節立てしたが，第Ⅰ・Ⅱ部の日本は，産業構成として農業の比重が大きかったため，第一次産業を対象とした節を前に配置し，第Ⅲ部の日本は，農業より工業の比重が大きくなったため，第二次産業を対象とした節を前に配置した。第2版にあたって各章の冒頭に，世界経済との関連を対象とした序節を配置したのは，日本が周辺諸地域との多様な交流のなかで歴史的営みを継続してきたことを重視するからである。なお，日本という「国家」の存在を無条件な歴史的前提とすると，歴史的実態との齟齬が生じることもあろう。その意味で，本書は，日本列島という地域を対象とした経済史を目指したいと思う。

経済社会の勃興
―― 古代から中世へ ――

はじめに——宗教を基底に置く社会の「市場経済」

　第Ⅰ部は，古代から中世を対象とするが，この時期は，社会全体の経済システムとして支配権力が強権的に徴収した貢納品の循環が中心であったと考えられる。ただし貢納品の用途と支配権力の最終消費需要のアンバランスから，貢納品がそのまま最終消費されることは少なく，貢納品が交換過程を経て，商品・贈答品へと転化する場合も多かった。特に儀礼社会に生きた貴族の間では，贈答品のやり取りが盛んで，贈答品が商品として売買されるようになった。また宗教世界でも，寺社勢力が本山・末寺関係のネットワークを活かして商業活動の担い手になったのに加え，寄進も盛んに行われてそれら寄進品が商品として売買されるようにもなった。

　このように，中世までの日本の社会では，「市場経済」が社会の前面に現れて広範に市場取引が行われたわけではなかったものの，一種のブラックボックスのなかで累積的に交換関係が発達した結果として，限定される範囲ではあれ，「市場経済」の高度な発達が見られた。そのなかでは，貢納関係に基づく貢納経済や，贈答品のやり取りに基づく贈与経済，そして市場経済が複雑に交錯していた。古代・中世社会は，人々の行動規範において宗教の占める位置が極めて大きく，律令国家は寺社建立を大規模に行ったし，中世社会でも荘園の大領主として寺社勢力が優位を占め，交換経済の担い手としても，寺社勢力が大きな役割を果たした。第Ⅰ部ではこのように社会の基底に宗教が大きな位置を占めた時代の経済の展開をたどる。

　第Ⅰ部が対象とした16世紀までの社会は，一般には，原始・古代・中世の3つの時代に区分されるが，いずれの時代も東アジア世界との深い関わりをもった。原始時代の日本へは多様な経路で大陸文化が流入し，古代日本のヤマト王権は，朝鮮半島南部の支配権を得るために何度も朝鮮半島へ出兵し，それへの支援を求めて中国の漢民族国家へ朝貢した。朝鮮半島の支配権は得られなかったが，6世紀末以降，中国の隋・唐王朝へ使節を送り，隋・唐の諸制度を取り入れて，古代日本の律令国家は完成した。

　第1章では，古代国家完成に至る経済面での変化と，律令制の下での銭貨鋳造，商業や手工業の展開，そして荘園制の形成を概観する。荘園制の確立は，古代国家の基本原則であった公地・公民制を崩すものであったため，それが律令国家の実質的崩壊につながり，有力貴族・寺社勢力が富を蓄積する契機となった。

　なかでも寺社勢力は，国家の統制から自立して独立した経済基盤を獲得するとともに末寺・末社の組織化を進めて強大化し，一部の僧侶や神人が武装して朝廷に対して強訴と呼ばれる示威行動を行って要求を貫徹しようとした。武装した寺社勢力

を抑えるために，朝廷は武士を登用した。そのなかでは日宋貿易による財力や，その一門を各地に知行主として配置することで全国の物流を合理的に編成した平氏が有力な役割を果たした。しかし平氏も一門の繁栄を神仏に託し，蓄積された富は厳島神社など寺社の建立と寺社勢力への寄進に投ぜられた。

　第2章は，平氏が主導した日宋貿易の進展とともに，渡来銭が大量に流入し始めた12世紀から織田・豊臣政権の16世紀末までを取り上げる。中世日本も，渡来銭を始め東アジア経済の影響を強く受け，日本列島の北方では日本海対岸の北東アジアと，日本列島の南方では朝鮮半島を介して中国と，そして琉球を介して中国や東南アジアとの交易が盛んに行われた。中世期までの蝦夷島や琉球は，日本とは異国であったといえるが，それらを含めて日本列島の経済史として本書では考えたい。

　なお，中世社会では，平氏政権を打倒した源氏により武家政権が確立され，武家社会が成立したが，そのなかで有力貴族・武家からの寄進や自らの所領からの収益を富として集積した寺社勢力が，経済主体として大きな役割を担った。ところが，寺社勢力が金融などの経済活動を活発化させるにつれ，信仰という精神性に裏付けられていた交換経済は，次第に世俗化する。また，武家政権の財政は，計画性に欠け，必要に応じて資金調達を行う場あたり的な方式であったため，それは「強制される贈与」となり，贈与依存型財政となった。空前の贈与経済の発達は，それが信頼関係で行われる信用経済の過剰な発達を招き，実態経済との乖離が進んだ。その乖離の狭間から実態経済に密着して新たな富を蓄積した在地勢力が台頭する。運と実力によって下位にあった者が上位にある者をしのぐ下剋上の時代が15世紀後期には到来し，15世紀後期〜16世紀の戦国時代を経て近世社会への転換が見られた。

　現在では，中世から近世への移行を15〜17世紀の長期に求め，そのなかでの連続的変化が強調されるが，経済の展開に重要な社会的分業の視点からは，16世紀末から17世紀初頭に行われた身分制形成のプロセスが重要と考えられる。そこでは，幕藩権力は，多様な業種が混在していた村落から専業者としての武士，職人，商人を析出し，彼らを都市に集住させて身分を確定し，農業を中心として多様な兼業を行うものを村落に止め，「百姓」身分として把握した。その点を考慮して本書では，第Ⅰ部で16世紀までを取り上げ，第Ⅱ部では身分制下での日本経済の展開を取り上げることとした。

（中西　聡）

第1章

公領と荘園の古代
—— 自国銭貨の時代から商品貨幣の時代へ

序　東アジア世界経済のなかの古代日本社会

1）縄文文化と大陸文明の出会い

　日本経済の歴史を概観するにあたり，本書では農耕生産の開始をその出発点におく。人類の歴史は，それ以前の長期にわたる狩猟採集時代を経験したが，その時代と農耕生産の開始後では，大きく時間の観念が変化したと思われる。狩猟採集時代は，基本的には活きるために必要な食料を獲得してからあまり間を置かずに食し，長期にわたって計画的に食料を獲得する行動は採られなかったと考えられるが，農耕生産が始まると，生産物を獲得するまでに一定の期間を要することから，生産計画が重要となった。ただし狩猟採集の時代に比べて，長期間にわたる食料の供給が安定し，一定の場所への定住が可能となった。農耕に適した場所に人々が集住するようになり，そこに大規模な集落が成立する。集落の成立は，そこに住む人々がそれぞれの得意分野に専門化して能力を発揮することを可能とし，新しい技術が発達して，人口の増大とともに文明が誕生した。

　日本の初期文明の時期区分は，それらの社会で用いられた象徴的な土器や土木技術の特徴から，縄文時代→弥生時代→古墳時代と呼ばれてきた。しかし，過渡期においては縄文土器と弥生土器の特徴を完全に区別することは難しく，食料生産の開始を指標に，食料生産に基礎をおく生活を弥生文化，それ以前を縄文文化とする説が広く受け入れられるようになった。そしてその画期として中国大陸からの稲作の伝播が挙げられた。現在では，縄文時代にも農耕が行われていたことが発見されており，農耕の有無が縄文時代と弥生時代を区分する指標とはなりえ

ないが，縄文時代の農耕は，狩猟採集と並行して行われており，広範な地域で生活の基盤が農耕にあった弥生時代とはやはり一線を画すべきであろう。

　またどのような経路で中国大陸から稲が伝播したかについても，朝鮮半島南部から北部九州に到来した説が有力であったが，近年は朝鮮半島を経由せずに，長江中流域から直接稲が伝播したとする説も主張されている。なお，日本の縄文時代後期と同時期にあたる朝鮮半島の青銅器時代には，粟などの畑作作物とともに稲も栽培されており，多様な農耕生産が営まれていたことが明らかにされている。日本の縄文時代にも，稲・麦・ソバなどの多様な栽培が行われたことが明らかにされており，日本の初期農耕社会は，朝鮮半島との深い関連の下にあったことが指摘できる（甲元［2004］）。

2）弥生時代の社会的分業

　前述のように，大陸文化の流入に関して多様な側面が評価される今日では，弥生時代という時期区分も見解が分かれるが，ここでは紀元前 8〜10 世紀頃を弥生時代の始まりと考えておきたい。弥生時代になると稲作農耕が本格化して，生産用具が大量に必要となり，また大陸との交流の活発化とともに，北部九州地域を中心に青銅器・鉄器など金属製品がもたらされた。乾田のみでなく稲作が水田でも行われるようになり，生産性が飛躍的に増大すると，狩猟採集を並行して行っていた不安定な食料獲得段階から脱して，季節的にも日常的にも労働力投入の時間が限定されることになった。それにより増大した余剰の時間を利用して，人々は他の生産活動を行うようになり，新たな技術の伝習に必要な，まとまった時間を確保できるようになった。そのなかから技能に長けた専門工人が登場した。

　弥生時代の手工業生産の多くは，農業労働のサイクルを基軸とした計画的・在地的な分業で十分行い得るものであり，農閑期における季節限定的な分業体制でもあった。手工業に限らず漁撈なども熟練が必要であり，次第に各地に専業集団が形成された。遺跡の調査から，専業集団の集住化による大規模工房域が，紀元後 2〜3 世紀の弥生時代後期には形成されていたことが確認されており，特定地域への生産活動の集中が古墳時代へと続く生産体制となった（佐原編［2002］）。

　こうした社会的分業には，当時の文化を象徴する石器・土器の生産もみられ，石器・土器を自給せず，他集落からの移入に依存したとみられる集落もあった。例えば，崇禅寺遺跡（現大阪市淀川区）の集落跡では，東海・吉備・四国・山陰

など遠隔地からの搬入土器が目立って出土しており，この地域が海域と陸域の接点となる交通の要所であったことに起因すると考えられる。このように手工業生産が農業労働からかなり分離して進展すると，現物貨幣を基礎とした交換経済が成立し，一定の「市場」が形成されたと考えられる。特に，一定の消費需要があったと想定できる近畿地方では，地理的位置関係から，柱本遺跡（現高槻市）や目垣遺跡（現茨木市）など，生産よりもむしろ物資の流通を担う集落が成立したとされる。一方，木器生産から社会的分業を見ると，基本的には自身で消費する木器を自給的に生産し，各集団で製作技術を継承する構造が，弥生時代を通して維持された（鶴来［2023］）。

3）金属器の生産と初期国家の形成

　弥生時代は，大陸からもたらされた青銅器・鉄器の生産が各地で始まった時代でもある。例えば青銅器生産に関しては，福岡県須玖遺跡群で大量の鋳型と鋳造遺構がみつかっており，鋳造工房が溝で囲まれた掘立建物からなり，他の生産活動とは分離された場所（専業工房域）で，専業工人集団が王の支配のもとに集中的・独占的な体制で生産を行ったことが推定されている。鉄器生産に関しては，北部九州で弥生時代後期に鍛冶専用炉が一般的にみられ，山陰・東部瀬戸内地域でも，弥生時代中期には鉄器が生産されていたとされる。

　ヤマト王権が成立したと考えられる古墳時代になると，集中生産がさらに徹底され，共同体全体が特定の生産部門に専業化したと考えられる。むろんその背景には，古墳の造営という局地的な需要があったためで，一般消費需要は未熟であったと考えられるが，政権中枢や地方の有力首長層の差配により，資材や副葬品が築造中の首長墓へと運ばれた。一般消費需要としては塩が重要であり，沿岸各地では内陸部との交易の交換財として塩の生産が広く行われるようになった。もっとも塩生産は，生産に適した時期が農繁期と重なるため，生産性を向上させるには農耕を止めて塩生産へ専業化せざるを得なかった。古墳時代になると塩の用途が祭祀や加工用にも拡大したため，王権が関与したり掌握したりする事例もあって生産体制はより専業化するようになったと考えられる（岸本［2021］）。

　このようにヤマト王権成立以降には，生産により高度な技術が求められ，上位の社会階層の人々のみが使用する物品の分業生産が発達し，専業工人集団が定住する集落が形成され，そこで集中生産された製品も，手工業労働に従事した専業

工人も支配階層に直接掌握され，生産物貢納の体系が作られた。それに拍車をかけたのが巨大古墳の築造事業であった。

4）東アジア世界の民族移動と日本

　3世紀前後にユーラシア大陸を襲った寒冷気候の影響で，食料危機に陥ったユーラシア大陸の北方遊牧民の移動は，間接的にではあるが日本にも影響を与えた。北方遊牧民が華北に侵入して王朝を建てたため，追われた漢民族は華中・華南に移動して王朝を建て，中国は南北朝時代に入った。ただし王権は弱体化し，代わって貴族の権限が強まった。ヤマト王権でも，5世紀までは諸豪族の連合政権の性格が強く，王権は弱かったが，6世紀に入り，北九州で生じた磐井の乱を抑えてから専制的性格を強めたとされる（古市［2019］）。

　その後，ヤマト王権は，朝鮮半島南部の支配権を得るため何度も朝鮮半島へ出兵し，その支援を求めて，中国南朝の漢民族国家に朝貢[1]した。朝鮮半島の高句麗も中国南朝へ朝貢しており，ヤマト王権の意図は達成できなかったが，漢民族国家との交渉を通じて，ヤマト王権は官職制度を学び，官僚組織を整備した。そして朝鮮半島から多くの渡来氏族が日本列島へ渡り，近江国各地に集住し，文字文化や織物生産技術を日本へもたらした（大橋［2019］）。

　6世紀末に南北朝が北朝の隋により統一されると，ヤマト王権は隋に使節（遣隋使）を送り，隋の諸制度を採り入れた。特に，家門と位階で地位が定められる貴族的官僚制が導入され，7世紀半ばから実施される土地公有制や年貢の租庸調制なども隋の制度に起源があった。このように，ヤマト王権は，積極的に中国王朝と交流の機会を持ち，日本の古代社会は中国文化の影響を強く受けた。隋代の次の中国王朝の唐にもヤマト王権は使節を遣わしたが，貿易はあまり活発には進展せず，進出を目指した朝鮮半島では，朝鮮民族との戦いに敗れて撤退した。

　中国・朝鮮半島との国際交易はその後も続き，支払手段（輸出品）として綿（キヌワタ）[2]が用いられた。古代日本の民衆の衣料品は主に麻布であり，租庸調のなかでは，調・庸として布（麻布）が納められた。養蚕も3世紀から行われて

1）服属国が宗主国に使節を派遣し，貢物を献上して臣従の意を表すこと。
2）戦国時代以降に日本では棉花を原料として紡いだ綿糸を織る木綿が生産されるようになったが，それ以前の綿は棉花から採れる綿（ワタ）ではなく，蚕が作った繭を湯の中に入れてほぐして得られる綿（キヌワタ），いわゆる真綿のことである。

おり，養蚕から得られた綿（キヌワタ）は日本海沿岸や九州では調・庸として貢納された。朝鮮半島や中国との外交・交易の拠点として北九州に設けられた大宰府[3]の管内では，調・庸ともに納められた主体が綿（キヌワタ）であり，それが外交使節への贈賜や交易にも用いられた（吉川［2022］）。また北方では，7〜8世紀に蝦夷島（現北海道）で成立した擦文文化が東北地方にまで広がり，ヤマト王権が支配領域を拡大して現地住民（蝦夷）を服属させたことで，朝貢を通して10世紀には，蝦夷を介して中国大陸と日本列島北部とを結ぶ「北回り」交易ルートも活況を呈するようになった（簑島［2014］）。

5）平安時代の国際交易

　平安時代になると遠隔地商人の活動の舞台は，陸奥・出羽や大宰府管内へと拡大した。彼らは，大宰府管内の博多で朝鮮半島の商人や宋（中国）の商人と交易したが，国家の統制の及ばない私的交易もあったものの，原則としては博多において国家が管理する交易であったとの見方が有力である（渡邊誠［2012］）。国家の枠を超える遠距離交易には，政治的に提供される秩序や安全が特に重要であり，大宰府の外港として律令国家が管理・提供した対外「交易港」たる博多津（那津，袖の湊）に，国外の船が入り，遠隔地からの商品がもたらされた。とはいえ，交易管理は律令国家の想定のようにはうまくいかず，博多での対外交易には中央の皇族・貴族層のみでなく，大宰府の下級官人も関与し，博多に来航する他国商人と在地勢力とが個別に結び付くこともあった。さらに「交易港」以外に私領の荘園内などで行われる対外交易が少なからず存在し，宋の海商は，管理貿易のみでなく非合法な貿易にも携わったとの指摘もある（山内［2003］）。

　こうした日本の貴族・官人層と朝鮮や宋の海商との個別的人間関係は，贈与・血縁・地縁・文化交流・宗教などを通して深められ，法的制度を補うのみでなく公権力の支配を相対化するものでもあった。それに対し律令国家は，一般人から海商を隔離して管理し，外国使節の宿泊・交易施設でもある鴻臚館を，閉鎖的空間として大宰府に設置し，中央政府から対外交易を担当する官吏を派遣することで，交易や情報の独占を図ろうとした。その貿易決済の財源として律令国家は，前述のように大宰府で官物として収取された綿（キヌワタ）を充て，朝鮮・中国

3）現在の福岡県太宰府市に置かれていた律令政府の出先機関で，対外的な軍事と外交を総管した。

から輸入された陶磁器類・砂糖などの対価として綿が海商に渡された。

　しかしその後，綿の粗悪化が問題となり，新たに陸奥国産の砂金が貿易決済品として準備された。陸奥国からの砂金貢納は 10 世紀初頭に中央政府から「鎮守府将軍」の派遣によって強化され，10 世紀後半には貿易決済は陸奥国から貢納される砂金に全面的に依存した。それにより大宰府に収取された綿は，都に送られるようになった（大宰府貢綿制）。こうして砂金は，陸奥—京—大宰府を新たな形で結び付けた（吉川［2022］）。しかし陸奥国での砂金産出は次第に減少し，10 世紀末からは再び大宰府管内所在の官物が交易の決済に用いられた。11 世紀に入ると日本からの輸出商品として硫黄・材木が登場した。当時の大宰府の官物は米が中心であったが，交易決済に用いるために大宰府管内の各地では多様な産物が代納されたと思われる。

1　銭貨の発行と流通

1）古代銭貨の経済的側面と非経済的側面

　ヤマト王権を中心とする首長層の連合政権の色合いが濃かった 3 世紀中頃から 7 世紀初頭までの古墳時代を経て，7 世紀にはヤマト王権のもとで中央集権的国家が形成されるに至ったが，古代日本では，8 世紀以降に和同開珎を始めとする「皇朝十二銭」と総称される 12 種（金属原料の異なるものを含めると 13 種）の銭貨を，国家が発行した。ただし，こうした古代日本の国家が発行した銭貨の機能を流通貨幣としての経済的側面から捉えるか，祭祀的使用としての非経済的側面から捉えるかは大きな論点となっている。これは，8 世紀初頭の大宝律令の成立を契機に行政機構が整備された律令国家のもとでの貨幣経済が，どの程度の深まりと広がりをもっていたかという経済システムの進展度にも関わる。

　すなわち，「皇朝十二銭」の流通貨幣としての側面を強調すれば，一定の貨幣経済の展開を前提とした宮都周辺の市場圏の存在を主張することとなり，例えば栄原永遠男は，奈良時代において平城京内，奈良盆地，大阪平野，京都盆地，近江南部湖岸地方では「中央交易圏」が形成され，そこでは銭貨の経済的流通が展開していたと考える（栄原［2011］）。一方，「皇朝十二銭」の祭祀的使用としての側面を重視する考え方に立てば，律令国家の貨幣経済は，金属貨幣の広範な使用にまでは至っておらず，本質的には現物貨幣の方が一般的であったとの見解と

なる。後者の見解からは，現物貨幣を含めて貨幣経済の展開範囲をより広くとり，「中央交易圏」のみでなく遠方の地域経済の存在から貨幣経済の展開の広さを問い直す指摘がされている（三上［2005］：中村［2005］）。次項では，律令国家の下での銭貨発行の論理とその流通の実態を述べる。

2）富本銭から和同開珎へ

　奈良県の飛鳥池遺跡の発掘調査で大量の富本銭とその鋳造工房跡が発見され，その鋳造時期が和同開珎発行以前の 7 世紀にさかのぼることが明らかになると，富本銭の性格をめぐる大きな論争が生じた。一つは，富本銭を日本最古の流通貨幣と捉える考え方で，もう一つは富本銭を副葬品などに用いられる工芸や威信財と捉える考え方である。これにより，当時の貨幣経済の展開の特徴に対する 2 つの見方が生じた。

　和同開珎は，708（和銅元）年に最初に発行されたが，この時点では 710 年に遷都された平城京（以後奈良時代）の造営などの国家的プロジェクトの支払手段として和同開珎が主に使用されたとされている（栄原［2011］）。ところが 721（養老 5）・722 年に和同開珎の公定価値が切り下げられたことで，地域的には畿内の主要部や地方の交易の拠点に限られ，階層的にも庶民層には浸透しなかったものの，和同開珎は交換手段として多く用いられるようになった。

　富本銭や和同開珎が発行された 7 世紀末から 8 世紀初頭は，全国的に国庁が置かれた国府[4]に，国衙[5]が設置されており，律令国家

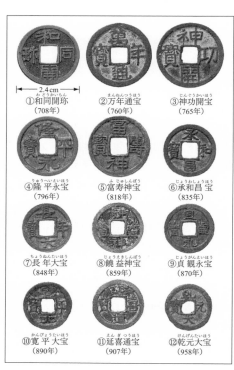

①和同開珎（708年）　②万年通宝（760年）　③神功開宝（765年）
④隆平永宝（796年）　⑤富寿神宝（818年）　⑥承和昌宝（835年）
⑦長年大宝（848年）　⑧饒益神宝（859年）　⑨貞観永宝（870年）
⑩寛平大宝（890年）　⑪延喜通宝（907年）　⑫乾元大宝（958年）

図 1-1　本朝（皇朝）十二銭

出所）詳説日本史図録編集委員会編『山川　詳説日本史図録（第 5 版）』山川出版社，2011 年，51 頁より。

が国郡制に基づく地方支配を整備した時期であった（大橋［2018］）。そして律令国家は，地域社会で行われていた出挙[6]を，地方財政の財源として活用するようになり，公出挙を実施するようになった。出挙は古代の東アジア農耕社会で広く行われており，日本における出挙制の成立に朝鮮半島の出挙が強い影響を与えていた（三上［2013］）。

　律令国家は，公定価格を旧銭に比べて高く定めた新銭の発行により，その差額分の銭貨発行収入を得るために，奈良時代になると和同開珎に続いて，万年通宝・神功開宝を相次いで発行した。ただし，旧銭の使用禁止は，旧銭を蓄積していた人々の反発を招くため難しく，旧銭も通用し続けたため，新銭の公定価値は旧銭の実勢価値に接近したと考えられる。その結果，律令国家は，繰り返し新銭を発行することで，短期的に新銭発行収入を得ようとするようになり，8世紀末からの平安時代には，10〜20年程度の間隔をおいて新銭が繰り返し発行された（図1-1）。むろん，国家財政のためのみではなく，銭貨が市人や富裕者に貯蓄されて減少した貨幣流通量を補うためにも新銭の発行は行われた（森［2016］）。

3）平安時代における銭貨の流通実態

　前述のように和同開珎は，8世紀中頃には地域的・階層的限界はあるものの，流通貨幣としての性格をもつに至ったが，平安時代の銭貨流通にはかなりの地域差・時期差が存在していた。その背景には，平安時代開始となる794（延暦13）年の平安遷都後も平安京の造営工事は引き続き行われ，銭貨は雇役民の支払手段や資材の購入手段として使われ続けたことがある。雇役民が消費財を銭貨で購入したことで，平安京や旧平城京では銭貨による貨幣経済の展開が，奈良時代以上に平安時代初期に進展したと考えられ，東大寺は各地からの封物のかなりの部分を銭貨に換算して銭貨で収納しており（代銭納），東大寺以外にも旧平城京内の諸寺などが銭貨流通に深く関与していたことが判明している。

　ところが9世紀半ば以降，都城の造営工事は一段落し，それにともなう銭貨の発行量も減少した。とはいえ，多様な経済活動の価値基準を統一させる意味での銭貨の意義の重要性は残されており，銭貨で価値が表された土地売券の残存状況

4）国司が政務・儀礼を行う役所，またその所在地として設定された都市。
5）国司が任国で政務・儀礼を行う役所，もしくはその地方統治機構の総称。
6）稲の貸し借りのこと。

から見て平安京地域を含む山城国域では，10世紀後半まで銭貨流通が継続していたと考えられる。しかし，旧平城京域を含む大和国域では，9世紀末に銭貨の流通が衰退し，前述の東大寺の収納物でも10世紀になると「代銭」ではなく「代米」による貢納の比重が増えた。

　地方では，奈良時代の在地豪族層は自ら商行為を行うことによって銭貨を蓄積するなど積極的に中央の銭貨と関わったものの，平安時代になり銭貨流通の維持が専ら平安京を含む山城国域に限定されると，地方での銭貨使用は中央への収納物の代銭納の局面に限定され，希少性によって祭祀的な位置付けで受容されるに至ったと考えられる。実際，東国出土の銭貨研究では，東国独自の祭祀のなかに銭貨が位置付けられ，銭貨の使用には宗教者が介在している可能性が指摘されている。都城周辺と地方では銭貨への意識が異なったといえる（森［2016］）。

2　産業構成と社会編成

1）律令制下の生産の2側面

　前述のように中央と地方で，銭貨への意識が異なったのは，律令国家のもとでの実態経済が，大まかに言って2つの枠組みのもとで行われてきたことにも要因があった。すなわち，律令制下の「産業」には，生活を維持するための生業としての側面とともに，公的な奉仕活動としての側面もあり，手工業の生産形態においても律令制以前からの社会的分業の進展にともなって誕生した専門工人による熟練型の生産と，都城建設に代表されるような多様な労働力を動員してプロジェクト的に営まれる大規模な生産があった（櫛木［1996］）。

　8世紀前半の律令国家は，仏教を利用した社会統合を考えており，僧侶の行基を利用して，行基の弟子や行基のもとに集まった人々に，各地の施設の造営や社会事業を行わせた。その意味で，8世紀前半は法の力を行使する官僚制による社会統合が未成熟であった（溝口［2015］）。そして「産業」の担い手として，公民の他に，皇族・上級貴族・上級官人・大寺社など支配階級を構成する経営体も重要で，国家プロジェクトとして営まれる大規模生産とは別に，それら支配階級の経営体が，家産を維持・拡大させるために独自に労働力を保持して衣食住に関わる需要を賄った。後述のように，天皇家の場合には宮中に出仕して様々な職務に従事する供御人が，神社・寺院の場合も，それぞれに出仕して様々な職務に従事

する神人・寄人が，そして公民に奉仕させる形などをとって，それらの人々が手
工業・商業を営むようになった。

　このように古代社会の産業の多くは，家産制的に編成されたと考えられる（古
尾谷［2006］）。律令制下の諸産業では，国家的需要が貴族・官人らの個別的需要
と重複しており，公民が公的奉仕関係に編成される過程で，人間の労働が労役と
して国家の税制に取り込まれた。地方における生産拠点の形成でも，国家的需要
に対応するために各地の国衙領に設立された国衙工房があった一方で，皇族・上
級貴族・上級官人・大寺社が各地の領地に工房をもち，手工業技術の地方への伝
播に大きな影響を与えた。こうした工房は，国家的需要と支配階級の家産的需要
の両方に対応し，複合的な性格を有していた。

2 ）律令制下の手工業の展開

　律令国家のもとでは，まず令内官司別に官営工房が多数設立され，鍛冶司・造
兵司所属の工房では金属工が，木工寮工房では木工が，画工司工房では画工が生
産に従事していた。律令制以前から技術世襲の義務を負っていた専業工人は，律
令制下でも，諸官司に隷属する品部・雑戸[7]として公民とは異なる特殊な負担の
もとで手工業技術の世襲を強制され続け，令内の官営工房での生産の担い手とな
った。一方，令外にも官営工房は多数設立され，そこでは技術世襲の伝統をもた
ない公民の土豪や農民層から個別に技術をもったものを徴発して労働力が確保さ
れ，官営工房を技術伝習の場としながら手工業技術の再生産が行われた。宮都造
営の場合は官営建築生産であったが，建築技術は民間へも移転されており，天皇
家産機構における建築生産の外側に民間の建築生産も行われた（古尾谷［2020］）。

　平安時代になると官営工房への労働力供給源であった畿内周辺で，個別的な小
規模手工業経営が成長し，官営工房の労働力確保が難しくなった。その結果，国
家規模の官営工房が減少し，在地の個別的な手工業生産に依存する側面が強くな
って，皇族・上級貴族・上級官人・大寺社などが個別に工房をもつに至り，手工
業生産全体が，国家による集中的生産から，中央と在地の支配階層の各戸による
分割的生産へ大きく変容した（浅香［1971］）。

　こうした分割的生産への転換を促したのが，平安京とその周辺の工匠による生

---

7 ）ともに諸官司に隷属して手工業など特殊な技芸労務を義務付けられた集団のこと。

■ 解説 Ⅰ-1

商業と商人の生成

　日本古代の商業を考える際に，気を付けなければならないことがある。それは，古代社会は資本主義社会ではないということと，貨幣が不換貨幣ではないということである。

　つまり，資本主義社会のように，需要と供給で価格が決定するというシステムが必ずしも機能しないということである。価格は必要（需要）によって決定され，基本的には等価交換のシステムによって運用が行われていた。

　そして，貨幣というとすぐに和同開珎などの金属貨幣を思い浮かべがちであるが，表示額が貨幣の価値を決めるような現代的な発想は通用しないことを理解しなければ，大きな誤解を生んでしまう。ことに日本の場合，中国でさくら貝が国家の信用のもとに都市部で流通させられたような事実は確認できず，皇朝十二銭ですら，地金の価値以上には市場に流通しなかった実態からも，貨幣とは商品そのものであり，大量に存在して広範な利用に耐えなければならなかったことが確認できる。当時の貨幣の代表としては，米と絹の存在が指摘できる。

　『日本書紀』の商業記事を検索すると，船舶を利用した交易記事が多いことに気付く。史実かどうかは別として雄略13年8月の記事に，播磨国御井隈の文石小麻呂という人物が「商客」の船舶の通航を邪魔して積み荷を奪い取ったとある。どことどこを行き交っていた商客かは不明だが，妨害者が播磨国の住人であることから，瀬戸内海を往復する商人であったことが推測される。

　この「商客」をどのように理解するかが問題であるが，現代的な商人像をあてはめて商業の存在を検討するのは的外れとなろう。共同体で必要となった物資を交易する存在と考える方が実態に即しているのではなかろうか。九州阿蘇山で制作された石棺が中国・四国・近畿地方にまで分布していることは，考古学の側から指摘されており，遠距離交易の存在を確認できるが，これを個人と個人の間の交易と考えることは難しい。共同体の首長の葬送のために共同体が購入したものと考えるのが自然である。

　しかし，そこには等価交換だけではなく，運搬という労働に関わる利益が生じてくる。遠距離交易が成立するためには，当事者以外のさまざまな要因が生まれ，そこには利益が必ず関わってくる。『日本書紀』の記事で船舶が取り上げられているのも，そうした遠距離交易の実態の反映とも理解できよう。

　船舶が乗り入れる所が津であり湊である。津や湊に人が集まることも自然な現象であった。

　『出雲国風土記』には，嶋根郡朝酌の促戸の渡で春秋の大漁時期には浜辺は賑わい「市人四より集ひて，自然に廓を成せり」という状況であったことが記されている。大漁の魚を地元の漁師が買うわけはなく，近在の農家の人々などが購入に来たのであろうし，中距離の村落へ売るために「市人」が仕入れに来たのであろう。そうして，人々が

集まることによって，相乗効果が生まれ，魚以外の商品を販売する「市人」も登場し，それを目当ての客も集まるという状況が想定できる。

それは出雲だけではなく，東方の常陸国においても同様の現象が見出せる。『常陸国風土記』茨城郡高浜の条に，漁村の男女が浜辺に集まり，その男女を目当てに「商覽と農夫とは舶艫に棹さして往来ふ」という状況であった。漁村の男女が浜辺で賑わうのは大漁ゆえであり，そこに「商覽と農夫」が小舟で集まってくるのは購入や商業のためである。このように東西の地方においても，『風土記』が編集される以前において自然発生的な市の賑わいが確認できる。

こうした自然発生的市は，古代においても大集落周辺においてはかなり固定的な存在であったことも『日本書紀』からわかる。『日本書紀』には，大市・海石榴市・古市・餌香市・阿斗桑市・軽市などが見出せる。ほとんどが河内国・大和国の市である。つまり大和朝廷の近隣に存在した市である。大和朝廷の規模をどのように想定するかは時代によって異なるであろうが，豪族たちが居住し，多くの人々が生活するためには，大量の物資が必要となる。もちろん周辺の農地から自給自足的に収穫するものもあるであろうが，先ほどの漁獲物や山で得られる物など，多種類の物資となると，交易による入手が最も簡便となり，それを扱う商人と市の存在が必須となる。

例えば海石榴市などは集落としては考古学的には 2，3 世紀から存在が確認でき，『日本書紀』では景行 12 年条に「海石榴市」が置かれたという記事がある。敏達朝以降は，罪人の処刑が行われたり，隋使を海石榴市で歓迎したりと頻繁に記事が見え，その存在は『枕草子』にも，「椿市は，大和にあまたある中に」と長谷寺参詣者の立ち寄る市として，長期間にわたって存在したことが確認できる市であった。海石榴市は，その地理的条件から自然発生的に出現し，権力集団に利用もされ，権力が遠ざかった後も，往来者に利用されるといった庶民生活に必要とされた市といえよう。

一方で，権力が発生すると同時に，生活必需品以外に，権威を示す威信財や奢侈品などの必要が生じる。物部氏や蘇我氏などの大和朝廷に重きをなした豪族たちは，外国への表玄関となる難波に別宅を有していたし，大和朝廷も外国使節を迎える客館を難波津に設けていた。これは純粋に外交的な意味があったことはもちろんだが，外交使節が来朝した際に，商品を並べて下賜したり，儀礼交易をするのが一般的であったことからも，難波津が海外貿易の拠点の一つであったことは推測できる。威信財・奢侈品は国内の物より舶来品の方が効果があることは否定できず，そうなると商人・商業の発生も，国内だけではなく，最終的には東アジア的な展望も必要となってこよう。　　　（中村　修也）

【参考文献】
鈴木公雄［2002］『銭の考古学』吉川弘文館
中村修也［2005］『日本古代商業史の研究』思文閣出版
ポランニー，K.［1980］『人間の経済』I・II，岩波書店

産手段の私的な所有の進行と，それを可能にする都城周辺の交易活動の活発化で
あった。もっとも工匠の小規模経営の自立は，工匠内での格差の拡大を内包する
もので，大工事に指導的地位を保つ大工・長（引頭）に率いられた優勢な工匠集
団が存在した一方で，有力大工・長の傘下に組織された中小の長（引頭）に率い
られた零細工匠集団も存在した。そして有力大工層は，在地生産と官営工房の間
に介在して，支配階層各家の私営工房にも活動の拠点を求めつつ，次第に工匠自
身の自主的な組織を作り上げていくこととなった（浅香［1971］）。

　在地の分業体制の主たる担い手となったのは，在地領主や有力農民層であり，
絹や布の生産では，律令国家が貢納品として当初定めた幅よりも狭い幅の織物が，
8世紀には貢納品に見られるようになっており，律令国家が織物生産の現場に関
与し得たのは限定的で，戸レベルの個別生産が行われていたとされる（古尾谷
［2020］）。貢納品生産以外の陶器などの生産においても，官営工房の衰退と支配
階層各戸の私営工房への転換のなかで，官営工房の多かった畿内の陶器生産が衰
退した。その一方，東国では国衙・郡衙などの権力機構を通して，大規模な労働
組織と広範な販売圏を確保しつつ新たな陶器産地として尾張国地域が登場し，中
世につながる特産地が形成された（吉田［2019］）。

3）商業の発生と貢納品流通

　平安時代における生産構造の変容は，商業の発達と交易圏の拡大にも起因して
いた。その前提となる奈良時代の流通経済に関し，前述の栄原は以下のようにま
とめる。中央では，官市であった東西市と周辺の流通結節点が水陸路で緊密に結
合し中央交易圏を形成した一方で，地方では官市であった国府市を中心として国
府交易圏が形成された。これら両者が貢納品流通を媒介として相互に関連・補完
し合うことで全国的流通体系が成立しており，このような貢納品の全国的流通体
系を利用して遠距離「商人」が登場した（栄原［1992］）。

　律令国家主導の全国的流通体系形成という見解に対し，実際の貢納品流通が現
物による貢納とは限らず，代替物の貢納によっても行われたのは地方経済が成長
していた証左で，それは律令政府の一方的な主導ではなく，生産者・商人の能動
的な行動をより評価すべきとの見解がある（中村［2005］）。地方の流通経済の管
理は地方豪族に任されている部分も大きく，国府の交易も郡司らが担うことが多
かったと考えられ，国府を中心とした地方行政機関の再編成が9世紀に進むとと

もない，国府交易圏が形成された（宮川 [2020]）。

　こうした奈良時代の流通経済は，平安時代に入ると在地の流通経済の進展にともなって大きく転換した。奈良時代には，市を中心とした商いで活動した「市人」と，都城と地方あるいは地方間を結ぶ遠隔地商人であった「商旅」が存在していたが，9 世紀後半になると遠隔地商人の活動の場として，陸奥・出羽や大宰府管内という律令国家とその外との接点がクローズアップされてくる。そこでの商行為は，公的な物資の輸送に便乗して利益を得た側面もあったが，皇族・貴族や国司などの私的需要が大きな位置を占め，特に国司級の官人が交易の担い手となっていた。実際，律令制下では，五位未満の下級貴族の商行為が認められ，奈良時代には都城造営や写経のような国家的事業に彼らが参加しつつそれにともなう商行為で利益を得ていたものの，平安時代になって国家財政の悪化から大規模な国家的事業が行われなくなると，下級官人は中央財政から離れて，個別に皇族・上級貴族・大寺社と結びついて私的な商行為を主に担うようになった。

3　財政構造の転換と全国的商品流通の形成

1）財政構造の転換と信用経済の萌芽

　前述のように都城での都市経済の成長や地方社会での富豪層の台頭のなかで，中央・地方での多様なレベルで私的な財の蓄積が行われるようになり，こうした地域的分業関係を前提として財政構造も 10 世紀後半を画期に大きく転換した。すなわち，9～10 世紀前半に 10～20 年おきに律令国家は銭貨発行での改鋳差益を得るために銭貨を発行し続けたが，改鋳差益が次第に減少し，10 世紀後半には改鋳差益を確保することを断念し，以後新たな銭貨は発行されなくなった。そして，私鋳銭を鋳造した者の財産没収が行われるなかで，銅銭の価値が失われることへの銅銭保持者の不安が高まり，銅銭そのものが流通しなくなった（井上 [2022]）。その後，11 世紀に入ると，「公田官物率法」が実施され，面積を基準に統一的に賦課される税制が形成された。

　もともと律令制下では土地公有制と公民制が採られ，国家に属する公民に公有地である口分田が支給されていた（班田制）。田に賦課された「租」，稲以外の諸産物を納める「調」，賦役にあたる「庸」（布・米・綿・塩で代納）などが租税として設定され，その他，水利土木工事などへの労役奉仕（雑徭）など多様な負担

表 1-1　古代後期の貢納物

地　域	国名	種　　類
東海道	伊賀	米
	遠江	絹・綿
	駿河	用紙・馬
	甲斐	布
	武蔵	絹
	上総	布・鞦
東山道	近江	米
	美濃	絹
	上野	布・馬
	下野	絹・綿
北陸道	若狭	米・絹・布・馬・鉄
	能登	釜
	越中	鮭・漆
	越後	鮭
山陰道	丹後	布
	但馬	布
	伯耆	鉄・布・合子・莚・馬・米
山陽道	播磨	米・麦
	美作	米・塩・麦・鍬
	周防	米・檜皮
南海道	紀伊	米・絹・綿・布
	阿波	絹・麦
	讃岐	米・麦・塩・鉄・絹・布・干鯛
	伊予	米
	土佐	絹

出所）勝山清次『中世年貢制成立史の研究』塙書房，
　　　1995 年，197-200 頁より作成。
　注）10～12 世紀の貢納品の種類を示した。

が存在していた。こうした重い負担は，公民を次第に困窮させ，逃亡が増加したため口分田が荒廃した。その結果，中央政府は大規模な開墾計画を立て，723（養老 7）年の三世一身の法と743（天平 15）年の墾田永年私財法で，墾田（開墾地）の占有をある程度認めた。その段階では，国家的土地管理のもとでの限定的な占有であったが，皇族・上級貴族・上級官人・大寺社などが財力をもとに開墾を大規模に進め，班田制の理念が崩れると，9 世紀中葉を契機に，在地では土地公有制のもとでの国衙領と有力層が私有する荘園が併存した（西別府［2002]）。土地所有関係の複雑化と，各地での特産物生産の進展は，ますます納税を複雑にし，11 世紀に入ると公田官物率法による改革が必要になった。

　公田官物率法の特徴は，地域的な分業関係に即してそれぞれの地域の主要生産物が官物（貢納物）に設定されたことで，従来は貢納されなかった材木なども官物とされた。そして，それらの納入量は，米・絹などの物品貨幣による換算基準に統一して表示された。そして本来の官物とは別のものを代納することが広く行われるようになった（勝山［1995]）。表 1-1 を見ると，10～12世紀の貢納物として，畿内周辺の伊賀・近江・若狭・紀伊国および瀬戸内海沿岸地域では，主に米が貢納物とされたが，遠隔地である東日本や山陰では，布や絹が主となった。また，北陸の鮭，山陰の鉄など，地域の特産物も貢納物になった。

　このように米・絹など等価物による商品交換がある程度発達すると，必ずしも

全ての官物を都城まで輸送する必要はなく，私的性格の強い収納場所に保管して，必要に応じて都城に運んだり，他地域との取引の支払いに充てたりすればよいことになる。その結果，中央政府の支払い・給付が，実物の受け渡しではなく，それを命じた文書や領収書をもって決済されるようになった。中央政府のみでなく，皇族・上級貴族・大寺社も領地である荘園からの貢納品を現物ではなく仮領収書で受け取り，都城での物資調達の支払いなどの決済に，その仮領収書を用いることも行われるようになった。

　銭貨発行停止による銭貨流通量の減少のなかで，再び米・絹などが商品貨幣として価値基準となると，商品貨幣の収取にともなう負担（保管場所の必要性・輸送コストなど）を少しでも軽くするために，商品の移動をともなわず，支払指図書で商取引の決済を行うという信用経済の萌芽が見られた。その結果，地方官人の給与や食料が地方官衙から直接支給されるに至ったが，それを有力貴族・大寺社や地方官への徴税権の分与による分権性の高まりとみるか，国家の統合機能の高まりとみるかは評価が分かれる（神戸［2022］）。

2 ）全国的商品流通の形成

　地域間の分業・流通関係を前提とした新たな徴税体系は，地域における産業の育成とその産物の商品化につながった。例えば，前述のように律令制下で新たな産地が形成され始めた陶器生産では，貯蔵器・調理器などの器種別に産地が形成されるようになり，博多から輸入された中国陶器の流れと連動して全国的な陶器流通を生み出すことになった（吉岡［1995］）。この動きを下から支えたのが，海運輸送網の成立で，8 世紀から瀬戸内海の舟運は展開していたが，都城が平安京へ移ると琵琶湖水運を介して日本海側との結び付きも強まった。瀬戸内海・日本海海運では，外交使節の往来や官物の輸送に先行して，私船が航行し，瀬戸内海沿岸に形成された地方市同士を結ぶ航路も開かれた（栄原［1992］）。

　律令国家は，地方統治の必要から全国に中央と連絡する官道として，放射状に敷いた七道の経路に沿って，東海道・東山道・北陸道・山陰道・山陽道・西海道・南海道の七つの行政区画と，都の所在国とその周辺国の五カ国（五畿）に編成した。瀬戸内海域諸国は，中国地方沿岸諸国が山陽道，四国沿岸諸国が南海道，九州沿岸諸国が西海道に属し，律令国家には瀬戸内海の対岸国同士を交流させる意図はなかった。この交通路では，公文書の移送や地方官の移動において律令国

家が設置した駅家で馬を乗り換える駅制と国府などで人や馬が交替する伝馬制が採られた。当初は，用途によって駅制と伝馬制は使い分けられたが，9世紀前半に両者が統合され，9世紀後半には地域社会の実態に合わせて，これらの輸送が行われた。実態経済では，所属する道によらず様々なレベルで地域間の結び付きが強まり，律令的区分とは別次元の新たな地域圏が形成されていった（中村［2020］）。そしてそのなかで，古代社会においても，人口の維持と再生産を自律的に担おうとする農民らの村共同体が各地で形成された（坂江［2016］）。

4　領域型荘園の成立

1）初期荘園の誕生

　律令国家のもとでは当初は土地公有制が取られ，公民に公有地から口分田が支給されていたが，743（天平15）年の墾田永年私財法の発布を契機として開墾地の私有の可能性が開かれ，有力貴族・大寺社・地方豪族・有力百姓などが奴婢や雇用民などを使役して開墾に乗り出して各地に大規模な墾田が成立した。地方豪族や有力百姓は開墾して得た墾田を，免税（不輸租）特権を得るために有力貴族・寺社へ寄進するなどしたため，こうした墾田が集積されて8世紀末から初期荘園が形成された（木村［2000］）。例えば，越前国足羽郡にあった東大寺領道守荘は，在地豪族が東大寺に寄進した墾田約100町歩をもとに成立した。

　墾田型荘園は，国家に貢租を納める輸租の土地であったが，それとは別に律令国家成立以前から有力貴族・大寺社などが所有していた土地は，土地公有制のもとでも貢租を国家ではなく国家の認めた特定の者に納入する不輸租特権[8]が認められていた。後者の場合，荘園領主は官省符[9]を受けて田面登記を行うことで，免税特権が認められたため官省符荘と呼ばれ，後には中央政府の免判を受けなくても，直接徴税にあたる国司の免租許可状＝国判のみで不輸租特権が確保できるようになった（国免荘）。初期荘園は，律令国家以前に起源をもつ荘園と，8世

8）租を納める義務のある田を輸租田という。口分田や位田（五位以上の位階をもつ者に与えられる）は輸租田で，それに対し，租を免除された田を不輸租田という。寺社の用途に充てる田地（寺田・神田）や職田（官職に応じて与えられる）は不輸租田で，墾田はもともと輸租田であったが，次第に不輸租特権を得て，不輸租田となった。
9）上級の役所（太政官・民部省）から下級の役所へ下された文書。

紀後半からの開墾を契機として成立した荘園の 2 形態からなっていた。

　荘園の成立とともに荘園領主は，荘民の雑役賦課を拒否すべく，公領に住み公田を耕作する公民と区別して荘民を住人と呼んだ。公領においては，公民が百姓と呼ばれるようになった（木村［2014］）。墾田型荘園では荘園周辺の百姓が，荘園の田地を借りて耕作し，賃租を荘園主に納め，荘園主は貢租を国家に納めた。荘園の田地を借りて耕作した百姓は，自家の口分田を荘園外に保有していた。つまり，墾田型荘園では専属民がおらず，百姓に賦役を課すことも難しかった。律令制下では，公民制のもとで百姓を私的に使役することが抑制されており，初期荘園主は，中世の荘園領主よりも田地の経営に深く関与した。

2）土地公有制の崩壊と公領支配

　8 世紀後半からの墾田開発の進展は，口分田を支給された公民の階層分解を生み，そのなかから富裕な百姓が登場した。富裕な百姓は，周辺の零細百姓や没落百姓を支配しつつ大規模に農業経営を行い，一定の地域を支配するまでに成長すると，所領を中央の皇族・有力貴族に寄進して彼らから荘官[10]に任じられ，国司の介入を避けつつ所領の私的支配を進めた。その一方，没落百姓の浮浪・逃亡が増大し，土地公有制の危機に直面した律令政府は，10 世紀初頭に土地制度の改革を行い，公地をある時点で固定化し，土地台帳を作成して国別の基準田数を公田数として国司が中央政府に納入する租税額の基準とした。

　そして固定化された公田の耕作を富裕な百姓に請け負わせ，代わりに富裕な百姓に経営面積に応じた納税の責任を負わせた。耕作を請け負った富裕な百姓は田堵とも呼ばれ，田堵が確実に租税を納めるように，中央政府は国司に大きな権限を与えた。国司が駐在して政務を執る官庁は国衙と呼ばれ，公田とその耕作を請け負った田堵を基盤とする公領の租税収取体系が作られた（木村［2000］）。

　9 世紀後半以降の皇族・有力貴族層の荘園では，近隣の百姓（田堵）の口分田をも囲い込んで，荘園領主がそこからも賃租を取るようになった。こうした動きは 10 世紀中葉になると寺社・下級官人層にも広がり，彼らは自らの所有地の周辺にある公田（公有田）を便田として囲い込んだ。公田を耕作する田堵は，便田の所有者に従属するか排除されたと考えられるが，貴族・寺社層は自らの所領の

　10）荘園の管理者のこと。預所が上級荘官で，預所代・田所・下司・公文などの下級荘官を指揮して荘園を経営した。預所が地頭と競合しつつ領主化することもあった。

立荘（国家の役人に検注をしてもらい，その土地所有権を認められる）を行い，実質的な領主となった。その意味では，荘園制の成立には，寄進よりも立荘が重要であったといえる（川端［2000］）。

　ただし田堵の田主権は実質的な耕作権として継続し，作人として耕作に従事し，有力な田堵は，耕作地に自分の名を付し，「名田」として私的所有権を確保し，名主と呼ばれた。このように，土地所有権が重層化するとともに，土地公有制を基盤とする律令国家体制は実質的には崩れた。そのため 10 世紀以降の古代後期は，律令国家ではなく王朝国家と呼ばれることが多い（佐藤［2001］）。

　11 世紀に入り，公田官物率法が成立すると，墾田は税を減額され，それらは免田とされた。領主は，国司の赴任初めに行われる検田の際に免除を申請して免判を得た。こうした免田型荘園の増大は，財政収入の減少を招き，11 世紀には何度も荘園整理令が出されて，免田を限定するための確定作業が行われた。逆にそれが荘園を制度的に確定させ，荘園領主は荘園に居住する作人の居住規制を行うようになり，非隷属民としての住人は，荘園に所属する居住者・耕作者として把握され，従来見られなかった賦役（雑役）が課された。それとともに住人（荘民）と百姓の区別もあいまいになり，荘園領主は荘民も百姓と呼ぶようになった（木村［2014］）。この段階には，荘園の範囲が境界として重要な意味をもち，住人編成と雑役収取で成り立つ領域型荘園が生まれた。これが中世荘園成立の指標となり，荘園における領主的土地所有が確立した（鎌倉［2009］）。

3）公領と領域型荘園の構造

　11 世紀後半から 12 世紀にかけての領域型荘園の成立は，中央政府の地方支配のあり方の変容とも密接に関連していた。律令制下では地方支配の担い手は，中央政府から派遣された国司であったが，国司に任命された貴族層の多くは，自身は都城に止まって（遥任），代わりに私的代官（目代）を任国の国衙に赴かせ，国務にあたらせた。その一方で，任国に赴任した国司は受領と呼ばれた。受領は，11 世紀に入って公田官物率法が定められ徴税制度が変化すると，国司としての権限を活用し，各地に登場した流通を担う人々を相互に結び付けて，新たな貢納品に対応した物流組織を作り上げ，私財も蓄積した（中込［2013］）。

　受領層はその後貴族社会に取り込まれて都城に在住するに至ったが，国衙では，郡司・郷司や在庁官人が勧農の担い手となり，地域開発が行われて新たな公領＝

国衙領が形成された。受領が作り上げた組織は荘園貢租の物流に活かされ，荘園には領主の私的代官としての荘官＝荘司が存在し，地方行政官の郡司・郷司と同等の国制的地位を占めた。そして荘園が住人編成を行い，領域性をもつことで，荘園が郡・郷と並んで百姓の統治を担うに至り，荘園領主が，都城と鄙（村落）の両方において主体的に行動するなかで，荘園制が成立した（佐藤［2004］）。

　制度化された荘園では，住人への統治行為が行われ，それは国郡の支配と競合したため，荘園領主は国郡の行政権を排除し得る不入権を求めてそれを獲得するようになり，郡司・郷司の行政権は荘司に継承された。公的な統治組織に変貌した荘官組織は，役割の複雑化とともに 12 世紀になると機能分化し，預所（あずかりところ）・預所代・下司（げし）・公文（くもん）・田所（たどころ）などの諸職が成立した。荘園では耕地の安定化や作付率の上昇を目指して耕地や水利の再編が行われ，収穫量の増加によって増大した年貢が荘園領主の経済的基盤となった。

　一方，公領でも郡司・郷司が，職権を活かして領域内の住民に支配権を及ぼし，領域的な開発所領が形成され，荘園と同様の内部構造をもつ公領が，荘園と併存しつつ各地に形成されたため，それ以降の土地制度は荘園公領制と呼ばれる。そのなかで，郡司・郷司は荘園の住人編成の役割は荘官に譲ったものの，公領での住人編成の役割を担い，国司の統括を離れて地域政治の担い手として自立していった。同時にそのことは，地方において中央の経済から一定の自律性をもって地域経済圏が展開する状況を準備することにもなった。

第2章

貿易と戦乱の中世
──中国銭貨の時代

序　ユーラシア世界経済の成立と中世日本社会

1）ユーラシア世界経済の成立

　日本で荘園制が本格的に始まり，古代社会の転換点となった11世紀には，中国では，北方遊牧民と同盟を結ぶことに成功した宋（北宋：960〜1126年，南宋：1127〜1279年）が経済的繁栄を謳歌しており，日本との間で貿易も行われた。宋は北方遊牧国家と同盟を結んだ代わりに，北方遊牧国家に対して莫大な歳幣（貢納銀）を払っており，それらを賄うためにも積極的に海外貿易を行った。唐代の中国と日本では，貿易があまり活発には進展しなかったものの，宋代になって両国の貿易が活発化した背景には，こうした宋の事情もあった。

　この日宋貿易は，日本における最初の本格的貿易で，それにともなって渡来銭と総称されることになる宋銭をはじめとする銭の大量流入が始まり，瞬く間に広域で利用されるようになって貨幣経済の時代が到来し，貢納における代銭納も広く普及した。日本の古代から中世への移行期については，院政期（11世紀末〜13世紀初頭）とみる見解が主流で，時期が重なる中国の宋代の経済的発展と日本における中世社会の形成は不可分の関係にあった。特に宋銭は単なる宋の通貨に止まらず，東アジア世界各国・地域で「中立貨幣」として流通し，宋銭の信用力にどの国の通貨も太刀打ちできなかった。日本でも宋銭の替銭として手形が発達し，信用経済が中世社会で進展した（井上［2022］）。

　そして，13世紀初頭に北方遊牧民のなかでモンゴル民族が勢力を拡大して，その後ユーラシア大陸全体にわたる世界帝国を成立させると，中国で南宋を滅ぼ

し全土を支配するようになったモンゴル民族国家の元（1271〜1368 年）が，元への朝貢を求めて日本へ襲来した（元寇）。日本は，モンゴル軍およびモンゴル支配下の朝鮮半島の高麗軍を撃退することに成功し，朝貢は行わなかったが，2 回（1274〔文永 11〕年文永の役，1281〔弘安 4〕年弘安の役）の襲来にもかかわらず，元との間での非公式な交易は前代の日宋貿易を上回る規模で行われ，世界帝国との交易を介してユーラシア大陸に展開する世界経済に巻き込まれた。

　モンゴル民族は遊牧民であったが，モンゴル帝国が西アジアや現在のロシア地方にまで領土を拡大するなかで，沿岸部では東南アジアを主とする海洋交易を，内陸部では陸路を介したヨーロッパとの交易も広く行い，歴史上初めてユーラシア世界経済が成立したともいえよう。ただし，モンゴル勢力は，各地域の文化に同化する傾向があり，西アジアではイスラム化が進み，中国では実務能力をもつ漢民族が多数登用された。やがて，中央アジア・西アジアではティムールが登場して 14 世紀にモンゴルの後継国家をたて，中国では 14 世紀後半に漢民族が新たに明王朝（1368〜1644 年）をたて，モンゴル勢力は北方へ退いた。

　その後，貿易の利益を重視した室町幕府 3 代将軍足利義満が，15 世紀初頭に明朝への朝貢関係を結び，日明貿易（勘合貿易）を通して中世後半期の日本は，明の影響を強く受けた。中世末期の戦国時代に，世界はいわゆる大航海時代を迎え，それを主導したポルトガル・スペインなどのヨーロッパ勢力が日本にも来航し，日本人も東南アジアへ移住して交易拠点（日本〔人〕町）を作るなど，中世日本は積極的な対外関係で世界経済に関わった。

2）日宋貿易の展開

　院政期日本の国内では荘園制が確立し，国際関係では日宋貿易が展開され，12 世紀以降，渡来銭が大量に流入した。12 世紀中頃までの貿易の拠点は博多津で，大宰府で朝廷による管理貿易が行われたが，管理貿易を嫌い，民間との自由な貿易を求めて多くの海商が九州西北部沿岸に来航し，公権力の立ち入りを拒む権利（不入権）をもつ有力貴族・大寺社の荘園内などで非公式の取引を行った。

　宋代の中国では，11〜12 世紀，江南の開発にともなう生産力の拡大や運河など大規模な水路網の整備により都市人口が増大し，経済発展が顕著に見られた。そして，造船・航海技術の発達を背景に，羅針盤を使用した高度な航海技術のもとに杭州・福州・泉州といった港市（港町）から，海商らがジャンクと呼ばれる

中国型木造帆船で，西はインド西海岸から東は日本へとアジア各地に進出した。

　宋船が来航した博多をはじめ，九州には，「唐坊（房）」と呼ばれた外国商人の居留地が多数形成された（柳原［2011］）。高麗（朝鮮）商人も来航し，博多は国際都市の様相を示した。12世紀前半には有力寺社が博多居留の宋商人に資金を出し，宋に派遣した貿易船の利益の配分を受ける形態が採られ[1]，そうした寺社に帰属し[2]，宋・高麗商人とも取引する日本商人が輸入品の販売と輸出品の集荷を担った。寺社の荘園年貢輸送と国内外の商品取引を介して，大きな利益を上げる者もあり，荘園内などでの非公式な貿易の拡大や寺社勢力とそれに帰属する商人の貿易進出によって，管理貿易は12世紀中頃までには廃れた。

　父の平忠盛が，後院領（この場合は，天皇の在位中に譲位後の居所として定めた殿舎の経費に充てる私領）や鳥羽院領肥前国神崎荘の預所を務め，荘園内での非公式な貿易の利益が大きいことを熟知していた平清盛は，瀬戸内海航路を整備し，宋船を自らの荘園である摂津国福原荘の外港にあたる大輪田泊まで招致し，日宋貿易のさらなる振興を図った。日本から宋への主な輸出品は，金・銀・硫黄・水銀などの鉱産物や木材で，宋から日本への主な輸出品は，陶磁器，銅銭が多く，ほかに香料，薬種，唐織物，書籍，経典などであった。

　博多以外でも，南九州の薩摩半島・奄美大島，北東北の十三湊などからは，来航した貿易船が直接もたらしたと考えられる大量の輸入陶磁器が出土している。薩摩半島・奄美大島では中国産陶磁器が，十三湊では高麗産陶磁器の占める割合が多い。そのことは，当時の日本が，博多ルートの他にも北方の十三湊ルート，南方の琉球・南九州ルートと多様な経路で東アジア間貿易と結び付いていたことを示している（真栄平［2020］）。

3）モンゴル襲来（文永・弘安の役）と日元貿易

　東アジアの政治情勢は，13世紀初頭のモンゴル帝国の台頭で大きく変化した。

1）貿易からの莫大な利益が期待され，その利益を寺社の修復・造営費に充てる目的で公許のもとに後の時代に社寺造営料唐船とよばれる貿易船が派遣されるに至った。1325（正中2）年から翌年にかけての建長寺船や1342（康永元）年の天竜寺船が知られる。
2）「帰属」としたのは，その寺社を専従としていないが，自らの職能を以て奉仕し，その反対給付としてその寺社から商業活動上の特権を保証されるなどの利点があったからである。

モンゴルは，ユーラシア全土にまたがる大帝国を築き，中国では元を建国して，海上交易へも積極的に乗り出し，新都大都の中心部に人工の港を建設し，運河で海に接続した。モンゴル勢力が日本に襲来した主な理由は，元への朝貢を求めてのことと思われ，朝貢に対しては冊封[3]と回賜（返礼品，下賜品）がなされることから，元は大帝国として権威を誇示するなかで外交儀礼を介した国家間での公式な貿易を求めたと考えられる。日本側では朝貢に応じていないが，前述の2回のモンゴル襲来の間にも，非公式な貿易は断続的に行われた。

　日本側の貿易の担い手は，有力寺社勢力に加え，鎌倉幕府の政治的実権を握っていた北条氏（特に北条得宗〔惣領〕家）などで，日本から元への輸出品は，砂金，刀剣，扇，螺鈿，蒔絵，硫黄，銅など，元から日本への輸出品は，銅銭，陶磁器，唐織物，香料，薬種，茶，漢籍などであった。日本への銅銭の流入は続き，その大部分は宋銭であった。貿易の内容では，日宋貿易と日元貿易に大きな変化はないものの，大陸から大規模な軍勢が2度にわたって襲来したことは，人々の国際意識を大きく変えたものと思われる。

4）明の海禁政策と日明貿易

　中国では14世紀後半に元が北方へ退き，漢民族により明朝が開かれた。明の永楽帝は積極的外交政策をとり，鄭和に1405～33年に，7回にわたって東南アジアから西南アジアにかけての30余国に及ぶ南海遠征を行わせるなど，帝国の優位性を誇示し，日本をはじめ周辺諸国にも朝貢関係を求めた。そして貿易による利益を独占するために，民間の海外交易を禁じ（海禁政策），朝貢貿易に一本化して厳しく管理した。明商人は直接外国商人と取引することができなかったため，朝貢国であった琉球とマラッカ王国が，東アジア・東南アジア・インド洋諸国の商品と中国商品との取引の中継地となった。室町幕府3代将軍足利義満は，朝貢を促す明に応じて冊封関係を結び，1402（応永9）年，源道義（道義は義満の法名）として日本国王に冊封され，その後，義教，義政らの将軍も冊封を受けたことから，1401年から1547（天文16）年にかけて19回派遣された遣明船は明朝への朝貢船として明の港で取引することが認められた。

　14世紀，対馬・壱岐・肥前国の日本人や中国東南岸・済州島ほかの出身者な

3）宗主国が臣従と引き換えに朝貢に訪れた君主に，爵位と封地を賜与（領土支配権を認知）すること。

ど多民族で構成される（前期）倭寇が，東シナ海域や山東半島から朝鮮半島南部にかけて主に通航船や海浜集落からの略奪など暴力をともなう非合法的な活動を行い，明朝は日本に朝貢関係に入ることを認める代わりに倭寇の討伐を求めた。倭寇は，明朝と幕府による貿易管理に反発し，国家を後ろ盾とした貿易に携われない不満を表した（村井［1988］）。15世紀初頭に日本・朝鮮がともに明朝と朝貢関係を結んで以降，東アジアの国際関係は次第に安定し，日明貿易・日朝貿易が進展した。その後，倭寇に悩まされた朝鮮の硬軟取り混ぜた対倭寇策や，16世紀半ば以降の北虜南倭（北方のモンゴル，東南沿岸部での倭寇の活動の激化）の実態をふまえた明の海禁政策の緩和により，浙江省や福建省の富裕な海商配下の武装商人団である（後期）倭寇が，琉球—薩摩—博多—対馬—朝鮮を結ぶ交易ルートを主導的に握り，合法的な商業活動を行うようになった。

　室町幕府や有力守護・寺社が派遣する遣明船は，明朝が貿易管理のために交付した証票である勘合の持参を義務付けられ，日明貿易は勘合貿易とも呼ばれる。15世紀初頭は，遣明船の派遣を幕府が独占的に行い，五山僧が外交使節として，博多商人が貿易の実務を担い，その後，有力守護大名の大内氏や細川氏と結んだ商人が請け負った。博多商人と結んだ大内氏は，勘合符の入手をめぐって執権細川氏と争い，16世紀に入ると幕府に強要して勘合を保管し，遣明船の派遣において大内氏が優勢になったが，16世紀中葉には大友氏がこれに加わり，複雑な様相を示した（岡本［2022］）。博多と兵庫が遣明船の発着地であったが，15世紀後半の応仁・文明の乱で，貿易航路であり，国内物流の基幹航路でもある瀬戸内海航路が，その制海権をめぐる諸勢力の角逐の場となったことから，戦乱を避け，薩摩から土佐を経て堺に至る太平洋の航路（南海路）が帰港・出港ともに利用されるようになり，荒廃した京都から避難した商工業者の活動も加わって，堺が貿易港の中心となった。

　15〜16世紀前半は，明を中心に日本・朝鮮・琉球をつなぐ貿易ルートが形成され，明から日本への主な輸出品として，大量の明銭，中国産の絹織物，絹織物の原料となる生糸，中国・朝鮮産の陶磁器，東南アジア産の米などがあり，日本から明への主な輸出品は，銅，硫黄，金，刀剣，扇などであった。一方，朝鮮との貿易では，日本に大量の綿布が輸入され，日本から銅，硫黄，薬種などが輸出された。琉球は，明から絹織物，生糸，陶磁器などを輸入してそれを東南アジア諸国へと転売し，東南アジア諸国から胡椒，香料などを輸入して明や日本に輸出

し，中国・日本・東南アジアを結ぶ中継貿易を行った（真栄平［2020］）。

　琉球から明への進貢（朝貢）貿易は，15 世紀後半から次第に減少したが，福建との非合法な交易の拡大や東南アジア貿易の多角化，そして対日本・朝鮮との貿易拡大によって，琉球の中継貿易の規模は全体として 16 世紀前半まで維持された（中島［2020］）。

5）戦国期の東南アジア貿易

　16 世紀中頃の大内氏滅亡を大きな画期として勘合貿易は衰微し，日明貿易の主体は前述の（後期）倭寇による密輸など非合法活動が主体となった。彼らの交易品では，新たに銀が重要な位置を占めた。東アジアでは，16 世紀初頭に朝鮮で銀山開発が進み，貿易を介してその銀が日本や明へ流入した。1540 年代以降は日本でも石見銀山や生野銀山などで産出され，新たに導入された灰吹法により精錬された銀が朝鮮や明へと流出した。世界史的には大航海時代と称される 15 世紀後半から 16 世紀にかけて，新大陸のスペイン植民地で産出され，ヨーロッパにもたらされた大量の銀（メキシコ銀）が，ポルトガル・スペインのアジア貿易進出にともなって明にも大量に流入した。明は銀経済に移行し，銅銭鋳造を行わなくなったため，日宋貿易以来，中国からの銅銭を通用貨幣としてきた日本への銅銭供給が激減し，1570（元亀元）年前後に銅銭流入が途絶え，日本国内では貨幣使用をめぐり大きな変革期を迎えた（高木［2016］［2017］：井上［2022］）。

　ポルトガルは，中国のマカオを拠点に，日本へ生糸，絹織物，綿布，陶磁器，薬種などを販売して，銀を入手した。輸入生糸の利益に着目した豊臣秀吉は，奉行を長崎に派遣し，ポルトガル商人から生糸を直接買い付けた。ポルトガルに遅れて日本との貿易に乗り出したスペインは，植民地フィリピンのマニラを拠点に貿易を拡大し，新大陸の植民地で産出された銀が大量に決済に用いられ，中国や日本の商船が多数マニラに来航した。フィリピンから日本への主な輸出品は，中国産生糸，鹿皮，陶器，スペイン産ブドウ酒，ガラス製品などで，日本からフィリピンへの主な輸出品は，小麦，絹織物，乾肉，刀剣などであった。東南アジアとの貿易の展開とともに日本人の東南アジア移住も見られ，マニラ，アユタヤ，フェフォなど各地に日本（人）町が形成された。

1　渡来銭の流入と手形の発達

1）宋銭の流入と使用

　7 世紀後半の富本銭に続き，中国の開元通宝に倣って 708（和銅元）年に鋳造
された和同開珎以降，国家により 12 種の貨幣（本朝十二銭・皇朝十二銭）が鋳造
されたが，元々，宮都造営や軍事遠征のための大規模な支出への利用が主目的
で [4]，原材料や鋳造機関も限られ，都や畿内で限定的に使用された以外には，広
い階層に普及したり広域的に流通した形跡は見られない。10 世紀中頃に鋳造さ
れた乾元大宝を最後に日本での貨幣鋳造が途絶え，従来から広く用いられた米や
絹布を商品価値に換算して交換手段とする商品貨幣（物品貨幣・現物貨幣）の時
代が続いた。

　12 世紀後期，当初は日宋貿易での決済の端数処理のために用いられたとみら
れる宋銭が，使い勝手のよさから瞬く間に広く普及し，大量に輸入されるように
なった。実際に流行していた病の呼称であるのか，銭使用をめぐる病的実態を憂
いての表記であるかは不明ながら，12 世紀後期の史料には「近日，天下上下病
悩す。これを銭の病と号す」（『百錬抄』）という状況が生じ，銭は広く周知され
ていた。宋銭の使用拡大により商品貨幣であるとともに貢納物の主体をなす米と
絹布の需要が減り，価格が下落することは，領主層にとって税収の減少につなが
ることから朝廷は宋銭の使用を禁じたが，民間での宋銭の使用は止まず，結果的
に容認された。鎌倉幕府も，1226（嘉禄 2）年に貢納に准布（納入に際して布に
換算して決済すること）を用いることを禁じ，銅銭を用いるよう命じた。

　この頃，宋銭は絹布に代わる主要な支払手段となっており，絹布で納入されて
いた公事 [5] などが銭で納められ始め，1270 年代には年貢納入も米の現物と限定
せず，銭でも行われた（公事・年貢の代銭納化）。商品貨幣は，保存性，運賃コ
ストの面で金属貨幣に劣り，銭貨が十分に供給されれば，金属貨幣で代替される
と考えられる。もっとも経済的関係はそれほど単純ではなく，納税者・徴税者間

　4）平安京造営の際の労賃や 7 世紀後期から 8 世紀にかけての蝦夷制圧，隼人制圧の軍事
　　遠征費など，今日的に言えば大規模な土木工事や軍事費の財源捻出のための国債的な
　　機能を貨幣に委ねたと考えられる。
　5）荘園制下の年貢以外の貢納物の総称で，律令制の調庸・雑徭の系統を引き継いだ。

で，それぞれの利益に応じて，現物で納めるのか銭貨で納めるのか，駆け引きが生じた。また，現物の品質によって，あるいは供給量によってもそれを運用する際の価格が異なるため，品質の劣る現物を貢納し，品質の高い現物は商品として販売したい納入者側と，質の高い現物を求める徴税者側との間でも納入をめぐる駆け引きが展開した。米不足などにより米価が高騰している場合は，納税者も徴税者も現物を重んじる。さらに，現物を銭貨に交換する市場もある程度普及する必要がある。

　鎌倉幕府の成立によって，突如として消費都市となり，急速な都市建設を迫られた鎌倉における商業の一端が貞永（御成敗）式目の追加法などから垣間見える。それによると 13 世紀前期には，街頭での売買によって小路を狭めること，人の賑わいに便乗して盲法師の語り物や辻相撲を興行すること，「押買」という強引な買い叩きを行うことを禁じており，不特定な街頭での振売り商人・立売り商人による不定期な商売が主体であったのが，13 世紀半ばには常設店舗ないし見世棚とみられる小町屋・売買設が 7 か所に限定して許可されている。

　しかし，その後も押買が重ねて厳禁されたり，物価高が問題視され，薪炭や藁・糠（藁も糠も馬の飼料か）など，主要な消費財の公定価格が示されたり，材木の規格が定められていたりするのは，需要に対し供給される品が不足する状態が続くことによる価格高騰と粗悪品の横行を伺わせる。一方で，御家人の過差（分限〔身の程〕を越えた贅沢）を咎め，衣装や武具の装飾などを規定する法令が繰り返し出されているのは，彼らの旺盛な消費生活と奢侈品需要があったことを示す。1261（弘長元）年の法令で，家々を回り，路上でも販売する立商人が取締りの対象とされ，さらに，規格を満たさない絹布の売買禁止やそうした商品の没収も規定されていることから，常設店舗だけでなく，不定期に不特定の行商人も訪れ，粗悪な商品も含めて販売がなされたことが伺われる。

　この法令のなかには，人商いと称してその業を専らとする者が，鎌倉中ならびに諸国市に多くいる，として「人勾引ならびに人買い」（人への強制的な連れ去りと人身売買）を厳禁する規定があり，そうした商売が実在したこととともに 12 世紀後期には諸国に市（庭）が立つようになっていた（綿貫［2003］）。13 世紀末に成立した『一遍上人絵伝』に描かれる備前国福岡市は，1278（弘安元）年，この市庭での布教時の情景と伝えられるが，掘立柱の複数の小屋掛けの下や軒先に複数の商人と客がおり，商品も大甕・反物・米・魚・鳥・履物などと多彩で，銭

緡（緡銭）[6]を手にした人物もみえており，金属貨幣使用の民衆への定着を示す
ものだろう。地域による偏差が大きく代銭納が広く普及するにはある程度の時間
を要したが，地方にも市の定期的開催が定着した 14 世紀初頭には，おおむね銅
銭が米に代わる交換基準としての役割を担うようになった。

2）手形の登場と発展

　国家による貨幣鋳造が途絶え，通用貨幣も摩耗・漸減していった 11 世紀から
12 世紀中頃にかけては，体積や質量，保存上の問題からの商品貨幣の弱点を補
完するように信用経済に相当する状況が展開した。それが前章で述べた支払指図
書で，荘園領主が所管の倉や所領にあてて米銭の支払いを命じた書類（切符・米
切手）が，別の支払いにも使用された。ただし，こうした切符・米切手は，不特
定の第三者に譲渡されるだけの信用力を具えておらず，宋銭流入後の 12 世紀後
半以降，取引では主に渡来銭が用いられた。13 世紀に入ると，銭貨流通を前提
とした新たな手形である利息付替銭・替米が登場した。依頼人 A が，引受人 B
に一定期間後に利息を付けて元金を返すことを約束した手形を渡し，銭もしくは
米を借りるというものであった。ただし 13 世紀は，支配階層間の貸借が主で，
商業上の利用は少なかったと思われる。

　13 世紀後期には送金用替銭・替米も考案された。送金用替銭・替米は，依頼
人 A が，引受人 B から銭や米を受け取る代わりに請取状（借用状）を渡し，そ
こに遠隔地に居住する支払人 C の名前が記されており，A は C に銭や米を渡し，
B は C に請取状を提示して支払いを受ける。これを用いると，B が遠隔地まで銭
や米を運ぶことを A が代行したことになり，単なる銭や米の借用ではなく，商
取引で遠隔地間のネットワークを有する商人が依頼人となって送金を引き受ける
ことになる。1279（弘安 2）年，高野山との所領争いから訴訟のために紀伊国か
ら鎌倉に下向した荘園の下司に領家から替銭が送られ，その 14 年後，東寺領伊
予国弓削島荘をめぐる訴訟のために鎌倉へ下り，滞在 1 年半余を経た頃，雑掌が

6）緡は銭の穴に通して銭をまとめておくための麻紐や藁の紐のことで，紐でくくられた
銭の束を銭緡（緡銭）という。1 緡は理念上，銭 100 枚（100 文）に相当するが，出
土遺物としての埋納銭の多数の調査事例から，96〜97 枚をもって 100 枚（100 文）に
換算する省佰法が広く用いられたとみられる。1 緡を 10 束つなげた 1 貫文（1,000
文）緡もある。

同寺に対して鎌倉への旅費や滞在中の諸経費 23 貫文を請求したのに対し，満額には程遠い額ながら同寺から鎌倉へ 5 貫文の替銭が届けられた。幕府成立によって滞在人口が急増し，短期間のうちに消費都市となった鎌倉にも替銭屋が存在し，貢納や商業をめぐる金融に加え，このように訴訟人の長期滞在に関わる換金や融資にも替銭・替米が利用された。

　14 世紀初頭にはさらに進化した手形として割符も出現した（桜井［1996］）。替銭・替米は一回限りの個別的資金融通であったが，割符は複数回の譲渡が可能であり，銭建てで額面が 10 貫文（1 貫 = 1,000 文）と，高額にして定額の証書である。割符は流通するなかで，所持者とは面識のない第三者が振り出している場合が多く，14 世紀には信用保証のための副状である替状（手形裏書に相当）を添えて流通したが，経済活動の振興とともに 15 世紀になると替状無しに割符のみで流通するようになる。割符を 1 個単位で数える用法が採られているのも割符の基本単位が 1 個につき 10 貫文であるという社会的認識によるものであろう。額面 5 貫文の割符を半割符と呼ぶ事例も見られる。

　割符の文面には，振出人（依頼人）が後日の支払いを約束（今日の約束手形に相当）するものと，振出人が別の支払人に支払いを委託（支払委託書に相当）するものとの 2 種類がある。振出人には畿内諸都市の割符屋・替銭屋が多く，割符が遠隔地商人の支払手段として利用されたと考えられる。遠隔地商人が，大量の銭をもって地方へ赴くことには輸送や治安上の支障があり，取引上生じる端数処理や行旅にかかる支払いのための銭は所持するにせよ，多額の貨幣を文書として携行できる割符は便宜にかなうものであった。替状無しに割符が単独で流通するようになったのは遠隔地間での複数の商人を介した金融活動の必要が増大するなかで割符による取引が重ねられ，割符に対する信用が高まったことが背景として考えられる。その一方で，見知らぬ第三者との間での譲渡・流通をともなう取引のなかではトラブルも生じる。割符が文面通りに処理されない「違い割符」と呼ばれる不渡り（債券が回収できない）事案も起きている。

3）明銭の流入と手形流通の変容

　14 世紀に明朝が成立すると，宋銭に加えて明銭も流入するようになった。市場に流通する品質の良い銭貨（精銭）と品質の悪い銭貨（悪銭〔鐚銭〕）とでは精銭が退蔵され，徐々に希小化した。悪銭を排除しようとする撰銭も頻発し，希

少化した精銭を補うために，日本でも中国でも私鋳銭が大量に鋳造されるよう
になった。こうした私鋳銭の流通でかろうじて維持されていた銭経済は，1570
（元亀元）年前後に明からの銅銭供給が途絶えると破綻した。背景には，前述の
ように新大陸のスペイン植民地で銀山開発が進展し，貿易の決済を通じて大量の
銀が明に流入したことや，銅の不足に陥っていた明が銅銭の公鋳を行わなくなり
銅銭経済圏から銀経済圏へと転換したことがあった。

　銅銭供給の途絶で最も打撃を受けたのは，日明貿易が盛んな畿内をはじめ西日
本で，銭貨の質の低下とともに信用が低下する一方，元来，商品貨幣である米の
価値が上昇し，その換金性が見直され，銭に代わって用いられた（浦長瀬
［2001］）。豊臣政権は米を知行宛行や軍役（軍事的負担）賦課など権力編成の基
本単位とする石高制を採用している（本多［2006］）。精銭が希少となるのが西日
本より遅れた東日本のうち小田原北条（後北条）氏領国では，明銭（永楽銭）を
基準貨幣とする銭経済が存続したが，実際に流通したのは悪銭を含む雑多な銭貨
であったとみられ（川戸［2008］），精銭が希少になった 16 世紀末には，年貢は
悪銭（鐚銭）による代納へと切り替えられた。徳川氏は，関東を領有すると精銭
の希少化を補うため高額貨幣として 1601（慶長 6）年に慶長金銀を発行し，江戸
幕府は 1608 年に金・銀・銭貨（精銭）・悪銭の比価（公定レート）を定め，一般
的交換手段としての永楽銭の使用を禁止した（高木［2016］［2017］）。

　銭経済の変質は，手形などの信用貨幣へも大きな影響を与えた。前述の割符は，
中世の手形の最も進化した形と言えるが，応仁の乱以降の全国的争乱状況の拡大
による荘園経営の危機や，公家や在京守護が家臣とともに戦乱で荒廃した京都か
ら領地に下向し，京都での商品需要が減少した結果，割符の需要が減少し，また
違い割符に示されるように信用貨幣としての信用力が低下した。戦国期は，顔の
見える相手との現物による取引が選好されたこともあってか，16 世紀初頭を最
後に割符は使用されなくなったとみられる。

　割符に代わる決済手段としては近距離間では割符登場以前から用いられた替
銭・替米が利用され，遠隔地間では金が利用された（桜井［2002a］）。16 世紀に
は問屋商人を担い手とする手形が登場し，それらが近世社会の手形につながるこ
とになった。その形態の 1 つは，手形振出人である問屋商人 A が引受人 B から
銭を預かり，その額に若干の利子を付けて返済することを約束した手形を B に
渡す形態で，A は預手形を発行して運転資金を調達する。もう 1 つは，手形振

出人Ａが，引受人Ｂに支払人Ｃから銭を受け取る支払指図書を渡す形態で，おそらくＡはＣに銭を預けており，Ｃの金融業務の一環と推測される。

4）中世日本の信用経済と所有構造

　中世日本の信用経済の背後には中世社会独特の債権・債務関係が存在していた。中世社会では債権について国家による保証がなく，担保によって保護される要素も限られたため，債権は脆弱であり，債務者の許容する範囲で保護されるに過ぎず，債権者と債務者の共存の理念のもとで多様な取引が成立した。売買によって質権や質物所有権が否定されて自動的に他人の所有物になることはなく，債権よりも質物所有権が優位にあった（井原［2011］）。

　神仏への信仰が社会の基盤にあった中世社会では，神物・仏物（神のモノ・仏のモノ，モノはおおよそ，所有物の意）と人物（自分のモノ）との区別が優先され，人によるモノの私的所有概念はあいまいで，中世の請取状は，領収書にもなれば借用状としても機能した。中世社会のモノに対する支配権は，「職」という概念を媒介として，占有・保有・使用・収益・用益・財産権など多様で重層的な諸権利として成り立ち，複数の主体がそれを分割行使した。当初は職務の観念であった「職」が，「職務的用益権」を含むようになり，最終的には職務負担付きの不動産物権となった。「職」の性格は，時代によって変化するが，荘園の所職が代表的な「職」の形態で，それは中世社会の土地所有形態に関わる（西谷［2006］）。

　中世の領主的土地所有は，古代の公的な領域支配権と墾田などの土地所有権が融合して形成され，公的支配権と密着して上級所有権が確立する一方で，百姓による下級所有権が「作手・作職」として成立した。下級所有権者は，耕作を代行する「作人」[7]をもち，「作人」による直接耕作のほかに，「下作人」に下請耕作させる場合もあった。作人・下作人は，耕作を預かることで「職」を有し，土地に対する一定の権利を保持した。

　こうした中世的所有観は，モノに対する複数の諸権利が一人の所有者に独占されることを原則とする近代社会の私的所有権とは大きく異なる。中世社会では，信用取引の一形態として贈与が広範に行われ，物資の調達に贈与慣行が利用されたり，贈答が代銭の額面を記した折紙（目録）で行われた。15 世紀に盛んに用

　7）荘園領主・名主から土地を借りて期限付きで請作する農民のこと。

■ 解説 I-2

出土銭貨研究から見た貨幣流通

　経済史研究のための資料として，文献史料と同様に考古資料は有用である。ここでは考古資料のひとつである出土銭貨に関する近年の研究成果の一端を紹介する。

　古代では，奈良県飛鳥池遺跡の富本銭がまず頭に浮かぶ。これまで日本最古の貨幣とされていた和同開珎より古い地層から富本銭工房が発掘され，日本史の教科書が書き換えられたからである。富本銭自体は江戸時代から絵銭（厭勝銭）として存在は知られていたが，この調査によって層位的に7世紀末までさかのぼることが考古学的に確認された。坩堝や銭貨の未完成品など生産関連遺物の出土によって，鋳造工房の存在を特定できたのである。経済的目的の貨幣であるか否かの議論は残されているものの，富本銭がわが国最初の鋳造貨幣という事実は動かない。また，7世紀末の藤原京基壇から文字タイプの異なる富本銭が出土したことで，富本銭が一種類でないことも判明した。富本銭が銅・アンチモン合金であることも，生産技術の観点から重要である。古いタイプの和同開珎にも銅・アンチモン合金が存在するので，なぜ青銅銭（銅・錫・鉛合金）ではないのかという理由の解明が課題として残っている。さらに，富本銭とほぼ同時期の秤量貨幣と考えられる無文銀銭の存在も知られており，その実態解明が急がれる。

　乾元大宝（958年初鋳）までの古代銭貨は，畿内を中心に官衙などの政府関連施設や官道沿いから出土しており，出土地点の把握と出土量の多寡によって律令政府の支配範囲を特定できる。また，古代銭貨が時代の経過とともに生産量を減らし，金属貨幣の流通が滞っていることも出土銭貨から証明できる。ただし，通貨として機能した最初の貨幣が和同開珎であることは，出土範囲の広がりと枚数の多さからみて間違いない。

　中世に目を転じると，これまでも研究対象となってきた一括出土銭（備蓄銭）の研究によって，流通していた銭種とその多寡を知ることができた。この一括出土銭には粗悪な銭貨の混入がほとんどないことから，埋められた当時精銭（良銭）と認識されていた銭貨をストックしていることは明らかである。また，銭貨を紐で束ねた緡銭で出土するケースも多く，中世には通常97枚一単位の緡銭状態で流通していたことを考古資料は示している。これに対して，近年では遺跡から単体で出土する個別出土銭が貨幣の使用頻度と相関するとして重要視されており，この研究のためには出土銭貨データベースの作成が基礎作業となる。明銭流入以降，東日本では永楽通宝，西日本では北宋銭が多く出土することから，「東の永楽，西のビタ」の語は説明できる。前近代の銭貨流通を考古資料から復元するためには，当時の流通銭貨状況をより正確に反映している資料を用いなければならず，一括出土銭と個別出土銭を使用した総合的な考察が必要となる。

　大陸への玄関口である中世都市「博多」を例として，個別出土銭データベースから明らかとなったことを示す。まず，中世に流通していた銭種に注目すると，一括出土銭とほぼ同じで，明銭流入前には北宋銭や唐の開元通宝などが上位を占めるが，「博多」では元豊通宝が1位，皇宋通宝が2位であり，中国における窖蔵銭（一括出土銭）と同じである。しかし，日本の一括出土銭ではこの1位と2位が逆転しており，その理由は定

かでない。次に埋没遺構等から時期が明らかな出土銭貨数を時期別に集計すると、「博多」では 11 世紀後半には銭貨が出現し、14 世紀前半に向かって増えていくが、いったん 14 世紀後半に減少する。そして、再び 15 世紀後半に向かって増加することを確認できる。これは「博多」が早くから日中交易の拠点であったことを示すと同時に、出土銭貨数の変化は貿易や戦乱などこの地域の経済・政治情勢を反映しており、文献史料と突き合わせることによって当該時期に起こっている史実を明らかにできる。また、1368 年初鋳の洪武通宝の出土数は 15 世紀後半に向かって急増し、16 世紀後半でもやや増加傾向を示しており、銭貨の鋳造時期と出土時期に 1〜2 世紀ほどの隔たりがある。これは長期間使用された結果と考えるだけでなく、後世の国内外における模造による貨幣量の増加も念頭に置いておかねばならない。出土銭種にみられる地域性や、銭貨の生産、流通、埋没過程を明らかにするためには、個別出土銭のデータを蓄積・分析することが重要である。

　一括出土銭に含まれておらず、中世日本では流通していなかったとされる大銭（銭径の大きなもの）は、14 世紀前半の博多に向かっていた韓国新安沈没船には積まれており、一定数日本に持ち込まれていたことは明らかである。この大銭が例外的に出土する「博多」でも、埋没時期が特定できる資料から 13 世紀後半にそのピークがあり、日本で銭貨流通が始まった比較的早い段階で埋没したと読みとれるので、通説とは矛盾しない。また、中世末になると日本各地で文字のない無文銭が出土するようになる。これは銭貨不足の結果、銭径が小さく文字のない悪質な銭貨が各地で鋳造され、使用されていたことを示している。

　文化財科学の観点からは、中世末になると日本製銭貨（模鋳銭）には純銅に近いものや、錫を含まない銅・鉛合金の銭貨の存在が、金属組成分析によって明らかになっている。また、鉛同位体比分析によって、中近世移行期にタイのソントー鉱山の鉛が日本へ持ち込まれていることが明らかとなった。琉球銭やベトナム銭が日本で出土することを考え合わせると、南蛮貿易の中で銭貨と金属素材がどのように往来していたのかを考察する必要がある。

　最後に、近世都市「長崎」の事例から、出土銭貨はその土地の特色を示すことを述べる。「長崎」ではいわゆる鎖国後も海外の貨幣が持ち込まれる可能性があり、結果、豪商八尾氏の居宅跡である長崎市興善町遺跡と出島阿蘭陀商館跡の調査では西洋貨幣が出土している。また、万治 2（1659）年にオランダの注文により長崎で鋳造を開始した銭貨も国内で出土する場合がある。この長崎貿易銭と呼ばれる楷書の元豊通宝は、ベトナム日本町ホイアンやベトナム北部や中部の出土銭にも含まれており、日越交易を考える上で重要な資料となるので、注目しておかなければならない。

　近年の出土貨幣研究には、自然科学的手法を活用した研究や、ベトナム・中国・韓国などとの環シナ海交易を見据えた比較史的視点の導入など、新たな展開がみられる。

（櫻木 晋一）

【参考文献】
櫻木晋一［2016］『貨幣考古学の世界』ニューサイエンス社

いられた折紙銭は，折紙に贈与額のみを記し，後日に現銭を届ける「信用贈与」であった（盛本［1997］：金子［1998］）。この慣行が広まることで，現銭が届けられる以前の段階で折紙が贈与されることもあり，折紙同士での決済も行われ，贈与慣行が信用取引の機能の一端を担った（桜井［2017］）。

　しかし，中世社会を特徴づけた重層的な「職」の体系がそのまま近世に引き継がれたわけではない。中世後期に，「職」の内実は多様化し，完全な所有権と化すものもあれば職務に純化したものもあり，体系的な社会秩序を維持するシステムとしては機能しなくなった。所有構造は変質し，支配権力の主導により支配体系のなかでの社会的責任を負う役割分担として職に代わったのが，中世以来，領主層が課した負担の一形態「役_{やく}」である。専門性により細分化された職能集団が職分としての「役」を担い，それが所属集団の構成員の資格ともなった。

2　朝廷・幕府・大名の経済政策

1）古代中世移行期の財政政策

　10 世紀に入ると在地での荘園の形成にともなう領主的土地所有により，実質的に土地公有制は崩壊し，公有地からの税収を財政基盤としてきた律令国家にとって，国家的造営事業の経費をいかに確保するかが大きな課題となった。

　荘園の成立には，任国に赴任した国司＝受領_{ずりょう}が重要な役割を果たしたが，受領は任地での権限から多くの収益を得ることができたため，私財を朝廷に献じて受領への任官・再任を求める動き（成功・重任_{じょうごう・ちょうにん}）が盛んとなった。買官にあたるこうした動きを当初は抑制していた朝廷も，10 世紀に入り国家財政が苦しくなるなかで，成功・重任を利用して造営事業の経費を調達するようになった。当初，任官希望者が提供した資金は「私物」であったが，それが制度化してゆく過程で，11 世紀末には「官物_{かんもつ}」の一部を「成功」運動の費用に流用することが黙認された。そして受領が主導して特定の経費を「官物」か「私物」かを問わずに賦課する一国平均役_{いっこくへいきんやく}（荘園・公領を問わず所定の国内に一律に賦課した臨時課税）が生まれ，それが国家財政に取り込まれて中世王権が強化された（上島［2010］）。

　12 世紀には造営事業の経費を任国から賄うことを条件に国司に任官される造国司_{ぞう}まで現れ，このような国家事業の経費を賄う目的で随時指定された令制の国を造営料国_{ぞうえいりょうこく}という。その結果，12 世紀中頃には皇族・貴族に対し，一国からの

収益とその支配権を与える知行国制が成立し，造営事業に充てられる造営料国
は知行国として認められた。国単位だけでなく，それより狭域の地域（郡・郷・
荘園・津など）に限定した造営料所も設けられた。公家以外に有力寺社の造営や
修築に関しても造営料国・造営料所が認められ，造営事業の経費調達先として朝
廷から定められた国や地域を寺社自らが知行し，徴収を行った。こうして受領の
買官目的から始まった私的奉仕が制度化して国家財政の枠組みは変質した。

2）鎌倉時代の守護・地頭制

　治承・寿永の内乱後，1183（寿永2）年に源頼朝が朝廷から東国行政権を委譲
されたことを実質として，92（建久3）年に征夷大将軍に任命され，名実ともに
鎌倉幕府が始動するが，鎌倉時代の支配体制を鎌倉幕府に求めるかどうかは中世
国家の性格規定に関わる重要な論点となった。古代から中世への転換を，公家政
権による律令国家から武家政権による封建制国家への段階的変化と捉える見解で
は，鎌倉幕府の成立が封建社会への第一歩となる（永原［1973］）。古代から中世
への連続性を評価する立場からは，伝統・故実にのっとって儀礼・学問を行う公
家と，国家を宗教的に護持する寺社と，武力で国家を守護する武家，それぞれの
権門が職能を分掌して相互補完的に1つの国家を形成した（権門体制）と理解さ
れる（黒田［1975］）。後者では，天皇は分掌された職能の頂点に位置する封建国
家の国王とされ，中世期に天皇の地位が弱体化したのは，権力の分散状況に対応
した特徴と捉えられる。また，鎌倉時代は京都政権（朝廷）と東国政権（鎌倉幕
府）という2つの国家が内在しており，単一国家と見る前提そのものに問題があ
るとの見解もある（佐藤［1983］）。

　本書では，多様な見解があることを踏まえつつ，国家体制の論争には踏み込ま
ず，経済面に関する鎌倉幕府の支配を概観する。そこでは，地域支配の担い手と
して任命された守護・地頭と，国衙との関係が重要であった。守護は，本来，国
単位で軍事・警察業務を行うものとして任命されたが，国衙在庁官人への支配・
命令権を付与され，一般行政事務を掌握して任地の行政支配権を確立した。一方，
地頭は，荘園・公領ごとに置かれ，所領の管理と徴税，荒地開発，検断（警察・
裁判）の権限を有した。守護・地頭ともに幕府御家人が任命され，守護が管国内
の地頭と主従関係を結ぶことは禁じられ，それぞれ同列の関係にあった。より広
い管轄地をもつ守護には有力御家人が任命され，後には執権北条氏一門がその多

くを占めた。地頭は，御家人となって本領を安堵された在地の有力田堵（たと）や私営田領主，武功を認められて新たに所領を与えられた在地領主層で構成された。

　彼らは，しばしば自領以外に周辺荘園内の百姓（生業民）耕作地を自領内に取り込もうとして荘園領主と対立するようになった。荘園内の住民の生業は主に農業であるが，立地条件などにより山野河海での狩猟採集や生産（製塩・炭焼き他）を兼業するものも少なくなかったと思われる。本章では中世における百姓を，農業を含めて様々な生業に従事するものの総称であるとみる。個別小経営で自立性が高い荘園では，百姓が在地領主の侵害に反発し，荘園領主と連携して対抗した場合もあり，幕府も基本的に荘園体制を擁護する立場を貫いた。荘園領主が主に都城に居住したのに対し，在地領主層は在地に密着し，百姓の再生産に不可欠な用水・山林・野原の領有を基盤に，所領を拡大していった。そして，在地領主の館の前で定期市を開くなど，流通過程も一定程度掌握しつつ，商品経済の展開に対応して経済的基礎を固めたのであった（高橋［2004］）。

　13世紀後期には，御家人として鎌倉に出仕し，過熱する貨幣経済のなかで消費の謳歌による浪費や分割相続にともなう所領の細分化が中小御家人の経済状況に陰りをもたらし，さらに蒙古襲来にともなう軍役負担などがその脆弱な経済基盤をさらに揺るがし，1297（永仁5）年，鎌倉幕府は御家人による所領の質入れ・売却を禁じ，すでに質入れ・売却された所領の無償取戻し，御家人関連の金銭訴訟の不受理，判決内容の過誤に対する再審請求（越訴）などを禁じる永仁の徳政令を出すに至った（笠松［1983］：早島［2018］）。疲弊，没落する中小御家人が多くいる一方で，武力を以て年貢抑留など幕府や荘園領主への抵抗を組織的に重ね，悪党と呼ばれた土豪などからなる在地勢力が畿内とその周辺で動きを強め，地域の生産や流通にも深く関与するなかで経済力を貯え，台頭していった。

3）室町幕府財政の展開

　永仁の徳政令の発令により御家人にとどまらない貸借関係をめぐって生じた社会的混乱は容易に収拾されることなく，鎌倉幕府は威信を回復できないまま1333（元弘3）年に滅亡し，後醍醐天皇による短期間の建武の新政を経て，1336（北朝年号で建武3）年，足利尊氏が幕府を開き，室町時代が始まった。皇統が南朝と北朝とに分かれて抗争し，それぞれを支持する公家・武家勢力が離合集散を重ねたが，1392（明徳3）年，3代将軍足利義満の代に両朝は合一をみた。室町

幕府の定期的財源は，①御料所，②土倉酒屋役，③守護出銭，④地頭御家人役，⑤一国平均役で構成されたが（桑山 [2006]），①は少なく，義満期以降には臨時・不定期な収入ではあるが財源として，遣明船を派遣して朝貢を行う日明貿易からの収益が重要であったとみられる。

　4 代将軍義持の代には，朝貢形式をとることが屈辱的であるとして日明貿易を中断したことなどから財源が不足し，②と③とが重要な補填財源とされた。③は在京守護に課した税で，直接，役負担者の富を吸収するものである。②は，土倉（倉庫・金融）業者・酒造業者に対する課役で，土倉・酒屋は②を負担する代わりに，本来の物品を預かり保管することや，酒を醸造し販売する以外に，高利で質物を預かり，融資を行うことを認められた。土倉・酒屋の出自は在京武家の被官（家来）が多く，金融活動を通じて荘園の代官を兼ねる者も多かった（酒匂 [2020]）。京都やその近郊には，15 世紀前期に 300 軒を超える土倉・酒屋があったとされ，都市に住む領主層や商人との取引だけでなく，年貢の未進（滞納・未払い）が債務であることから金融業は農村にも浸透していた。

　困窮した民衆が連帯し，債務の破棄に代表される徳政[8]を求めて蜂起する動きは，1428（正長元）年の正長の土一揆（徳政一揆）を端緒にして，16 世紀にかけて頻発するようになり，1441（嘉吉元）年に 6 代将軍義教が有力守護大名赤松満祐に討たれる（嘉吉の乱）と，将軍の代替わりにともなう徳政を求めて大規模な一揆（嘉吉の徳政一揆〔嘉吉の土一揆〕）が起こり，京都に侵入した一揆勢は質物や売買・貸借証文を奪い，土倉に壊滅的な打撃を与えた（勝俣 [1982]：早島 [2018]）。発布された徳政令で債務破棄が正当化され，質物が合法的に奪われた結果，幕府は土倉役の徴収を停止せざるを得なくなった。その減収を補うべく，酒屋への臨時賦課や日銭屋（利子を日歩で徴収する金融業者）・洛中関所地[9]への

---

8) 徳政は本来，中国古代の儒家が唱えた，君主の徳性を以て人民を教化し，政治を行うべきであるとする徳治思想に由来するもので「徳ある政治」を意味し，ただちに債務破棄を意味してはいない。世が乱れるのは君主の徳が足りていない証拠であるとされ，あるべき正常な状態に戻すために徳政が求められた（笠松 [1983]）。そこで行われるのが大赦・恩赦・税の減免などであり，支配者の交代期には，代替わり徳政として，人心一新が求められた。それ以前に生じていた望ましくない事態として民衆に最も身近だったのが負債であり，債務者にとっては貸借関係の解消＝債務破棄が強く期待されたことから，徳政令の発令が債務破棄や失地回復を容認するものと解釈されている（井原 [2015]）。

9) 没収されたり，領主が他に移ったりして知行する者がいない土地。

賦課が行われたが，巨額の土倉役を補うには不十分であった上に，1454（享徳3）年の土一揆で再び土倉が襲撃された。慢性的飢饉状況のなかで，村が集団的・強制的に土一揆を展開し，領主層へ税の減免を要求し，在地領主層もそれに対応して局地的・個別的に徳政（私徳政〔在地徳政〕）を行わざるを得ず，公権力の徳政令や在地徳政が 15 世紀の社会状況を特徴づけた（黒田［2009b］）。

　8 代将軍足利義政は，1455（康正元）年に分一銭を徴収し，また公田を基準に臨時に賦課する段銭[10]の徴収も守護に請け負わせ，確実な徴収を図るなど一時的に財政再建に成功した（早島［2006］）。分一銭とは，徳政令で債務を破棄する際に，債務者から債務額の 10 分の 1 か 5 分の 1 の銭を手数料として幕府に上納することを条件に債務破棄を認めたもので，後には債権者にも分一銭を納めさせ，分一銭未納の債務者に対する債権を確認した。室町幕府財政は，土地よりの税収よりも流通経済・信用経済に関わる税収に基盤を置いた。

4）戦国大名の経済政策

　1454（享徳 4）年の享徳の乱を契機に東国で争乱が始まり，さらに 1467〜77（応仁元〜文明 9）年の応仁・文明の乱で，京都も長期の戦乱に巻き込まれ，戦国時代が到来した。足利将軍家の権威失墜とともに，各地で戦国大名が覇権を争い，領国（分国）内での自立的な支配が行われた。領国支配確立のためには富国強兵策の推進が必要で，財源として年貢収取の徹底が不可欠であり，小田原北条氏領国では貫高制が推進された。領内では，田地 1 反につき 500 文，畠地 1 反につき 165 文という基準年貢高が設定され，検地によって郷別に田畠の面積が確定され，それをもとに郷別の年貢額が決められた。村々の基本年貢額の 100 分の 6 が役銭として賦課され，家臣への知行もこの基本年貢高をもとに与えられた。知行高に応じて軍役（軍事行動への人数差出・出銭）が課され，北条氏は，役銭収入を安定して確保し，軍事動員し得る人数も常時把握し得た（永原［1997］）。

　こうした検地に基づく貫高制は，今川・武田氏など東国大名領で先行して採用され，毛利氏領国など西国でも行われて，戦国大名は，家臣に組み入れた在地小領主に対しては，知行の入れ替えや分散を図り，その在地性の弱体化に努め，また，徳政令を出すことで在地社会の支持を得，領国支配の確立につなげようとし

10）一国平均で田地一段別に臨時に賦課された税のこと。後に守護が私的に課する守護段銭，荘園領主・地頭などが私的に課する私段銭も見られるようになった。

た（阿部 [2001]：黒田 [2009a]）。徳政の内容は，室町幕府の徳政と同様に債務破棄を約すもので，旧勢力との債務関係を解消させることで新たな領民からの支持を得ることと戦乱の最前線となる領域での軍事動員への代償になることを狙った。一方で，大名権力に直接つながる高利貸資本は徳政の対象外として経済基盤の維持に努めた。しかし，特定の相手を徳政の対象外とすることは徳政令そのものの構造的矛盾と限界を示し，その克服は，織田信長へと持ち越された。

5）織田・豊臣政権の経済政策

　織田信長の経済政策として，「楽市楽座令」と俗称される政策があるが，戦国大名や織田・豊臣政権は，特権商人の「座」を保護しており，施行対象地が，城下町以外に地方市場・寺内町を多く含んでいた。その政策は，商人座の解体を直接意図せず，城下町や地方市場の支配や秩序維持を目的とすることから，厳密には「楽市令」である。楽市令には，既存の市の機能を戦国大名が追認保証した保証型楽市令と，新たな城下町建設に際して楽市を設立するための政策型楽市令の2種類があった。織田信長が発布した楽市令のうち，美濃加納に対するものが前者で，安土に対するものは，座に代わって町が外来商人に営業許可を与えるもので，後者に該当する（安野 [2009]）。13 世紀中期には三斎市（日切で月 3 回開催）が普及し，14 世紀中期以降には六斎市（日切で月 6 回開催）も現れ，地方においても市周辺に複数の在家（住居・園地・宅地を含む収取単位）から成る商業集落の形成も珍しくはなかったが，15 世紀以降，戦国大名は富国強兵策の一環として分国内での市立てを奨励しており，不入・課税免除・徳政免除などの諸権限を保証することを約した楽市令を以て一層の商業振興を図ろうとした。

　豊臣政権でも，楽市令が継承されたと考えられるが，豊臣秀吉は関白任官後に，座を解体して都市支配体制を強化しており，座商人への対応は，織田政権から大きく転換した（長澤 [2017]）。また，経済に関わる豊臣政権独自の政策として，全国規模での検地（太閤検地）と刀狩り，海賊停止令がある。太閤検地では，耕地の一筆ごとに耕作責任者が定められ，耕作責任者は年貢納入の義務を負った。また有力百姓が他の百姓に耕地を貸与して小作料を徴収することや賦役を課すことが禁じられた。検地を受けた百姓は，耕作権を保証される一方で，他地域に転出することや耕作を放棄して商人になることを禁じられ，検地帳に記載された土地の耕作を強制された。年貢は石高を基準に決められ，各村で確定された年貢高

が集積することで一国の年貢高が確定した。豊臣政権はそれをもとに家臣・大名に知行を充行い，その石高に応じて軍役を賦課した。太閤検地は，年貢収取システムであるとともに家臣・大名支配の基礎となった。

　1588（天正 16）年には，刀狩令と海賊停止令が出された。前者は百姓の武器所持による土一揆の発生を防止することを主目的に刀・脇差以下農耕に不要な武具の所持を禁じるもので，大名給人にその回収を命じた。後者は地域の領主に海民調査を命じ，海民から今後は海賊行為をしない旨の誓紙を徴収させ，違反者が出た場合の罰則を定めた。刀狩りと海賊停止は，一揆や臨海での不法行為などを禁止して私戦を終了させ，公権力による一元的統治が開始されたことを意味し，検地と併せて，兵農分離・農商分離を促し，近世的身分秩序を形成する要因となった。それらの政策は徹底されてはいなかったとの見解（藤木［2005］）や，戦国大名の政策との連続性を指摘する見解もあるが（第 3 章第 1 節参照），近世社会の成立に大きな影響を与えたことは否定できないであろう。

3　代銭納化の進展と荘園制の変容

1）中世日本の市場経済

　以下では，市場と交通，経済活動の担い手，都市と村落など経済実態を概観する。中世日本の経済像には相異なる 2 つの見解がある。永原慶二に代表される見解は，中世期の経済の発展段階と近世期のそれとでは大きな断絶があり，中世末期の戦国期でも，京都・奈良周辺における農産物加工品生産のような商品生産が社会全体の経済・市場構造を左右するには至っておらず，近世期のような農民レベルでの小商品生産の展開を確認することは困難とする（永原［1997］）。網野善彦に代表される見解では，中世には交易・商業・海運が非常に活発で，商人・金融業者が国制から自立した独自な活動を展開し，為替を利用した信用経済の展開も見られ，14 世紀以降にはいわゆる「市場原理」が機能したことから，「資本主義」の源流を 14 世紀まで遡って考える必要があるとする（網野［1997］）。

　永原は生産のあり方から，網野は流通のあり方から経済の発展段階を考えたと思われる。中世日本では，生存のために必要な最小限の消費分を除き，大部分の生産物が年貢納入に充てられたと考えられる。網野は中世社会の百姓＝農民と捉えることを疑問視し，非農業民，なかでも漁撈・製塩・水運などの生業に従事し

た「海民」の存在を重視し，商品としての販売を目的とした生産の部分を指摘する。しかし，11世紀以降に成立した公田官物率法（こうでんかんもつりっぽう）では各地域の主要産物が官物（かんもつ）（年貢）として設定され，製塩地域では塩も年貢に指定されることが多かった。その点では永原の理解に説得力があるが，年貢として納められた生産物が支配権力のもとに現物そのもので届けられたとは限らず，届けられるにせよ，すべてが自家消費されるわけではない。

　中世日本では，年貢を銭に換えて納める代銭納制が広範に行われ，年貢にあたる生産物が生産地や輸送途上で銭に換えられたとすれば生産物は貢納以前の段階で商品となり，貢納後でも年貢が市場に投下され，換金されたり，別の商品と交換されたりすれば商品として交易ルートに乗ることになる。そうであれば，中世日本の市場経済を考える上で，代銭納がどの程度進展していたのか，市場の発達状況がどうであったのかを追究することが重要となる。

　また中世日本で広く行われた贈与慣行の側面も重要である。モノの実際のやり取りをともなわない（目録上の）名目的贈与が大量に交わされることで，それが信用貨幣化し，実物経済以上に経済規模を拡大している場合がある。詳しくは「テーマⅠ」に譲るが，資本主義の究極的な発展の姿を，実物経済と乖離して資本市場のみが加速度的に拡大しているような現代に求めると，14・15世紀の日本でも似たような状況が生じていたとも考えられる。

2）代銭納制の展開

　12世紀後半以降中国から大量の銅銭＝渡来銭が流入し，短い期間に広く普及したことで交換手段としての商品貨幣は金属貨幣へと比重を移し，それまで米・絹・布などで納めていた年貢を銭で納める動き（代銭納）がみられた（佐々木[1972]）。同一重量や体積であれば，米より銭の価値が高いと考えられ，同価値のものを運ぶのであれば銭の輸送コストははるかに低いと言える。ただし，現物納と代銭納のどちらが有利になるかは，年貢の価格動向に左右されることから代銭納への転換が一挙に進んだわけではなかった。代銭納化が進展すれば地方に市場が立って年貢品の価格が決まるが，京都での価格と在地の価格にそれほど差がなければ代銭納が有利になる。一方，京都での価格が高騰し，在地価格との差が開いた場合には，年貢を現物で納入させて京都で販売した方が，荘園領主には有利になる。こうした経済計算の余地が生じたことが，代銭納が市場経済に与え

た影響であった。

　市場経済の広がりに影響を与えたのは，年貢輸送のどの時点で年貢が販売されたかである。西日本の年貢を京都に運ぶ場合，生産地―産地の積出拠点―畿内の集積拠点（兵庫・尼崎など）―淀―京都という輸送経路が想定できるが，生産地と産地の積出拠点との間での流通形態の詳細な論証は困難である。代銭納の場合は経路の途上の市場で商人に販売されて銭に換えられたと思われる。重要な集積拠点であった兵庫には，12世紀後期，平清盛が日宋貿易の興隆を期して経ケ島を築き，大輪田泊を修復した。以後，兵庫津と総称される一帯は中世を代表する湊津となった。13世紀後期以降には，東大寺をはじめ諸寺社の造営料所として関が設けられ，升米や置石，商船目銭などの通航税が賦課され，14世紀初頭には鋳物師を兼業する問も存在した。

　兵庫津の一画，東大寺の造営料所とされていた兵庫北関への入船に関する徴税台帳である「兵庫北関入舩納帳」の残存部分からは，1445（文安2）年の1年間に，約2,000艘余の船が多彩な物資を積んで同関を通航したことが分かり，国料船・過書船など関銭を免除される船を除く船の積荷は商品とみなされる（林屋編［1981］）。そのなかには代銭納のために売却された年貢が少なからず含まれたとみられ，船荷を中継した問（問丸）には，多様な品目を取り扱った大規模な問と，特定の品目を取り扱った中小の問があり，なかには特定の船籍地の船を専ら扱う問もあった。湊津の問は倉庫を持ち，到着した船の積荷の荷受や保管を行ったと考えられ，現物で兵庫津に運ばれた年貢も，すべてがそのまま荘園領主のもとに運ばれたのではなく，畿内をはじめ各地の商人が往来する兵庫津で，需給関係に応じてそのまま保管されたり，商人に販売されて代銭が荘園領主に送られたりしたと考えられる。「兵庫北関入舩納帳」に記された代表的商品は塩・材木・米で，瀬戸内海沿岸部と島嶼が塩の一大産地である。何れの商品も朝廷・幕府・大寺社が所在する京都をはじめ多数の人口を擁する大消費地畿内での食住にかかる必需品である。塩は調味料以外に非食用品も含む保存・加工にも多用され，米は畿内との収穫期のずれや品質による価格差も勘案し出荷されたことが推定される。飯米としてだけでなく，酒造原料米としての需要もあった。

3）中世前期の荘園制

　班田制は，9世紀以降の在地の有力百姓＝田堵による墾田開発のなかで崩壊し，

彼らの私領を中央政府が公田として年貢収取の基盤とする公領が成立する一方，免税特権などを求め，皇族・有力貴族・寺社に私領が寄進されて寄進地系荘園が成立した。公領と荘園が，中世社会の基本的な領主的土地所有形態で，全国の土地は，権門勢家（有力公家・寺社・武家）が大土地所有者となった荘園と，郡郷を基盤に国衙によって収取がなされる公領とに大きく 2 つに分けられた（工藤[2002]）。国家が収取したのは，律令時代の租・調・庸の系譜を引き，物納される官物と，雑徭の系譜を引く臨時雑役（課役）で，荘園領主は，官物と臨時雑役の両方，ないし臨時雑役の納入を免除された（不輸もしくは半不輸）。

荘園領主は，その免除分を自ら取得することとなり，それを年貢（官物）と公事（雑役）に編成した。臨時雑役が免除された荘園は，雑役免荘園と呼ばれ，国衙が官物を，荘園領主が公事を収取した。寄進地系荘園では，在地領主から私領の寄進を受けた貴族・寺社がさらに上位の貴族・寺社に寄進し，重層的な土地所有関係が形成された。在地領主が下司・公文などの荘官に任じられ，寄進を受けた荘園領主が領家，領家から寄進を受けた権門勢家が本家と呼ばれた。それに応じて下司職－領家職－本家職といった重層的な職の体系が形成され，年貢・公事は，職に応じて配分された（峰岸[2009]）。公領においても 12 世紀に権門勢家が知行国主となると，百姓―私領主―国衙―知行国主と下位から上位に連なる百姓の支配・収奪組織が形成され，荘園と公領が類似の内部構造をもった。

面積において公領よりも荘園が圧倒的比率を占めたとは言えず，荘園領主自身も，官物・臨時雑役の免除により，それに対応した年貢・公事の収取ができ，「公」権力の意識は色濃く残った。中世社会には荘園を広範に生みだす公領支配システムが存在していたと言える（高橋[2004]）。上島享は，荘園のもつ国家的性格を強調し，中世荘園の本田は国家的給付ゆえに不輸租とされ，所領の最高の不輸権が一国平均役の免除であるとした（上島[2010]）。権門勢家も国家的給付としての知行国を得ており，国家的性格の点で荘園（荘園制）と公領（知行国制）とは共通し，官物と年貢は同質と認識されている。

荘園公領制は，古代・中世移行期の 12 世紀後半に確立したとされるが，13 世紀に，鎌倉幕府のもとで守護・地頭によって地方支配が行われるようになると，本来，荘園制にはなかった武家領が拡大し，複雑な様相が現れた。さらに所領が分割相続されるなかで，惣領家が一門の所領を統括する動きが現れ，「本家（本所）－領家－預所」と荘園の知行体系がさらに重層化した。そこでは，本家が

■ **解説 I-3**

荘園制研究の新展開

　日本中世史研究の代表的テーマとも言える荘園制。その研究は古く，戦前より中世社会の私的土地所有体系の根幹として，さらには中世国家の体制基盤として数多くの議論が展開されてきた。戦後歴史学においては，封建社会の基本的な発展コースとして措定された領主制研究とともに，封建制論の一環として荘園制研究が進められる過程で，領主制論との数々の論争を経て中世国家体制につらなる問題，特にその国家的性格が注目されるに至る。そうしたなかで，在地領主制論が展開させた国衙領研究と荘園制研究を統合する形で提起されたのが，網野善彦による「荘園公領制」概念である（網野 [1973]）。網野は，「少なくとも 12 世紀以降の荘園と公領は，もはや異質な対立するものではなく，本質的には同質」であり，「私的といい，国家的といった性格は，荘園・公領の双方にそれぞれ貫徹している」とし，太閤検地まで続いた土地制度として荘園公領制概念を打ち出した。とりわけ，中世国家の「国制」として荘園や公領が位置付けられたことで，その後の荘園制研究に多大な影響を与えていくことになったと言えよう。

　荘園公領制の概念を得た後の荘園制研究では，1980 年代の社会史の盛行と相まって，多様な議論が展開されたが，なかでも近年注目すべき研究は，荘園制の国制的側面から荘園制成立過程を論じた「立荘」論であろう。そもそも荘園制の成立に関しては，在地領主等に始まる寄進の連鎖が，院や女院，摂関家を本家とする王家領・摂関家領を形成していくと捉えた永原慶二の「寄進地系荘園」論が通説となっていた（永原 [1960]）。1990 年代後半以降の立荘論は，そうした「寄進地系荘園」論への根本的な批判として提起された。先駆者である川端新は，白河院政期において院・女院・摂関家近臣層の主体的な動向に基づく立荘が展開し，小規模な免田などの私領を中心に，その周辺の公領を囲い込む形で広大な領域型荘園を成立させたと捉え，この立荘過程は荘園の本質的な構造転換を伴うものであったことを指摘した（川端 [2000]）。また川端の議論を受け継いだ高橋一樹は，公領が含み込まれた重層的構造をもつ荘園の立荘が，荘園領主・国衙・住民との合意によって形成されたこと，そして中世荘園が，知行国支配を基盤として中央貴族・国衙・現地住民という 3 者の利害を調整しながら，新たな徴税システムを形成したことを指摘した（高橋 [2004]）。これらの議論は，いわば「上から」の立荘に中世荘園制の起点を見出し，そうした立荘を定着させた院政期の画期性を明確化するとともに，在地領主制論から組み上げられてきた「寄進地系荘園」論の根本的な再検討を必須課題として浮かび上がらせることになったと言える。

　従来の荘園制成立論を大きく転換させた立荘論ではあるが，すでにその問題点も指摘されている。なかでも，「上から」の立荘を「下から」の寄進に対置させることを目的とするあまり，ややもすれば寄進の問題がすっぽりと抜け落ちることにもなりかねない，という懸念がある。しかも，鎌倉佐保によれば，立荘に荘園形成過程のすべてを収斂させてしまっては，それ以前に形成されていた枠組みや立荘に至る多様な動向を見落とすことになるという（鎌倉 [2009]）。さらに，野口華世は，立荘論が「上からの編成」を

強調したことで導き出した「上位者優位の構造」により，そもそもの批判の対象であったはずの永原の議論を，結果として継承することになってしまったと指摘する（野口［2007］）。したがって，中世前期における荘園制研究は，立荘論が切り開いた成果の上に，そこでは捨象された寄進の問題や立荘以前のあり方，本家と知行者との関係，また荘園制支配における在地領主の役割などを踏まえて再構築していく段階にあるといえ，その試みもすでに進められつつある（鎌倉［2009］：野口［2010］など）。

　一方，中世後期における荘園制については，2000年代に入ってから「室町期荘園制」として研究が進められている。そもそも，太閤検地まで続くとされた荘園制ではあるが，実際にはおおむね室町期以降には解体に向かい，大名領国制や村請制に移行していくと認識されている。そうした認識は，領主の発展過程に歴史の進展を捉えようとした在地領主制論に規定されたものであったが，それではその後も基礎構造において残存していく荘園制の枠組みを説明できない。「室町期荘園制」論は，「南北朝から室町期にかけて，すなわち14世紀から15世紀前半にかけての荘園制そのもののあり方を独自に議論」するために，「室町期における荘園の存立構造」について「広い視野から総合的に究明」することを目的とした研究であった（高橋編［2003］）。

　「室町期荘園制」論を牽引した井原今朝男は，室町期の荘園制が国家権力である室町幕府の諸政策によってその枠組みが再編され，社会的に機能する新たな所領区分が生み出されたこと，また東国荘園についても，年貢の京上を可能にしたシステムが幕府によって国家的に保障されていたことを明らかにし（井原［2003a・b］），単に室町期の荘園制を崩壊過程として描く研究に対して再検討を迫っている。また伊藤俊一は，南北朝期〜室町期の荘園制を，守護などの武家領主との関係から再検討し，南北朝内乱の展開が武家への軍忠を求める状況のなかで，現地の沙汰人層を巻き込んで地域社会の側から荘園制の再編が進められていったこと，そうして形成された一円所領の領主と「荘家」が「名体制」によって相互に結び付けられ，守護の賦課する役も，基本的にその体制に依拠していたことを明らかにし，室町期段階における荘園制が在地社会に深く根ざしていたことを指摘した（伊藤［2010］）。

　以上のように，室町期荘園制は，解体期としてではなく，再編された独自の構造をもつ体制として捉えられつつあり，現在では荘園現地における重層的な請負の構造や，年貢上納における流通や代銭納の問題など，荘園制下の地域社会の実像に迫る研究が進められてきている（清水［2004］）。その上で今後は，荘園の現地構造に関するさらなる追究とともに，中世後期荘園制の枠組みのなかに形成されてくる村および村請と荘園制との関係，特にどのようにして村請が展開するのか，また荘園制の枠組みのなかにあって展開する請負体制をどのように位置付けるのかが課題となるだろう。荘園制下の百姓による請負を地下請と捉え，村請と区別する研究もあるが（志賀［2008］），荘園制の解体から大名領国・幕藩体制への移行を見通して，どのような実態をもつ収納体制が作られていたのかについて検討していく必要がある（長谷川［2011］）。　　　　　（長谷川　裕子）

注：参考文献は巻末「参考文献」を参照。

最終的に年貢などを収取することとなり，領家，預所は必要に応じ，幕府や地頭
と所領経営について折衝し，所職として収取した得分のうちの一部を，預所は領
家に，領家は本家に上納した。

　役割によってそれぞれの権限が明確になるとともに，それにともなう得分（給
費／利権）が「職」として物権化し，社会における分業化が進んだ。「職」の物
権化は，荘園領主権を空洞化させ，生産現場である村落の支配体制も変容させた。
荘園には現地管理者としての公文・田所（たどころ）などの下級荘官がいる一方で，年貢や公
事の納入義務を負う有力百姓である名主（みょうしゅ）がおり，村落の支配秩序も重層化した。
生産力向上のなかで，名主層の経済基盤が強まり，その政治意識の高まりととも
に，村落自治の動きが活発になった。

4）中世後期の荘園制

　室町幕府は，14世紀中頃の半済令（はんぜいれい）[11]を契機に諸国経営を守護に委ねたので，
守護役の賦課や年貢加増をめぐって荘園内ではさまざまな対立が生じた。対立の
基本軸は，「職」の物権化によって富財をもとに荘園の代官職を入手し，年貢請
負を担う有徳人（うとくにん）（富裕）層と，荘園内での徴税にあたる名主層以下村落民との年
貢負担をめぐる減免闘争であり，それはやがて，年貢免除や買得地請戻しの徳政
を要求する土一揆へと展開した。幕府支配が 3 代将軍義満期を最盛期として次第
に弛緩してゆくなかで，自立へ向かう守護の動きが顕著となり，守護課役も，必
要に応じて兵粮米や人夫を臨時に徴発していたのが，次第に領国経営の財源にあ
てる恒常的公事である，守護段銭として徴収されるようになった。

　名主層では在荘・在村のまま武家被官となるものが増え，主人の保護下で，地
侍（じさむらい）や土豪と呼ばれて地域社会の自治を担った。地侍や土豪は，土地集積を進め
ることで在地に勢力を伸ばし，荘園制的秩序は解体に向かった。そして百姓を主
体として自力救済の慣習のなかで行われた土一揆は，武士階級の武力抗争にも深
く関わったとされる（神田 [2013]）。

　土地所有をめぐっても，元々土地が不動産として，担保や質入の対象とされて
きたことに加え，15世紀中期以降頻発した土一揆による徳政を契機に，請戻し
の脅威に晒されるなど不安定さが増し，買得地の安堵を求める動きが盛んとなっ

11）室町幕府が，荘園・公領の年貢・官物の半分の徴収権をその地域の守護に認める法令。
　　南北朝期に幕府が守護を味方につけるために発布し，その後拡大・定着した。

た。買地安堵は，幕府や守護からも大いに期待されたが，応仁・文明の乱後の権力分散状況のなかでは実効性は限られ，地侍や土豪，中世前期の地頭の系譜を引く有力国人などが政治的・軍事的な実力を背景に土地集積を進めた（峰岸[2009]）。彼らは，買得地から地主としての得分を収め，土地の一部を被官らに充行い，代わりに軍事的奉仕を求めた。在地領主層が各地で形成され，地主的土地所有の発展のなかで荘園制的収取体系は崩壊した（島田[2001]）。

　ただし，荘園制の崩壊には時期的，地域的差異があった。16世紀においても百姓は荘園制的本年貢を負担し続けており，多様なレベルの荘園領主層が本年貢を上回る剰余生産物＝加地子[12]を獲得していた上に，在地依存性を強めること自体が荘園領主の柔軟性でもあった。そのことが荘園領主の直接支配を強めることにもつながり，荘園制は16世紀まで存続したとする見方がある（志賀[2017]）。その一方で，16世紀は在地領主制が大規模に展開した大名領主制の時代で，戦国大名が検地によって本年貢と加地子を取得することに成功したとする見方もある（池[2010]）。現在の研究では，加地子の問題よりもむしろ在地支配との関係が注目され，15世紀を通して百姓の共同組織としての「村」の役割が高まり，村連合としての「惣村」[13]が成立し，村が町とともに荘園制から自立して近世以降の社会の基礎単位になってゆく過程が重視される（長谷川[2009]）。実際，年貢・公事を「村」単位で共同納入する村請（地下請）[14]は，村側の要求をもとに，14世紀以降に成立して16世紀に一般化するとされている。

4　都市工業の成長と商人仲間

1）神人・寄人・供御人の登場と展開

　11〜12世紀は，皇族・貴族・寺社などが，律令制下の官営工房に属していた工匠を分割して家産内に抱え込み，それぞれ必要物資の調達や建造物の造営修理にあたらせた。また，手工業者をはじめとする職能人も，商品貨幣経済の進展に

12）作人・下作人が国衙・荘園領主から賦課される地子とは別に，その請作地の私領主や名主に納める加徴分のこと。これが私領主の得分となる。

13）中世百姓の自治的な共同組織のこと。村落の自衛，灌漑用水や入会地の管理，年貢徴収などを惣百姓の名で自治的に行った。複数の惣村からなる惣郷・惣荘も生まれ，それらは全体組織を示すものとして「惣」と呼ばれた。

14）村々の名主・百姓が共同して領主から年貢・公事などを請け負うこと。

ともなって製品の行商や出作の際の関銭・津料，商業税の免除などの特権を得る
ために支配階級とのつながりを求めた。10 世紀にはすでに存在した神人や寄人
は，それぞれ従属する神社や寺院，公家などの祭祀や行事，日常一般に関わる物
資の製作・調達をはじめその職能に応じて雑役をつとめる代わりに，関銭や津料
の免除や国家による臨時課役の免除を保障された。こうした特権は商業などの職
能を行使する上で有効に働くため，商工人が神人・寄人として寺社や公家に奉仕
するようになった。また，手工業者のなかには，供御人として宮中の雑役を負担
する代わりに，営業上の特権を得るものもあった。

　これら神人・寄人・供御人は課役の免除などを得るために 12 世紀初頭以降，
それぞれ同業者組織である座を作った。神人の場合では，石清水神宮とその支社
である大山崎の離宮八幡宮に従属し，13 世紀以降，荏胡麻（燈油）の貢納を行
う反対給付として荏胡麻の仕入れ，燈油の製造と諸国での販売特権を与えられた
大山崎神人が油座を組織し，油座神人とも呼ばれた（鍛代 [1999]）。彼らは，14
世紀後期に油商売を独占するに至り，遠隔地商人として，東は尾張・美濃国から
西は伊予国まで活動した（桜井 [2002b]）。同一商品を扱う座が複数存在する場
合，例えば，祇園社綿座神人では，本座商人が居売・店舗商売を行ったのに対し，
新座神人は地域を巡回しながら販売する里売・振売を行った。本座商人は輸送業
者や荘園領主から直接綿を買い入れ，新座商人は問屋から綿を仕入れるなど仕入
れルートも異にして棲み分けが図られたが，営業上での競合・対立も見られた
（豊田 [1982〜83]）。

　中世社会では，広大な領地を所有する権門勢家を本所[15)]に仰ぎ，その権威を
拠り所に，従属関係にある座商人は営業・通行などの特権が保障された。大山崎
神人（油座神人）のように，遠隔地商人としての活動が広域に拡大し，独占的な
商いが展開されると，各地の商人の反発を招き，幾度となく訴訟が起こされた。
大山崎神人は石清水八幡宮の国家的祭祀に奉仕していることを理由に彼らの商い
の正当性を主張し，勝訴した。本所が，商人支配をより確実に行うには，商人が
出入りする場所での徴税が有効で，本所の徴税請負人としての役割も担ったのが
問である。こうした問の「職」は「問屋職」「問職」などと呼ばれ，その権利は
他の職能者の諸職同様，物権化して売買や質入れの対象となった。座商人の

15）座の本所とは，一定の権威をもって座衆の営業・通行などの特権を保持し，保護する
　　公家や寺社のこと。座衆から座役を徴収した。

「職」も経済的困窮などから売買や質入れの対象として他者に移動することが多く，土倉などの高利貸資本が問屋や座商人を兼ねることもあった。16 世紀に座商人は「座中法度」を設けたが，高利貸資本への職の流出は続いた。

　荘園内にも，給免田を支給されて手工業製品の貢納生産や造作にあたったと見られる職能人の存在が確認されるが，地域的・社会的分業が進展すると，各荘園が職能人を抱え込む必要性はなくなり，彼らは生産力・技術力の格差を利用し，諸国を遍歴して工匠であれば手工業製品の出作と販売を行うなど，遠隔地商人としての活動に活路を求めた。権門の権威に保護される形で中世前期以来の遠隔地商業を担ってきた神人・寄人・供御人は，応仁・文明の乱を画期に，下剋上の風潮のなかで，権門の権威の衰微とともに特権を失った。大山崎神人は，16 世紀後半に京都への出入口で油に課す通行税である油場銭を徴収する権利と引き換えに京都市場を油座に属さない商人に開放し，炭木・材木などを商っていた主殿寮供御人は，自らは商売から撤退し，関所を設置して通行税を徴収した。

2）都市手工業と農村加工業の展開

　神人・寄人・供御人組織凋落の背景には，13 世紀後半以降の畿内先進地域での二毛作導入に象徴される生産力の発展に起因する社会的分業の進展や，8 世紀末以来の政権所在地で，14 世紀中期以降は室町幕府の所在地であり，大消費地として奢侈品の需要も高い京都の商業・加工業都市としての発展があった（脇田[1969]）。京都では，律令制下の官営工房直属の織手らが結成した大舎人座により伝承された機織り技術が洗練されていった。応仁・文明の乱で堺に疎開した織手は，そこで明の高機を用いる絹織技術を吸収し，京都に戻った後に西陣織の基礎を築いたと言われる。製品の原料は国内産の優良な生糸と明からの輸入生糸で，国内生糸の産地は但馬・丹後・丹波・越前・加賀・越中国であった（佐々木[1994]）。金属加工業でも，蔵人所の供御人であった京都の三条釜座が，梵鐘・燈爐・鍋・釜から日常雑器までを優れた技術で鋳造した。三条には著名な刀鍛冶が居住し，生産された刀剣は，国内の需要に応えるとともに日明貿易の主要輸出品となった。原料鉄は備中・石見・出雲国などから供給された。

　こうして技術力の高い先進都市が手工業生産地となり，それに呼応して特定の地方村落が原料の生産（と部分的加工）・供給地となって地域間分業が進んだ。越後国は麻織物の産地でもあるとともに，京都・奈良などで織られる麻織物の原

料である青苧（苧）の産地でもあった。青苧の仕入れと販売を行った天王寺苧座の商人は越後へ赴いて苧を買い付け，所有する船でそれを小浜津へ運んで荷揚げし，陸運と琵琶湖の水運を利用して畿内へ運び，販売した。16世紀初頭には，地域間分業の進展とともに成長した越後国内の商人を介して苧を買い付けるようになり，天王寺苧座がその本所に支払う課役の一部を越後商人らに負担させた。それに反発した越後商人は，16世紀後期には座商人の支配から脱して戦国大名の保護のもとで独自の活動を行った。

　畿内農村でも，15世紀以降，周辺地域で産出される原材料を利用して日用品の加工生産が展開された。例えば，大和国乙木荘では，萱を原材料に，編手が座組織を形成し，奈良の問屋である簾座が代金先払制もしくは前貸制をとって買い付けることで大規模な萱簾が生産された。また摂津国深江でも農民が農閑副業として菅笠の生産を行い，生産と販売を行う座を結成した。

　畿内農村で行われた加工業の特徴として，近隣で容易に調達できる原材料を利用した農閑副業であること，生産・販売を行う座が結成され，後に販売のみを行う座が分離独立するなど，分業の進展が見られたこと，販売が京都・奈良など都市の座商人との結び付きのもとに展開されたことなどが指摘できる。地方への加工生産の普及を表2-1で確認すると，11世紀中頃に成立した『新猿楽記』に記載された産物から見て，中世初期に地方で多様な加工品が生産されていたこと，12～13世紀の荘園年貢として，布・絹以外に櫛・釜・（干）鮑・筵・紙など地方での加工品が収納されていったことが分かる。14世紀に成立した『庭訓往来』には宇賀や蝦夷といった現在の北海道域，中世では国外の産物も含む，商品としての各地の特産品が紹介され，多彩な加工品が含まれている。

3）戦国期の商人

　15世紀後期以降，京都や奈良の本所の権威がいよいよ失墜し，その支配が弛緩ないし解体したことで，座の制約から解かれた地方の商人の活動が活発化した。近江国では，延暦寺東谷領蒲生郡得珍保（「保内」）を根拠地とする商人（保内商人〔野々川商人〕）が村落座商人として集団を形成し，琵琶湖東地域に形成された地域経済圏に対抗して，市座だけでなく振売もできる営業圏を確保すべく戦国大名六角氏に保護を求めた（鈴木敦子［2000］）。六角氏も，領内の流通経済掌握を目的に新たな経営形態の商人を受け入れ，自由通行権などを認めて優遇した。

表 2-1　中世の特産品と年貢

地 域	国名	『新猿楽記』	荘園年貢	『庭訓往来』
畿 内	山城	茄子	米	多種
	大和	瓜	米	刀
	河内	鍋・味噌	米	鍋
	和泉	櫛	米・櫛・炭・車輪	酢
東海道	伊勢	コノシロ	絹・米	切符
	尾張	オコシ	絹・糸	絹
	甲斐	布（斑布）	布・絹	駒
	武蔵	鐙	布・絹	鐙
	上総	鞦	布・綿	鞦
	常陸	綾	絹・綿	紬
東山道	近江	鮒・餅	米・檜皮・樽・餅	鮒
	美濃	絹（八丈）・柿	絹・糸	絹（上品）
	飛騨	餅		
	信濃	梨・木賊	布	布
	上野		布	綿
	陸奥	駒・檀紙・漆	金・布・馬	金・漆
北陸道	若狭	椎子・餅	米	椎
	越前	綿	米・綿・絹	
	加賀		米・綿	絹
	能登	釜	米・釜・香・干飯	釜
	越後	鮭・漆	米・綿・漆	鮭（塩引）
	佐渡		鮑	杏
山陰道	丹波	栗	米	
	丹後	和布	絹・糸	絹（精好）
	但馬	紙	紙・絹	
	出雲	莚	莚・米・鉄	轡（鍬）
	石見	紬	米・絹・綿・鉄	
	隠岐	鮑	鉄・漆	鮑
山陽道	播磨	針	米・油・紙	紙（杉原）
	備前	海糠	米・塩	刀
	備中	刀	米・油・布	鉄
	備後	鉄	塩・炭・米・油	酒
	安芸	樽	米・鉄	樽
	周防	鯖	米・樽	鯖
	長門	牛	米・牛	牛
南海道	紀伊	絹（カトリ）	米・絹・樽	剃刀
	淡路	墨	炭・薪	
	阿波	絹	油・米	
	讃岐	円座	米・油・塩	円座・檀紙
	伊予	手箱・砥・鰯・簾	米・塩	簾
	土佐			材木
西海道	筑前	米	米	穀・栗
	肥前		米・絹	鰯
宇 賀				昆布
蝦 夷				鮭

出所）桜井英治「中世の商品市場」桜井英治・中西聡編『新体系日本史 12　流通経済史』山
　　　川出版社，2002 年，200-201 頁より作成。
注）『新猿楽記』欄は，11 世紀中葉に成立した『新猿楽記』で紹介された産物を示した。
　　『庭訓往来』欄は，14 世紀に成立した『庭訓往来』で紹介された産物を示した。『新猿
　　楽記』『庭訓往来』でそれぞれ紹介された地域（国）について，網野善彦『日本中世の
　　民衆像』岩波書店，1980 年および同『日本中世の百姓と職能民』平凡社，1998 年より
　　12～13 世紀の荘園年貢を荘園年貢欄で示した。なお『庭訓往来』では山城国について
　　多くの種類の産物が紹介された。表で示さなかった国の荘園年貢については，上記網
　　野書および出所文献を参照。

その代わり，保内商人は六角氏に商業税を納めた。保内商人は遠隔地取引に乗り出し，各地の流通拠点に充行状（充文）をもって商人宿を設定した。商人宿は，一定の年貢銭を保内商人に納めた。

　商人宿は商人の宿泊施設であることを基本的機能としたが，なかには問屋的機能をもつものも現れ，そこでの取引も行われた。六角氏の保護下にあったことで，同氏が城下町を形成して楽市を設定すると保内商人は集住させられ，村落座商人としての性格を失った。しかしそれは彼らが座商人から新儀商人（座に属さない商人）へと脱皮した結果である。戦国大名が領国内に発布した楽市令は，座の撤廃を主眼とせず，多くの外来商人を集めることが目的であり，在地の問屋や商人宿が構成主体となって各地に多くの新宿＝商業地域が生まれた。

　こうした商人宿をもとに 15 世紀末以降に商業組織が形成された地域として伊勢がある。伊勢地域には東国との海運の拠点であった大湊が存在し，16 世紀に入ると伊勢神宮遷宮の御用材取引など木材流通の拠点として勢田川河口の河崎に商人宿が設置され，それとともに仲買業者の活動が顕著になり，「河崎相場」が立った。伊勢神宮に近接し，古くからの商業地域であった八日市場では，15 世紀末に多様な商品「座」が結成され，同じ座に属する商人が近接地に集住し，周縁部の新たな流通拠点と旧来からの商業地域であった中心部の同業者町的商業組織とを包摂する形で地域経済圏の拡大が見られた（千枝 [2011]）。

5　中世海運と遠隔地間商業

1）遠隔地間商業の萌芽

　中世海運に関する研究は，遺された史料の多くが貢納に関わるものであり，荘園制研究のなかから派生した。中世水運史料を悉皆的に調査した新城常三は，海運の主体は貢納で，商品輸送は副次的に過ぎないとしたが（新城 [1994]），貢納は，貢納される現物すべてが領主のもとに運ばれ，消費されるとは限らず，貢納物の運用（替銭や為替・割符としての換金，他の品を入手するための交換や売買）を前提に成立する。代銭納もその一種であるが，納入後に限らず，輸送途上で和市（時の相場）を勘案して換金されることも少なくない。貢納物は商品と化す可能性を多分にはらみ，物品の上でも両者を区別することは難しい。積荷が商品とみなされれば課税を免れないため，貢納物運航の責任を負う船頭（古代には挾

抄／中世には梶取）が私的な売買目的で船に積んだ商品を貢納物と称したり，貢納物に紛れ込ませて税を免れようとする事例は 8 世紀半ばに遡って確認される。史料に現れない小規模かつ日常的な通航による商取引が各地で無数に行われ，それが支配体制のもとに組み込まれることで輸送組織や航路の拡大が図られ，領主層が集住する大消費地との間での遠隔地間商業へと展開したと考えられる。

　天候や季節に制約をうけるとはいえ，陸運に比べ一度に大量の物資輸送ができ，沿岸部に広く低湿地が分布し，安定した陸路の確保が容易ではなかったとみられる中世に，水運は重要な意味をもった。11 世紀半ばの成立とされる『新猿楽記』には，東は俘囚の地（陸奥国）から西は貴賀之島（薩摩国鬼界島か）まで，無数の交易品を積み，各地の泊浦を廻る廻船商人が描かれており，当時の遠隔地商人の実態が投影されたものであろう。

　1196（建久 7）年，皇大神宮（内宮）領である伊勢国安濃津御厨刀禰中臣国行は，内宮による通航保障（渡航先での関料・津料免除）を求める書状に，「伊勢神宮領の神人等は，耕地に恵まれないために諸国との間を往復して交易を行い，神宮への供祭の勤めをすることでかねてより生計を立ててきた」と記している。交易のように輸送と商いを兼ねる職能をはじめ，手工品などの生産と販売，木工・鋳造・建築などに携わる職能人の多くは，権門勢家に従属して供御人・神人・寄人となり，その職能をもって夫役を務め，権門の家産経済を支えた。それに対して与えられた特典が，権門の権威を拠り所とする商業・通行などにかかる諸税免除の保障（神仏や天皇への奉納に関わる一切は徴税対象外という考えに由来），給免田の付与である。特典を与えられた供御人・神人・寄人は，生業を有利に展開することができ，広域にわたり活動していた。

　1392（明徳 3）年正月から 8 月にかけて，武蔵国品河（川）湊に入港した船 30 艘について船名，船主，所属問を記した「湊船帳」には同時代史料との照合によれば，伊勢国大湊周辺から航行したとみられる廻船や，船主のなかには伊勢神宮の神人（権禰宜層）で，大湊周辺の塩浜所有者を兼ねる者が複数含まれていた。彼らは所有廻船で伊勢と関東を往復する間に，自らの浜で焼いた塩をはじめ商品を輸送して売り，その代銭や神宮への調達品を含む仕入れ商品とともに，御厨からの貢納物（代銭を含む）を輸送したと考えられる。内宮から通航保障の庁宣を交付された廻船は神船と呼ばれ，主に伊勢湾内を航行する「伊勢海小廻船」と，外洋に出て東海を経て関東へと航行する「関東渡海之大廻船」とで構成された。

品河湊の例は後者にあたる。前者は大湊周辺で大規模に行われた製塩，対岸の尾張国常滑や周辺地域での製陶に用いる燃料としての薪，魚介その他の雑貨を運んで地域の需給を賄うとともに，後者の主要な積載品と推定される塩，常滑・瀬戸・渥美などで焼かれた陶磁器，木曽川水系経由で伊勢湾に下された材木などの集荷を担ったとみられる（綿貫［1998]）。

　往路ないし復路の一方の荷が商品輸送で，他方が貢納物輸送，あるいは貢納物と商品の混載という輸送形態は少なくないとみられ，荘園・公領の経営と不可分な関係に由来し，支配権力の推移，生産力の向上や分業の進展とともに商品輸送の比重を高めつつも 15 世紀後期まで存続したと考えられる。貢納と商業とが混在し，供御人・神人・寄人が生産者，商人，輸送人を兼ねていること，本来は貢納物輸送用の船が，貸与されて交易に利用されるなどにみられる分業の未分化，そうした活動を支配・保護する主体が一元的でないところに，前述の永原と網野との中世経済に関する異なる見解を整合的に理解する鍵がありそうである。

2）廻船の航行と湊津

　安濃津御厨の神人が内宮に通航保障を求めた 12 世紀後期，和泉国の鋳物師を構成主体として蔵人所に鉄器を貢納した左方燈爐供御人は，日吉聖真子社の神人，摂関家の殿下細工を兼ねるとともに，堺津を起点に廻船で瀬戸内・山陰・北陸沿岸諸国を廻り，陸路と琵琶湖水系とを経て畿内に戻る行程で，燈爐・梵鐘・鍋・釜などを製作・販売し，その間に仕入れた塩なども商い，廻船鋳物師と呼ばれた。鎌倉幕府は 1264（文永元）年に，「土檝と称し」て筑紫より運ばれる「東国沽酒」を禁じており，土器に詰められた売酒が大量に筑紫国から東国へ海路で運ばれていたと考えられる。

　『吾妻鏡』は，その前年，伊豆沖で暴風雨のために「鎮西乃貢運送船」62 艘が遭難したことを記し，同じ時代，日蓮は，「世間の小船等が筑紫より坂東に至り，鎌倉より夷島等へ着けども唐土へは至らず」（「薬王品得意鈔」），「大乗と申は大船なり。人も十，二十人も乗る上，大なる物ものも積み，鎌倉より筑紫，みちの国へも到る」（「乙御前御消息」）と著した。13 世紀後期までに，鎌倉を分岐点に大小の船が，西は筑紫国，東は陸奥国や（蝦）夷島へと航行していたと見られる。筑紫国には博多津，陸奥国には十三湊があり，若狭国小浜や越前国敦賀を分岐点に日本海航路でも結ばれ，それぞれが対外貿易の拠点であった。

　大鋸の導入によって大型の製材が容易になり，従来の刳船に代わって大型で外洋航海に適した準構造船が登場するのは 15 世紀中期，帆走効率を高める木綿帆が草帆・莚帆に代わって用いられ始めるのは 15 世紀末以降とされるが，それ以前にも浦伝いに地乗での近距離航行を重ねる形で遠隔地間を船が航行し，商品とともに人と情報とが広域を往来した。各地に伝わる海損処理・海難救助・廻船儀礼にかかる慣行を集積し，成文化した「廻船式目」と総称される海商法規の原形が 14 世紀末から 15 世紀初頭にかけて成立したとされるのも，廻船の広範な活動が前提にある。地域で若干の差異はあるが，14 世紀までには各地の湊津に廻船が通航し，主要な湊津には積荷を中継する問が置かれたとみられる。

　伊勢湾と東国を結ぶ太平洋の航路では，14 世紀前期，志摩国泊浦の住人の船が銭 31 貫を積んで東国から戻る途中，同国阿久志住人の船と三河国高松沖で衝突しており，同時期，阿久志住人藤内左衛門入道は，現地で蔵元（土倉）を営むとともに伊勢・志摩国沿岸部に居住する親族や船頭に廻船を運航させ，弟が駐在する駿河国江尻を中継地として関東地方との間に大規模な商いを行った。

　日本海の航路では十三湊が奥州藤原氏滅亡後も重要な機能をもち，鎌倉幕府のもとで通航を保障された「関東御免津軽船」の渡航地となった。幕府代官として津軽一帯を支配した安藤氏は，南北朝期以降も下国安藤氏として十三湊を拠点に存続し，土崎湊（秋田）を拠点とした上国家（湊家）とともに蝦夷島との対外貿易を含む北陸以北の航路支配に深く関わったと見られる。「奥州十三湊日之本将軍安倍康秀」（安藤氏は安倍氏子孫と称す）は，1436（永享 8）年，小浜近郊の羽賀寺の再建費を寄進した。1463（寛正 4）年，若狭国守護武田氏と前守護一色氏それぞれの被官が小浜で大船「十三丸」の積荷をめぐる争いを起こしているが，船名は十三湊と小浜との深い繋がりを示唆する。大規模な発掘調査から十三湊の港湾機能は，15 世紀中期まで存続したことが明らかになった。

　また，京都への連絡口として越前国敦賀津と若狭国小浜津が重要であった。日本海沿岸から運ばれた物資は，これらの湊で荷揚げされ，七里半越，九里半越などの陸路を琵琶湖畔まで輸送され，湖上水運で大津や坂本などに荷揚げされて馬借により京都へと運ばれた。若狭湾の浦では，14 世紀初頭には代銭納が行われており，常神浦には大船 1 艘，銭 70 貫文の他，山や屋敷，5 名の下人を含む資産を遺した浦刀禰がいた。古代には渤海使を迎える松原客館が置かれ，その管理にあたったとされる気比社の外港でもあった敦賀では，13 世紀後期には問が存

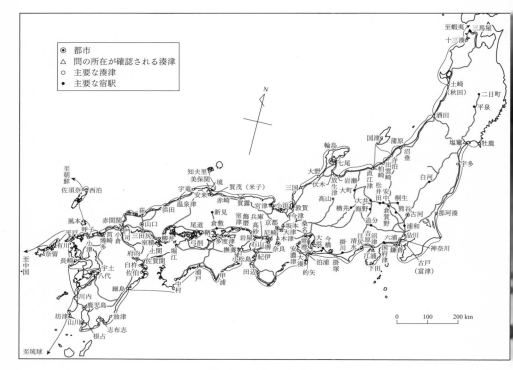

図 2-1　中世日本交通図

出所）武光誠ほか監修『地図・年表・図解でみる日本の歴史』上，小学館，2012 年，112-113 頁をもとに作成。

在し，入港船の積荷（のうち商品）に対して，勝載や升米といった通航税が賦課
された。小浜には 14 世紀中期に問が，後期には宿もあった。日本海の要衝とし
て外交使節も来航し，15 世紀初頭には，パレンバン（インドネシア）の船とみら
れる「南蕃船」が日本国王への進物を積んで到着した。15 世紀後期には，対馬
守護宗氏からの進物船が着岸した際の扱いが幕府から小浜代官に指示されている。

　史料上に確認される主な湊津として，古代以来の貿易港の系譜を引く博多や兵
庫の他，瀬戸内海航路では，赤間関・上関・弓削・鞆・岩屋・尼崎，日本海航路
では，山陰の温泉津・境港，北陸の小浜・敦賀・三国湊，越後の直江津，出羽の
土崎（秋田）湊，陸奥の十三湊，太平洋航路では，薩摩の坊津，日向の油津，土
佐の中村・浦戸・甲浦，阿波の小松島・撫養，紀伊の紀ノ（紀伊）湊，摂津と和

泉に両属する堺，伊勢の桑名・安濃津・大湊，志摩の泊浦，三河の大浜，駿河の江尻・清水湊，伊豆の江浦，武蔵の六浦・神奈河（川）・品河（川），上総の古戸（富津），陸奥の宇多・牡鹿湊などが挙げられる（図2-1）。中世の湊津は，河川交通や陸路（街道）と接続する水陸の結節点で，天然の地形を風波よけに利用しやすい砂洲や砂帯が発達した河口部内側に主に位置した（綿貫［2003］）。

3）海運支配の転換と遠隔地間商業

　廻船の航行を背景に，各地の湊津に設けられた関では，免税を認められた船以外の出入航船やその積荷を対象に，升米・置石・勝載・商船目銭などの名目で通航税・商業税に相当する関銭（津料）が賦課され，その徴収が行われた。徴収された税は，湊津の維持費に充てられるほか，大寺社の造営料所として造営・修復費などに期限を限って寄進され，関の運営もその寺社に委ねられた。主要な湊津には積荷の中継にあたったと考えられる問があり，15世紀中期には，そのなかから地域の自治的運営や寺社の造営などを主導した有徳人が現れている。例えば品河では，熊野の人を先祖にもつ鈴木道胤が，廻船を運航したほか，馬場を所有し，鎌倉公方足利成氏から蔵役（土倉役）を免除され，妙国寺の七堂造営費を寄進するなど，海陸輸送・土倉経営に携わる在地の有徳人としての姿を見せた。

　この時期は気象の寒冷化が推定され，日本海沿岸一帯では，たたら製鉄の燃料，建築用材となる山林の大規模な伐採による砂防機能の低下も要因となり，主に冬期の季節風で甚大な飛砂被害が出た。1372（応安5）年の史料などから「商舟」が着岸し，住民による商売が行われたことが知られる臨川寺領加賀国大野荘湊（粟咲川河口の大野湊と犀川河口の宮腰津とで構成）でも「砂山成」「砂頽」といった状況が生じ，近接する普正寺遺跡の発掘調査からも一帯が砂の堆積により大きく損なわれたことが確認された。十三湊が衰微に向かうのもこの時期で，自然環境の変動からも湊津の改編は行われた（中島［2003］）。

　海運を支配することは物流の確保を通し，さまざまな利権の掌握に直結するだけに，湊津の支配をめぐり各地で紛争が生じた。守護や国人勢力が台頭し，代官請負などを介して荘園や公領を侵食しつつ地域支配を拡大してゆく時期とも重なる。おりしも，そこで起こった応仁・文明の乱は，博多から兵庫に至る貿易航路を含み，古代以来，国家貢納物をはじめ物流の大動脈として機能し，中世には沿岸諸国に権門の荘園が点在する基幹航路である瀬戸内海の制海権をめぐる諸勢力

の抗争という一面をもった。1445（文安 2）年 1 年間で約 2,000 艘余に及ぶ廻船に関する「兵庫北関入舩納帳」の記載が商取引の盛況の一端を伝える通り，その支配が経済的・政治的にもつ意味ははかり知れない。応仁・文明の乱は，旧来からの権威に代わる新たな勢力が武力的裏付けをもって台頭する画期をなしたが，14 世紀以降，次第に衰頹傾向を強めながらも保持されてきた権門による通航保障が単なる「御墨付き」に過ぎないものとみなされ，空文化する事態が生じた。

　伊勢湾内では北西部沿岸を主に，守護や国人による新関（新警固）が濫立され，従来，通航を保障されてきた神船やその積荷が抑留される事件が頻発した。前述のように伊勢湾沿岸では，14 世紀前期，駿河国江尻を中継地に，複数の廻船を運航して坂東（関東地方）との間で大規模な商いを行った阿久志住人藤内左衛門入道のように，神人であることが確認できず，多角的な経営を行う遠隔地商人としての強い自律性を感じさせる活動が見られたが，実効性をもたない神威ではなく，武力による通航保障を求める時代の到来と連動するように，神船のなかにも神宮の保障を見限って神役奉仕を忌避する廻船が現れたり，運航を第三者に委ね，あるいは神船の船役を質入れせざるを得ない経済状態に追い込まれる神人が現れたりする状況が生じ，海運による遠隔地商業は大きな転換期を迎える。

　1470（文明 2）年に志摩国的矢浦に漂着し，在地領主と内宮との間で取得権をめぐって争いが起きた八百石積の船は，大湊の住人が神人櫟木善性から借りて修復した後，坂東からの浴布（晒麻布か）や米など銭換算で数百貫から数万貫に相当する大量の荷を積載していたとされる。本来は「関東渡海之大廻船」に含まれたとみられる神人所有の大型廻船が，傷んだ状態で第三者に貸し出され，修理された後に坂東との間での大規模な遠隔地間商業に利用された。16 世紀末，大湊の廻船商人角屋の由緒書でも，永享年間（1429～41）に信濃国の戦乱から逃れ，伊勢国山田に移住した祖先から数えて 3 代目が下野村での耕作の傍ら小船で柴を商い始めて大湊へ移り，次代で小船を大船に代えて生業を拡大し，関東へも廻船を航行させたことが記され，遠隔地間商業に携わる新興勢力が台頭していた。

　戦乱が全国に拡大し，通航の監視や制限が厳格になされ，航行上の脅威が増大する状況下でも，角屋は北畠・今川・徳川・北条氏などから領国諸湊への通航やそこでの諸役免除，領国内での商売許可などを記した印判状を交付され，大湊と関東沿岸諸湊との間を航行した（綿貫［1998］）。当時，戦国大名が必要としたのは武器や兵粮であったが，そうした御用以外に領国市場に向けての商品も運ばれ

たとみられる。西国では大内・毛利氏のもとで瀬戸内海の廻船商人二階や河合が，北陸でも敦賀の高島屋などが新興勢力として御用を務めた。1572（元亀 3）年には，伊勢外宮の御師[16]（神人）である龍大夫が，師檀関係にある戦国大名里見氏から上総・下総領国内への通航保障を記した印判状を与えられた。通航を保障する主体が神威ではなく武威，武力行使者へと移ったことを示す事態と言える。

　今川・武田・徳川・北条氏のもとでは，紀伊・伊勢・志摩などから海賊衆が補給部隊を兼ねる水軍の即戦力として招致され，廻船商人的機能も担った。彼らは領国沿岸の要衝近郊に領地を与えられ，領国内での荷駄に関する諸役免除の付与などを通して，領国外の遠隔地からの物資補給を担う役割を期待された。

4）中世における遠隔地間商業の特質

　通航保障が実効性をともなう武力に拠るようになり，輸送品が貢納物から商品へ比重を移し，担い手が古い権威に拠らない新興勢力へと代わっても，中世史料から垣間見られる遠隔地間商業は，衰微した旧来の権門に代わって各地に簇出した中小新興勢力の需要を賄う御用商い的の印象が残る。先述した的矢浦での漂着船や角屋の廻船などが御用以外の商取引を行った可能性は高いが，当該期，東国各地に散見される市場との間の関係は不明である。15 世紀中期まで，権門が集住する畿内の外港的機能をもった大物浦・若狭湾・伊勢湾を一方の起点に，瀬戸内海・日本海・太平洋の航路上を広域にわたって航行した廻船の活動は，各地に戦国大名以下中小新興勢力が分立し，抗争する状況下では，狭域内での航行へと制約を受けていた。

　担い手についても，廻船所有者と運航主体，商人との関係は未分化である事例が多く，積荷が買積みか，運賃積であるかもそれに連動して変化し，総じて，分業が未分化な状態にあったと指摘しうるに止まる。関係史料は僅少で，平時の通航は記録として残りにくく，事件・事故・訴訟に関わって記録されたものがほとんどである。稀有な史料である「兵庫北関入舩納帳」に集積された膨大な数の入港船と積載商品に関する記録からは，品目によっては特定の地域の船によって運ばれ，特定の問が専業的に扱ったと見られる事例もみられ，先進地域においては

16）御師は，参詣者の祈禱・宿泊の世話をする寺社所属人のことで，例えば山田御師は，伊勢外宮に所属して伊勢神宮参拝者の世話をした。後に御師が，庶民の集団参詣の便宜を図り，各地の檀那を巡回するようになった。

生産・輸送・販売の上で分業が進展しつつあったことは看取されるが，それを瀬
戸内海以外の航路，兵庫以外の湊津について普遍化し，捉えることはできない。

　中世にさかのぼる航路利用とそこに展開された多様な遠隔地商業の実態があり，
それが 17 世紀以降，江戸と大坂を求心核とする全国的水運網が整備される上で
の基盤となり，前提をなしたことは確かであるが，破線状に散在した航路を実線
としてつなぎ，全国的航路として再編し，一元的に支配するためには，また，そ
のもとで不特定多数の需要と消費に応える多様な商取引が専業従事者によって展
開されるためには，統一政権の出現を待たなくてはならなかった。各地の戦国大
名領国を一方の出入口として散在的で不特定な状態で展開された物資流通を，再
度地方から中央への流れに転じさせたのが豊臣政権の成立で，京都・伏見・大坂
などの上方諸都市に向けて敦賀・尼崎・堺などを経由し，全国の豊臣家の直轄地
から大量の年貢米が廻送された。この構造が，江戸時代にも引き継がれ，全国か
ら年貢米が大坂に送られることとなった。

6　村落・都市の成立と生活環境

1 ）開発の時代

　11 世紀後半から 12 世紀にかけての領域型荘園の形成と，後に「名主」となる
開発領主の登場により，東国での開発が着実に進展した。こうした開発は，在地
領主が国司に申し出て開発権を与えられて行われ，周辺地域の百姓を労働編成し
て荒れ地を開墾して耕作をさせる領主名型の開発と，一定の範囲の開発権を与
えられた在地領主が近隣諸地域から浪人を招いて田堵に編成し，荒れ地を分割し
て請負耕作をさせる形態がある（鈴木 [2001]）。この時期の開発は，未開の原野
ではなく，耕作放棄によって荒廃した土地の再開発とみる見解が有力である。9
世紀後半〜11 世紀後半には，温暖化による炎暑・干ばつ・凶作などの農業危機
が生じ，慢性的な農業危機が物資需要を拡大させ，物流が活発となり商業を促す
ことで荒廃していた土地の開発が進展したと考えられる（西谷地 [2012]）。

　13 世紀前半，鎌倉幕府は東国の開発を地頭に命じ，浪人を招き居住耕作をさ
せる形で開発が進められた。本来，耕地を確定するための検注の権限は荘園（公
領）領主にあったが，地頭は，幕府から与えられた権限をもとに開発して耕地
（新田）を内検し，領主の新田検注権を制限していった。地頭は排他的な新田支

配権を保持しなかったものの，地頭の主導のもとに東国の荘園公領制は確立した。ここでは新田開発の主体となった浪人の存在が重要となる。中世の百姓には荘官改替，年貢減免の交渉などで要求が認められなかった場合に，耕作拒否の手段として逃散[17]があり，「去留の自由」が存在した（鈴木［2021］）。

　それが，基本的には耕作地が限定され，移動の自由が認められなかった近世の百姓との大きな相違である。逃散は，組織的に集団で行われ，領主側は還住を勧め，住人安堵を認める対応をとり，納得しない百姓は浪人となった。開発新田には主従関係を形成し，請作経営を創出するという 2 つの側面があり，村落組織を形成・維持するには住人の居留が不可欠であった。犯罪や年貢未進のため逃げ去る百姓もいたが，それは逃亡であり，逃散とは区別された。土地緊縛の原則が存在し，組織的逃亡が認められなかった近世村落では，一揆が組織的抵抗の中心的手段となり，支配権力への抵抗手段として，中世村落での逃散，近世村落での一揆が対照的な形で現れる。中世でも 15 世紀に入り，荘園領主よりもさらに上位の権力に対して徳政を求める一揆が行われるが，その展開は近世村落形成への過渡期における村の自立化として捉えるべきであろう。

2 ）室町時代の村落構造

　中世には戦乱に加え，自然災害や飢饉も多発した。不作や凶作が直ちに飢饉を引き起こすわけではなく，政策の不備や地域的な備蓄，供給の乏しさが飢饉を招いた。1230（寛喜 2）年の大凶作に始まり，数年にわたって続いた寛喜の飢饉が画期となって経済的困窮から奴隷的身分に転落するものが急増した。彼らは，労働力として大家族のなかに取り込まれて下人とされ，家父長制的奴隷制が広範に成立したとされるが，その他にも，13 世紀以降の農業生産力の増大のもとで，奴隷が家族を形成することが可能になり，農奴への進化が見られたとする見解もある。当時の史料からは，13 世紀以降に水田二毛作開始や，肥料・鉄製農具・牛馬耕，荏胡麻などの商品作物の栽培が確認でき，13〜14 世紀には集約農業化が進んだとされる。

　一方，水田二毛作に焦点を絞り，農業生産力の変化を検討した研究からは，13〜14 世紀は全体として米作収益が減少しており，水田二毛作が行われたのは，

17）一村落が団結して耕作を放棄し，他領へ一時的に退去して領主に抵抗すること。

図 2-2　和泉国日根荘日根野村絵図

出所）小山靖憲・佐藤和彦編『絵図にみる荘園の
　　　世界』東京大学出版会，1987 年，口絵 4 よ
　　　り。
　注）原史料は宮内庁書陵部所蔵。

田作の減収分を補う手段としての裏作
＝麦作であったこと，畠地の生産性は
田地よりも低いため，畠作の増収分で
米作収入の減少は補えなかったことが
指摘されている。そして，荘園領主が
年貢の賦課対象を主に米としたことで，
百姓は課税対象とならない裏作を過剰
に行うことになり，用水不足が深刻化
して，表作である米作の凶作をも引き
起こすようになったと環境的要因も挙
げられている（磯貝［2002］）。

　13 世紀以降，飢饉などを契機に困
窮し，下人など隷属民となった多くの
労働力を有して，大経営を行う名主層
も登場し，彼らは地主と呼ばれ，イエ
の下人を使用して耕作させる一方で，
耕地無所有の百姓に請作をさせて中間
利益としての加地子を取得した。もっ
とも農業生産力や村落形成の歴史的経緯を異にする東国村落と畿内村落では，村
落構造にかなりの相違があったと思われ，畿内村落では，百姓層の成長と自立に
よる単位集落の形成により，名主連合的ではない「惣」が成立したことが指摘さ
れる（藤木［1997］）。一方，東国村落では，鎌倉時代に開発のなかから多くの小
村が形成され，郷—小村という重層構造となったが，南北朝期に郷村の運営への
百姓の発言権が増して，複数の郷村がまとまって行動するようになった。東国で
は，畿内よりも領域型荘園の枠組みが長く存続したため，それが郷村連合を媒介
したが，村が郷から分かれて併存するようになった（高橋［2020］［2021］）。

　そして，12 世紀以降になると在地領主層の地主的山林所有が克服されて，山
野の共同体的占有が見られ，定住地としての集落と生産地としての耕地，採取地
としての山野からなる村落領域が定まった。1316（正和 16）年の作成とされる
和泉国日根野村（日根荘）の絵図には，寺社・ため池・水路などがはっきりと描
かれている（図 2-2）。そして荘園を構成する集落を単位とした「惣」が，分立

して独自の社会を形成する契機となったのが，水利・山野利用・信仰などであり，そのなかで村落自治が目指された（似鳥［2018］）。

3）中世都市の形成

　中世都市の性格については，その「自由」をめぐって論争が交わされてきた。代表的論者である網野善彦は，都市における天皇と結びついた非農業民の活動，身分的周縁に位置する人々の活動に着目し，中世都市のもつ「無縁」的な性格を主張した（網野［1978］）。それには多くの異論も出されたが（安良城［1989］），中世都市のもつ「場」＝空間の性格の重要性を示した点で大きな意味があり，それ以後，考古学の成果を取り入れつつ空間研究が進展している（石井編［1995］）。中世都市の代表例は京都であるが，都市としての京都は 3 つの質的に異なる支配を受けていたと考えられる。第一に，土地領主が住民に土地を賃貸し，借主は貸主に地子（米穀・銭で徴収）や労役を負担した。土地領主は主に公家・寺社・武家であった。第二に，本所は，組織した座に属する商工業者に営業独占権を保障し，座商人は本所に座役として生産物・商品・税を納めた。本所も主に公家・寺社であり，室町時代には将軍家が本所となる座も存在した。第三に，武家のみでなく多くの商工業者や農民が被官となって主人をもった。被官は主人に軍役や夫役で奉仕する代わりに諸役の免除などの特典を得ていた。このように都市京都は多様な側面で分割支配が行われ，都市空間として多元的・分散的な特徴をもったのである。それゆえ幕府が都市京都を独断的に支配するのは困難で，検断（裁判・財産処分）・課税も都市領主層の権限に抵触しない範囲に止まった。幕府が都市民に発布した法令は，徳政令・撰銭（禁止）令などに限られ，幕府と都市領主とが総体として共同で都市京都を支配した（仁木［2010］）。

　地方都市には多様な形態が存在した。古代には博多が貿易拠点として都市的発展を遂げたと考えられるが，12 世紀以降に見られる政治都市として奥州藤原氏の拠点の平泉，鎌倉幕府が開かれた鎌倉が挙げられる。物資流通の拠点となった湊津・宿・市にも商工業者が集住して都市的空間が成立した。平安京の外港で（旧）淀川の川港でもあり，魚市や問が置かれた淀や，その西岸に位置する大山崎神人の集住地山崎，木津川左岸に位置し，奈良の外港である木津が代表例である。大寺社の門前にも商工業者が集住し，寺内町・門前町を形成した。こうした地方都市も京都と同様に，中核施設，居住地，商業地（市）という複合的空間構

成をもち，多元的・分散的な特徴をもっている（仁木［1997］）。なお，寺内町・門前町の核となる有力寺社による経済活動も盛んで，神人・寄人の活動とは別に，荘園年貢，信徒から寄進された財貨の運用を通して資本を蓄え，賽銭などの収入を加えて，それを元手に金融業を行った（阿諏訪［2004］）。京都の東寺，奈良の法隆寺など，荘園を獲得した有力寺社は，造営事業と関連して荘園地域内で加工業など，新たな産業を展開した（守田［2010］）。こうした点に中世日本の経済における宗教的要素の重要性がある。

　このような都市構造は 15 世紀に入ると変容をみせる。例えば京都では，都市民が結集する組織として町ごとの地縁的組織が作られ，幕府はそれを利用して京都への支配力を高めようとした。特に応仁・文明の乱後は，土地領主の貸地に対する支配権が次第に弱体化し，都市民の土地保有権が強まった。都市民は自力で家屋を維持する必要性に直面し，所属する町で家屋の共同管理を始め，占有の安定化を図った。同様に，座が従来保持してきた営業独占権が，商工業者の新規参入で侵害されるようになり，応仁・文明の乱後に本所領主が弱体化するにつれ，座に代わる新たな組織として町に期待した。

　16 世紀後半には，町が共同体的規制力をもって町人の生活を支える組織となった。しかし，それによって中世的秩序が直ちに消滅したわけではなく，都市民は状況に応じて，被官関係・座の本所なども利用して生活を守った。こうした構造は豊臣政権の成立で一掃される。豊臣政権は，「公儀」として自らを位置付け，旧来の土地領主・座の本所・被官関係をすべて否定し，都市民は一元的に掌握されることとなった。

4）中世社会の資源管理と生活環境

　急速な経済成長が環境破壊と資源の枯渇を引き起こしたことが，深刻な社会問題として認識されるようになって久しい。さらに気候変動に起因するものも含む大規模な自然災害，世界規模での感染症の拡大などが，身近な問題として危機感とともに共有されている。近年では中世社会の開発を自然環境の視点から論じ，資源管理と環境保持がいかに図られてきたかを追究する研究（佐野［2008］［2017］：高木［2008］：橋本［2015］：春田［2018］），中世の災害や気候変動から中世の社会経済を見直す研究（井原編［2013］：水野［2020］：中塚監修［2021］）も盛んである。中世日本の荘園制のもとでは，領域型荘園は，居住地たる集落，

生産地たる田畠，日常生活に不可欠な薪炭や肥料の獲得および狩猟・採集が行わ
れる近隣山，日常的には関わらない奥山，の 4 つの要素から構成された。以下で
は山野河海の資源管理がどのように行われたかについて琵琶湖畔と関東平野を例
に述べる。

　琵琶湖を含む近江国の周辺域には山地が連なり，湖畔から山麓までの間に多様
な村落が所在する。それらの村落は大きく 3 つに区分される（水野 [2009]）。第
一は，山麓緩傾斜地の村落で，斜面に階段状に耕地が開かれ，耕地一筆の面積は
小規模で，段差の大きい棚田的水田が広がる。傾斜地の農業生産性は低いが，河
川沿いに用水路が引き込まれ，畠から水田への高度な耕地利用がみられる。集落
背後の山（後山）は，薪炭・肥料の原料採集地で，荘域内村落が共有する入会地
となっていた。農業を営むのに必要な物資を得るための林野は里山と呼ばれ（水
野 [2015]），そこでの採集・資源管理は，鎌・斧のみの使用に限定されたが，長
年の採集の結果，戦国期には植生が後退し，「草山」化した山もあった。第二は，
湖岸低湿地の村落で，湖岸に津（舟泊り）が設けられ，琵琶湖の水位をもとに毎
年の収穫が予想され年貢が決められた。川や水路をせき止め，水位を上げて直接
水田に入れる灌漑方法が採られ，後山がなく，不安定な耕地生産を琵琶湖での漁
撈を組み合わせることで補った。第三は，主要交通路に沿う村落で，街道沿いに
位置する多くの寺社や宿泊施設が地域の中核施設となった。中世村落には一般的
に寺院や寺社関連の田（寺田・神田）が多数みられ，宗教的色彩が強い。

　一方，関東平野の村落は，地形条件から山麓型，谷田型，低台地型，低地型，
人工堤防型に大別され，耕地と集落とを補完する存在としては山野と河川が重要
である（原田 [1999]）。関東平野では村落が山を含むことは稀だが，台地や微高
地の樹木が密集する部分が「山」とされ，薪炭や肥料の原料供給地となる入会地
でもあった。関東平野でも寺社が村落の中心に位置することが多く，村落の支配
や開発に深く関わった。

　近世の城が都市に置かれ，権威を象徴したのとは対照的に，中世には地頭や土
豪が在地の「館」に居住して村々を支配した。それが防御的機能をより強化して
「城館」から「城」になったのは戦国期で，中世村落では領主の居館として公共
施設的役割も担った。

　中世社会での生活の諸相を見ると，衣服の素材としては従来からの絹・苧麻に
16 世紀後半から木綿が加わった。支配者層が絹を用い，百姓は苧麻を用いた。

　当初，軍需品（船の帆，軍衣，火縄銃の導火線など）に用いられた木綿が日常着として普及するのは 17 世紀前半で，麻は高級品と汎用品とに二極化した。食生活では，室町時代になって食品の流通が拡大するにつれ，都市領主層では 1 日 2 食制であったのが 3 食制へと推移し，米・魚・野菜の 3 菜からなり，後に「和食」と俗称される日本的食事様式が完成をみた（原田［1999］）。民衆の食生活は雑穀と蔬菜が主体の粗食と考えられ，飢饉の際には農作物以外の自生植物や海産物・鳥獣を食していたと考えられる。中世では近世に比べて肉食禁忌の観念が弱く，魚鳥や獣肉を食さなければ食生活が成り立たない状況であった（蔵持［2007］）。住居については，都市で豪壮な寝殿造の邸宅や木造・土壁の家屋が建ち並ぶ一方，村落では特殊な技術を必要としない掘立柱の住居が一般的と考えられ，土座敷（土間）から板間への変化が徐々に見られた。隷属民は名主層の屋敷内の下人小屋や狭小で粗末な住居に暮らしていたと考えられる。

　中世的村落景観は，統一政権の成立により大きく変化した。大規模な河川改修・付け替えが自然環境を改変しつつ行われ，用・排水路や航路にも利用される水路の整備が図られた。一方で，その改変に起因して洪水が頻発し，新たな堤防工事が必要となる場合もあった。また石高制社会への移行によって稲作が重視されたことで，村落で枢要なのは水田となり，山野河海の重要性は相対的に低下した。兵農分離と刀狩りにより武士が村落から切り離され，村落構成員の均質化が図られたが，村の機能の点では，中世後期から近世期への連続性が見られた。

テーマI　贈与と経済活動

1. 「贈与の最盛期」としての室町時代

　室町時代は「贈与の最盛期」(平山[1980])と言われるように，日本史上，贈答儀礼が最も肥大化した時代であった。とりわけ皇族・貴族・武家・僧侶などの支配階級の間では，年始や歳暮，八朔などの年中行事的な贈答儀礼に加え，誕生や戦勝といった臨時の祝い事があり，そのほかにもあらゆる交際や交渉事に礼物は欠かせなかったから，年間を通じて厖大な量の贈答品が飛びかっていたと言ってよい。

　その負担を少しでも軽減しようとさまざまな方策も講じられた。他から贈られた品物をそのまま別人に贈る，いわゆる贈答品の流用は広く行われていたし，贈答品に銭を使うのもそのような方策の一つであった。贈答品に貨幣でなく品物を贈ることには「私は，あなたがお好きだと思われるものを何かさしあげようとして，多少骨をおってみました」というメッセージが込められていると言われるが(ボールディング[1974])，銭の贈与とはまさにその裏返しで，そこには明らかに現物調達の手間を省く意図があった。私たちが人に商品券やカタログギフトを贈るのも実はこれに似ていて，本当に必要なものを手に入れるのに役立ててほしいという気持ちがある反面，相手の気に入りそうな品物を探す努力を放棄した一面があることも否定できないところだろう。

　銭で贈与を行う習慣が普及するのも室町時代だが，銭の贈与では，通常まず目録(料紙の形態から「折紙」とも呼ばれた)を先方に渡し，現金はあとから届けるのが作法であった。ところが，現金の引き渡しがしだいに先延ばしされた結果，15世紀中頃になると，目録の手交から清算まで1年以上待たされるケースもめずらしくなくなる。さらには目録どうしが相殺されたり，まれに目録(=銭を受け取る権利)が第三者に譲渡されたりすることもあった。本来は儀礼の道具であった目録が，事実上約束手形と化していた状況がうかがえよう。現代人には少し想像しにくいかもしれないが，中世の人々は贈答というものをそこまでドライに，割り切って考えることができたのである。

2. 神への贈与と人への贈与

　むろん贈与は，古代から行われており，その歴史的展開を押さえる必要があるが，古代社会での贈与を特徴づけていたのは，人よりもむしろ「神にたいする贈与」であった。例えば，古代社会での税体系の中心をなした租と調は，日本古来の古い習俗にその原型を求めることが可能であり，租については，石母田正が，土地からの収穫物の一部を初穂として神の代理人たる首長に貢納する慣行から発生したとした（石母田 [1971]）。調についても，大津透は租と同じく初穂に由来し，朝廷に納められた調は，初穂として神社に献上されたあとに各氏族や官人に分配されていたことから，その本質は「神にたいする贈与」にあったとした（大津 [1999]）。

　このように「神にたいする贈与」は次第に税に転化していったが，租・調などの税体系は，10 世紀中頃までに他の税目とともに官物と呼ばれる地税に統合され，人への課税から土地への課税へ大きく転換した。それとともに官物やその後身である年貢の宗教的性格は薄れたが，「神にたいする贈与」は中世社会にも存在し，例えば諸社の祭礼を行うための費用を，特定の有徳人（資産家）を指名して負担させる馬上役のシステムも，「神にたいする贈与」としての一面をもっていた。けれども宗教勢力の世俗化が進展するにしたがい，贈与の対象も鎌倉時代を通して次第に神から人へと転換していき，上述の馬上役も，室町時代になると金融業者である土倉に賦課する方式へと変質するとともに，馬上役そのものが世俗的な用途に使われるようになった。

　ただし，こうした有徳人や土倉などの裕福な者が費用を負担する仕組みの背景には，社会の富の平準化を求める一般民衆の支持があったと考えられ，富を蓄積した者に，その富を社会へ還元＝贈与することを強制するような思想，すなわち徳政の思想が中世社会を特徴づけていた。かくして，室町時代には人への贈与が一般化することとなり，それらが税へと転化する姿も見られた。例えば，室町幕府の財源の一つに，守護らが将軍家に拠出していた分担金である，守護出銭と呼ばれるものがあった。その用途は，御所・寺社の造営・修理や将軍家の祈禱・仏事などさまざまな支出に充てられたが，恒常的な課税ではなく，臨時にかつ大まかに，そして守護自身が将軍に申し出る形で納められた。15 世紀前半には，このように諸守護から将軍に対する贈与として納められていた守護出銭であったが，15 世紀後半には将軍家が分担額を決めて諸守護に命ずるという機械的な賦課方

式に変化してしまった。平安時代の官物と同様，ここでも贈与から税への純化が
生じたのである。

3.　贈与経済の形成と展開

　贈与には，それに見合った返礼を強制する性質があったから，贈与行為はしば
しば贈答関係としてあらわれたが，贈与慣習の進展は，贈答関係が当事者間のみ
で終了せず，それが連鎖をなして贈答品が流通する構造を生み出した。実際，贈
答品を商品市場から購入で調達することが広く行われ，冒頭でも触れた通り，受
け取った贈答品を，別の相手への贈与に使用したり，商品市場で販売して金銭を
得たりすることも行われた。こうして贈答関係が市場での取引を代替し，贈与経
済が形成されるに至った。

　その背後には，贈答品を恒常的に買い取って，それらを再び贈答用に販売する
商人が存在していたと考えられ，贈与経済と市場経済を媒介する循環構造が形成
されていたと言える。そのなかでは，贈与を主に受ける側の寺社が，受け取った
贈答品を売却することで，商人のみでなく寺社も経済活動の主体として重要な役
割を果たした。本書第2章で触れたように，中世社会を貢納経済社会と捉えるか
市場経済社会と捉えるかで大きく見方は異なるが，貢納品が贈答品になったり，
市場で調達した商品が贈答品になったりすることで，貢納経済と市場経済は贈与
経済を媒介として密接に関連していた。それらを交換経済のバリエーションと考
えれば，中世社会では，生産と消費の間に大きな交換のブラックボックスが存在
しており，そのブラックボックスのなかでは貢納経済・市場経済・贈与経済が複
雑に入り混じっていたと考えられ，そうした多様な「交換経済社会」と見ること
もできよう。

　そうした多様な交換の様子を，太刀を事例に紹介しておきたい。室町時代には，
1420〜30年代頃から太刀が贈答品として好んで用いられるようになった。ただ
し，太刀の贈答は，必ずしも古くからの風習ではなかった。馬や剣は本来上の者
が下の者に賜うべきものであり，それゆえ対等な者どうしの贈答品や，まして天
皇や将軍など上の者への献上品にはふさわしくないと考えられていたからである。
しかし太刀の贈答が流行し始めると，違和感を覚えながらも皆が太刀を贈るよう
になった。室町将軍が諸人に対して太刀の献上を免除している例が見られるのも，
この頃の太刀贈答の隆盛を逆に物語っている。伏見宮貞成親王の日記『看聞日

記』によると，1432（永享 4）年 3 月 28 日には，将軍足利義教が伊勢参詣から無事もどったのを祝って諸門跡・摂政以下が室町亭に群参したが，事前に義教から公家の太刀進上を略するようにとの触が出ていたために誰も太刀を進上しなかったという。また 1434 年 10 月 7 日に山門嗷訴の終息を賀して関白以下が義教のもとに群参した際にも，人々はいったん太刀を進上したものの，その後，義教から返却されている。

　さらに太刀は，日明貿易における主要な輸出品の一つでもあった。日明貿易の輸出品は，将軍から明皇帝への貢ぎ物（進貢物），将軍と明政府との公貿易品（附搭物），随行客商と明の民間商人との私貿易品の 3 種に大別されるが，明では民間の武器所有を禁じていたため刀剣はもっぱら皇帝への貢ぎ物と公貿易品として輸出された。にもかかわらず，刀剣の輸出量は年々増加し，15 世紀後半には，日明貿易それ自体が「刀剣貿易」（小葉田 [1941]）と呼んでもよいほどに刀剣輸出への傾斜を強めた。ただし明が財政難から買取価格を引き下げたため，輸出量は増えても収益は増えなかった（田中 [1961]）。詳しい計算方法については先行研究に譲るが，多いときで 37,000 余把，少ないときでも 3,000 把におよぶ刀剣が毎次中国に輸出されていた。

4.　「贈与の狂乱」

　15 世紀前半は，足利義教が専制的な将軍で，些細なことで諸人を厳罰に処することで知られていたから，その処罰を恐れる気持ちがいわば強迫観念となって人々を贈与へと駆り立て，義教に対する貴族や僧侶たちの参賀が急増していた。彼らは義教に少しでも目出たそうなことがあれば，人に後れをとるまいとわれ先に将軍御所に詰めかけ，その結果が際限なき参賀と太刀の献上となってあらわれた。特に 1441（嘉吉元）年の嘉吉の変で義教が暗殺されるまでの数カ月間は，それらが異様な頻度に達していたように見える。

　例えば前述の『看聞日記』によると，1441（永享 13）年 2 月 17 日に改元が行われ，年号が嘉吉に改まった頃から参賀と剣（太刀）の献上記事が急増する。改元から 3 日後の 20 日には貴族にして義教の近臣でもあった三条実雅から明日改元の祝儀として剣を贈るようにとの指南があり，貞成は翌日を待たずこの日のうちに義教に剣を贈った。翌 21 日には改元の参賀のため関白以下が室町亭に群参した。貞成も妻の南御方と近臣の庭田重賢を参賀に遣わしたが，その日になって，

実雅から前日に贈ったものとは別にもう 1 振剣を贈ってほしいと言われた。剣の用意のなかった貞成は，結局実雅に立て替えてもらったようだが，新たに贈ったこの剣は，辛酉仗議の祝儀ということであった。中国や日本では，辛酉の年には辛酉革命といって天命が革まると考えられており，それを避けるために日本では改元を行うのが常であったが，この年はまさに辛酉の年にあたっていたのである。そこで今回の改元では，通常行われる改元定に加えて，辛酉革命にあたるか否かを判断する公卿会議（辛酉仗議）も開かれ，2 本の剣はそのそれぞれへの祝儀という名目であった。

　3 月 10 日には義教は日帰りで石清水八幡宮参詣に出かけ，14 日にそのお祝いに関白以下が室町亭に群参した。貞成も剣を贈っている。23 日には義教は伊勢参詣に出かけて 28 日に帰ってきた。翌 29 日，貞成はまず随行した実雅に慰労の太刀を贈ったが，そのとき実雅から，義教へは来月 3 日に贈るよう指南をうけ，それにしたがって 4 月 3 日に剣を贈った。

　4 月 8 日の晩には，義教の弟で謀反をおこして逃亡中だった大覚寺義昭が去月 13 日に九州で切腹したとの注進をうけて，室町亭に公武が群参した。貞成も，実雅から剣と馬を贈るようにとの指南をうけて，これにしたがっている。さらに 13 日には義昭の首が京着したとしてまた群参が行われ，貞成はこの日にも剣を贈っている。

　4 月 23 日には幕府軍が関東で敵城を 1 つ落としたとの注進があって，また関白以下の群参が行われた。貞成も祝儀の剣を贈っている。2 日後の 25 日には下総の結城城が陥落して結城氏朝・持朝父子が切腹し，関東公方足利持氏の子息 2 人（春王丸・安王丸）が生け捕りにされたとの注進があった。いわゆる結城合戦終結の知らせである。貞成が近臣の重賢を実雅のもとに遣わして指南を仰いだところ，その参賀は 28 日に行われるとの回答であった。予定通り 28 日に群参が行われたが，この日，貞成も剣と馬を義教に贈り，それとは別に義教に 2 千疋（20 貫文），義教の正室に千疋（10 貫文）の折紙も贈った。

　以上に挙げた例でも十分わかるように，もちろん幕府にとっての慶事がたまたま重なったこともあろうが，たかだか 3 カ月程度の間に膨大な数の室町亭群参が行われ，膨大な量の剣が将軍に贈られた。その際，貞成には義教の近臣に三条実雅という心強い味方がいて，いつ，何を，どれだけ贈ればよいかを随時指南してくれたので，致命的なミスを犯すことはなかった。おそらく皇族や摂関家などの

上級貴族は，同様の人脈を将軍家の周辺にもっていたのだろう。一方，参賀をうける将軍家にとっても，ばらばらに来られたのでは面倒なので，事前に参賀日を決めて触を出していた（だから群参になる）。そしてその参賀日の決定と告知に関わったのも三条実雅のような将軍の近臣たちであったろう。

　長期的に見ると，財政難にあえぐ幕府がこれらの贈答品を財源視し始めたこともあって，「贈与の狂乱」は義教の死後も沈静化することなく，少なくとも15世紀の終わり頃までは続いてゆくように見える。そしてそのなかで，太刀を贈る習慣も，有職家たちの不満をよそにしっかり定着していった。贈与機会の増大に伴って，贈答品用の太刀の流通量も確実に増えていったはずである。もちろんそのうちの少なからぬ部分は，当時の一般的なやり方として贈答品の流用によって賄われていたと思われるが，そのうちの一定量は商品市場（リサイクル品を含め）から供給されていたことも論をまたないだろう。

　しかしこうした「贈与の狂乱」は，16世紀に入ると急速に沈静化する。前述のブラックボックスとは，別の言い方をすれば，パーソナルな関係が見えない領域のことであり，戦国期になってそうした領域が急速にしぼむとともに，目に見える力が横行するパーソナルな関係の復活・巻き返しが生じた。そのなかで，贈与経済は身を引き，「交換経済社会」は貢納経済と市場経済がせめぎ合う世界へと回帰したのであった。

5. 贈答品の生産と流通

　以上のように，国内での贈答品としても，中国・朝鮮への輸出品としても，室町時代の刀剣の需要は極めて大きかったことが知られるが，その供給について最後に触れておく。

　室町時代になると，京都三条・粟田口，備前長船，美濃関など，日本各地に有名な刀剣産地が林立してくるが，実は生産や流通の実態はほとんど分かっていない。それゆえ，それらがどのように京都に運ばれ，どのように支配者層や輸出品調達担当者の手に渡っていたのかも未詳であるが，室町時代の京都に「太刀屋座」なる太刀商人の団体が存在したことは判明している。また太刀とならぶ代表的な輸出品である扇についても「扇屋座」の存在が確認されるが，この太刀屋座と扇屋座をいずれも室町幕府を本所とする座と推定したのが佐藤進一である。佐藤は，いずれの座にも幕府侍所との関わりを示す史料があることから，「太刀屋

座・扇屋座が侍所の支配下にあったとすると，刀と扇が対明貿易の主要輸出品であり，ことに刀は将軍の附搭品（貿易品）として大量に送られた事実は，改めて考えて見る必要があろう」と述べ，日明貿易との関連性を示唆している（佐藤［1967］）。

　これに対し，田中博美は，幕府の関与の度が高い初期の遣明船貿易ではなく，貿易自体が幕府の手を離れて抽分銭による請負になった後期になって刀剣の輸出が激増したことなどから，幕府が刀剣類を遣明船貿易の主要な輸出品として早くから予定し，そのために太刀屋座など刀剣の生産・流通組織を直接支配下に置こうと構想していたと考えることには無理があるとしている（田中［1989］）。遣明船を幕府が直接差配していた初期とは異なり，後期になると輸出品の調達まで含めて，すべてが請負制になり，幕府は請負人たちから請負料である抽分銭を徴収するだけの存在になる。その段階になってから刀剣の輸出が増えたことを踏まえ，また，近衛家代官進藤光盛が室町幕府政所代蜷川親俊に充てて摂州湯山口での「濃州関の打物，太刀・小刀，その外束の物商買」の侵害を訴えた永禄3（1560）年6月3日書状（『大日本古文書　家わけ第二十一　蜷川家文書三』739号）の存在から，田中は五摂家の筆頭である近衛家こそが太刀屋座の真の本所であると主張するのである。

　上の史料は美濃関産の刀剣にしか言及していないので，他の産地のものまで含めて近衛家の支配下にあったとは断定できないが，佐藤のように太刀屋座を幕府所属の座とすることにも疑問はある。幕府侍所が京都の商業座や商業税に関わる例は佐藤が注目した太刀屋座や扇屋座以外にも見られるが，その多くは幕府の安堵や裁許の執行（これを「遵行」と言う）に関わっているだけで，いわゆる本所としての関与とは認め難い（『看聞日記』永享8年5月9・12日条，『建内記』嘉吉元年11月24日条など）。かりに関与が認められても，それがどのような立場からの関与なのか，慎重に見極める必要があろう。

　もっとも太刀屋座に関しては，「別本賦引付　四」の大永元（1521）年12月14日条所載太刀屋座中申状案に「右座中は先規より　公方役懃め申し売買仕る」と見えるから，同座が幕府に対し何らかの「公方役」を務めていたことは確かであり，おそらく同じ「別本賦引付　四」の天文11（1542）年12月24日条所載太刀屋広野与三左右衛門尉久吉申状に「公方召し遣わるる御太刀の事，先規より今に調進仕り候い了んぬ」と見えるのが，それにあたると思われる。この

「公方役」を日明貿易と結び付けるのは無理にしても，将軍家の贈答用の太刀の一部がこの「公方役」によって調達されていたことはほぼ確実と言える。

　さらに想像をたくましくすれば，将軍家に献上された厖大な量の太刀の買取にも彼らが関わっていた可能性はないだろうか。馬については以前，中世京都の博労が石清水八幡宮に所属する駒形神人の支配下にあったことから，彼らが神社に奉納された神馬のリサイクルにも関わっていた可能性を指摘し，神馬とならんで神社に奉納されることの多かった太刀についても，同様の流通構造が想定できるのではないかと述べたことがある（桜井［2011］）。太刀屋座と神社との関係は今のところまったく摑めておらず，今後の課題であるが，奉納された太刀のすべてが神社の宝蔵のなかで朽ち果てるのを待っていたとも考えにくい。近世の古着屋の例を引くまでもなく，前近代の商品市場に占めたリサイクル品の規模には看過できないものがあり，それは市場経済と贈与経済との接点を探る上でも，極めて重要なテーマと言えよう。中世に限らず，近世・近代まで含めて検討されるべき問題と思われる。

（中西聡・桜井英治）

参考文献

石母田正［1971］『日本の古代国家』岩波書店，のち『石母田正著作集3　日本の古代国家』岩波書店，1989 年に再録

大津透［1999］『古代の天皇制』岩波書店

小葉田淳［1941］『中世日支通交貿易史の研究』刀江書院

桜井英治［2011］『贈与の歴史学』中公新書

佐藤進一［1967］「室町幕府論」『岩波講座日本歴史7　中世3』岩波書店，のち佐藤『日本中世史論集』岩波書店，1990 年に再録

田中健夫［1961］『倭寇と勘合貿易』至文堂

田中博美［1989］「遣明船貿易品としての日本刀とその周辺」『東京大学史料編纂所報』24 号

平山行三［1980］「日本における動産贈与の慣行」牧健二博士米寿記念日本法制史論集刊行会編『日本法制史論集』思文閣出版

ボールディング，ケネス・E.［1974］『愛と恐怖の経済──贈与の経済学序説』公文俊平訳，佑学社

第 II 部

経済社会の展開
──近世から近代へ──

はじめに――身分制的制約の下での「市場経済」

　第Ⅱ部は，都市居住者としての武士・職人・商人，村落居住者としての「百姓」，そしてそれらの周縁部に位置付けられた非差別民，さらに別途に位置づけられた皇族・公家・寺社として身分制が確立された近世社会を中心に取り上げる。それゆえ第Ⅱ部の始まりを17世紀とするが，終わりは近世から近代への移行期を広く捉え，20世紀初頭まで含める。17世紀の近世社会の経済システムは，基本的には石高制のもとで年貢米を基軸とした。しかし17世紀に進んだ開墾により，田地の拡大に限界が生じた17世紀末以降は，耕地の量的拡大から質的展開への転換が生じ，商品性の高い畑作生産が進み，その加工業も勃興した。そのなかで18世紀に，自然条件の有利性を活かしつつ大都市市場向けの特産物生産が拡大し，年貢米中心の経済システムに特産物が加わり，複雑化した。それに対し，徳川幕府は特産物流通を統制するために商人の組織化を進め，1813（文化10）年の広範な株仲間の公認がその到達点と考えられる。その後1818（文政元）年の貨幣改鋳などを契機に長期にわたるインフレ状況が生じ，商品経済の進展のなかで，幕府の流通統制強化に仲間外の商人や生産者が激しく反発した。これを契機に幕藩体制は動揺へ向かったと考えられ，近世社会の転換点として17世紀末の元禄期と19世紀初頭の文化・文政期を押さえ，第3章は17世紀，第4章は18世紀，第5章は19世紀を取り上げる。

　なお19世紀における近世から近代への移行の画期をどこに求めるかは多様な見解が存在する。例えば，幕藩体制の本格的崩壊の起点を天保の飢饉とそれへの対応としての幕府の天保改革の失敗，およびそれと逆に西南雄藩が藩専売制などの成功で軍事力強化を実現したことに求めれば，19世紀中頃が近世から近代への移行の画期となろう。また，国際的契機を重視し，幕末開港による「開放経済体制」への転換を重視する見解では，1858（安政5）年の欧米5カ国との通商条約締結が移行の画期となる。ただし幕末維新期の開港は，欧米諸国に対してのみではなく，清（中国）や朝鮮とも新たな通商条約を結んでおり，東アジア世界との関係性の変容も含むものであった。

　その一方，明治維新そのものの画期性をあまり評価せず，近世から近代を連続的な流れと捉える見解もあるが，それは大きく2つに分かれる。すなわち，明治維新後の日本でも前近代的要素がかなり残存しており，その点で近世から近代を連続させる視点と，19世紀前半以降の商品経済の発達のなかで，近世後期にすでに近代的要素が見られた点で，近世から近代を連続させる視点である。

　このように19世紀の評価は多岐にわたるが，国際的契機で生じた幕末開港が国

内の商品経済を成長・再編させた一方で，日本がモノカルチュア経済ではない経済発展を達成できたのは，幕末開港以前にある程度多様な商品経済の進展があったからともいえ，国内的要因と国際的要因を切り離して考えることは難しい。また近代初頭の蝦夷島における開拓使の設置と琉球「併合」（波平［2014］）は，近世期と異なる近代期日本の国境を形成するとともに，その後の植民地進出への端緒となった。

　そして明治維新後の日本を考えた場合，1871年の廃藩置県で近代国家が直ちに成立したわけではなく，秩禄処分と地租改正により近代国家財政の枠組みが形成された後も，近世期の年貢村請制の影響で村単位での地租収納がある程度継続していた。こうした近世来の要素は，1880年代前半の松方デフレにより，各地の村落で中小自作農の没落が見られ，不在地主が広範に登場したことで払拭された。そして自由民権運動への対応から明治政府が1889年に大日本帝国憲法を発布し，90年に帝国議会を召集することで近代国家の枠組みが成立する。その後，1890年に民法，93年に商法が制定され，改正民法が91年，改正商法が99年に施行され，日清戦争後の97年に金本位制に移行し，さらに99年の条約改正で治外法権が撤廃された。こうして日本の近代国家の枠組みが19世紀末には国際的にも認知され，日本は1902年に日英同盟を結ぶとともに，日露戦後の11年に関税自主権を獲得した。

　このように近世から近代への移行は，幕末開港前の国内商品経済の成長から，19世紀末の法体系の整備・金本位制移行・条約改正，そして台湾・朝鮮などの植民地獲得までの一連の流れのなかで捉えることが重要である。その点を念頭に置いて，第5章では，1818年以降の国内経済のインフレ成長から20世紀初頭までの19世紀全体を対象とする。

　そして，第II部全体として，身分制社会のもとで市場参加者に身分的制約があったために，市場経済が社会全体にまでは至らなかった社会を想定する。明治維新後も，近世来の株仲間の性格を色濃くもった同業組合が設立され，市場参加者への制約は残されたが，1890年の大日本帝国憲法で営業の自由は確認され，重要輸出品などの戦略部門では，同業組合の強い規制力は残されたものの，形式上は市場参加者への身分的制約は否定された。その結果19世紀末に，質的に異なる市場経済社会へと転換することになった。

（中西　聡）

第3章

開発の17世紀
──石高制の浸透

序　17世紀の世界的危機と日本

1）17世紀の全般的危機

　17世紀は世界史的には封建制の末期とされ，封建制の動揺を世界的に共時的状況として捉える「17世紀の全般的危機」説が唱えられた。そこでは，17世紀中期に始まった地球規模の寒冷期が飢饉や疫病の蔓延をもたらし，世界各地での戦乱や反乱の同時多発が強調された。17世紀の全般的危機は，世界的な銀流通の収縮とも関連させて論じられており，中国経済に与えた影響は大きく，前述の寒冷化の影響とも合わせ，17世紀の中国では自然災害と戦乱が重なり，そのなかで明朝が滅亡し，寒冷化のなかで食料を求めて華北へ侵入した北方民族により清朝が開かれた。その意味では，ユーラシア大陸の東西で，気候変動の影響により，共時的に疫病・災害・戦乱などが生じていた（秋田茂責任編集 [2019]）。

　ところが，17世紀の日本は近世社会の始まりに当たり，封建制が成熟へと向かった。世界史的動向とは異質の状況にあり，徳川幕府の成立で長年の戦国時代が終わり，開墾の進展による食料の増産に成功したため，世界全体で人口が減少ないし停滞したなかで，例外的に日本の人口が大きく増加した。それゆえ，ヨーロッパとは異なる社会変革を日本は17〜19世紀に辿ることとなった。

　一方，ヨーロッパ勢力内で17世紀に東シナ海の制海権を握ったのはオランダであった。オランダの連合東インド会社は，17世紀初頭に日本に使節を派遣し，平戸に商館を開き（加藤 [1998]），ジャワ島のバタヴィアと台湾にも拠点を置いた。オランダ東インド会社は，徳川幕府が貿易を長崎に限定した後も，長崎に商

館を移して日本と貿易を続けたが，清朝と対抗した明の遺臣の鄭成功が台湾を占領して 1661 年にオランダ勢力を追い出したため，その後のオランダ勢力は，アジア進出の重点を貿易の独占からジャワ島の植民地支配に移した。後述するように，17 世紀後半に日本の長崎貿易量は次第に減少したが，その背景には徳川幕府の銀輸出抑制策とともに，オランダ勢力のアジア進出の重点の転換もあった。

2）17 世紀の日本経済

　近年では，中世から近世への移行期を 15〜17 世紀に求め，そこでの中世社会から近世社会への連続的な側面を高く評価するようになっている（稲葉［2009］：池上［2012］）。中世から近世への転換については，かつて安良城盛昭が近世幕藩体制の成立を，「統一的封建権力」による「奴隷制的生産関係」の体制的否定として，中世社会と近世社会の断絶面を強調したが（安良城［1959］），この安良城説の評価をめぐってその後戦国期研究が盛んになった。そこでは，近世社会システムに関わる大きな 5 つの論点に関して研究が進められた。

　第一に，安良城説の大きな論拠となった太閤検地や「年期奉公人」確立政策に関して，その画期性の評価について研究が進められ，太閤検地による小農自立への実証的な問題点が地域差の存在や名主層の残存などから示されるとともに，検地の画期性は太閤検地ではなくそれ以前の戦国大名検地に求められるとの主張が示された。第二に，近世社会システムの石高制と戦国大名領国での貫高制との比較研究が進められ，その共通性が示されるとともに戦国期から近世社会への連続性が主張された。第三に，近世社会システムの「鎖国」体制への評価に関して，東アジア国際関係のなかに位置付けると，「鎖国」とは必ずしも言えず，幕府の管理貿易が行われた長崎では，中世から近世への断絶が強調できるが，それ以外に対馬藩を介した朝鮮との交易，薩摩藩を介した琉球との交易，松前藩を介したアイヌとの交易があり，それらの交易は中世以来の慣行を活かす形で行われたとやはり連続的な側面が指摘された。第四に，近世社会システムの身分制への評価に関して，豊臣政権の刀狩りによる兵農分離政策の不十分性が指摘される一方で，戦国大名の領国でも城下町の形成などですでに兵農分離が進んでいたとの評価も出され，中世から近世への連続性が主張された。第五に，近世社会システムの年貢納入主体が村で，村請の形で年貢納入が行われたことに対し，戦国期でも荘園領主の支配から各村落が自立しており，そのなかで共同体的規制が成立していた

ので，戦国期の村落と近世初期の村落は連続性があるとされた。

3）「鎖国」体制と「互市」

　中世から近世への移行期にあたる 15〜17 世紀は，地理上の発見により「新大陸」を含む地球規模での世界史が登場した時代で，ヨーロッパ勢力のアジアへの進出のなかで，本格的に東西文明が出会った。東アジアの一員であった日本もこの影響を受け，織田・豊臣政権でのスペイン・ポルトガル貿易の発達ののち，徳川幕府によって限定された窓口のみで外の世界との関係をもつ「鎖国」体制が構築された（山口［1993］：清水［2012］）。

　その場合の限定された窓口は，正式な貿易湊として幕府が管理貿易を行った長崎と，朝鮮との通交の窓口となった対馬，琉球との交易を行った薩摩，アイヌとの交易を行った松前であった（「四つの口」）。対馬（府中）藩の宗氏，薩摩（鹿児島）藩の島津氏，松前（福山）藩の松前氏はいずれも中世以来その地域で連続する大名で，それぞれの地理的関係により中世から対外関係を担ってきた。それらを徳川幕府は取り込んで再編成したのに対し，長崎は，幕府派遣の奉行が支配する直轄地であった。長崎では，オランダ船と中国船のみを民間の貿易船として扱い，中世以来の通交関係の延長ではなかった。

　徳川幕府も開府当初は，現状追認的にポルトガル貿易を継続したが，キリスト教禁止には貿易統制が不可欠であることを認識すると，1639（寛永 16）年にポルトガル船の来航を完全に禁止した（「鎖国」体制）。それ以後，ヨーロッパ諸国との交易は，キリスト教布教と無関係であったオランダ船に限定された。豊臣秀吉の朝鮮出兵による朝鮮・明との関係断絶状況から回復すべく，幕府は 1609（慶長 14）年に朝鮮と講和し，薩摩藩が決行した琉球征服に許可を与えて琉球との交易の役割を薩摩藩に与えた。

　日本が「鎖国」体制をとって間もなく明は内乱で滅亡し，北方異民族の清が中国を制圧した。清は，1637 年に朝鮮，54（承応 3）年に琉球をそれぞれ冊封し，徳川幕府も，朝鮮・琉球と通交を結び使節到来を受け入れ，東アジアの文化慣習に沿って「日本型華夷秩序」意識（第 4 章序節参照）に基づく対外関係の構築を目指した（荒野［1988］）。

　中国では貿易制度のことを「互市」と呼ぶが，清代にも前述の朝鮮・琉球などの朝貢国があり，朝貢貿易が行われたものの，全体的に清朝は明代の海禁政策を

改め，「互市」を民間に開いた。つまり，明代から清代にかけて，双方向の貿易独占としての朝貢一元体制から，参入の自由を基調とする互市の制度が朝貢貿易と併存することになったと言える（岩井［2020］）。そのなかで徳川政権は，清朝に朝貢をしなかったものの，互市の制度を通して清朝と貿易を行った。

4）朱印船貿易から長崎管理貿易へ

「鎖国」体制構築以前の豊臣政権・初期徳川政権下では，朱印船貿易として対外交易は行われた（永積［2001］）。当時東シナ海では倭寇が盛んに活動しており，それらと正規の許可を得た貿易船を区別するために，豊臣政権・初期徳川政権は朱印状を発給し，朱印状を携行する船が朱印船と呼ばれた。朱印船の渡航先は，主に東南アジアであったと考えられ，東南アジア各地に日本人町が作られた。また，徳川幕府のキリスト教禁制によってスペインやポルトガルとの通商が断絶した17世紀初頭は，オランダ・イギリスが新たにアジアに進出した時代であった。前述のように，オランダ東インド会社はアジア・ヨーロッパ間の貿易独占権を付与され，日本の平戸に商館を開設した。

　一方，イギリスも1613（慶長18）年に平戸商館を開設したが，当初目指した中国との貿易を実現できず，また東南アジアの拠点を1623年にオランダに奪われたため（アンボイナ事件），23（元和9）年に平戸を撤退し，ヨーロッパ諸国ではオランダのみが日本の貿易相手国として残った。オランダ船は，主に中国から仕入れた生糸を日本へ売り込み，日本の銀を獲得してそれでアジア地域の商品を買い入れた。また中国船を通して日本は生糸・絹織物をはじめ，砂糖，薬種，象牙，鹿皮などアジア域内産物を輸入しており，日本の対外交易はアジア間交易ネットワークのなかに位置付けられていた。しかしキリシタンに対する取り締まりが強化されるなかで1620年代には朱印船は次第に減少した。

　日本の最大の輸入品であった生糸は，糸割符という輸入生糸の国内専売特権の証札をもつ特権商人仲間（糸割符仲間）により独占的に取引された。糸割符仲間が輸入生糸の価格を決定し，幕府がその価格で全輸入生糸を一括購入し，それらを仲間構成員に分割配布した（糸割符制度）。「鎖国」体制の成立で，生糸輸入の実権は幕府と糸割符仲間に握られたが，国内で生糸生産が展開するようになると生糸輸入そのものが減少していった。

　1641（寛永18）年に幕府の命令によりオランダは商館を平戸から長崎に移転

し，それ以後幕府の貿易管理のもとで日蘭（オランダ）貿易が行われた（鈴木
［2004］）。ただし，平戸が対外交易の窓口としての性格を失った後も，平戸藩主
松浦家は，対外関係に携わった家としての役割を担い，18 世紀後半以降も，異
国との関係性を再認識するに至った（吉村［2012］）。長崎移転後も，オランダ船
の最大の目的はアジア商品を買い付けるための銀を日本で獲得することであった
が，国内銀の減少に苦慮した幕府は，1660 年代に入り銀輸出抑制策をとった。
その後中国側から銀輸出再開の要請があり，中国船には許可したがオランダ船は
あえて要請せず，オランダ船への銀輸出はその後も禁止され続けた。もっともそ
の後オランダは，アジア商品買い付けのためヨーロッパから銀をアジアへ大量に
持ち込むようになり，オランダにとって日本の銀はそれほど重要ではなくなった。
オランダ船による日本銀貿易は，1637〜41 年が最も大量であり，「鎖国」体制完
成直前に日蘭貿易は最も繁栄したといえよう。

1　石高制と三貨制度

1）貫高制から石高制へ

　石高制とは，村を単位に田畠屋敷の面積を測量して石高を算定し，その石高を
もとに豊臣氏・徳川幕府から大名に，大名から家臣に領地を石高で宛行い，石高
に対応した軍役の奉仕を義務付ける一方，村は石高に対応する年貢を米で領主に
納める関係から構築された。この石高制を作り上げたのが全国統一基準で行われ
た太閤検地とされ，太閤検地は，領主が収穫高の約 3 分の 2 を年貢として収取す
るという理念を示し，村落の旧小領主層を百姓身分として彼らが得ていた中間得
分をかなりの程度否定する一方で，百姓に収穫高の約 3 分の 1 の作得を公認・保
障した点で，作人層にとって「進歩的」側面もあった（牧原［2004］）。
　ところが太閤検地では，全国一律の「斗代」（反当石高）が機械的に適用され
たわけではなく，国・大名ごとに検地掟で指示するか，検地奉行の裁量に任され
た場合もあった。「斗代」は中世の本年貢・公事・加地子などをもとに，百姓ら
の合意を取り付けられる基準で決められたと考えられ，石高は生産高よりも年貢
高を表現していたといえる（池上［2021］）。
　その点で，戦国大名の北条氏が家臣に知行をあてがい，その大きさに対応した
軍役の奉仕を義務付けるため，村ごとに基準年貢額を設定し，それを集計して領

国全体の年貢額を把握するために行った検地との連続性が見られ，その基準年貢額が，荘園制期の年貢額に依拠していたとすれば，荘園の検注との連続性まで指摘し得る。ただし，戦国期以来の年貢減免の慣習が豊臣政権でも維持されたため，実際に上納された年貢高は検地高の 5〜7 割程度であったと考えられ，検地高を生産高と認識する余地が残されたのに加え，軍役の基準としての領地高の意味も加わり，検地高の意味は多様化した（木越［2000］）。

　こうして領主側の検見指示を受けて百姓・在方が内見を実施し，それを基に領主・代官が検見を実施して実収量の確認をする作業が毎年行われて，年貢米量は確定された（渡邊忠司［2020］）。その結果，領主と百姓の間の年貢収取の基準は，前述の太閤検地時点の 2 対 1 から次第に領主の取り分が低減して，3 対 2 から 2 対 3 の間に落ち着いた。そのため領主が在地における剰余を吸収しつくすことは困難となり，在地社会が剰余を内部留保することが可能となった（牧原［2023］）。

2）三貨制度の成立

　長崎貿易において銀が最大の輸出品であったように，17 世紀の日本は国内で豊富に金・銀・銅の金属を産出し，これらをもとに近世日本では，自国貨幣が鋳造され，金・銀・銭（銅）からなる三貨制度と呼ばれる近世の貨幣制度が成立した。16 世紀になって明にヨーロッパから大量の銀が流入して明が銀経済に転換すると，明銭（銅銭）の日本への流入が激減し，西日本ではそれまで銭を支払手段としていた取引がいっせいに米で取引され，再び商品貨幣の時代が訪れた。その後貿易を通して銀貨が流入し始め，西日本では銀貨で取引が行われるに至った。一方外国貿易との関係の薄かった東日本では，従来の銭貨が使用され続けたが，銭貨供給が不安定であったため新たな通貨として徳川氏が金貨を鋳造した。

　東日本の基準通貨として金貨が発行されたものの，金貨は現実の取引における支払手段として高額すぎるため，日常的な取引では銭貨が使われた。金貨の単位は 1 両＝4 分＝16 朱で，1 分金でも当時の公定相場で 1 文銭 1,000 枚に相当した。それに対し銀貨は，額面ではなく重さで価値が決まる秤量貨幣で，1609（慶長14）年の公定相場で金 1 両＝銀 50 匁とされ，使用可能な最小銀貨を 1 匁とすれば約銭 80 文となった。銀貨は，日常生活でも利用可能であったが，小額貨幣としては最小単位が大きいため，やはり銭貨が必要であった。

　それゆえ，1636（寛永 13）年に銭貨として寛永通宝が鋳造され始め，東日本

の基準貨幣としての金貨，西日本の基準貨幣としての銀貨（単位：1貫匁＝1,000匁），一部の地方経済圏で基準貨幣として使われた銭貨（単位：1貫文＝1,000文）からなる「三貨制度」が成立した（岩橋［2002］）。その後1700（元禄13）年に金1両＝銀60匁＝銭4貫文とされた。

　三貨制度については，寛永通宝の発行により，それまで流通していた多様な銭貨（鐚銭）が流通しなくなることで通貨統合が達成されたとする見方と（高木［2017］），近世日本の貨幣制度は地域間の差異が大きく，三貨全体に占める小額貨幣のシェアが18世紀後半から増大するなかで，小額貨幣の計数貨幣化を含みつつ緩やかに貨幣統合に向かったとする見方がある（岩橋［2019］）。統合と多様性の両面から近世日本の通貨制度を評価するには，実際の貨幣の授受のあり方を考えることが必要との指摘もされている。

　確かに，包封などによる儀礼的な金貨の授受は，近世後期における計数銀貨（金両単位の銀貨）の流通や銭匁勘定（銀匁単位の銭貨）の盛行のなかでも最幕末期まで残り続け，その意味で三貨制度は近世期の身分制社会と不可分であった（藤本［2014］：安国［2016］）。テーマIでは，中世日本社会における贈与を取り上げたが，近世日本社会でも贈与の視点は重要である。

　そして三貨制度のもとでは，東西で基準貨幣が異なるため，東西の遠隔地取引において，金貨と銀貨を交換する必要が生じた。例えば，大坂で商品を仕入れてそれを江戸に運んで販売した遠隔地商人は，商品仕入れは銀貨で行い，商品販売の代金は金貨で受け取った。それゆえ，江戸か大坂のどちらかで金貨を銀貨に代える必要が生じ，江戸・京都・大坂の三都では，両替商が活躍した。

2　小農自立と村請制

1）兵農分離と身分制社会の成立

　近世社会は武士と農工商の分離＝兵農分離を軸とし，住民の自治的な共同体である村や町という地縁的な諸身分集団を基礎とする身分制社会とされる。その起点となる兵農分離は，豊臣政権の刀狩りに求められることが多く，その際に在地領主層の被官であった地侍・土豪層が，武家奉公の道を求めて村を離れるか，村内で「侍分」という階層を形成するか，領主層と結びついて「郷士」身分を獲得するかに分岐していったと考えられる（吉田［2000］）。

　そして村内に残ることを選択した土豪層は，近世初頭は年貢収取システムの統括者としての地位にあったが，後述する年貢村請制の定着とともにその地位を失った。ただし，旧土豪層は，村役人との差別化を図って「侍分」の身分を強調し，有力同族団の長としての政治的・経済的地位を確保し続けた（小酒井［2018］）。そして近世初頭は，旧来の在地侍分が庄屋・年寄などの地位を占有し続けたため，一村に複数（多数）の庄屋・年寄が出現することもあった（深谷［2020］）。

　農工商についても城下町形成の際に，商人・職人は城下町に集住させられ，村落から切り離されたとも考えられている。前述の保内商人なども六角氏が城下町を形成するとそこへ集住させられた。城下町で楽市令が出され，商工業者が集められ，交通の要衝となり，遠隔地商人が城下町や湊町に拠点を置いたが，在郷商人として村落に所在し，近隣の地域間商取引に従事する商人も存在していた。

　このように兵農分離後も，村落には農民のほかに「侍分」・「郷士」・在郷商人など多様な諸職種の住人が存在していた（藤田［2000］）。石高制のもとでは村落に居住した「侍分」・「郷士」・在郷商人も米の年貢納入を分担しており，検地においては基本的に田畠の耕作者と位置付けられていた。その一方，都市に居住した武士・職人・商人の場合は，職種ごとにある程度居住区が割り当てられ，身分的区分は村落に比べてはるかに明確であった。

　そうであれば，近世社会での身分制の形成プロセスは，多様な業種が混在していた村落から，専業者としての武士・職人・商人を析出し，彼らを都市に集住させて身分的に確定させ，それ以外の農業を中心として多様な兼業を行うものを村落に止めて，「百姓」身分として把握したと考えられる。それは，社会的分業の視点からみれば，より専業度の高い都市と，より兼業度の高い村落に，経済活動の場を二分し，その間を結ぶものとして，行商人を含む遠隔地商人＝旅人を位置付けたといえる。

2）村請制の展開

　前述の太閤検地や徳川幕府の検地では，耕作者が年貢負担者と定められたが，実際の年貢納入主体は「村」単位で，もし年貢を納められない百姓が村内にいた場合，村はそれに代わって年貢を納める必要があった。それゆえ村がその領域内の土地所有関係に関与し，村掟で村の土地を他村の者に質入れ・売却することを禁止・制限する場合も少なくなかった。土地移動においては，永代売と併存して

質入れから質流れの形態が取られた場合が多く，質流れになった後でも質地請戻し慣行の存在により，百姓は質入れした耕地の請戻しに努めた（白川部［2012］）。売買・質入れなどの土地契約の有効性を，親類・五人組[1]・村役人らが証文に連署もしくは奥印して保証しており，その意味で，近世百姓は，石高で検地帳に登録された土地を村の関与のもとに所持していた（水本［1993］）。そしてこのことが，近世後期に飢饉の頻発などで困窮した百姓的世界の崩壊を防いでいた。

　つまり，個別百姓の高請地所持を中核として，近世的な村の共同所持がこれに重なり，その上に領主的土地所有が展開するという重層性を，近世日本の土地所有構造はもっていたと言える（神谷［2000］）。藤木久志は，こうした村請の形態は戦国期にも存在しており，中世後期の村が，荘園領主―荘園の関係を克服して武力の行使を含む自力救済の主体としての地位を確立したことの表れと位置付けている。そして中世後期の「自立した」村連合の惣村の運営に集団で関与した「年寄」層が，近世村落の年貢夫役の責任者としての「庄屋（東国では名主(なぬし)）」層に引き継がれたとした（藤木［1997］）。勝俣鎮夫も，戦国期に領主がその領域の土地と農民を個別に直接に支配する体制が消滅して契約関係となり，領主年貢分から控除する形で在地に与えられていた給免田畠が村の管理する惣有財産として編入されたことを強調し，村を新しい歴史の主体とした（勝俣［1996］）。

　中世の村請と近世の村請には，前者が庄屋個人請に対し，後者が集団請という違いがあり，生活困窮者の個別救済に対する関心も，公権力と地域社会の双方で，中世は弱かったのに対し，近世は強いという違いがあった。むろん近世村落が生活困窮者への個別救済を講じたのは，村請に対応するためであり，臨時的な救済に止まった（木下［2017］）。また，村落社会の共同性は，村請という村落社会に構造化された共同性のみでなく，経済生活（生業）において発揮される共同性や，同族集団における「私」的共同性もあり，重層的に共同性が存在していたとの見解もある（長谷部・高橋・山内編［2022］）。家と村の関係は，中世・近世の移行を考える重要な論点といえよう。

---

1) 年貢納入や治安維持などで連帯責任を負う 5 戸を基準とした組織。町では家持・家主，村では本百姓・高持百姓を構成員として 1633（寛永 10）年頃に制度化。

3　近世商人の登場と幕藩制的市場の全国化

1 ）近世商人の登場

　統一政権の成立は，大規模な物資動員需要をもたらし，地方でも大名が領国経営のために在地の有力商人に手厚い保護を加えて領内の商人支配に利用した。16世紀末から 17 世紀前半は，中央政権の大規模な物資動員を担う「初期豪商」と，地方で大名領国内の商人支配を担った「商人司（商人頭）」が活躍した。

　初期豪商は，堺・博多・長崎・京都・敦賀など当時の商品流通の要衝を根拠地とし，船・伝馬などの輸送手段をもち，商品保管のための蔵を保有していた。そして支配権力の物資動員需要に対応して遠隔地からの物資調達を担うため，領国内での交易の自由や，諸役免除などの特権を与えられた（山口［1991］）。当時の遠隔地間市場は未整備かつ不安定であり，地域間の価格差は極めて大きく，初期豪商は遠隔地取引で多大な利益を得た。そして豊臣政権や初期徳川政権から朱印状を受けて貿易に乗り出した初期豪商も多かった。初期豪商には，鉱山経営や河川開削に乗り出すものもおり，経営規模の拡大を図ったが，幕府の「鎖国」体制の構築により私的な貿易活動が閉ざされ，国内交通路の整備で地域間価格差や価格変動を利用して巨利を得ることが難しくなった。それゆえ初期豪商は遠隔地商業活動から撤退して，代官に任ぜられたり，蔵宿[2] を務めるに至った。

　商人司は，もともと座や仲間などの商人組織を配下におく親方的商人のなかで有力な者が任命されたと考えられ，諸商人に対する裁判権・刑罰権を有しており，他国・他領にまたがる広い範囲の市を支配していた（桜井［1996］）。当時の商人社会では市祭を主催する者がその市の所有者とみなされており，商人司は各地で市を主催するとともに，他国・他領の商人との紛争も他国の商人司と交渉して解決するなど，その活動は支配権力の枠組みを超えて広がった。このように同業者組織の長であった商人司は，近世都市が地縁的な町共同体を中心とする組織に編成されていくと，町共同体と対立するようになる。そのなかで商人司の地位を失った者の多くは町役人として町共同体のなかで生き残ることとなった。在方市でも市見世に商人を配する主体は屋敷所持者中心へと移行しており（杉森［2006］），

---

2 ）武士の俸禄米の受領・管理・売却などを請け負う商人。

■ **解説** II-1

石高制と商品生産

　石高制と商品生産の関係は，通説的には次のように説明される。近世貢租制度を特徴づける石高制に基づく米納年貢制は，米穀生産を中心とする自給経済（自然経済）に農民経済を押し込める役割を果たしている。こうした石高制の有する米作強制機能の結果，商品作物生産（とりわけ非米作商品作物生産）の展開は強く抑制される。こうした状況は，高い年貢率による貢租徴収が実現していた近世前期（17 世紀）において，より顕著であった。

　そしてさらに，近世前期には幕藩領主によって，穀物（食料）増産と年貢米確保を目的に「田畑勝手作の禁」という本田畑での非米作商品作物生産一般を直接的に規制（禁止）する法令が発令され，商品生産の展開は，法的にも抑圧・阻止されたと説明される。つまり，通説的理解に従えば，近世における商品生産の展開は，まずは石高制の存在によって抑制・阻止されるのであり，こうした関係は幕藩制下にあっては，領主による法規制（作付禁令）によってさらに補完され，強化されたということになるわけである。

　ところが，少なくとも近世前期における江戸幕府農政の実像は，以上のような通説的理解とは大きく異なっていた。すなわち，近世を代表する非米作商品作物群である四木（桑・楮・漆・茶）六草（麻・藍・紅花・木綿・藺草・煙草）に対する当該期の幕府政策は，おおむね以下のようなものであった。

　まず，幕府が 17 世紀を通じて，とにかく継続的と言いうる作付制限令の対象としたのは四木六草のうち煙草作のみであった。しかも，煙草作制限令のそもそもの発令目的は，火災などを防ぐための喫煙禁止令の徹底化のためであり，年貢米確保といった通説的説明とはまったく異なるものであった。「田畑勝手作の禁」と呼ばれる商品作物一般に対する継続的な作付制限令は，近世前期幕府農政において存在しなかったと考えられる。「田畑勝手作の禁」の基本的イメージを形成したと目される寛永末年（1640 年代前半）の三作物（煙草・菜種・田方木綿）一括の作付制限令は，明らかに例外的であり，寛永飢饉という非常事態下ゆえの一時的・緊急的措置として実施されたものであった。

　幕府は，煙草作を除く四木五草に対しては，近世初期（17 世紀前半）より，石高制に基づく貢租制度への組み入れを前提に，かつ一定の増徴政策をともないつつ，商品生産部分をも含め，その作付を明確に公認している。この作付公認は，畑方を中心とするものであったが，木綿・藺草・麻・藍については，畑方のみならず田方での作付公認事例を確認できる。

　そして，これら商品作物群の石高制への組み入れと増徴の主要な方式は，検地による高斗代（石盛）設定方式であった。近世前期の幕府検地においては，四木系グループ（四木・麻・藺草）を中心に，麻田・茶畑等の独自の田畑位付が検地帳に項目として立

てられ，通常の田畑斗代よりも高い斗代を適用し，村高そのものの引き上げが図られていた。この方式は，すでに 17 世紀初頭の慶長検地（甲斐・美濃・山城諸国における一国規模での幕府検地）において採用されており，17 世紀後半には，商品生産の展開に対応する形で，二段階にわたって制度的に拡大・強化された。17 世紀後半に全国規模で実施された幕領検地の検地条目（検地の実施基準・施行規則を定めた法令）には，統一化された商品作物規定が登場するのであり，17 世紀末の元禄期検地条目では，畑方のみならず本田畑での非米作商品作物生産の高斗代設定方式を軸とした石高制への組み入れが明文化されるに至る。

　このように近世前期幕府農政にあっては，検地に基づく石高制は，石高（村高）を結ぶ過程において非米作商品作物生産をその内へ組み込んでいたのであり，石高制は，一定の商品生産を含む非米作商品作物生産の存在・展開に対して，柔軟性と有効性を有しつつ，対応・機能していたと言えよう。つまり石高制は，当初より一定の商品生産の展開に対応しうるシステムとして構築され，運用されていたことが分かる。

　そして，この点と関連して，さらに注目されるべきは，近世前期の幕府貢租制度における貢租納入形態・制度であり，当該期幕領にあっては，貢租納入は米納年貢に一元化されていないという事実である。すなわち，近世幕領の中核をなす関東幕領・畿内幕領では，近世初期（17 世紀前半）より米納年貢制と石代納制（金銀納＝貨幣納制度）が併用されており，石代納はおおむね畑方石代納制として存在していた（関東幕領では畑方永納制という畑方石代納制＝金納制が江戸時代当初より採用され，畿内幕領では四分方銀納・六分方米納制が併用される）。こうした両形態併用の貢租納入制度が，近世前期にあっては，まずは畑方を中心に展開したと見てよい非米作商品生産に対して，十分に対応しうる制度であったことは明らかであろう。その意味で石高制は，貢租納入形態・制度のあり方をも含めて，当初より一定の商品生産の展開に対応していた。

　以上指摘した石高制と商品生産に関する新たな視点および論点は，幕府農政のみならず，近世前期諸藩農政の場合についても，相当程度有効なものと思われ，さらなる検証作業が望まれる。そして，史料的制約からその解明には困難が伴うと思われるものの，石高制成立の基本的画期をなす太閤検地および豊臣政権期農政についても，近世前期幕府農政との共通性と差異性を含め，上述の視点を踏まえた石高制と商品生産に関する再検証作業が必要であると考えられる。今後の研究を期待したい。　　　　　　（本城　正徳）

【参考文献】

安良城盛昭［1969］「石高制にもとづく米納年貢制の特質」同『歴史学における理論と実証：第Ⅰ部——日本社会の史的分析』御茶の水書房

本城正徳［2012］『近世幕府農政史の研究——「田畑勝手作の禁」の再検証を起点に』大阪大学出版会

脇田修［1977］『近世封建制成立史論——織豊政権の分析Ⅱ』東京大学出版会

かくして初期豪商と商人司は，17 世紀中葉には衰退していくこととなった。

2）幕藩制的市場の成立

　徳川幕府による幕藩体制の成立は石高制を基盤としており，幕府に領国・領地を与えられた大名（藩）は，家臣の知行地を藩の蔵入地（直轄地）に編入することで藩の財政基盤を固め，家臣は藩から扶持米を給付されるようになった。この構造は，幕府が直属家臣の旗本に対して行った対応と同じであるが，それに伴い城下町への家臣団の集住（旗本は江戸へ集住）が進められ，同時に武士の日常生活を支える商工業者も城下町や三都に集められた。城下町や三都では，身分別に居住地が区分けされ，戦国期の城下町の特徴を引き継いで，強い自律性や結束力を特徴とする地縁的町共同体が都市社会の基盤となった。

　城下町における日用必需品需要の増大，あるいは 1635（寛永 12）年から始められた参勤交代制・妻子在府（江戸）制に伴う藩主家の日用必需品・奢侈品需要の増大に対応すべく諸藩は，領主米（年貢米）を上方（畿内）へ輸送して販売することで畿内諸地方（特に京都・大坂）から日用必需品・奢侈品を購入するようになった。石高制の成立により，近世領主層が米納年貢を主要な財源とせざるを得ず，年貢米の商品化（販売）によって入手した貨幣で，自らの生活や領主支配を維持するための多様な物資を購入しなくてはならなかった。

　それゆえ江戸時代の領主経済はほぼ全面的に商品経済化し（脇田［1977］），その点では，領主経済の必要な範囲での商品生産は，近世当初より認められていたと言える（本城［2012］）。特に戦国期から棉花を原料として紡いだ綿糸を織る木綿生産が始まると，畿内農村で棉作が盛んとなり，また明り取りのための種油の原料となる菜種作も行われるようになった。それ以降，綿は繭から採れる綿（キヌワタ）ではなく棉花から採れる綿（ワタ）を示すようになった。

　その一方で，領主経済の必要以上の商品生産は，石高制のもとで抑制され，村落の百姓の多くは年貢米生産に従事し，村落百姓は，兼業形態であれ専業形態であれ大部分は「農民」となった。むろん生活必需品としての塩や農具などは貨幣で購入する必要があり，年貢の一部を貨幣で納める石代納も一部の幕領で行われたため（神立［2003］），村落にも貨幣経済は一定程度存在し，在方商業の展開も見られたが，17 世紀の段階では村落への商品経済の浸透に限界があった。領主米の商品化を起点とする幕藩制的市場は，領主層が取引商品の主要な供給者かつ

購入者であったが，彼らは，自給的な経済の側面が強かった領国内から日用必需品を購入するのは困難なため，中世後期に最も加工業が発展していた京都・大坂・堺などの上方諸都市に日用必需品の購入先を求めた。

　一方，政治都市江戸は，武士団の集住で大都市となったものの，周辺農村を含めて加工業は未発達で，江戸での消費需要は，東日本の領国から廻送される領主米や，上方から廻送される多様な加工品に負っていた。その点で，幕藩体制は，当初より商品経済の進展に地域間格差を内包しており，その影響で幕藩制的市場は，各藩領国から上方・江戸への領主米廻送，上方から江戸への加工品廻送，上方から各藩領国への加工品廻送を，物資流通の中心とした。ただし商品経済の進展していない近世村落でも，稲作のみでなく畑作・漁撈・採集や山村での焼畑農業など多様な生業が行われていた（溝口［2002］：米家［2019］）。

3）江戸時代の信用システム

　三貨制度の特殊性に規定されて三都で両替商が成長すると，商業の拡大とともに両替商が信用の供与を求められた。江戸時代の商品流通が領主米（年貢米）の商品化を基本とする流通構造であったため，その領主米の集散地として大坂が最も重要となり，大坂の両替商が信用供与を行う中心となった（新保［1956］）。

　幕府は大坂の両替商のうち信用供与を行える有力両替商のなかから 10 軒を選び，十人両替と称して，幕府の金銀出納を行わせた。大坂の問屋は各地の仲買や生産者に仕入銀・前貸銀を貸し付け，後日集荷した商品の販売代金で元金と利子を清算した。一方大坂の問屋は，江戸などの問屋・仲買への販売においては掛売りであり，仕入先への前貸信用と販売先への延払い信用を行った大坂問屋は，膨大な資金を必要とした。大坂の問屋が自己資金でそれを賄うのは難しく，彼らに両替商が資金提供し，両替商どうしでも融通し合う親両替・子両替の組織もでき，親両替の頂点に十人両替が位置した（中川［2003］）。

　大坂の両替商が信用を供与する形態には大きく 2 種類あった。1 つが，大坂商人が手持ちの金銀を両替商へ預け，商人が仕入れ先に両替商宛ての手形で代金を支払う形態であった。手形を受け取った商人は，直ちに両替商に持ち込むことはせず，他の債務の支払いに使用したため，両替商宛ての手形が転々と流通した。これが流通するには，その手形を第三者が現金の代わりに受け取る必要があり，宛先の両替商の信用力が重要であった。

　上記のように代金の支払人が振り出した手形を振手形と呼ぶが，両替商が発行した手形もあった。すなわち両替商が預金者に預金額をいくつかの決まった額に分けて何枚もの預金証書（預手形）を発行し，預金者が債務の支払いにその預金証書を使用した。こうした振手形・預手形が決済の場で転々と流通することで，現金取引が節約され，両替商は次第に手持ち資金を上回る手形を振り出すようになり，信用創造が行われた。

　こうした手形取引は遠隔地取引の代金決済でも利用されるようになった。江戸時代の商品流通は，最大の集散地であった大坂から最大の消費市場であった江戸への流れが中心であったが，決済を行うのに江戸から大坂へ代金を送金する必要があった。その一方，大坂に蔵屋敷を置いた諸藩大名は，領国から蔵屋敷に廻送された領主米を大坂で売却し，その代金を江戸藩邸費用として江戸へ送金する必要があった。この江戸から大坂への送金需要と大阪から江戸への送金需要に，江戸と大坂の両方に店をもつ両替商が介在して，相殺することで現金の輸送を節約した。具体的な動きを図3-1に示した。

　大坂蔵屋敷が蔵物を大坂問屋へ販売して代金を得る。大坂問屋は蔵屋敷や市中から仕入れた商品を江戸問屋に販売するとともに江戸問屋を支払人とする為替手形を振り出して両替商に買ってもらう（割り引いてもらう）。蔵屋敷は両替商からその為替手形を買って江戸藩邸へ送る。江戸藩邸はこの為替手形を江戸の両替商に買ってもらい（割り引いてもらい），送金分の現金を得る。江戸の両替商は，為替手形を江戸問屋に示して代金を回収する。大坂蔵屋敷は諸藩のみでなく幕府もあり，幕府の大坂から江戸への送金は1691（元禄4）年に公金為替として制度化され，江戸の有力商人はこうした公金為替を扱う特権を得た。また民間の取引でも江戸問屋が大坂問屋から商品を仕入れ，大坂問屋が江戸に店をもつ大坂両替商に為替手形を割り引いてもらい，代金を得てから

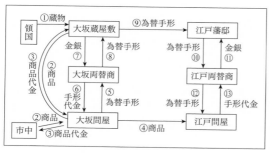

図3-1　大坂・江戸間の為替決済

出所）竹中靖一・作道洋太郎編著『図説経済学体系7　日本経済史』
　　　学文社，1979年，66頁の図をもとに作成。
　注）①から⑬は取引の流れを示す。

大坂両替商が江戸の自分の店にその為替手形を送り，両替商の江戸店が江戸問屋に為替手形を示して代金を回収する方式が広く行われた。

　こうした信用システムが順調に機能するには，債権・債務関係に関する紛争を解決する機構の整備が必要である。それについて宇佐美英機は，中世期の都であった京都で 17 世紀に社会慣習をもとに先駆的にその整備が進み，慣習との相克のなかで次第に法制度が三都に定着していったとした（宇佐美［2008］）。

4）幕藩制的市場の全国化

　上述の構造をもつ幕藩制的市場の拡大には，物資輸送の中心であった海運網の整備が必要であった。中世以来瀬戸内海運はかなり展開しており，東国でも伊勢湾と相模湾・江戸内湾の間は海運が盛んであったが，幕藩体制のもとでは，北陸・山陰・東北地方に大藩が配置され，これらの領国からの領主米の上方・江戸への廻送が重要となった。北陸・山陰諸藩の領主米は，中世来の日本海沿岸地域の流通経路に沿って，若狭国小浜湊・越前国敦賀湊にまず運ばれ，そこから陸路・琵琶湖湖上水運を利用して京都・大坂などに廻送されたが，領主米のような重量品を陸路で運ぶのは輸送コストが高く，海路で直接畿内に運ぶ航路の整備が望まれた。また東北諸藩の領主米を直接海路で江戸に廻送する航路の整備も望まれ，1671（寛文 11）年に東北地方―江戸間の東廻り航路，72 年に日本海沿岸から赤間関（現下関）を経由して直接大坂へ到達する西廻り航路が整備された。

　陸上交通では，江戸を中心に五街道（東海道・中山道・甲州道中・日光道中・奥州道中）が整備され（図 3-2），1664 年から三都の飛脚業者が民間飛脚業者として一般荷物や書状を輸送した（丸山［1988］）。飛脚は手形送金にも携わり，牛馬を利用した駄賃稼ぎの私的な商品輸送も行われた。交通網や飛脚を介した通信網が整備されて物資流通は一層活発になり，幕藩制的全国市場が成立した。西廻り航路の拠点となった大坂の重要性は急速に高まり，17 世紀後半に大坂は日本最大の領主米集散市場となった。

　大坂の諸藩蔵屋敷では，当初は藩役人の管理・責任のもとで領主米販売が行われたが，廻米量の増大に伴い，大坂町人（商人）に領主米販売業務を委託したり（蔵元），代金の収納・送金を依頼した（掛屋）。彼らは，18 世紀中葉以降，特定の大名との関係性を強め，大名への金融サービスを担うに至った（高槻編著［2022］）。諸藩は領主米を担保に大坂商人から借財した結果，その返済のために

図 3-2　近世日本交通図

出所）詳説日本史図録編集委員会編『山川　詳説日本史図録（第 5 版）』山川出版社，2011 年，165 頁の図をもとに作成。

領主米の大坂廻送が強制された。

　その結果，幕藩体制下の中央市場を形成した三都（江戸・京都・大坂）の性格の変化が明瞭となった。物資集散機能と領主金融機能を高めた大坂に対し，京都は領主金融機能を弱めて加工業生産を活かした生産都市の性格を強め，江戸は巨大な消費都市であり続けた。そのため大坂から江戸へ木綿・油・醬油・酒などの日用必需品が大量に廻送され，その担い手として大坂—江戸間の菱垣廻船が活躍

した。また，大坂では 17 世紀末には堂島で米が取引されるようになり，そこでの米価が幕藩制的市場の物価水準の基準となった。近世日本社会の国内経済制度の特徴は，石高制と三貨制度であったが，石高制による領主米の商品化を支えるべく諸藩への融資を行う商人（大名貸し）と，三貨制度による銀貨と金貨の両替を担う両替商が，近世社会の代表的商人となった。

5）17 世紀後半の商人

　幕藩制的市場の整備の結果，中央市場としての地位を高めた三都に，近江国・伊勢国の商人が進出した。近江国は京都に隣接しており中世から商品生産の進展がみられ，前述の保内商人のように遠隔地取引に乗り出す商人が存在した。近世期にも近江商人の活動は活発で，近江八幡の山形屋西川家が 1615（元和元）年に江戸に開店して蚊帳を商い，近江長浜の白木屋大村家も 52（承応元）年に京都，62 年に江戸に開店して呉服（絹織物）・木綿を商った。伊勢国も中世期から東国との海運の拠点で，伊勢神宮地域で商業組織が発達し，特に伊勢国松坂で中世末期から木綿の生産が始まり，伊勢松坂商人が三都へ進出した。例えば越後屋三井家は，1673（延宝元）年に京都に呉服仕入店，江戸に呉服販売店を開き，京都で仕入れた呉服や松坂産の木綿を江戸で販売した。そして 1683（天和 3）年に両替業へ進出し，幕府御用達になった。同じ松坂出身の川喜田家・丹波屋長谷川家も 17 世紀前半に江戸に木綿仲買店を開いた（中西［2002a］）。

　新たに三都に進出した近江・伊勢商人は，近世初頭以来の呉服・木綿店に代わり，18 世紀都市商業の担い手となった。江戸では 17 世紀前半に町年寄 4 軒が荷受業務を行う木綿問屋を開業し，江戸に荷揚げされた木綿を独占的に扱ったが，新たに進出した伊勢商人は産地商人でもあり，産地や京都の仕入店で直接木綿を仕入れて販売した。そのため旧来の木綿問屋の独占は揺らぎ，新興の木綿仲買店 70 軒が 1686（貞享 3）年に新たに木綿問屋仲間を結成した。彼ら「仕入問屋」は江戸市中で小売を行いつつ，産地にも拠点を設けて遠隔地商業ルートを支配し，これまで江戸の荷受問屋に商品を出していた産地の荷主商人・船商人は，新興の「仕入問屋」の前貸を受けて，彼らへの買次問屋へと転化させられた。

　江戸に進出した上方の仕入問屋らは，江戸で扱い品別に仲間を結成したが，仕入れ品輸送過程にも関心を持ち，上方—江戸間の菱垣廻船を利用していた江戸問屋が問屋仲間の連合体として江戸十組問屋仲間[3]を結成し，菱垣廻船の新造・修

理費用を援助する代わりに，菱垣廻船を十組荷主の「手船定雇」として運航への
直接的監督を強めた。

4　大開墾と森林破壊

1 ）開墾の時代

　石高制の浸透は米生産拡大への領主層の強い動機付けとなり，17 世紀は開墾
で耕地面積が広がり，米の生産量が増大し，それと連関して急激な人口増加が見
られた。前述のように，中世前期も開発の時代と呼ばれ，開発領主のもとで領域
型荘園が多数形成されたが，17 世紀はそれに匹敵する開墾の時代となった。実
際，17 世紀後半に新田開発ブームが生じ，耕地面積は，1600（慶長 5 ）年頃の約
200 万町歩強から 1730（享保 15）年頃の幕府調査による約 300 万町歩へ急激に
拡大した。その後 1873（明和 6 ）年の耕地面積調査で 323 万町歩であったので，
17 世紀の耕地拡大の急速さが推測できる。

　一方，それによる生産量の増大は，実収石高の推計でみて 1600 年頃が 1,973
万石，1700（元禄 13）年頃が 3,063 万石とされている。1700〜30 年の耕地面積
の増大を割り引いて考えると，耕地面積の拡大以上に実収石高が増大しており，
この間の土地生産性の上昇が推測できる。それに対して，1600 年頃の人口の推
計値には 1,200 万人〜 1,800 万人まで幅があり，近年は 1,700 万人とする説が有
力である（斎藤［2018]）。そして 1721 年の幕府調査から推計した全国人口が約
3,128 万人とされ，おそらく 17 世紀は，耕地面積や実収石高以上に人口が増加し
たと推定される。この間，一人当たり生産量は減少したと考えられ，一人当たり
生産量の減少を土地生産性の上昇で補い，耕地面積を拡大させることでより実収
石高を増加させたのが 17 世紀農業の特徴であった。

　1830（天保元）年頃の実収石高の推計値は約 4,000 万石，43 年の幕府調査で耕
地面積は 306 万町歩，34 年の幕府調査から推計した全国人口が約 3,248 万人とさ
れ，1730 年頃〜1843 年まで耕地面積はほとんど増えず，1721〜1834 年まで人口
もほとんど増えないのに，実収石高は 1700 年頃〜1830 年頃にかけてかなり増大

---

3 ）1694 年に成立した江戸の荷受問屋組合。綿店組・酒店組など商品別に十組に編成さ
　れ，同じ頃に大坂で作られた商品別の荷積問屋仲間（最初は十組，後に二十四組）と
　提携した。

したので，18 世紀は土地生産性・労働生産性ともに上昇していたと考えられる（中村［1968］：鬼頭［2002］）。

　このなかで，土地生産性を上昇させたのが，自給肥料からより肥効の高い商品肥料への転換である。中世までの農業が刈敷と呼ばれる草木の葉を専ら肥料として利用していたのに対し，近世期には商人から魚肥や油粕などの肥料を購入して使用するようになった。一方，労働生産性を上昇させたのが，農具の改良であり，中世の集団的農作業から，近世期に小農家族経営が一般化したのにともない，農具も小型化し，深く耕すのに適した備中鍬が 17 世紀末から 18 世紀初頭に全国的に普及するに至った。むろん，このような農業技術の普及に農書の果たした役割も重要で，特に 17 世紀末に木版印刷で刊行された宮崎安貞の『農業全書』は，肥料技術に詳しく，多肥集約農業の普及に大きな役割を果たした。

2 ）17 世紀の土木建設事業

　開墾事業による河川下流域の低湿地帯への新田開発は，最初は中国渡来の赤米など湿田適応型品種の栽培（農学的対応）により進められたが，寒冷地への赤米導入は困難であり，代わりに幕府や大名の土木事業（工学的対応）による耕地拡大が図られた（斎藤［1988］：鬼頭［2002］）。例えば，幕府は 1629（寛永 6）年に江戸周辺の荒川を入間川下流に合流させて江戸市街を水害から守り，江戸内湾に流れ込んでいた利根川を現在の流れに変えて江戸内湾岸の低湿地帯を新田にした。

　土木建設事業は，村方のみでなく都市でも進められた。17 世紀前半は各藩で城下町形成が進められ，御用土木建設工事が大規模に行われ，それらを請け負った材木商が活躍した。17 世紀末に江戸城の修理を請け負った紀伊国屋文左衛門や，日光東照宮の修復工事を請け負った奈良屋茂左衛門がその代表例である。このような大事業が，都市の経済を活気づけ 17 世紀末の元禄時代には一種のバブル景気の状況を作り出したが，幕府財政の悪化をもたらし，18 世紀初頭に新井白石による財政緊縮政策が取られた。その結果，御用大事業は激減し，紀伊国屋は廃業した。また大坂でも，大坂中之島の開発を淀屋辰五郎が請け負ったが，淀屋もその後大名貸しを大規模に行って反発を買い，取り潰された。

　城下町では人口増加に伴い，井戸水が足りなくなり，町方に水を供給する上水道を引くことが必要になった。江戸では，玉川上水の計画が 1652（承応元）年に立てられ，多摩川の水を取水し，掘削水路で四谷まで引き，江戸城内・四谷・

麹町・赤坂・芝など広範囲の市街に木樋・石樋で配水された（伊藤 [1996]）。

3）森林破壊と自然災害

　幕府・諸藩が都市・村落の双方で行った大規模な土木建設事業は，大量の木材を使用し，森林の伐採が急速に進んだ。その結果，1550（天文19）年頃までの日本の森林伐採圏は，畿内を挟んで，東は，現在の静岡県・愛知県・福井県・石川県から，西は，広島県・岡山県・鳥取県・香川県・徳島県までの範囲に止まっていたが，1700年頃には日本列島全体に広がった。特に，木曽山を与えられた尾張（名古屋）藩は角倉与一らの技術と資本を導入して，年産100万石以上の木曽材を伐採したため，豊富な木曽林の資源の枯渇が危惧されるに至った。そこで尾張藩は，1665（寛文5）年に木曽林の百姓の利用を禁止して，木曽林を直轄支配した（所 [1980]）。その後幕府は，畿内を対象に，1666年に「諸国山川掟」を出して木の根の掘り出しを禁じ，苗木の植え立てを命じた。同様の布令が1684（貞享元）年にも出され，森林破壊による耕地開発が水害をもたらすことを幕府は危惧していた。なお木の根は燈火用燃料として使われ，農民の夜業が17世紀中葉から全国的に広まるとともに，樹根掘りが拡大した（千葉 [1991]）。

　また日本では，17世紀から気候面で寒冷期に入り，1641（寛永18）〜43年に大飢饉（寛永の飢饉）を経験した。それを契機に幕府は本格的な飢饉対策を始めた（菊池 [1997]）。それは，百姓の耕作を保証して食料の生産を図ること，食料の消費を抑制すること，飢民を救済することの3つの局面で行われた。食料増産では，煙草・棉作・菜種作が一時的に禁止され，米生産への集中が強制され，食料消費抑制では，酒造制限が出され酒造米消費が抑制された。ただし，商品生産は，領主経済の維持にも必要であり，米生産への集中は長くは続かず，まもなく商品生産は再開され，むしろ米価対策や飢民対策として，各藩江戸藩邸の買米禁止と領国からの廻米強制，飢民への施米などが取られた。しかし全体としてこの時期の幕府の対策は，三都へ流入した飢人への対応が中心であり，一時的なものであったため，それ以降も20〜30年おきに全国規模の飢饉が発生した。

第4章

変質の18世紀
——領主経済の変質的拡大

序　世界経済の「大分岐」と18世紀の日本

1）世界経済の「大分岐」

　17世紀の全般的危機の際には，共時的に同じ状況が生じた西ヨーロッパと中国であったが，その後の18世紀で東西世界の「大分岐」が生じたとされている。ケネス・ポメランツは，北西ヨーロッパと中国では，18世紀中葉に至るまで同時並行的に商業的農業とプロト工業化にもとづいた市場経済が見られ，経済発展の度合いにほとんど差がなかったが，18世紀後半以降，北西ヨーロッパのみが石炭とアメリカ大陸の資源を活用して持続的な経済成長が可能になり，ヨーロッパと他の諸地域との間で決定的な経済的格差（大分岐）が生じたと主張した（ポメランツ［2015］）。もっともヨーロッパ内でも，北西ヨーロッパの経済発展に南ヨーロッパや中東ヨーロッパが取り残された（小分岐）ことも指摘されている。

　「大分岐」をめぐっては，17世紀に既にヨーロッパでは技術革新が行われており，イギリスで17世紀後半から始まった新農法の普及を評価すべきとの見解や，資本集約的かつスキル（熟練技術）集約的なイギリスや資源・資本集約的かつスキル節約的なアメリカの経済発展に対して，日本は労働集約的かつスキル集約的な経済発展を遂げたという見解や（斎藤［2008］），資本節約的で労働集約的な発展経路は，土地が相対的に希少であった東アジアの経済発展の一般的特徴とする見解（杉原［2020］）などもある。

　ポメランツの問題提起により，西ヨーロッパと東アジアの地域比較へと現在のグローバル・ヒストリー研究は向かっており，日本で18世紀に生じたとされる

「勤勉革命」（後述）もその文脈で捉え直すことができる。その意味で，「鎖国」体制下にあったとされる近世日本も，世界史的視角で考察する必要があろう。その際，ヨーロッパ内の小分岐の要因として，議会制度の充実度，契約を保護する制度の発達，知識の普及などが指摘されており（深尾・中村・中林編［2017］2巻），日本の経済発展を考える場合，生産のあり方のみでなく，政治・法律・教育などの要素も含めて議論する必要がある。

2）「日本型華夷秩序」意識の展開

　近世日本は，前述のように「四つの口」で対外交易を行っていた。そこでは，朝鮮からの通信使の派遣，琉球からの慶賀使・謝恩使の派遣に見られるように，朝鮮・琉球と幕府との間に国交が結ばれていたが，オランダ（蘭国）・中国との関係は，長崎での経済的交易関係に限られ，国交の存在しない関係とされた。その結果，神国意識を核とした「日本型華夷秩序」意識をもっていた幕藩制国家は，日本を中心に朝鮮・琉球を「通信の国」，オランダ・中国を「通商の国」として，異国との関係を華夷秩序的に編成する形で鎖国体制を確立した（荒野［1988］）。17世紀中葉に中国では明から清に王朝の交代があったが，日本は清とは冊封関係を結ばず，清の冊封関係の外側で，日本を「華＝中心」，朝鮮・琉球を「夷＝周辺」と位置付けることで，対外関係を序列化したと言える。

　口の1つであった松前藩によるアイヌ交易の展開を押さえたい。1604（慶長9）年に徳川家康は松前藩に対して黒印状を与え，アイヌ交易の独占権を認めた。アイヌ民族は国家を形成していなかったため，通信使のような使節の派遣はなかったが，将軍代替わりの際に諸国に派遣される巡見使が，アイヌの居住地の蝦夷地と和人の居住地の松前地の境界でアイヌの代表に対する謁見を行っており，それが使節派遣の意味をもったとも言える。松前藩は，アイヌの居住地と和人の居住地を明確に分離し，アイヌ民族を蝦夷地のなかに封じ込め，蝦夷地を海岸沿いにいくつかの区域（商場）に分けた。そして松前藩から藩主・家臣の交易船が商場へ派遣されて物々交換が行われた（海保［1984］）。

　商場交易は，その後松前城下商人に請け負わされ，18世紀には蝦夷地での漁業を松前城下商人が請け負うに至った。商場交易の請負と漁業請負は，18世紀末の第一次幕府蝦夷地直轄を契機に一体化され，場所請負制度が成立した。場所請負商人は，蝦夷地での各請負場所の交易地点でアイヌと交易するとともに，請

負場所での漁業も行い，1 つの場所での交易権と漁業権をその場所の請負商人が独占した。その結果，19 世紀前半のものと考えられる陶磁器が蝦夷地で大量に出土しており，和人の蝦夷地進出が急増するとともに 19 世紀中葉にはアイヌ民族も陶磁器を受容するようになったと考えられる（関根［2014］）。

　17 世紀の蝦夷地は，日本領土に含まれない異域であったが，請負商人が遠隔地取引を目指して漁業・材木業経営に乗り出し，開発の進展とともに，和人労働力が多数蝦夷地に入りこみ，アイヌも次第に漁業労働力に編成された。最終的に 18 世紀末に幕府が蝦夷地直轄を行って，蝦夷地の国内編入が明確となり，そのなかでアイヌは構造的搾取と抑圧の下に置かれたが，生業を維持しつつ，生活者としての力量は十分に発揮した（谷本［2020］）。

3）18 世紀の長崎貿易

　長崎貿易では，糸割符制が 1655（明暦元）年に廃止され，最大の輸入品である生糸が相対取引となり，国内商人の自由な取引参加が認められたが，元値決定の主導権を外国商人に握られたため，その後再び幕府は貿易統制を強め，72（寛文 12）年に市法 商 法が取られた。市法商法では，輸入される全商品について貿易の主導権を幕府が掌握し，すべての国内取引商人を統制して個々人の「貨物銀高」を定め，江戸・京・大坂・堺・長崎の五カ所のなかで長崎の特権的地位を認めた。つまりこれまで未組織の西国諸藩の貿易品取引商人を，長崎奉行―直轄四都市（江戸・京・大坂・堺）の貨物年寄―諸国貨物年寄―平貨物商人と系列化し，初めて全国的な輸入品の流通統制が可能となった（中村［1988］）。

　これには外国側の反発が大きく，長崎の特権への国内商人の批判も強かったため，1685（貞享 2）年から糸割符制度が復活したが，旧来の糸割符商人の特権が復活したわけではなく，幕府は毎年の取引高を中国船に銀 6,000 貫目，オランダ船は金 5 万両（銀換算で銀 3,400 貫目程度）に限定した（「御定高」）。また幕府は，貿易利銀を幕府財源化＝「官営」化するために 1698（元禄 11）年に長崎会所を設立した。その後新井白石の献策による 1715（正徳 5）年の「正徳新例（海舶互市新例）」で貿易船の隻数・積高が制限されて貿易船は許可証としての信牌を携帯することとなり，貿易利潤は関税操作により従来の水準を保ちつつ，これを恒常的に長崎経費と運上金に充てる体制が成立した。その結果，貿易船は 18 世紀に次第に減少したものの，輸入額は，いったん減少した後，横ばいで推移した。

「御定高」の基礎として銅が輸出品に設定されたが，銅の産出量が減少したため，長崎会所は俵物（海産物）輸出の増加でそれを補った（鈴木［2007］）。1743（寛保3）年に長崎俵物一手請方問屋が決められ，45（延享2）年に長崎，47年に大坂・下関に俵物会所が設けられて集荷された。俵物最大の生産地であった松前藩でも特定の城下有力商人が俵物扱商人と決められた。しかし長崎俵物一手請方問屋の俵物仕入資銀は，次第に長崎会所からの貸付銀に依存するに至ったため，幕府は1785（天明5）年に長崎俵物一手請方問屋を廃止し，長崎会所が俵物役所を設置し，俵物を直接集荷するようになった（小川［1973］：菅原［2022］）。

　幕府による貿易統制の強化は，藩・民間商人などの反発を招き，藩・民間レベルでの俵物密貿易が行われたと言われる。薩摩藩は琉球と，対馬藩は朝鮮との交易ルートをもち，そこに俵物を載せることで巨額の収益を得たと考えられる。こうして19世紀に入ると，幕府の貿易独占体制は内部から崩壊し始めた。

4）薩摩藩の琉球交易と対馬藩の朝鮮交易

　近世日本の対外交易の窓口であった「四つの口」のうち，琉球口・朝鮮口には「通信の口」としての役割があり，長崎貿易と異なり，17世紀は規制はなかったが，1686（貞享3）年に琉球口・朝鮮口ともに幕府から貿易制限令が下った。

　薩摩藩は琉球口貿易を藩財政の貴重な財源と認識していたが，それ以降は統制を回避するためのインフォーマルな藩営貿易を行うこととなった。この藩営貿易は，進貢船[1]・接貢船を琉球の首里王府に派遣し，首里王府が実際には清などとの貿易を行っており，琉球を仲介する進貢交易であった（徳永［2005］）。その意味では，琉球と清との冊封関係が幕藩体制にとって大きな意味をもった（川勝［2000］）。薩摩藩は領内主要港に津口番所を設けて船舶出入り・旅人検査や商品流通の管理を行い，坊津が拠点港とされた。坊津では，17世紀は海商らのインフォーマルな貿易が行われていたが，1687年に幕府が琉球口の渡唐銀高を進貢船に対して804貫匁，接貢船に対して402貫匁に限った。

　さらに1715（正徳5）年の「正徳新例」で幕府が抜荷[2]取締り政策を強化する

1）琉球王国が進貢使を乗せて中国へ派遣する官船。接貢船は，琉球王が中国皇帝より冊封を受けて，進貢の形で貿易を行った官船。

2）近世日本において日本に渡来する外国人との間で行われた密貿易のことで，対馬藩の者や北九州の武士・町人らが密貿易を行うために朝鮮へ派遣した船は抜船と呼ばれた。

と，薩摩藩も抜荷取締りを励行せざるを得ず，交易港を山川港にしたため，坊津は衰退した。ただし坊津など領内沿岸の海商は，薩摩藩のインフォーマルな貿易の担い手であり，藩の保護のもとに幕末期に再び活動を活発化させた。

　琉球の側からみると，琉球は清の支配秩序に入るとともに，薩摩藩を介して日本の支配も受けており，これら 2 つの秩序間の矛盾を自律的な国家運営によって調整し，その関係性を最大限に活用して国家を存続させたと言える（渡辺美季[2012]）。実際，薩摩藩から知行（所領支配権）を受けた琉球国王は，清との冊封・朝貢関係を背景に，清国風の装いをして江戸上りを行い，幕藩制国家の支配下にありつつも，国家としての自らの存在を示した（紙屋[2013]）。

　一方，対馬藩では，藩主宗氏の独占経営のもとで，中国産の生糸・絹織物の輸入と日本銀輸出を，17 世紀後半に拡大した。前述のように幕府は，17 世紀後半に銀の輸出抑制策を取り，1686 年に対馬藩による朝鮮への銀輸出額を年間銀1,080 貫目に制限した。貨幣改鋳で銀含有量が目減りしたことで，1700（元禄13）年に銀 1,800 貫目に増額され，対馬藩は，日朝通交における特別の地位をもとに対馬藩の貿易額を確保したが，その後，朝鮮・対馬間で約定された定品・定額貿易の「官営貿易」中心に移行し，その規模は縮小した（田代[2007]）。

　もともと日朝間の官営貿易には，朝鮮国王と対馬藩主との儀礼的な物品の贈答形式をとる「進上・回賜」と，一定の品を朝鮮政府が公木（公課として徴収される木綿）で買い上げる方式の「公貿易」の 2 種類があった。しかし 1630 年代以降，年間の進上・公貿易額を総計してすべてを公木で決算する方法が定着したため，定品・定額の官営貿易となった。

　17 世紀末には，朝鮮国から対馬藩へ渡される公木は，私貿易市場で再度「輸出品」として朝鮮側に販売されたが，その後日本国内で木綿が販売されるようになると，公木は大坂へ送られた。公木が米に交換されて朝鮮米も輸入され，官営貿易では公木以外に朝鮮人参も輸入された。なお私貿易は，朝鮮商人が交易品をもって倭館を訪れ，対馬藩の役人や商人らが相対で行った。官営貿易と異なり，貿易量は年によって変動し，日本から銅が輸出され，日本へ主に朝鮮人参・薬種が輸入された。特に朝鮮人参は日本において貴重で，日本国内での販売価格が上昇したため，北九州の武士・町人が朝鮮へ抜船を派遣したり，朝鮮人商人が日本へ人参を運んできて潜商を行ったりと，隠れた交易も行われた（酒井[2021]）。

　18 世紀後期になると長崎会所の俵物請負制の一環として，対馬藩も朝鮮煎海

■ 解説 II-2

琉球貿易の構造と流通ネットワーク

　東アジア国際関係における琉球の朝貢貿易の構造と流通ネットワークはどのように展開したか，その概要を見ていこう。15〜16 世紀の琉球は，海上貿易の中継地として繁栄した。日本，中国，朝鮮半島だけでなく，南はベトナム，シャム，マラッカ，ジャワなど東南アジアにまで展開したその貿易活動の背景には，元を滅ぼし新たな王朝を樹立した明の存在があった。

　1372 年に明の華夷秩序と朝貢体制下に組み込まれた琉球は，福州を拠点とした朝貢貿易を開始し，1404 年には永楽帝より正式に冊封を受けた。このように公的な冊封・朝貢関係の樹立を機に，琉球王国は独自の中継貿易を展開していく。

　次に，琉球王国の外交文書『歴代宝案』から南方貿易の概要を見てみよう。1419〜1570 年の間にシャム（現在のタイ）にあわせて 62 隻の琉球船が派遣されたのをはじめ，マラッカに 20 隻，パタニに 11 隻，ジャワに 6 隻，さらにスマトラに 3 隻，その他，パレンバンに 4 隻，スンダに 2 隻，ベトナムに 1 隻の船を派遣している。明との朝貢貿易で入手した生糸・絹織物や陶磁器のほか，日本産の金・刀剣・扇，硫黄などが東南アジア向けに輸出され，逆に胡椒などの香辛料や，インド産の綿織物，蘇木（染料），南蛮酒，象牙などを輸入した。これらの珍しい南方物産や唐物を求めて，博多や堺の商人たちが琉球に参集するようになり，九州や朝鮮半島に転売されたのである。

　東南アジア海域で活躍した琉球人のうわさは，ヨーロッパ人の関心を引いたらしい。16 世紀初め，マラッカのポルトガル商館に勤務したトメ=ピレスは『東方諸国記』のなかで，琉球人の情報に関心を寄せ，次のように記している。

　レキオ（琉球）人がマラッカにもち込む「主要なものは，黄金，銅，あらゆる種類の武器，小筥，金箔を置いた寄木細工の手筥，扇，小麦である。かれらの品物は出来がよい。かれらは黄金を多量に携えて来る。（中略）。かれらは多量の紙と各色の生糸，また麝香，陶器などを携えて来る」。さらに続けて，「シナ（中国）人やその他のすべての国民は，レキオ（琉球）人について語る。かれらは正直な人間で，奴隷を買わないし，たとえ全世界とひきかえでも自分たちの同胞を売るようなことはしない。かれらはこれについては死を賭ける」という（生田滋・池上岑夫・加藤榮一訳注『東方諸国記』（大航海時代叢書 5）岩波書店，1966 年）。

　16 世紀後半にはスペイン・ポルトガルの東南アジア進出，さらに明の海禁政策の緩和によって琉球貿易は衰退し，さらに 1609 年の島津軍の侵略によって幕藩制国家の支

鼠を輸入して長崎へ送った。ただし，煎海鼠の輸入価格が値上がりした一方で，長崎会所への販売価格は値下がりしており，対馬藩には赤字であった。しかし，対馬藩の官営貿易では朝鮮に輸出する東南アジア産品（胡椒など）を長崎で調達する必要があったため，赤字でも煎海鼠輸入は継続され，朝鮮半島の浦で生産さ

配下に組み込まれていく。17 世紀初め対明関係の貢期は 2 年 1 貢から 10 年 1 貢に改められたが，1633 年尚豊王の冊封を機に再び 2 年 1 貢に戻る。

　アジアは複数の交易ネットワークによって結ばれていた。日本や中国を含む東アジアからマレー半島の先端に位置するマラッカまでは中国海商が活躍し，マラッカより西のインド洋には，ムスリム商人の広大なネットワークが広がっていた。16 世紀後半から日本は世界でも有数の銀の産出国として知られ，宣教師フランシスコ・ザビエルが日本を「銀の島」と称したほどである。なかでも最大の産出量を誇った石見銀山はよく知られる。ソーマ（Soma）とも呼ばれた純度の高い良質の灰吹銀は，ポルトガルやオランダ，中国との貿易で主要な輸出品となった。17 世紀前半，琉球船もこれらの日本銀を福州に積み渡り，中国産の生糸・絹織物・薬種などと交換した。琉球の朝貢貿易ルートの輸出銀（渡唐銀と称す）は，日中間を結ぶ流通構造の一環であったと言えよう。

　18 世紀以降，琉球の朝貢貿易は以下のような特徴をもつ。第一に，琉球王府は砂糖の国産化を梃子に薩摩藩から資本銀を調達したこと。つまり，国内の製糖業と対外貿易の経営がリンクするかたちで，〈内と外〉の構造的連関性を強めていったのである。第二に，幕藩制市場に砂糖を出荷する見返りに日本銀を調達するため，薩摩藩との経済関係が緊密化したこと。第三に，輸出品として日本の海産物が琉球ルートで福州へ運ばれたことが指摘される。特に注目すべきは，蝦夷地の昆布が富山の売薬商人・薩摩藩を介して琉球へ大量に運ばれ，朝貢貿易の主要な輸出品となったことである。こうした国境を越えた物流センターとして機能したのが，福州に設置された琉球館（別名「柔遠駅」）である。日本の海産物は，この琉球館で中国商人に売り渡されるとともに，彼らが中国各地で購入した商品も福州琉球館で交易された。　　　　　　　（真栄平 房昭）

【参考文献】
菊池勇夫・真栄平房昭編［2006］『列島史の南と北』（近世地域史フォーラム 1）吉川弘文館
真栄平房昭［2002］「中世・近世の貿易」桜井英治・中西聡編『新体系日本史 12　流通経済史』
　山川出版社
―――［2004］「16〜17 世紀における琉球海域と幕藩制支配」『日本史研究』第 500 号
―――［2010］「砂糖をめぐる世界史と地域史」荒野泰典・石井正敏・村井章介編『日本の対外関
　係』第 6 巻，吉川弘文館
―――［2011］「琉球の中国貿易と輸入品」笠谷和比古編『18 世紀日本の文化状況と国際環境』思
　文閣出版
―――［2020］『琉球海域史論』（上・下）榕樹書林

れた煎海鼠は，長崎を経由して中国へ運ばれた。

1　貨幣改鋳と幕府の経済政策

1）貨幣改鋳の展開

　江戸時代の三貨制度は 1660 年代に安定したとされ，寛永通宝が増鋳されて鐚^{びた}銭の多くがオランダ船で東南アジアへ輸出され，この頃までに銭貨も寛永通宝にほぼ一元化された。一方，額面で価値が表示された金貨は，長年の使用で摩耗して金の含有量が減少すると価値が下がり，市場から嫌われ流通しなくなったため，流通貨幣を回収して新しく鋳造し直す貨幣改鋳が必要とされた。貨幣改鋳の理由として，幕府財政悪化に対応するための改鋳出目益の獲得が強調されるが，新井白石の献策で 1714〜38（正徳 4 〜元文 3）年は貨幣価値下落による物価高騰への対応などから金属含有量を増やした良貨改鋳も行われ，金銀相場調整を目的として銀貨のみの改鋳が行われた場合もあった。新井白石は，海外への金属の流出を防ぐため，前述のように「正徳新例」による貿易量の制限も献策しており，貨幣政策と貿易政策を組み合わせて通貨価値の安定化を目指したと言える。

　ただし，大部分の貨幣改鋳では，金貨は同じ額面で含有量を減らすため小型化され，銀貨は純分率を落とした悪鋳となった。それにより幕府は市中から回収した金貨・銀貨額以上の額の貨幣を発行でき，その差額から鋳造コストを引いた分が出目益として幕府収入になった。金銀貨は，江戸・伏見・京都・大坂など特定の地域に設置された金座・銀座で鋳造され，銭貨は全国各地に設置された銭座で鋳造された（田谷［1963］）。

　日本の金銀山の産出量は 16 世紀中頃から 17 世紀初頭が最盛期で，17 世紀に銀山の産出量は激減し，18 世紀に入ると銀貨減少が大きな問題となった。そのため銀貨圏の西日本のなかで，銀の代用として銭をまとめて銭 1 匁単位として用いる地域が登場した。それらの地域では銭 1 匁単位が銀銭相場に応じて変動せずに固定され，基準貨幣も銭貨となった。遠隔地取引では，金貨・銀貨が主に用いられたが，地域内通貨は，金・銀・銭が選択的に用いられた。銀貨不足のなかで，金貨で貨幣制度を統一しようとした幕府は，1772（安永元）年以降に 17 世紀からの秤量銀貨（丁銀・豆板銀）を回収して南鐐^{なんりょう}二朱銀の増鋳に踏み切った。これは銀で鋳造されながら額面は金貨の単位の朱であり，額面価格がその貨幣の価値を決めるいわゆる計数貨幣であった。

2）藩札・私札の流通

　金属貨幣としての銀貨が減少しても，基準貨幣としての銀目が継続した背景には，銀目単位の貨幣として藩札・私札・手形などが通用したことがあった。前述のように手形は，両替商システムの整備とともに発行されて流通するに至り，私札は，近世初頭から一定の地域内で流通した信用貨幣として発行された（鹿野[2011]）。伊勢外宮の神職を兼ね，商人でもあった山田御師が発行し，商業手形から紙幣へ展開した山田羽書が私札の代表例である。

　山田羽書は，神札の形態を模倣して宗教的権威とつなげて信用力を高め，紙を貨幣として利用することを普及させた。そして定型化・定額化を通じて紙幣の交換手段としての認証性や流通性を大きく高めた。金額単位として，金貨では流通するのに単位が高額すぎ，銭貨は価値が不安定のため，銀建てで銀 1 匁以下の小額額面が選ばれた。1790（寛政 2）年に幕府（山田奉行所）は，山田羽書の発行管理を直接掌握する体制に移行し，発行準備金を供出させてその運用を「羽書取締役」の商人らに行わせた。そのことは，後述の寛政の改革で御用達商人らを活用した幕府の政策と共通性があったと評価される（藤井[2021]）。

　その後幕藩体制が整うと，地域内貨幣として最も信用力のある後ろ盾は藩権力となった。藩は，藩財政の悪化を解決したり，領外支払いにあてる正貨獲得のために藩領域内で通用する紙幣として藩札を発行した。藩札を政府紙幣と見るか信用貨幣と見るかは見解が分かれているが，発行目的によってその性格は異なるため，一元的に規定できない（鹿野[2011]）。とはいえ，18 世紀後半に各藩で商品経済の発達が見られると，商品流通を支える通貨として藩札がより機能するに至り，信用通貨としての側面を強めて小額化した。実際，19 世紀になると商品経済の浸透とともに，より日常的な支払いも貨幣で行われるようになり，小額貨幣の需要が高まったため，藩札のみでなく，金建ての小額計数貨幣も増発された。

3）18 世紀前半の経済政策

　貨幣改鋳の主目的は，幕府財政悪化を補うためといわれるが，幕府財政悪化は 17 世紀末に既に見られていた。17 世紀の幕府財政の状況は史料的に不明な部分が多いが，幕府主導で大規模河川改修・新田開発が行われた時期で，それが幕府財政を圧迫したと思われる。17 世紀前半には財政収入のうち相当の比重を占めた鉱山収入も，17 世紀中頃以降は金銀山の衰退で大幅に減少しており，1676

（延宝 4）年時点で年間 20 万両余の財政不足を生じた（大野［1996］）。

　5 代将軍綱吉は，財政改善に取り組み，改易大名の所領を幕府領に編入したり，町人請負方式の新田開発の成果により，17 世紀初頭に 230〜240 万石と言われた幕府領石高は，18 世紀初頭には 400 万石以上となった。都市商工業者を対象とした上納金銀も新設され，幕府収入はある程度改善したと考えられる。しかし綱吉の時代は，膨大な普請修復支出がなされ，それらに物価騰貴が追い打ちをかけて財政収支は再び悪化した。そのため 6 代・7 代将軍時代に，新井白石の献策により，物価騰貴を抑えるために，貨幣の金属含有量を近世初頭へ戻した貨幣良鋳が実施された。ただし，その効果が十分に表れない前に，将軍が代替わりし，8 代将軍吉宗は，別の方策で幕府財政改善に取り組んだ（享保の改革）。

　18 世紀前半の享保の改革は，直接的には幕府財政危機への対応を主軸とする財政政策であったが，その局面は商業政策へと広がった（大石［1998］）。財政政策としては，年貢増徴・安定収取に目標が置かれ，参勤交代の緩和と引き換えに諸大名から上げ米（献上米）をさせるとともに，年貢量決定において検見法（毎年検見役人が見分して年貢率を判断）から定免法（過去の実績から一定期間同じ年貢率を継続）へ転換した。この結果，幕府の年貢収納量は増加し，それまでの年間約 140 万石が 18 世紀中頃には約 180 万石に増大した。また吉宗は，1722（享保 7）年に新田開発令を出し，富裕な商人層に「町人請負」による新田開発を奨励し，農業を商人の投資対象とすることで年貢増収を図ろうとした。

　商業政策では，都市と商業の発達により商取引をめぐる訴訟が増加したことに対し，当事者どうしで解決させるべく相対済まし令[3]を出したが，当事者どうしの解決ではうまく行かず，反発を招いたためまもなく廃止された。また，江戸では，米価が下がるのに他の諸物価が下がらない「米価安の諸色高」という現象が生じており，米で扶持（給料）を受け取っていた武士にとっては給料の目減りにつながり，生活が困窮した。吉宗は米の買い上げを行って米価引き上げを図り，流通と物価を統制する仕組みとして取扱い商品別に商人に株仲間を作らせた。そして 1730 年には大坂堂島の米市場を公認して米の先物取引である帳合米取引を許可した。しかし，商人らは共同して諸色高状況を維持したため，吉宗の商業政策は効果が上がらなかったとされる。

3）徳川幕府が金銭貸借争いの訴訟を受理せず，当事者間での和談を命じた法令。ただし債権は存続する。享保改革では 1719 年に出された。

　江戸では，大消費都市として日用品の消費需要は多かったのに比べ，江戸周辺農村での農産品加工業は畿内に比べ未発達で，諸色高になり易く，参勤交代制のなかで江戸在住の武士層が多く，彼らへの扶持米支給の必要から大量に領主米が江戸に運ばれ，江戸では恒常的に米余り・日用品不足が生じ易かった。

4）田沼時代と寛政の改革

　18 世紀後半には，老中田沼意次による商業重視の政策と，老中松平定信による農業重視の政策（寛政の改革）という対照的な政策が行われたが，これらの政策の評価が分かれている。18 世紀後半に発展してきた商品生産・流通に着目し，その成果を吸い上げて幕府の財源として財政問題を解決しようとした田沼の政策を，時代の動きを的確に捉えたものと高く評価し，寛政の改革は時代遅れで，短期的なものに過ぎないとした見解と，凶作の連続による年貢収入の減少による危機的幕府財政と，飢饉が引き金となった一揆・打ちこわしの与えた衝撃への対応として，寛政の改革では飢饉対策が重点的に取られ，それが一定の効果を果たして幕府は所期の目的を達し得たとの見解がある（杉山［2012］：安藤［2000］）。

　確かに，1750 年代〜87（天明 7）年の田沼時代には，都市や村落の商人・手工業者の中間組織を株仲間として広く公認し，株仲間に運上や冥加を課して，百姓以外の職種から財政収入を得る発想が見られた。例えば，1770（明和 7）年に大坂の特権的問屋商人による流通独占に反対していた在郷油商人や絞油業者を在方株として仲間組織に編入し，村落での絞油業を認めると同時に問屋商人を通じて油の大坂市場への集中を図った（「明和の仕法」）。そして大坂などの大商人の資金を積極的に活用して新田開発も行った。

　また，田沼は，蝦夷地の経済的可能性に着目し，ロシアとの貿易の可能性などを調査するとともに，蝦夷地の幕府直轄と大規模な開発計画を構想した。実際，前述のように 1785 年以降，長崎会所が直接俵物を集荷しており，俵物の生産地の蝦夷地と結び付けて，俵物の専売体制が構築された。さらに，江戸・大坂の町人や幕領の百姓から強制的に金銀を借り上げ，それを運用して一定期間ののちに償還する御用金政策を，米価引き上げのための買米や幕藩財政救済との関連で実施した（賀川［2002］）。その意味で，田沼の発想は斬新かつ国際的であったが，御用金負担への町人・百姓の不満を招いて挫折せざるを得なかったのは，まだ当時の商品経済の発展が，流通課税の高い負担に耐えられるほどではなかったこと

の表れでもあり，田沼の先進性と実態経済の進展度にズレがあったといえる。

　一方，1787 年からの寛政の改革では，厳しい倹約令による財政緊縮政策が取られ，旗本・御家人の借金の一部を免除する棄捐令[4]が 89（寛政元）年に出されたが，逆に金融業者はこれ以降旗本らへの融資を避け，旗本らの生活は困窮が続いた。商業的農業の展開は抑制され，主穀生産が奨励され，飢饉などで江戸に流入した人々に資金を与えて村落に帰らせる旧里帰農奨励令を出すなど，寛政の改革は幕藩体制初期への回帰の色合いが濃かった。ただし，寛政の改革でも株仲間は広範に認められており，商人を通して流通統制を強める点では，田沼の時代と寛政の改革の連続性も見られた。そして実際には認めなかったが，松平定信にはロシアとの貿易を容認しようとの発想もあった。

　また，飢饉対策として寛政の改革では，各地に社倉・義倉を設けて米を備蓄させ，江戸では町入用の節約分を積み立てる七分積金制度を設け，江戸町会所に米と金を蓄えた（安藤 [2000]）。その意味で寛政の改革は，旧里帰農奨励令など産業構造の進展を無視した無理な政策があったものの，飢饉対策には効果があり，18 世紀後半に高揚した一揆・打ちこわしを鎮める役割を果たした。

　田沼の政策と寛政の改革の評価は，幕藩体制の崩壊への起点をどこに求めるかの論点につながる。18 世紀後半の商品生産の発展は，不可逆的な変化で，それを幕藩体制崩壊への起点と考える見解に立てば（中井 [1971]），それを敏感に察した田沼は新時代に向けて政策転換を図ろうとしたと理解できる。18 世紀後半の商品生産の発展は，19 世紀以降の発展とは質的に異なり，まだ幕藩体制を崩す段階に至っていないと考える見解に立てば，田沼の政策には無理があり，それが寛政の改革で修正されて，民衆の動揺がある程度収まったとの理解になる。

　貨幣経済の視点でも，近世経済から近代への転換の起点を，19 世紀初頭の文政期の貨幣改鋳により通貨供給量の急増によって生じた長期的物価上昇局面に求める見方（新保 [1978]）がある一方で，農村を含む貨幣経済の進展から見れば，18 世紀中葉の元文期の貨幣改鋳により，小額貨幣供給が急速に進んだ時点に求める見方もある（岩橋 [2019]）。幕府の経済政策と貨幣改鋳による経済実態の変化を組み合わせて評価する必要があろう。

　4）旗本・御家人救済のため，札差（蔵米を担保とする金貸）に 6 年以前の貸金を放棄させ，以後の貸金は低利率年賦返済とし，代わりに札差に幕府が救済融資をする法令。

2　手工業技術の伝播と特産物生産の進展

1）農林水産加工業の展開

　17 世紀日本は，大規模な開墾が進展し，米作が拡大したが，開墾が一段落した 18 世紀になると，中世後期に畿内周辺で発達した加工技術が地方に伝播して，各地で諸産業が勃興した。農業では，17 世紀の畑作は，自家消費分の生産の役割を主に担っていたが，水田の土地生産性の上昇とともに年貢を納めた後に余剰生産物が残り，その販売により，生活水準が向上するとともに，畑作の位置付けが変わってきた。特に，17 世紀末までにそれまでの麻布に代わって木綿が庶民的衣料として広く普及すると，その原料となる棉花生産が畑作として行われ始めた。その場合は，自家消費のみでなく商品販売用生産としても行われ，織物産地向けの棉花産地も形成されるに至った（岡［1988］）。

　菜種の生産も拡大し，棉花生産の副産物としての綿実も併せて，菜種・綿実を絞って油を生産する絞油業も登場した（八木［1962］）。明かり取りとして，燈油と蠟燭が重要であり，蠟燭も庶民層に普及するようになったため，蠟の原料であった黄櫨の実も農産加工品として各地で生産された。

　林業では，17 世紀の大規模土木建設事業のなかで大量の森林伐採が行われ，前述のように 17 世紀後半には，早くも森林資源保全の動きが生じ始めたが，庶民の日常生活に重要であったのは，燃料としての薪炭であった。山村では，水田耕作は難しく，林産物が米の代わりに年貢として納められたが，木材のような容積の大きい重量品は，現物年貢には適さないため，次第に貨幣で代納されるに至ったことが指摘されている（大賀［2005］）。その意味で，山村は農村より早く商品経済に巻き込まれたと言える。特に，畿内の吉野，関東の西川・青梅など都市近郊の林業地域では，都市向けの薪炭生産が早くから進展し，採取林業から植林をともなう育成林業への転換が 18 世紀初頭には見られた。

　漁村では，半農半漁の生業を営んだ場合が多く，半農の部分で年貢米生産が行われたが，中世以来の漁撈特権を保持した専業漁村も存在した。漁業年貢は漁業権の対価として賦課され，領主御用に徴用される水主役，領主への献上魚代であった御菜魚代などが課せられた。その他にも運上など貨幣での課税もあり，漁村は一般的に，成立当初より日用品や漁具の村外購入と漁獲物販売の必要から貨幣

経済に巻き込まれ，漁獲物販売先であった魚問屋や魚肥商人など前貸商業資本の影響を強く受けた。そして漁民の生活・漁撈必要物資は主に商人の前貸しで調達された。漁場の所有は，村ごとの「本漁師」が権利を平等に所有する「総百姓共有漁場」の形態が一般的と言われ，村の枠を越えた「浦方総有漁場」も部分的に併存し，重層的な漁場所有構造になっていた地域も存在した（田島［1988］）。

　水産加工業で重要なのは製塩業であり，17世紀に入浜式塩田が普及した結果，17世紀末には，1町歩から1町5反歩程度を1軒の単位とする基本的経営規模が確立した。塩田には，揚浜と入浜の2形態があり，揚浜は満潮位より高い場所に砂田を作り，塩水を人力で汲み上げ，砂面に海水を撒く方式で，入浜は海岸沿いに堤防と浜溝で区切られた塩田を作り，浜溝から地盤の散砂に海水が浸透したものから塩を採取する方式である。製塩業者も近世初頭は，塩農兼業形態をとっていたと思われるが，海岸部での塩田開発の進展とともに塩業専業村（塩村）が形成され，農村部以上に商品経済が浸透したと考えられる（渡辺［1985］）。

2）鉱工業技術の展開

　前述のように16世紀後半から日本では全国的に金銀山が開発されて大増産となり，それが17世紀半ばに衰退すると17世紀後半に銅山が開発されて大増産となった。特に，16世紀半ばに石見銀山で灰吹法による銀の製錬が開始されたことが大きく，1630年代には世界産銀量の3分の1を日本が占めたと推定される。豊臣政権・徳川幕府は，いずれも鉱山専有主義を取り，主要鉱山とその周辺を直轄地とし，藩領内にあるものも藩に預け置く形態を取った。佐渡金山など重要な鉱山は幕府が公費を投入して採掘したが，運上を入札にかけ，運上を納める山師に鉱山の経営全体を請け負わせる方法も取られた（小葉田［1968］）。

　17世紀後半から最大の輸出品となった銅は，17世紀末に世界最大規模の産出量を示したが，18世紀に入り産出量が減少し始めたため，幕府は大坂に銅座を設けて銅の流通を統制した。特に17世紀末に開発され近世屈指の銅山となった別子銅山は大坂の住友家が経営し，その産出銅は長崎から輸出される御用銅として用いられた。近世の銅の生産・流通は，18世紀前半に採掘費の増大から大きく変容し，それまでは銅商人が支配していたが，領主や地元の関与が増大した。また鋳銭が採算分岐点を超えたため，銭座を商人が請け負っていたのが，銭座を金座・銀座・銅座が統制するようになった（今井［2015］）。その他の鉱業に砂鉄

精錬のたたら製鉄や九州北部の石炭業などが存在したが，たたら製鉄は高品質で
あったが生産性が低く，石炭の増産も幕末以降であった。

　18 世紀の工産物として衣食住に深く関わる織物・醸造・陶磁器を取り上げる。

　織物では絹・綿・麻の 3 種類が生産されたが，絹織物では，16 世紀中頃から
17 世紀初頭にかけて明から高級絹織物と高機と呼ばれる織機を使用した織り技
術が伝来した。その原料生糸は当初の輸入品から国産生糸に転換し，中世以来の
高度な技術を継承した京都西陣が高機による高級絹織物生産を独占的に行うよう
になった。この西陣の技術は，18 世紀になると各地へ伝播し，丹後では糸に強
い撚りをかけた上で，高機で織る縮緬が作られ，関東の桐生でも 1738（元文 3）
年に西陣の高機織り技術が伝わり，紋柄のある紗綾が作られて，両者ともに染色
加工のために京都へ送られた。それに続いて先染加工技術（織る前に糸に染色）
が地方へ伝わると，仕上げ・加工も産地で行えるようになり，京都からの自立が
進み，丹後・桐生の織り技術がさらに近江長浜や羽前米沢の縮緬，関東の足利・
八王子の織物などに伝えられ，中世後期に京都・堺・博多など都市手工業として
展開した高級絹織物生産が農村工業となった（工藤・川村 [1983]）。

　綿織物は，18 世紀に自給生産から商品生産中心へ大きく転換し，尾張木綿・
河内木綿など地域単位で銘柄化されるに至った。ただし 18 世紀には生産過程の
大規模化はまだ見られず，三都問屋による集荷網によって大量に江戸などで販売
された。その一方，幕府の触書で，支配階層は絹織物の使用を認められたものの
一般百姓層は，専ら木綿と麻布を着用するように規制されたため，村落でも木綿
の古着が広範に販売されるようになった。なお麻織物は，中世までの庶民の標準
的な衣料で近世期も自給用として製織された。その一方で，越後縮・近江晒・奈
良晒・八講布（越中砺波）など一部地域で織られた麻織物は，都市問屋に集荷さ
れて全国的に流通したが，大量生産には至らなかった（林 [1988]）。

　醸造業では，酒造と醬油醸造が主に行われた。酒造は米を原料とするため，飢
饉時の食料米の確保のため，酒造制限がたびたび行われた。幕府の酒造政策は酒
造株の設置を通して実施され，株を所持しない者の酒造営業や，株に規定された
酒造石高以上の生産は禁止された。もともと酒造は地域分散的に行われていたが，
伊丹・池田などの摂津国在方では在方商人兼酒造業者として出発した酒造家が酒
造専業化した。それに対し，18 世紀に入ると，海岸沿いの灘地域に新興酒造産
地が形成され，江戸向けの大規模生産が行われた（柚木 [1998]）。

　醬油醸造は，大豆・小麦・塩を原料としたため幕府の統制は弱く，近世初頭は大坂・京都など都市での醬油生産が中心であったが，18世紀後半に各地の原料産地に隣接して醬油産地が形成された。産地では醬油製造業者仲間が結成され，畿内では，18世紀後半に備前国児島・播磨国龍野の醬油が京都市場へ運ばれるに至り，関東では，18世紀前半は江戸市場での醬油の大部分は関西からの醬油であったが，銚子・野田などの江戸周辺産地に，銚子の濱口家，野田の高梨家・茂木一族など大規模醸造家が登場し，江戸周辺産地からの醬油が19世紀初頭に江戸市場をほぼ独占するに至った（長妻［1988］）。

　陶磁器業では，近世期に硬質で耐久性のある磁器の生産が始まったことと，その大量生産を可能にした「登窯(のぼりかま)」技術が導入されたことが重要である。17世紀中頃には登窯による磁器生産で急速に発達した肥前国有田が代表的産地となったが，18世紀末になると伝統的な陶器産地であった美濃国東部・尾張国瀬戸も磁器への製品転換を図り，尾張（名古屋）藩の振興政策もあり，生産が拡大した。焼物生産は，原材料立地・生産技術・生産手段（窯）の株立てなどの側面で領主規制を受けやすく，有田焼は肥前（佐賀）藩，美濃・瀬戸焼は尾張藩の専売制と大きく関わりつつ全国市場で取引されるに至った（山形［2008］）。

3）特産物生産の歴史的意義

　18世紀日本では，中央市場向け商品生産が全国的に展開されるようになり，大坂では越前国産の蠟が「越前蠟」，日向国産の炭が「日向炭」など生産地域と組み合わせた商品名で相場が立てられた（三井文庫編［1989］）。実際，図4-1のように，19世紀前半に版行された名産品の番付では，産地と商品名が組み合わされて示された。幕藩体制のもとでは，人や物の地域間移動がかなり限定されていたため，ある地域の産品が他の地域の産品より優れていることが中央市場で認知された背景には，その生産地域に原料・労働力・生産技術などの面で他地域より有利な自然条件があったと考えられる。このような自然条件の有利性に基づいて行われた中央市場向け商品生産を，本書では「特産物」生産と考える（中西［1998］）。しかも「特産物」流通は，藩経済にとってみると領外市場から領域内への貨幣流入を意味し，藩専売制の下で藩財政収入を補完する意義もあった。

　一方，「特産物」生産は，最初から販売商品として生産が行われ，「特産物」との交換で都市市場の多様な商品を村落共同体に持ち込み，生産地域であった村落

共同体へ商品経済を浸透させる働きをもった。そのため19世紀に入り，複数の共同体を含めた地域市場が各地に成立すると，中央市場向けの「特産物」生産のみでなく，地域内市場向けの商品生産も行われるに至り，「特産物」生産がその時代を特徴づける商品生産形態ではなくなった。

その動きに対して幕府は，商人を組織して取り込むことに力を注いだ。その到達点が19世紀初頭の株仲間の在方を含む全般的成立であったが（後述），それにより仲間外商人（特権をもてなかった商人）や百姓が連帯して幕府に反発するに至り，そこを契機に幕藩体制の動揺は

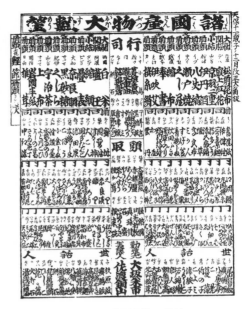

図 4-1　諸国産物の番付

出所）曲田浩和「名産品を競う」（林英夫・青木美智男編『番付で読む江戸時代』柏書房，2003年）172頁より。
注）原史料は大阪府立中之島図書館蔵。

本格化した。18世紀と19世紀の段階的差異はその点に認められる。

3　三都商人と株仲間

1）江戸と大坂

日本の近世都市に関する近年の研究は，都市社会を身分的，社会的，空間的に分節構造で捉える手法で進められた。そこで都市民の構成要素として抽出された武家・公家・寺社・町人・賤民・貧民などは，いずれも消費者・商業者・輸送業者・加工業者などとして経済活動に関わっており，都市は多様な経済活動の集積地であった。そして近世都市では，商業者は問屋と商人からなる異質で二元的なものと把握された。問屋は，土地所有の一形態としての固定的な売場・倉庫の所有と金融を柱とし，売場から得る口銭，倉庫から得る蔵敷料，金融から得る利子

表 4-1　江戸・大坂・京都人口の推移

(単位：千人)

年	江戸	大坂	京都	小計 (a)	全国 (b)	a/b (%)
1721	501	382	[341]	[1,224]	26,065	[4.7]
1750	510	[404]	526	[1,440]	25,918	[5.6]
1756	506	410	[474]	[1,390]	26,071	[5.3]
1792	482	376			24,891	
1822	521	377			26,602	
1846	[558]	338			26,908	
1861	557	308				
1868	[528]	381				
1873	596	272	239	1,107	33,301	3.3

出所)『本庄栄治郎著作集　第5集　日本社会史・日本人口史』清文堂出版，1972
年，426-435頁，内務省・内務統計局編『国勢調査以前日本人口統計集成』
第1〜2巻，別巻1，原書房より作成。
注) 江戸は町方人口，大坂は三郷人口，1873年の全国は1月現在の本籍人口。
江戸の1846年欄は45年，68年欄は67年の数値。大坂の1750年欄は，49
年の数値。京都の1721年欄は19年，56年欄は53年の数値。よって小計
欄・比率欄も概算値になる。以下の各表とも表で示した最小の桁の下位の
桁を四捨五入した。

　を収入源とした。商人は，貨幣・商品所有者として流動的な存在であり，自己責
任で仕入れた商品とともに移動しつつ商業活動を行った（吉田［2012]）。
　その意味では，17世紀後半の江戸でみられた近世初頭以来の荷受問屋と新興
の仕入問屋の対抗は，荷受問屋＝問屋と仕入問屋＝商人の対抗とも言える。むろ
ん地方の商人が三都に進出した場合，三都で店舗や倉庫を所有して，問屋として
の業務を兼ねたことはあり，荷受問屋も委託取引による口銭収入のみでなく，自
ら商品を仕入れて自己責任で売買を行い，商人的活動を兼ねたものもあった。そ
のなかで，都市商業秩序の担い手となったのは，「場」の所有者であった問屋で，
幕府は18世紀を通して，問屋を仲間に編成させることで都市商業秩序の維持に
努めた。しかし幕藩体制による秩序が動揺した19世紀に入ると，問屋と商人の
棲み分けはあいまいになり，問屋と商人の相互乗り入れが進展した。
　表4-1を見よう。日本全国の人口は，前述のように17世紀に顕著な増加を遂
げた後，18世紀は横ばいで推移し，18世紀後半に少し減少したのち，19世紀に
入って増加に転じた。三都の人口は，江戸・大坂ともに18世紀前半に増加し，
18世紀後半に減少した。18世紀後半には天明の大飢饉があり，打ちこわしが大
坂に始まり全国の主要都市へ広がり江戸でも大規模な打ちこわしがあったため，
それを契機に都市人口が減少に転じたと推測できる。注目すべきは19世紀に入

ってからの都市人口の動きで，江戸は増加に転じたのに対し，大坂は減少が止まらず，都市規模として大坂が江戸に大きく水をあけられた。

この背景には，三都のなかでの江戸と大坂の位置付けの変化があった。大坂が幕藩制全国市場における領主米集散の中心的地位にいた18世紀前半には，諸商人の大坂への集住などで江戸以上の人口増加を示したが，18世紀後半になり領主米以外の特産物流通も盛んになると，幕府・藩財政収入補完のために特産物が江戸に運ばれて販売されたこともあり，江戸が物資集散地としても重要になり大坂の地位は低下し始めた。もっともこの時点での大坂の地位低下は，三都市場内での大坂と江戸の地位の変化であり，三都市場の重要性は低下していない。

ところが，19世紀になって各地で地域市場が形成され，商品需要がさまざまな地域で生まれると，大坂を通さず地域と地域を直接結ぶ流通が生まれ，物資集散地としての大坂の地位低下が顕著となり，それが大坂の人口低下につながったと考えられる。それに対し，江戸では大消費都市として地域市場からの商品を受け入れることで市場規模は拡大し，関東周辺の商人が江戸に拠点を設けたため，19世紀に入り，より一層人口が増大したと言える。その意味で18世紀は幕藩制的市場が拡大しており，領主経済が変質的に拡大した時代でもあった。

2）三都商人の時代

特産物生産の進展と集散地としての三都の重要性の高まりとともに，遠隔地商人が特産物流通に深く関わり，17世紀の近江・伊勢商人に引き続き，18世紀にはそれ以外の地域の呉服商の三都への進出が見られた。例えば，17世紀後半に名古屋に呉服小間物問屋を開業した伊藤次郎左衛門家は，18世紀前半に小売業にも進出して現金売りを開始し，仕入先の京都に仕入店を，消費地の江戸に小売店を開店した（図4-2）。18世紀初頭に京都で古着の行商を行った下村家も，18世紀前半に伏見に呉服店を，大坂・名古屋に呉服小売店を開き，現金売りを行った。下村家はさらに京都に仕入店を開店して伏見から京都に移転し，江戸に小売店（大丸屋として）を開いた。伊藤家・下村家ともに，呉服の消費市場が中級以上の武士層から町人層へ拡大したのにともない，武家屋敷相手の掛け売りから町人相手の現金売りへ販売形態を転換させ，産地での仕入れから消費者への販売まで行った。もともと町人相手の現金売りは，越後屋三井家が17世紀後半に江戸に小売店を開いた際に始めたが，18世紀前半には，江戸の大規模小売店ではそ

■ 解説 II-3

歴史人口学と生活水準

　読者の皆さんは,「歴史人口学」という研究分野について耳にしたことがあるだろうか。

　例えば,「現代の人口問題」としてよく取り上げられる「少子高齢化」という用語にはなじみがあると思う。このとき分析に使われるデータは現代のものだが,歴史人口学は過去のデータを使って人口を考察し,当時の社会状況との関係を研究する。

　日本では,歴史人口学は経済史の一分野として位置付けられる。これは,日本で1960年代に歴史人口学を始めた速水融が大学で経済学部の日本経済史部門に属していたことによる。歴史人口学はフランス発の学問であり,その創始者としてルイ・アンリの名が挙げられる。彼は人口学者であり,歴史的データに現代の人口学的手法を用いた。このような研究にあたってはさまざまな知識が必要であり,研究者どうしの協力が必要とされる。彼らの出自は,経済史学,社会学,地理学,人口学と多彩で,学際的な研究も活発である。また,歴史人口学の研究が開始されてからの半世紀間に,情報処理技術には長足の進歩があり,研究環境は飛躍的に改善された。

　しかし,現代のような詳細な統計データは歴史では得がたい。例えば,現在日本に居住する人口は5年ごとに国勢調査によって記録され,出生時や死亡時には役所に届出がされる。前近代の社会では,このようには統計が整備されていない。そこで,どのような史料を使うかが歴史人口学において重要な課題となる。もっとも,史料によっては,現代の人口では知ることができないような実りある情報が得られる場合もある。徳川時代には村ごとに「宗門改帳」「人別改帳」などと呼ばれる帳面がほぼ毎年作成されており,これは世界的にも貴重である。このため,日本で研究が進んでいるのは徳川時代の歴史人口学である。

　「宗門改め」は17世紀中葉から徳川幕府の寺壇制度に基づいて行われた。しかし,村の人口を把握することは,宗教政策以外にも村や藩における年貢徴収をはじめとする行政面でも重要であった。そして,村の長たる名主(庄屋)は,村政を司り,ほぼ毎年帳面を作成した。特に,藩に提出する帳面以外に作成する「村控」には,1年間に生じた出生・死亡・移動・結婚などの人口動態に関する記録を書き込むこともあった。藩によって作成方法は異なるが,百年以上にわたりこのような史料が残されている地域もある。

　史料は単年度のものであるが,連続して残存する場合には,各年の史料をつなぎ合わせて個人のライフコース,家の継続性,村の人口変動なども知ることができる。また,地域に複数の村や町の史料が残されている場合は,村と町との相違点や類似点,地域のネットワークなども考察可能である。現在,研究が進んでいる地域は,陸奥国安達郡および安積郡,出羽国村山郡,信濃国諏訪郡,美濃国安八郡,肥前国彼杵郡などである。

　また，都市では京都・奈良・大坂の研究も進んできている。

　このような研究の成果として，日本の多様性が指摘されている。例えば，初婚年齢に関しては東北日本では低く，中央日本，西南日本と次第に上昇していく。相違の要因としては，経済的問題の他に文化的相違なども関係する可能性が示唆されている。

　また，歴史人口学のテーマの一つとして都市と農村の相違も議論されている。これは，「前近代社会においては，都市は死亡率が高く，農村からの人口流入によってその人口を維持している」という「都市蟻地獄説（都市墓場説）」と呼ばれる命題である。史料的制約から実証的研究は困難であるものの，現時点では大坂などの大都市においては「都市蟻地獄説」が成立していたと考えられている。この場合，死亡率から考える生活水準は，都市のほうが農村よりも低いということになる。安積郡郡山町などの在郷町においては，「都市蟻地獄説」の働くメカニズムによって農村よりも死亡率が高くなることもあるが，農村の死亡率と大きくは異ならない可能性が高い。

　前近代社会は自然災害などに対して脆弱性を有していた。例えば，徳川時代には「三大飢饉」と称される「享保の飢饉」（1732 年），「天明の飢饉」（1782〜87 年），「天保の飢饉」（1832〜36 年）が起こった。このとき，死亡率の上昇と同時に出生率の低下が起こり，人口減少が多くの地域で観察された。ただし，これも地域差が大きく，冷害を伴う後者 2 つの飢饉においては東北地方，特に太平洋側の人口減少が著しい。

　「自然災害に対してたいへんに脆い」ということから当時の生活水準を考えてみたい。現代でさえ，「日常」と考えている生活が，ひとたび災害が発生すると崩壊する脆弱性を有していることをわれわれは知っている。そして，徳川時代には飢饉以外に数年ごとに麻疹や疱瘡などの病いも流行した。飢饉や流行病などに起因する地域の死亡率の上昇も生活水準の悪化を示す指標の一つと考えられる。しかし，同時に観察される出生率の低下は，生活の不安定性・母体の栄養不足などを間接的に示しており，生活水準が良好でない状態にあることの重要な指標である。また，徳川時代には，生活の厳しさから堕胎・間引きなども行われた。そのような行為をやめさせようとする「懐妊書上帳」や「赤子養育」などの史料の残存は，当時の生活の不安定性を私たちに示唆する。

　「生活水準」を「人々が安心して次世代を育み，未来を築いていける社会」と考えると，前近代社会では人口が安定的に増加していくということが生活水準の上昇を示す一つの指標となる。歴史人口学的視点から捉えた各地域の生活水準に関して，今後の史料の発見やデータの活用によって詳細が明らかになることが望まれる。　　　（高橋　美由紀）

【参考文献】
斎藤修［1998］『賃金と労働と生活水準——日本経済史における 18〜20 世紀』岩波書店
浜野潔［2011］『歴史人口学で読む江戸日本』吉川弘文館
速水融［2012］『歴史人口学の世界』岩波現代文庫

図 4-2　松坂屋上野店の店内図

出所）松坂屋百年史編集委員会編『松坂屋百年史』株式会社松坂屋，2010 年，17 頁「安永元年上野店店内見取り図」（円志）より。

注）1772（安永元）年頃の様子と考えられる。伊藤次郎左衛門家の江戸店の屋号が松坂屋。

れが一般的になった（三井文庫編［1980］）。

　そして柏原家は，京都に呉服木綿の仕入店，江戸に呉服木綿の小売店を営むとともに，江戸で塗物店・紙店を開店して多様な商人を扱うようになり，所属する株仲間は木綿問屋・呉服問屋・小間物問屋・繰綿問屋・真綿問屋・雪駄問屋に及んだ（賀川［2022］）。柏原家以外にも多様な商品を扱う大規模商家は存在しており，それらは複数の株仲間に所属した。

　18 世紀に増大した特産物は織物に限らず，京都・大坂近郊を産地としていた醬油醸造業も，播磨国龍野や下総国野田・銚子での生産が伸び始めた。それら新興産地の担い手は，生産を行いつつ三都に支店を設けて販売した。例えば，龍野の円尾屋円尾家は，17 世紀末には利貸・醬油醸造・酒造などを営んだと考えられるが，18 世紀に入ると醬油の生産を拡大し，18 世紀中頃に京都店を開いた。その後経営の中心を利貸業から醸造業へ移し，1780（安永 9）年に成立した京都他国醬油売問屋仲間に加入した（長谷川［1993］）。広屋濱口家も，17 世紀末に銚子で味噌・醬油醸造業を開業し，その後醬油の江戸への出荷を増大させ，江戸店を開き，1748（寛延元）年に成立した造り醬油屋仲間に加入した（林編［1990］）。

　また，三都とともに地方の特産物生産地へ進出した遠隔地商人も登場した。例えば，近江国大溝に総本家のあった小野家は，分家善助家が 17 世紀末に東北の盛岡で開店して，東北産の紅花や絹糸を京都へ持ち込んで京都問屋に販売し，18

世紀初頭に京都で開店して問屋店を開いた。小野家は同時期に江戸でも開店したが，江戸店では上方からの絹織物・木綿・油の移入品を扱った（宮本［1970］）。

　近江国日野の中井家も，18 世紀前半に日野産売薬の関東行商を開始し，18 世紀後半に仙台店と伏見店を開き，上方から古着・木綿・繰綿を関東・東北地方へ持ち込み，東北産の絹糸・紅花・青苧を上方へ運んで販売する「産物廻し」を行った（江頭［1965］）。三都の呉服商は，金貨圏の江戸での売上金を，仕入資金として銀貨圏の上方へ為替で送金する必要があり，両替商を兼ねたものが多く，越後屋三井家は 17 世紀後半，小野家は 18 世紀中葉，下村家は 18 世紀後半に両替商を兼ねた。

3）幕府の流通統制と御用商人

　こうした遠隔地商人の活動の活発化に直面した幕府は，商人を通して間接的に財政収入を図る方策を考え，田沼時代の 1761（宝暦 11）年に大坂町人から初めて御用金を徴発したが，その後御用金を負担する組織でもある株仲間の公認を急激に進めた。三都商人はそれ以前から同じ業種で仲間組織を結成することが多かったが，幕府はその組織化をさらに進め，都市だけでなく畿内農村での在方株も設定し，それら株仲間商人に冥加金・運上金の上納と引き換えに流通独占権を与えた。商人扱い商品（納屋物）は，領主米集散の中心であった大坂での問屋口銭（手数料）の高さを避けて大坂よりやや西寄りの兵庫に主に集散されるようになったが，幕府は 1769（明和 6）年に，兵庫や酒造・絞油業地域の摂津国西宮一帯を尼崎藩から召し上げて幕領とした。さらに幕府は，長崎貿易の重要な輸出品であった海産物の産地であった蝦夷地の開発を企て，1799（寛政 11）年に東蝦夷地（太平洋岸），1807（文化 4）年に蝦夷島全域を幕領とした。このように幕府による流通統制は，田沼時代および寛政改革後も継続して強められ，最終的に 1813 年に冥加金上納を条件とする願株の株仲間を広範に成立させた。

　幕府による流通統制の強化に伴い，遠隔地間取引で幕府御用商人が活躍するようになり，特に蝦夷島への幕府の関心が高まったため，幕府御用商人による蝦夷島開発が進められた。例えば，紀伊国栖原出身の栖原屋は，17 世紀末に江戸に材木問屋を開業し，木材・海産物などの蝦夷島の経済的魅力に着目し，18 世紀後半に松前藩城下の福山に店を設けた。福山店では木材や海産物を扱い，蝦夷地の場所を請け負ってアイヌとの交易と漁業を行った。幕府が東蝦夷地を直轄する

と，栖原屋は幕府用達となり，幕府の蝦夷地開発を具体的に進めた。兵庫に本店をもつ高田屋も，18 世紀末に蝦夷島交易を始めると箱館に店を設け，幕府の意向を受けて蝦夷地奥地の択捉島への航路を開発するとともに幕府定雇船頭となった。そして蝦夷地の場所を請け負ってアイヌとの交易と漁業を行った。

　栖原屋・高田屋らが進出する以前の蝦夷島では，17 世紀から蝦夷島に進出した近江商人が場所請負商人となり，アイヌとの交易と漁業を独占的に行っていた。蝦夷島の近江商人らは両浜組という仲間組織を作り，共同で廻船（荷所船）を雇って蝦夷島から越前国敦賀まで輸送させていたが，栖原屋・高田屋のような幕府御用商人の進出により，両浜組商人は特権的地位を失い，彼らの多くが近江国に撤退したため，荷所船輸送も衰退した。それに代わり，栖原屋・高田屋は自ら船を所有して場所産物を江戸や大坂・兵庫に運んだ。荷所船主のなかにも，荷主に雇われて輸送のみを行う運賃積を止めて，自分で売買する商品を輸送する買積へと転換するものが多く，19 世紀に日本海海運で活躍した買積形態を中心とする船であった北前船が登場することとなった（上村［2000］：中西［2009］）。

　三都との関係では，幕府御用商人の活躍は，商品市場における江戸の地位を高めた。蝦夷島産物はこれまで近江商人の支配下で日本海航路を運ばれて大部分が畿内で販売されたが，栖原屋・高田屋らにより蝦夷島産物が江戸にも大量に移入され始めた。特産物流通でも，18 世紀後半になると阿波産の藍が大坂に加えて江戸市場にも移出されており，阿波（徳島）藩は 1802（享和 2）年に藍の関東売場株を設定して，藩専売制と結び付けようとした（天野［1986］）。

　同時に，この時期活躍した幕府御用商人が船を所有したことと，日本海海運における北前船の登場も合わせて，18 世紀末には海運から全体的に運賃積形態が減少した。それは大坂―江戸間の代表的な運賃積輸送であった菱垣廻船にも言え，摂津国灘地域の酒造家の支配を強く受けた樽廻船が，酒以外での積荷でも菱垣廻船と争うに至った。そのため 19 世紀初頭には，江戸十組問屋が菱垣廻船の勢力挽回を目指して菱垣廻船積問屋仲間の組織化を進め，冥加金上納と引き換えに排他的独占権を得ようとしたが，菱垣廻船を利用する取引形態そのものに魅力がなくなっており，菱垣廻船は徐々に衰退に向かった（柚木［1979］）。運賃積形態と比べて買積形態は，船主が積荷の売買で商業的利益を上げることができ，地域間価格差をうまく捉えれば，大きな収益を上げられた。多様な特産物流通の進展が，買積形態に大きなビジネスチャンスを与えた。

4）幕藩制的市場の洗練と変質的拡大

　幕藩制的市場の概念には，いくつかの異なる意味合いが含まれる。すなわち，石高制＝米納年貢制，城下町への武士・商工業者の集住，参勤交代制と妻子在府制などにより，領主米を三都市場へ運んでそこで商品化される形で強制的に作られたという制度面，その結果実際に領主米が大坂を中心とする三都に運ばれて商品化され，大坂米市場が代表的中央市場の位置を獲得し，大坂米価に地域米価が連動するようになったという実態面，そして領主米の商品化の過程が，幕府が提供する取引秩序の下で行われるに至り，取引秩序が安定したという機能面である。

　これら諸側面のうち幕藩制的市場の本質をどこに求めるかで，その確立時期の捉え方が異なる。形成過程の制度面を重視すれば，幕藩制的市場は17世紀前半に確立したと言えるし（脇田［1963］），実態面としての物流と米価に着目すれば，1670年代〜90年代に確立したと言える（宮本［1988］）。取引秩序の安定化を重視すれば，大坂に米会所が設立された1730（享保15）年以降に確立したことになる（高槻［2012］）。本書では，17世紀前半に幕藩制的市場の制度的枠組みが形成され，1670年代の西廻り航路・東廻り航路の整備で実態として幕藩制的市場は全国市場となったと考える。

　その一方，18世紀に入って各地で特産物生産が進展して，特産物が三都に集散されることで，領主米の商品化を基軸とした幕藩制的市場が異質な要素を取り込み，それへの対応も含めて幕府が取引秩序を自ら提供するようになったと考えられる。その意味で，1730年代の幕府の米取引への介入は，幕藩制的市場の洗練化の過程と言えよう。その洗練化の過程は，17世紀後半から大坂の堂島で米商人が自生的に構築してきた取引秩序に幕府が公的な保障を与え，米価を安定させるために直接的に介入することを通して進められた。8代将軍吉宗の経済政策の眼目が，「米価安の諸色高」の是正にあったように，米価統制の背後には，米以外の諸色（諸商品）の物価統制があり，諸色の物流と価格の問題を抱えたことが18世紀の幕藩制的市場の特質であった。

　1730年に大坂に堂島米会所が設立され，幕府はそれを公的な市場として認可した。それにより大坂での米取引の公開性は高まり，そこでは米切手で米取引が行われた。米切手とは，蔵屋敷が所持人の請求によりいつでも切手と引き換えに表示数量の蔵米を交付することを約束した証券で，例えば加賀（金沢）藩蔵屋敷が発行した米100俵の米切手は，それを加賀藩蔵屋敷へ持参すれば加賀藩の蔵米

（領主米）100 俵と交換してもらえるため，現物の代わりに商取引で売買されたり，両替商に持ち込まれて現銀と交換されたりした。

　幕藩体制では武士への俸禄は米で支給され，米価安の状況では，扶持米を販売して生活必需品を購入する武士の生活は困窮する。武士層の生活を守るために米価引上げが幕府・藩の重要課題となった。幕府は 18 世紀を通して何度も米の買い上げを行い，市場での米の供給量を減少させ米価を上昇させようとしたが，その効果も短期間に止まり，買い上げた米もいずれは市場に還流するため，米価の安定は困難であった（高槻［2012］）。米価維持が武士層の生活を守るためとすれば，米以外の諸商品の動向を含めて考察する必要がある。

　18 世紀後半に，領主米以外の諸商品が幕藩制的市場のなかで次第に地位を高めたが，これを幕藩制的市場の動揺とみる見解と，幕藩制的市場の変質的拡大とみる見解がある。幕藩制的市場の流通物資の本質を，領主「米」と考えれば，領主「米」以外の流通物資の比重の増大はそれを崩壊させる要因となるし，流通物資の本質を，領主的物資と考えれば，米以外の流通物資の比重が増大しても，それが幕藩領主層の財政収入の増大につながるものであれば，幕藩制的市場を崩壊させる要因にならないであろう。

　18 世紀の特産物流通は，幕藩領主層の財政収入の増大に寄与し，その流通経路は，三都を中心とした旧来の領主米流通経路を大きく外れるものではなく，それが幕藩体制崩壊の直接的要因とはならなかった。むろん，特産物流通経路は，旧来の領主米流通経路から外れて兵庫などの新興集散地に集荷された部分も大きかったが，これに対して幕府は，前述のように 1769（明和 6）年に，兵庫や摂津国西宮一帯を幕領とし，兵庫を三都に準ずる中央市場に位置付けたため，18 世紀後半の幕藩制的市場は変質的拡大を果たしたと考えられる（本城［1994］）。

　大坂を中心にその具体像をみると，大坂への領主米の移入量は，18 世紀はおおよそ横ばいで，19 世紀初頭に増加した後，19 世紀中頃に減少した。移入品価額で米に次いだのが，紙・木綿などで，価額が不明だが物量が多かった塩も併せていずれも 18 世紀に移入量が増大し，19 世紀前半に減少した。18 世紀の大坂への移入量の増大は，領主米ではなく特産物であったと考えられ，それが大坂に集中した要因として，物流インフラが三都に輸送し易いように整備されていたこと，三都問屋→地方商人→生産者の系列で商業信用が行われていたこと，幕府の中央市場強化政策などが挙げられる。大坂に集められた諸商品は，江戸へ運ばれる部

分以外に，都市大坂内での消費需要や，周辺村落での日用必需品需要や肥料需要に使われたと考えられる。注目すべきは，木綿・古着・魚肥など周辺村落へ販売された商品の比重の増大で，畿内のみでなく瀬戸内沿岸諸国への販売も含むようになり，こうした大坂市場の拡大は，供給面での多様化と販売面での多様化（地域的・質的拡大）の両方を含んだ。

　一方，江戸周辺の関東農村でも，18 世紀前半に藍・紅花・木綿・薩摩芋の商品生産地域が成立し，18 世紀後半以降は，利根川水系に沿って醬油・味醂産地の集中立地が見られ，城下町・陣屋町に酒造業が万遍なく成立した。こうした醸造業の形成に対応して関東農村で醬油原料の大豆・小麦の生産や，清酒原料の米の生産が拡大し，また関東北西部の山麓では養蚕・製糸業が発展し，それを原料とする織物産地も成立した。こうした関東農村での農産物や農産加工品は江戸市場へ移出されるとともに，関東地域間でも流通し，江戸地廻り経済圏を形成するに至った（井奥［2006］：落合［2007］：新井［2015］）。

4　家族小経営と村落共同体

1 ）開発の行き過ぎと資源管理

　17 世紀の大規模開発が森林資源を急速に減少させ，17 世紀後半に森林資源の保護の志向が幕府のなかに芽生えたが，個々の村落共同体でも，大規模開発がさまざまな歪みをもたらし，そのなかで村落共同体の側からも資源管理の方向が示され始めた。例えば下野国芳賀郡では，17 世紀初頭より新田開発が進み，米価の高騰した 17 世紀末から開発の勢いはさらに加速した。しかし新田開発の進行にともない，その行き過ぎが洪水発生の温床となり，採草地を枯渇させ，本田畑の生産力を減退させた。そこで村々は，山野の共同利用を優先し，新田開発に自ら歯止めをかけ，1729（享保 14）年・40（元文 5）年と相次いだ幕藩領主の新田開発要請を，名主と「惣百姓」が共同で拒否し，幕府の公認による秣場（草刈り場で村の共同利用地）の恒久的確保を図った。肥料確保のために秣場は重要であり，商品肥料の購入よりも村内自給肥料の利用を優先させた（平野［2004］）。

　越後国南魚沼地域でも，魚野川氾濫原の広域開発が進展し，新田を確保して独立した百姓家は，高田藩領時代に三国街道の伝馬役を務めさせる目的で百姓へ馬の購入資金を貸し出した制度を利用して飼馬を所有し，馬の厩肥を田畑耕作に利

■ 解説 II-4

家族史研究の新展開

　「家族」は，人間社会の基層部分をなす社会集団であり，地域的に多様性があり，歴史的に変化してきた。一般的に，家族は消費や生殖を行う最小の生活集団として考えられがちであるが，過去の社会における家族は，生業としての生産や分配も含む経済活動を営むような世帯集団でもあった。家族は，生活組織であるとともに労働組織や社会組織と重なり合う構造をもち，その形態はさまざまであったが，一般的には，親族関係を中心とした「直系家族」という三世代同居家族世帯が基本形であったとされる。日本の家族世帯は長らく「家」と呼ばれ，家業，家産，家名，家格の永続を目指す固有の文化的特性をもっていた。1960 年代の初め，家族社会学の分野で，この「家」の成員である家族の範囲と性格をめぐる「有賀＝喜多野論争」と呼ばれる大論争が行われた。「家」の存在感が急速に喪失してしまった現在とは事情が大きく異なっていた当時，この論争は，日本の農村社会を研究する多くの研究者の関心を呼び，家族史研究に大きな問題提起を行うこととなった。

　日本初の国勢調査時点（1920 年）でも，日本社会には親族家族世帯以外の家族世帯，すなわち三親等を超える親族や非血縁者が同居する「大家族」世帯が少なからず存在していた。そのような家族世帯における「家族」の定義がさきの論争で問題とされた。過去から未来へとそれぞれ「先祖伝来」の家業，家産，家名，家格をもった「家」を存続させ繁栄させようとする家族集団。その内部にあって，家族と非家族はどこで線引きがなされるのか。この問題に対し，喜多野精一は，親愛の情で結合する血縁親族を中心に家族を考え，非血縁者はどこまでいっても非家族であると規定した。それに対し，有賀喜左衛門は，家および家族全体を守る責任を負った家督相続者（嫡系家族）が家族の中心となり，その外側に傍系家族成員として非嫡系親族や非血縁者（奉公人や召使い）が組み込まれる，と考え，そのような家族集団を日本の「家」と規定した。両者共に家族の実態認識はほぼ共有していたが，非血縁者を家族の成員として取り扱っていた実際の家々の事例について，それを家族理論としてどれだけ重く考えるかが両者の違いを生み出す分水嶺となっていた。

　日本の家族史研究の世界では，速水融に始まる家族人口史研究が大きな研究成果を上げてきた。これは，徳川時代の村々に残された宗門帳を用いて家族復元や人口史分析を試みるもので，人口データの大量処理によって，徳川時代というプロト統計の時代における人口動態や家族形態を論じることができるようになった。西欧社会の人口史研究で有名なケンブリッジ・グループの創始者ピーター・ラスレットらは，16 世紀以降のイングランドの支配的家族が，核家族ないし小家族世帯的だったと主張した。同様の発想は，日本の家族人口史研究においても共有され，徳川時代の基本的な家族世帯の理解は，小家族主義的な色彩が強い。これは，ひとえに準拠史料をほぼ宗門帳 1 種類に限定し，そこに記載された家族単位を家族世帯と想定して分析ないし復元作業を行うところから生じる結果であると言える。

　宗門帳（宗門人別改帳，宗門改帳）は，多くの場合，親族関係や宗派関係から見た「宗門帳の家」（中村吉治）を記載した史料である。実際の家業，家産，家名，家格をもつ世帯家族としての「家」をどれだけ反映するかは定かではない。これまでの家族人口史研究は，この点の認識を欠落させたまま，小家族世帯仮説によってデータ分析と家族復元を行ってきた。したがって，それらの研究成果の多くは日本の「家」をめぐる種々の定性的な議論とは，ほとんど接合・交錯しない独立した性格をもつ点に注意する必要がある。

　日本経済史の世界では，日本の家族や家をめぐる家族社会学の議論を遠景として眺めつつ，徳川時代以降の村落社会を自立した「小農」によって構成される「小農社会」として説明してきた。17 世紀末までに日本各地で単婚小家族による小農経営が一般化するという「小農自立」現象がそれである（安良城盛昭・佐々木潤之介）。それは「世界史の発展法則」（マルクス）としての奴隷制（家父長的奴隷制）から封建制（小農制）への移行，という理論的要請による仮説であり，それを証明する歴史資料的証拠をめぐってはさまざまな評価と論争が続けられた。史料的には 16 世紀末から 17 世紀末までの検地帳における記載様式の変化（内付記載，分付記載の消滅）が最大の証拠とされてきた。しかし，この帳面文書の作成目的は，本来，年貢賦課標準としての石高で表現される土地の確定とその所持者（本百姓）の確定であった。経営規模や家族規模，世帯規模情報は記されない。したがって，17 世紀における検地帳記載様式の変化は少なくとも「小農自立」による「小農社会」の形成，という社会経済史的現象を示す証拠にはならない。「小農社会」とされる徳川時代の農村社会の実態は，別の資料的証拠と分析方法によって再検討される必要がある。

　徳川時代の日本列島全域には，最大 7 万近く（幕末明治初期）の村々が存在した。村落社会は「村請制」と呼ばれる一種の自治制度のもとで，年貢徴収と宗門帳作成という 2 大年中行事を繰り返しながら村運営が行われてきた。内部では，親族家族と非親族家族が「家」という生業を営む家族集団世帯を構成し，その周辺では，家族の延長上に同族や姻族組織，さらには市場活動や公的活動を共同で行う各種機能組織が不定形の家連合を形成していた。家々の生業活動は，それらのさまざまな家連合と関わりながら営まれており，市場経済活動との関わりで，それらの家連合的諸関係がさまざまに変容・変質することにもなった。別の見方をすれば，「家」という生業家族世帯はそのような共同性のなかで家業，家産，家名，家格の永劫存続を実現しようとした。徳川時代の村落社会の実態は，むしろそのような家連合的共同性をもって再解釈されなければならないと言えよう。

（長谷部　弘）

【参考文献】
國方敬司・永野由紀子・長谷部弘編 [2009]『家の存続戦略と婚姻——日本・アジア・ヨーロッパ』刀水書房
中野卓・柿崎京一・米地実編 [2012]『有賀喜左衛門研究』未来社
日本村落研究学会編 [2009]『近世村落社会の共同性を再考する——日本・西洋・アジアにおける村落社会の源を求めて』農山漁村文化協会

用したり，収穫物などの輸送に馬を利用した。しかし馬飼いの拡大により大量の秣草が採取され，入会山野の資源不足が生じた。そのなかで，「新発」田畑を放棄させ，入会山野の資源保全を打ち出した村と，新開耕地の利用の妥当性を訴える村との対立を生み，組合村の役人や利害関係にない近隣村の調停により，入会山の利用制限を村落間で設ける形で解決が図られた（六本木［2002］）。

　こうした資源管理は，漁村では一層重要であった。備前国児島湾岸地域では，在村の生活困窮者を移住させて新田村を作るという農業中心の近世村落形成の政策のなかで，海岸沿いの新田開発が行われたが，それが河口周辺の干潟化をもたらし，減少した漁場での漁業権をめぐる争論が頻発した。それに対し，近隣の村連合が漁場共同所持機能を主張し，各漁民が個別に新田開発に同意することを防ぎ，幕藩権力に村連合で対処して新田開発を抑制しようとした（定兼［1999］）。近世的漁業権の形成には，高持百姓のみが村の共有資源を持株に応じて利用するという農村的な秩序で漁業権が付与された場合と，耕地所有に関係なく水夫役負担者全てに漁場利用が可能で漁業権が村に帰属した場合があった。資源管理の局面では，後者の漁村の村総有漁場の論理が有効に機能したと言える。

　山村でも，薪・材木・板木などの需要増大により，18 世紀に森林利用のあり方に変化が生じたが，地元住民の側から外部の侵入・伐採を阻止する動きが見られた。こうした地元住民による生業維持のための環境改変の抑制や，資源利用の均等原則による過剰利用の抑制により，近世日本では山野河海の資源が守られ，生物多様性が残された（白水［2018］）。

2）村落秩序と家族小経営の展開

　個々の経営の論理よりも共同体的利害を優先させる村落秩序は，高持百姓層のみが村政を独占した状況に対する小百姓層の村政参加要求として 17 世紀に生じた村方騒動のなかで作られた。それは村人に開かれた村政としての「公」と，生産・生活面での「共」が重なりあった近世的公共を体現し，この動きのなかで近世初頭に村に止まっていた旧武士層・小領主層の影響力は低下した。

　そして近世村落は，村域内の土地を全体的に共同所有・管理し，村人の生活・生存を多面的・総合的に支える一方で，生産共同体としての性格を弱めて，生活共同体としての側面を強めた（渡辺尚志［2020］）。これは，農業生産力の上昇と新田開発とともに小百姓層が耕地を獲得して経営的に自立し，近世村落で自立し

た家族小経営が広範に成立した過程と対応している。村内での経済的・身分的格差は存在したが，階層間の差異が縮小したため，村全体での土地・資源管理の合意が形成され易くなった。

この時期は湿田の乾田化が進み（岡［1988］），湿田は，収穫期になっても排水できないため，米の水分含有量が多く，腐米になったり精米過程で砕けたりしたが，灌漑設備の整備で収穫期に排水できる乾田では，腐米の恐れが少なくなり，裏作が可能となり麦などで小百姓層でも食料を確保できるに至った。こうした労働生産性・土地生産性の上昇により，家族労働のみで家族の再生産が維持できるほどになり，それまで複合大家族経営内に止まった分家が，家族の再生産に必要な耕地を取得して独立するに至った（友部［2007］）。

こうした家族小経営は都市でもみられ，近世初期の大都市の町は，小土地片の町屋敷を所持する小商人・小工業者などの町人から構成され，町中として町政を担い，その経営の安定化にともない，18世紀前半には「家」意識をもつに至った。その一方，商人・職人の同業者仲間の結成が17世紀後半以降に進み，18世紀後半にはその独占的営業権が幕藩権力に公認されるようになり，この仲間には町中から疎外されていた店借層も含まれ，町の範囲を越えて展開し，仲間の連合体が形成された。都市では，営業活動の保障は職縁共同体，日常生活の規範の保障は地縁共同体と分離し，その点に村落と異なる都市の特徴があった。

家族小経営の「家」意識が高まると，家長の地位・権限が高まり，家長中心の家内秩序が形成され，近世社会の店組織の安定的存立と奉公人の規律化に寄与したが（西坂［2006］），家長自身も家の永続の目的のために家の規範に拘束され，家業経営，育児，病人介護など家政全般の責任を家長は負った。その家長に男性がなることが多かった点で，近世社会は家内まで男性優位が浸透したとの評価も成り立つが，同時に永続する主体は「家」であり，家長そのものではなかった点に留意する必要がある。入り婿の場合は，離婚の際に家を出て行くのは夫であり，財産権は「家」の原理に支配されていた（大藤［1996］）。

近畿地方では，こうした小農経営の自立が「家」の確立につながったが，東北地方では，18世紀後半の飢饉の続発・人口減少などの社会的危機への対応として，単独相続・家産の維持を重視する「家」が19世紀初頭に確立するとされた（平井［2008］）。そして家業経営は，18世紀に入り，特産物生産の開始という村落経済を取り巻く環境の変化に対し，年貢にあたる主穀生産を継続しつつ，農閑

余業（副業）として特産物生産に関与する方向で進められた。幕府は 1733（享保 13）年に商業的農業の進展に対し，田方での畑作物生産を正式に認めるとともに，畑方の検見を禁止して畑方年貢の増徴を目指した（本城［2012］）。

　こうした多様な経済活動が家計のリスク分散につながり，家の永続という家族小経営の目標に合致した。そして家族小経営では，女性も家業労働に従事し，当主になる場合もあったので，小経営体としての「家」の成立は，女性の能力向上の契機ともなった（大藤［2022］）。

3）飢饉と危機管理

　家族小経営にとって家計におけるリスク分散は，「家」の経営戦略の枠内である程度可能であったが，近世社会では，「家」の経営戦略で対応できないより大きな社会的リスクであった「飢饉」が 17 世紀末から 18 世紀末に集中して生じた。そのことは，飢饉が商品経済との関連でより激しく生じたことを意味している。すなわち，1670 年代の全国的海運網の整備で，各地の領主米が三都に大量に輸送されるようになり，特に商品経済の進展で大都市での生活水準が上昇したため藩主の生活費が嵩んだ上に，17 世紀の大規模新田開発の資金を金融業者から借りて進めた諸藩は，金融業者への借金返済や支出の増大のためにより多くの貨幣が必要となり，領主米の三都への廻送がますます強制された。実際，大坂や江戸の金融業者からの借金は領主米が担保とされた場合が多く，その返済と領主米の大坂や江戸への廻送とが連動していた。その結果，恒常的に藩領域では領主米が不足する状況が生じ，そこへ凶作が重なることで，飢饉がより激化した。

　このような激しい飢饉は，17 世紀末（元禄期），1730 年代前半（享保期），50 年代（宝暦期），80 年代（天明期），1830 年代（天保期）に生じた。それぞれの時期に凶作が生じた原因はさまざまで，元禄期は冷害，享保期は虫害，宝暦期は獣害と冷害，天明期は火山噴火と水害と冷害，そして天保期が冷害であった。当時の技術では，冷害・火山噴火・水害のような自然災害を防ぐことは困難なため，問題はその結果として生じた凶作の影響をどれだけ緩和できるかという危機管理にあった（菊池［1997］）。

　凶作への対策は，幕藩権力と民間の両方から進められた。例えば享保の飢饉では，幕府が積極的に飢饉地へ米を廻送するとともに幕領農民へは夫食米を支給したことで，比較的早期に飢饉状況から回復した。そして都市対策としては，最下

層の店借住民への御 救 米，中下層の家持・借家人に対する払米，乞食化した飢
人の小屋収容と他国非人の人返しが実施された。宝暦の飢饉では，幕府の飢饉対
策は後退し，むしろ民間人が個人レベルで救済したり，「救荒食」（飢えをしのぐ
食物）の手引書を著した（菊池［2003］）。

　しかし天明の飢饉は，一時的な対応では対処し得ないほど激しく，一揆や都市
での打ちこわしが頻発した（北原［1995］）。飢饉の前半は，江戸への大量の米穀
移入が優先された結果，各地で米不足がより激しくなり，江戸が比較的平穏であ
ったのに対して地方で米騒動が激化した。飢饉の後半は，前半の学習効果により
地方が江戸への廻米を制限したため，地方での米騒動は収まったが，江戸では商
人の思惑によって米の供給不足が人為的に作られ，それへの都市民の怒りとして
主に米屋を対象とした打ちこわしが生じた（岩田［2004］）。

　江戸での打ちこわしの直後に老中首座となった松平定信は，飢饉対策として社
倉政策を強力に推進した。社倉は，民間人が穀物を出し合って自治的に共同管理
する備荒倉であり，また富裕民の寄付による穀物を領主が備蓄運営する義倉も設
置された。そして幕領農村では，村ごとに米・雑穀が備蓄され，近隣村で構成す
る組合ごとに貯蔵施設としての「郷蔵」が設置された。幕領都市では，江戸・大
坂・京都・長崎などで社倉・囲米[5]が実施されたが，特に江戸では，町入用費用
を節減してその 7 割相当に幕府からの金を加えて七分積金の社倉が始まり，それ
を町会所が運営した（安藤［2000］：竹内［2009］）。

　このように，近世社会では危機管理の枠組みとして，18 世紀後半に村落と
「町」が位置付けられた。ただし，そこでの危機管理の担い手は，村落の場合は，
社倉へ備蓄穀物を供出し得た有力百姓層と考えられるが，町会所の場合は，構成
員は屋敷地所持の地主に限られ，都市下層の店借層は構成員になれなかった。そ
れゆえ「町」の積立金は地主への貸付に運用され，窮民救済機関としての性格を
失っていった。その背景には，都市共同体が地縁共同体と職縁共同体に分離して
おり，一体として行動し得ない状況があった。都市の打ちこわしは，特定の債
権・債務に関する個別的な抵抗であったのに対し，19 世紀に入ると，村落共同
体は有力百姓層を中心に共同性を保ちつつ，一揆によって村の主張を示した。

　5）備荒貯蓄・米価調整のため籾米を貯蔵することで，幕府は江戸時代初期から行い，諸
　　藩へも寛政期に 1 万石につき 50 石の割合で実施するよう命じた。

4）勤勉革命と生活環境

18 世紀日本の村落では，家族小経営の成立による経営規模の縮小を，二毛作による土地利用の高度化と投入労働量の多さで克服する方向がみられた。むろん，土地利用の高度化と労働量の多投化で，直系家族のみでも家族の生存が可能になったからこそ複合家族大経営から自立した直系家族小経営への移行が生じたのであるが，速水融はこうした近世日本農業の労働集約的な発展経路を，産業革命の労働節約的な性格と対比させて，「勤勉革命」と呼んだ（速水 [2003]）。その「勤勉」の内実は，長時間の熱心な労働であった。

「勤勉」には「勤」（＝労働）と「勉」（＝勉強）の両方の意味が含まれる。単に長時間労働すればよいのみでなく，狭い耕地で高い収穫量を確保するには，学習と工夫が必要であった。「農書」と言われる農業技術書での学習をもとに肥料改良や耕作技術の工夫が行われ，それ以外にも，各村落では村の運営記録が必ず残され，代々の村役人に引き継がれた。共同体であるからこそ，そうした文書は重要な証拠となり，それを引き継げるように読み書きと計算能力の訓練が行われた（高橋 [1990]）。その専門の場所として，18 世紀になると寺小屋や私塾が作られ，19 世紀に入るとそれらが爆発的に増大した。近世日本では，本の消費が活発で，国際的にみて識字率は高かったとされる（マディソン [2004]）。

むろんこうした村落での教育・文化に豪農と呼ばれる上層百姓が果たした役割は大きく，彼らが都市や遠方の学者と交流しつつ，在村の教育組織を作り上げた。実際，北東北地方でも 18 世紀に書物が広く流通し，書物受容のあり方が豪農層の志向性に影響を与えた（鈴木 [2020]）。豪農は，飢饉の際に施米を行うなど地域社会の救済活動に関わったり，村政の担い手として近隣村との交渉にあたったり，農業のみでなく商業・金融活動も行うことで地域産業の担い手ともなった（大塚 [2008]）。豪農の役割は，飢饉のみでなく公害のように，村落民の生活を破壊するような事態が生じた場合にも発揮された。

16 世紀末から 17 世紀前半にかけて日本では盛んに鉱山開発が行われ，それ以降鉱山の公害は一般的になったと考えられる（安藤 [1992]）。例えば 17 世紀末に住友家が開発を始めた別子銅山は，18 世紀中頃にそこに隣接した立川銅山の経営を住友家が引き継ぎ，両鉱山が合併したことで近世日本最大の銅山となったが，銅水が下流に流れて田畑が荒れることが問題となった。それに対し，近隣村が連合して幾度も開発差し止めや補償を幕府・藩・住友家などに求めた。別子銅

山のあった西条藩に対して幕府は，18 世紀中頃に銅山替地を領地に上乗せし，
公害の現実を認めながらも公害補償で別子銅山開発を進めたが，19 世紀に入る
とこうした公害補償が一般化した。

　公害の被害を受けた側は，村落民が村役人を通して経営者に訴え，さらに正式
な手続きを経て藩に訴え，藩の領域を超えて広範囲に及ぶ場合は幕府に訴えた。
18 世紀はこうした訴訟形式で公害への対応が主に行われたが，19 世紀に入ると
公害反対の百姓一揆が急増するに至った。

　近世日本の公害は，17 世紀の新田開発に伴う公害に始まり，続いて鉱山開発
に伴う公害へと広がった。そこでは主に，直接人体に影響を及ぼす公害よりも，
それにより自然の調和が崩れる環境破壊への視点が強かった。それは，健康に直
結する鉱毒などが大量に出されるまでには産業技術が発達していなかったことの
裏返しでもあるが，近世においては自然の調和を保つことが非常に重視されてい
た点を学ぶ必要があろう。

第5章

成長の 19 世紀
—— 地方主導の経済成長

序　自由貿易世界の成立と近代初頭の日本

1）自由貿易世界の成立

　18 世紀後半から世界に先駆けて産業革命を達成したイギリス（英国）は，機械制工場で大量に製造されたイギリス製品が国際競争力を持ったために，それを世界へ販売すべく，無関税に近い自由貿易を広めていった。ただし，中国とイギリスとの交易では，中国からイギリスへの茶の輸出が中心で，イギリスは対中国の貿易赤字を克服するために，イギリスの植民地インドからアヘンを中国へ輸出した。清朝は，アヘン輸入により銀が国外へ流出するのを防ぐため，アヘン貿易を禁止し，それをめぐってイギリスと清朝との間でアヘン戦争が生じ，イギリスに敗れた清朝は，1842 年の南京条約で，開港場を増やし，欧米諸国と自由貿易を行うに至った。こうして，東アジアにも自由貿易の流れが押し寄せてきたが，19 世紀半ばは，汽船による大量輸送網や，港から内陸市場へ輸送する鉄道網が東アジアでは未整備のため，ヨーロッパから中国市場への輸送コストが高く，欧米の工業製品は中国市場で売れ行きが不振であった。一方，太平洋側から東アジアへの進出を企て，19 世紀半ばに日本に自由貿易を求めたのは，アメリカ合衆国（米国，以下アメリカ）であった。

　いずれにしても，東アジアで管理貿易体制をとっていた清朝と日本が，相次いで欧米諸国と自由貿易を行うことで，19 世紀半ばには，自由貿易世界が成立することとなった。ただし，中国の対欧米貿易が発展するのは，エジプトのスエズ運河が本格的に利用され，汽船の技術が向上して世界的な汽船網が形成される

1880 年代以降である。朝鮮も 1876（明治 9）年の日朝修好条規が「開国」の起点となり，82 年以降，欧米諸国と順次条約を締結し，当初は釜山 1 港の開港場が，1910 年までに 10 港へ増大した。それにより，中国・日本・朝鮮の開港場を組み込んで中国商人の活動が活発化し，東アジアにおける商取引の決済では，中国のみでなくロシアや日本の通貨も広く用いられた（石川［2016］）。上海・香港は，欧米や日本の商社，金融機関，海運会社が集まり，中国商人を中心的担い手として，欧米とアジア間のみでなく，アジア間交易ネットワーク網が形成され，自由貿易世界の恩恵をアジア世界も受けることとなった。そのなかで，日本もアメリカへの生糸輸出，ヨーロッパからの工業製品の輸入，アジアからの棉花輸入とアジアへの綿糸布輸出の 3 つを軸に，貿易量を拡大していった。

2）19 世紀前半の対外貿易と「開国」

　1792（寛政 4）年にラクスマンが根室へ，1804（文化元）年にレザノフが長崎へ来航してロシア（露国）が日本に通商を求め，19 世紀は対外関係が重要な政治的課題となり，最終的に 1850 年代の「開国」に至った。日本が自由貿易世界へ編入された過程は，欧米勢力の東アジアへの進出の一環として，19 世紀を通して生じた世界的動きのなかで捉えるべきである。

　日本では 19 世紀前半まで相手国を清朝・オランダなどに限定し，長崎会所などを介して取引を行う管理貿易を継続していた。18 世紀には主な輸出品の銅が不足したため，年間貿易取引額の上限を意味する「御定高」がいわゆる貿易「半減」令によって縮減され，日本への来航を許可される清朝・オランダ船の隻数もそれぞれ 10 隻・1 隻に限定された。一方で蝦夷地を主産地とする「俵物」や昆布など「諸色」からなる海産物を輸出する「別段商法」が増加した結果，貿易額は 19 世紀前半に入ってもさほど減少しなかったと思われる。この時期の両国との貿易における主な輸出品は銅と海産物で，輸入品は絹織物・薬種・砂糖などであった（中西［2002b］）。また 19 世紀前半の薩摩藩と琉球の貿易では，薩摩藩の砂糖専売制との関連で薩摩藩は琉球産糖の確保を図り，松前・蝦夷地産海産物も扱った（深井［2009］：上原［2016］）。

　19 世紀前半から後半への貿易の変化は，管理貿易から「自由貿易」へ「開国」を経て貿易のあり方が変化したと位置付けられ，それにともない貿易相手国や貿易額が大きく拡大した。

　1853（嘉永 6）年のアメリカ東インド艦隊司令長官ペリーの来航が，「開国」の直接の契機となった。この時の主な要求は，アメリカの捕鯨船その他難破漂流民の保護，及びアメリカ船への燃料・水・食料などの補給が中心であった。翌年のペリー再来航後にこの要求に沿って日米和親条約が締結され，下田・箱館の開港，最恵国条項[1]などが規定された。次いでイギリス・ロシア・オランダとも類似の条約が結ばれた後，1858（安政 5）年には日米修好通商条約が締結された。

　引き続きオランダ・ロシア・イギリス・フランス（仏国）とも同様の条約が結ばれた（安政五カ国条約）が，その主な内容は箱館・神奈川・長崎・新潟・兵庫の開港，江戸・大坂の開市，内外貨幣の同種同量の通用（後述），最恵国条項，領事裁判権，協定関税制であった。

　これらの条約で日本側は，外国商人の日本国内での通商権を認めなかったが，条約に不平等条項が規定された。関税は，安政の条約では，外国側の輸出入には規定がなく，日本の輸出入品への関税は，1866（慶応 2）年に大部分の税率が従価 5％を基準とする従量税となった。これは清国が西欧諸国と結んだ天津条約と同率で，無関税に近い低税率が 19 世紀末まで維持されるなかで，日本の貿易は展開された。そして近代に入ると，1871（明治 4）年の日清修好条規，76 年の日朝修好条規で日本は中国（清）・朝鮮とも自由に貿易を行うに至った。その意味で幕末・維新期の日本の「開国」は，欧米諸国のみでなく東アジア世界への「開国」でもあり，中華帝国中心の東アジア華夷秩序からの離脱でもあった。ただし，居留地の設定や外国人の日本国内での商業活動の禁止は，関税自主権がない状態での日本側の保護貿易策ともみなせ，1894 年 7 月に調印された日英通商航海条約で，イギリス人に日本国内での商業活動の自由が保障されて居留地が撤廃されたことで，真の自由貿易が実現したともいえる（上白石［2021]）。

3）「自由貿易」とその影響

　安政五カ国条約により，開港場内の一定地域には条約国民の居住と営業が認められた。この地域が居留地で，まず横浜・長崎の開港場と東京の開市場に，1868（慶応 4）年には神戸の開港場と大坂の開市場にそれぞれ居留地が設けられた。そしてそこに居留する外国商人（外商）と，日本人輸出商（売込商）及び輸入商

　1）他国に与えている最もよい待遇と同等の待遇を締結国に与える条項。

（引取商）との間で取引が行われた（居留地貿易）。外商は主に外国の生産者・商人からの売買委託をもとに手数料を取って輸出入を営み，日本への輸出品を引取商に販売し，日本からの輸入品を売込商から購入した。

　幕末開港後の貿易は，生糸と茶の輸出急増によって日本の輸出超過となったが，低関税下で次第に繊維製品の輸入が増加し，1860 年代後半以降は輸入超過となった。その後 1880 年代前半に，後述する大隈財政末期以降の増税と緊縮財政による不況で国内市場が縮小し，70 年代以来の世界的銀価下落によって対外的に銀本位制をとる日本は，金本位国に対し輸出で有利，輸入で不利となったため一時出超となった。しかし，1880 年代後半における産業革命の開始にともない輸入が増加して再び入超となり，97（明治 30）年に金本位制を採用したことで輸出面での有利さを失い，入超構造が再び定着した。

　19 世紀後半の主な輸出品として生糸・茶・石炭があり，絹織物原料となる生糸は，17 世紀は中国糸の輸入が多かったが，18 世紀以降国産生糸が質的に向上し，生産量も増加した。京都の西陣に加え桐生・足利など地方絹織物産地の発展も，その周辺地域の養蚕・製糸業の拡大が支えていた。開港とともに生糸は最大の輸出品となり，南北戦争後の絹織物業の発展によるアメリカ生糸市場の拡大を背景に，日本の製糸業は器械製糸と改良座繰製糸という生産方法でアメリカ向け輸出を増加させ，中国・イタリア糸との競争で優位を確立した（海野 [1967]）。

　茶は生糸に次ぐ主要輸出品で，1870 年代まで概して輸出総額の 20％台を占め続けた。輸出の中心は緑茶で，横浜・神戸などの外国商館で中国風に再製加工された上で，ほぼ全てがアメリカに輸出された（粟倉 [2017]）。輸出先ではコーヒーの代用として砂糖・ミルクを加えて飲用され，同国輸入茶市場を日本茶は中国茶と折半していた。しかし，19 世紀末まで輸出の絶対量こそ必ずしも減少しなかったが，アメリカ市場では，嗜好性の点で，緑茶より紅茶が選好されたと考えられ，次第にインド・セイロン産の紅茶に圧倒された（寺本 [1999]）。

　生糸や茶より輸出額では下回るが，石炭も 19 世紀後半の重要輸出品であった。産業革命の進展に伴い工場用需要が急増する 19 世紀末以前の時期の石炭産業は，日本寄港の外国船に販売する分を含め，船舶用燃料炭としての輸出の拡大によって発展した。当該期には主に九州の高島・三池・筑豊で産出され長崎港から輸出された日本炭は，イギリス炭・オーストラリア炭と競争しつつ上海・香港・シンガポール市場へと輸出を伸ばした。石炭は重量嵩高品で，価格のなかで運賃の占

める比率が高く，市場に対して地理的に近接していたことが運賃の低落傾向と相まって日本炭の国際競争力を強化した（杉山［2017］）。

　主な輸入品として綿織物及び綿糸，砂糖，石油などが挙げられる。綿織物や綿糸など繊維製品は，幕末開港から明治前期まで輸入品の中心であった。製糸・製茶業の発展やインフレーションによる所得増大によって，それまで古着の購入や自家生産をしていた農民が綿織物購入を始め，綿織物市場が拡大した。これを背景に，横浜港を中心にイギリスから生金巾（きかなきん）など綿布輸入が増加する一方，国内の産地間競争が強まった（谷本［1998］［2000］）。

　砂糖について，開港以前の日本には讃岐・阿波・薩摩などの産地が存在したが，開港後に国内産価格は高騰し，当初横浜港，のちさらに神戸港への低廉な外国砂糖の輸入が需要の拡大をともないつつ急増した。当初は中国商人取扱による台湾産などの中国産赤砂糖が輸入の中心であったが，1880年代にはイギリス資本がジャワ・フィリピン粗糖を香港で精製した白砂糖の輸入が増加し，赤砂糖を上回った。日本の在来糖業は停滞・衰退していったが，一方で1890年代以降に原料粗糖の輸入による精製糖業が成立・展開していった（杉山［2017］）。

　石油は，開港後にランプに使われる灯火用として，製品輸入が始まり，ランプは行灯（あんどん）などに比して明るく低廉なため，1870年代に輸入が急増し，19世紀後半の石油需要の中心となった。石油は横浜港から輸入されたアメリカ産が中心で，1890年代にニューヨーク・スタンダード社（ソコニー）が日本支店で直接販売を開始するまで，米英の多数の商社が輸入取扱に従事した。国内では新潟県などで原油が採取され，明治前期には工部省の官営事業も行われたが，1880年代末の日本石油の設立以降，輸入品と競争できるに至った（内藤［2003］［2004］）。

4）国内経済の混乱

　自由貿易の開始は国内経済に混乱をもたらした。まず，輸出品が生産地から三都の問屋を経ずに直接貿易港へ送られたため，三都を中心とした幕藩制的な流通機構が解体し始めた。また，輸出入の急増は貿易品の需給を不均衡にし，輸出品の生糸価格が高騰し，さらに原料を輸出に奪われた西陣など絹織物産地が大打撃を蒙った。これに対し，幕府は1860（万延元）年に五品江戸廻送令（ごひん）を発令した。これは生糸など五品を全て江戸へ送り，江戸問屋の買取品のなかから貿易することを命じたもので，その励行を通じて特に生糸に対する厳格な貿易統制が図られ

た。しかし，同令は横浜売込商や地方荷主の反対，そして 1864（元治元）年の四国艦隊下関砲撃事件を経た外国側の抗議に屈して事実上廃止された。

　次に，幕末の経済的混乱をより激しくしたのが 1859（安政 6）年から翌年に生じた巨額の金貨流出である。日米修好通商条約では，外国貨幣と日本貨幣について金貨は金貨，銀貨は銀貨と「同種同量」で交換することを定めた。その結果，洋銀（メキシコ・ドル）1 枚（1 ドル）と天保一分銀 3 枚が等価とされた。ところが，当時の諸外国と日本との金銀比価すなわち金と銀の価値比率は，前者がほぼ 1 対 15 だったのに対し後者はほぼ 1 対 5 であった。

　天保一分銀は天保小判（金貨）と交換が可能であり，外商は，海外では銀に対する金の価値が 3 倍であったことを活用して大量の金貨を持ち出し，外国で銀に交換することで日本国内での 3 倍の銀を得ることができた。ただし流出金額は 10 万両台に止まったとされる（石井 [1984]）。流通機構の破壊や金貨の流出といった経済の混乱は江戸幕府の統治能力を弱体化させ，その崩壊につながった。金貨の流出額自体は，幕末よりも明治前期の方が圧倒的に大きかった。当該期の貿易が概して輸入超過であり，1870 年代に欧米諸国が金本位制へ移行し，それらの国が金の購入を進めて保有銀を市場へ放出したため，世界的銀価下落の傾向が生じ，日本から天保小判で 1 千万両以上の額が流出したと見られる。

5）居留地貿易の実態

　1859（安政 6）年以降開港場は順次拡大されたが，幕末は横浜港が，その後はそれに加えて神戸港の両港が圧倒的地位を占めた。横浜港は，欧米との貿易の比重が高く，取引相手も欧米商人が中心であった。当初はイギリスのジャーディン・マセソン商会など巨大商社が主な取引相手であったが，汽船定期航路の開設と外国銀行の支店設置後は中小規模の外商の進出が相次いだ。特に生糸が代表的商品で，産地の荷主が横浜へ出荷した生糸を，売込商が手数料を取得しつつ外商へ売り込む取引形態が次第に定着した。原善三郎・茂木惣兵衛ら代表的売込商は，後に荷主への金融などを通じて流通ルートを独占的に掌握した。

　輸入品取引は現金決済とされ，引取商には既に資金を蓄積していた江戸新興商人の系譜をもつ者が多く，輸入品は江戸（東京）を通じて国内市場に流通した。神戸港はアジアとの貿易の比重が高く，主に長崎から移住した中国商人との取引が中心となり，神戸では広東系・三江（江南・江西・浙江）系を中心に地縁的な

集団を形成した。イギリス製品を中国商人が上海から再輸出していたが，そのうち日本へ輸入される綿織物が神戸港の代表的輸入品で，産業革命期以降は棉花輸入・綿製品輸出が増加し，これが神戸港での貿易を特徴づけた。

　居留地における取引では外商が有利であったが，三都商人の信用機構に支えられた日本商人の活動も活発で（商人的対応），居留地での外商の経営のあり方が，自らの活動に限界を画す面もあった。第一に，旧来の幕藩制的流通機構の下での三都有力商人による大坂から江戸への為替取組に加え，開港以後江戸から大坂への為替取組が増加した。横浜への輸入品が上方方面へ送られ，横浜の代表的引取商が，近江商人丁吟（小林吟右衛門家）の江戸店で盛んに為替を取り組んで販売代金を得たように，三都商人の資力が居留地日本商人の活動を資金面で支えた（石井［1984］）。さらに，居留地貿易という制度が外商の活動を制約し，輸入品の取引は現金取引で，取引を行いうる引取商の数は限定されたと考えられ，再輸出の際の戻税制度も未確立であり，外商は十分な在庫を保有できなかった。

　居留地貿易の制約を突破するため日本商人へ資金を前貸しして輸出品の産地買付を行うことも試みられ，ジャーディン・マセソン商会は高須屋清兵衛へ生糸貸付金の前貸を行ったが，前貸金の回収不能に帰結した。その点で居留地貿易は，非関税障壁となっており，新たに創出された西洋型の商業システムではなく，既存のアジアの伝統的な経済システムの延長線上にあった（杉山［2017］）。また，外商経営のあり方自体にも問題があり，居留地外商は「代理店制度」の下で日本からの輸出品には最高購入価格・数量が，日本への輸入品には最低販売価格が決められ，この限度を超える時は事前に海外のパートナーの指示を仰ぐ必要があった。さらに，当該期の外商は経営の安定を図るため見込取引を排して手数料取引に特化した。これらは商機に際しての機敏な行動を自ら抑制したという意味で，外商の活動に限界を画していた（石井［2001］：杉山［2017］）。

6）対外自立への志向

　とはいえ，居留地貿易では基本的に資金力のある外商が日本商人に対し優位に立っていた。これに対し「商権回復」を旗印に，居留地の取引によらず輸出品を直接海外に輸送・販売しようとする直輸出運動や，居留地における取引の対等化を要求する運動が起こった。直輸出運動は生糸・茶などの荷主を主な担い手とし，輸出振興・正貨蓄積を目指す政府も当初は直輸出会社に融資して，外貨でその返

済を受けるなど，直輸出運動を金融面で支えた。

　生糸については，群馬県下の製糸業者を統合した上毛繭糸改良会社と，同社の生糸などを扱う直輸出商社の同伸会社が設立された 1880（明治 13）年前後に直輸出運動が高揚し，後述する横浜正金銀行の活動にも支えられ，生糸輸出量に占める直輸出量の割合は 80 年代前半に 13％に達した。しかし，海外業務の未熟さや金融力の弱さなどのため直輸出会社の多くは経営不振に陥り，政府の保護政策の消極化とともに直輸出は停滞・後退した。

　次いで 1881 年 9 月に，日本商人に不利な取引慣行を是正して外商と対等な取引関係を結ぶことを目的に，横浜のほぼ全ての売込商と直輸出商によって連合生糸荷預所が設立された。そこでは，売込商が荷受けした生糸は全て同所の倉庫に保管されて品質検査がなされ，外商との売買交渉は見本品によって行われた。代金と交換に現物が引き渡され，外国商館が検査前に商品を引き込む従来の取引形態の全廃が目指された。外商は反発して荷預所との取引を拒絶し，約 2 カ月間生糸取引は停止した。しかし，荷主への融資資金の欠乏などからこの事件は妥協へと向かい，結局荷預所は廃止された。事件を通じて産地のナショナリズムが高揚したため，外商は日本からの輸出品の買入を，居留地での売込商からに限らざるを得なくなった（海野［1967］）。

　「商権回復」運動での「商権」をとりあえず「商業上の主導権」と解釈し，指標として輸出入における日本商人の取扱比率の推移に注目する。既述の代表的輸出入品のいくつかを取り上げると，生糸輸出は直輸出運動や荷預所事件を経た後も欧米外商による輸出が中心で，日本商人の取扱は 10％前後という状態は変わらなかった。ただし 1890 年代末以降，三井物産や横浜生糸合名会社が売込商経由で購入した生糸の輸出が急増する。石炭は輸出額の増加とともに日本商人取扱比率が上昇し，1890 年代後半には過半に達した。綿糸の輸入はイギリス商人による取扱が圧倒的で，日本商人の取扱は 10％に満たなかったが，輸入額自体が次第に頭打ちとなった。替わって 19 世紀末に輸入が急増した棉花では，日本商人取扱比率が上昇して過半に達した。石油の輸入はほぼ 100％が欧米外商によっており，日本商人の介入する余地はほとんどなかった。

　以上から，石炭・棉花など大規模生産にかかる品目や大規模経営用の原料となる品目において，日本商人取扱比率の上昇がうかがえる。その 50％超過を「商権自立」と定義すれば，多くの品目で達成されたのは 1900 年代の後半といえる

（村上［2000］：中西［2002b］）。

7）近代前期の日本経済の概観

　序節の最後に，近代前期の日本経済を概観する。明治維新から日本が産業革命
を達成したとされる1900年代までの景気循環では，4回のデフレないし恐慌を
経験した。最初に，1877（明治10）年の西南戦争を契機としたインフレがその
後81年まで続き，81年の政変で財政担当者が大隈重信から松方正義に代わった
ことで，財政方針が大きく転換し，松方緊縮財政のもとでデフレ政策が行われた。
その時の，物価下落は1886年あたりから回復に向かい，企業勃興ブームのもと
で物価上昇したが，90年に恐慌状況となった。1890年代前半は，物価は安定し
たが，日清戦後経営で財政支出が拡大したことで再び好景気となり，1900～01
年の恐慌を迎えた。この時の恐慌は，綿紡績業の過剰生産が要因とされ，ここに
資本主義の確立を見る見解と（長岡［1971］：高村［1980］），同恐慌は全般性に限
界があり，資本主義の確立は，1907年恐慌時に求めるべきとする見解がある
（石井［1991］）。その1907年恐慌は，日露戦後経営でやはり財政支出が拡大した
結果生じた好景気が反転して生じたものであったが，07年の世界恐慌との連関
もあり，多様な産業に波及した。こうした動きを表5-1より確認する。

　実質国民総生産は，松方デフレ期は推計が困難なため，1885年から示したが，
86～89年の企業勃興期と，93～95年の日清戦争前・中期，1903～04年の日露戦
争直前期に増大した。企業勃興と戦争を契機に日本の国民経済規模が一回りずつ
大きくなったことが読み取れる。生産指数では，鉱工業は比較的緩やかな上昇で
あったのに対し，農業は凶作の年があり，でこぼこが大きかったが，全体として
は上昇しており，鉱工業と農業の比重は，近代前期は農業中心でそれほど変化が
なかった。消費者物価指数は，1881～86年までの松方デフレ下の物価下落は明
確であったが，1900～01年恐慌，07年恐慌の際の物価下落はほとんど見られず，
その後すぐに好景気に転換し，不況が長期化しなかった。

　その要因となった日清・日露戦後経営における財政支出の急増は明確に読み取
れ，1895年から財政支出規模が以前より一回り増大し，1905年からはさらに一
回り増大した。積極財政による好景気で，綿紡績業などの大量生産が進展すると，
紡績機械や原料棉花の輸入が急増し，1890年代前半までは比較的輸入入のバラ
ンスがとれて経常収支は若干の赤字か黒字であったが，97年以降はかなりの赤

表 5-1　1879～1908 年主要経済指標

年	実質国民総生産	生産指数		消費者物価指数	中央政府財政支出	貿易		国際収支（経常）	人口
		鉱工業	農業			輸出額	輸入額		
単位	（百万円）				（百万円）	（百万円）	（百万円）	（百万円）	（10 万人）
1879		5.8	46.5	33.1	60.3	28.8	43.8	△ 19.5	365
1880		6.1	47.5	38.0	63.1	29.0	48.8	△ 23.7	366
1881		6.0	45.9	41.8	71.4	31.7	41.3	△ 13.2	370
1882		6.1	47.2	38.9	73.4	38.5	38.2	△ 1.1	373
1883		6.1	47.0	33.4	81.0	37.0	36.8	△ 2.3	376
1884		6.5	47.1	32.3	76.6	34.6	37.5	△ 8.0	380
1885	3,852	5.9	50.9	32.4	61.1	37.9	37.3	△ 2.8	383
1886	4,081	6.9	54.0	28.5	83.2	49.9	41.3	6.8	385
1887	4,342	7.7	56.6	30.3	79.4	53.5	59.3	△ 7.0	387
1888	4,449	8.0	55.3	29.8	81.5	67.1	74.4	△ 4.2	390
1889	4,722	8.9	49.5	31.6	79.7	71.5	73.4	0.8	395
1890	4,583	9.0	58.7	33.7	82.1	57.8	91.4	△ 29.8	399
1891	5,033	9.7	55.6	32.3	83.5	81.2	69.7	16.5	403
1892	4,949	10.3	57.9	30.1	76.7	93.0	78.4	18.1	405
1893	5,227	10.9	55.0	30.4	84.5	91.6	98.6	0.2	409
1894	5,459	11.7	60.7	31.4	78.1	115.7	132.6	△ 10.4	411
1895	5,798	12.4	59.9	34.4	155.1	138.9	142.2	117.6	416
1896	5,773	12.8	55.2	37.8	168.9	120.3	188.8	16.5	420
1897	5,701	13.3	53.2	42.2	256.9	170.2	243.3	△ 63.4	424
1898	5,907	14.5	67.0	45.7	316.1	173.4	315.5	△ 44.0	429
1899	6,318	14.3	60.5	43.1	391.9	227.4	224.1	25.1	434
1900	6,232	14.4	63.8	48.5	345.3	217.1	291.7	△ 51.6	438
1901	6,469	15.0	68.8	47.4	305.1	266.3	263.2	15.4	444
1902	6,358	14.5	58.4	49.3	340.5	272.9	279.1	24.5	450
1903	6,390	14.9	68.0	51.7	283.5	306.7	326.9	△ 6.5	455
1904	7,084	14.5	73.3	52.9	303.4	329.4	381.8	△ 129.6	461
1905	6,769	15.2	60.8	55.0	439.7	335.0	502.2	△ 324.4	466
1906	6,733	17.0	69.7	56.0	723.5	439.4	437.0	△ 23.9	470
1907	6,991	18.5	74.4	61.9	996.7	452.2	512.1	7.0	474
1908	7,187	18.3	76.6	59.8	858.8	399.2	460.7	△ 62.9	480

出所）三和良一・原朗編『近現代日本経済史要覧（補訂版）』東京大学出版会, 2010 年, 2, 4 頁より作成。
　注）実質国民総生産は, 大川一司他『長期経済統計 1　国民所得』東洋経済新報社, 1974 年による 1934～36
　　　年平均価格をもとにした推計値。生産指数の鉱工業は, 篠原三代平『長期経済統計 10　鉱工業』1972 年
　　　による 1934～36 年平均価格を 100 とした生産額指数。生産指数の農業は, 梅村又次他『長期経済統計 9
　　　農林業』1981 年による 1934～36 年平均価格を 100 とした実質生産額指数。消費者物価指数は, 大川一司
　　　他『長期経済統計 8　物価』1978 年による 1934～36 年平均価格を 100 とした指数。中央政府財政支出は,
　　　江見康一・塩野谷祐一『長期経済統計 7　財政支出』1981 年による純計で, 年ではなく年度で示した。
　　　貿易輸出額は, 1903 年まで山澤逸平・山本有造『長期経済統計 14　貿易と国際収支』1979 年より推計,
　　　04 年から大蔵省調査通関実績。貿易輸入額は, 1898 年まで前掲『長期経済統計 14　貿易と国際収支』よ
　　　り推計, 99 年から大蔵省調査通関実績。国際収支は, 前掲『長期経済統計 14　貿易と国際収支』より日
　　　本本土についての数値で△印は赤字。人口は, 日本本土人口総数。

字となった。人口は，その間なだらかに増大し，1890年に約4,000万人，1902年に4,500万人となった。

1　銀価低落と経済政策

1）19世紀前半の経済政策と金融構造

　幕領からの年貢収入で旗本御家人への俸禄，江戸城大奥に要する経費，行政費等を賄うという幕府財政の構造は，19世紀に入っても変わらなかった。しかし，物価の上昇傾向にも関わらず年貢収入が停滞したため財政は次第に行き詰まった。これに対し，年貢増徴が度々試みられたものの，近世後期に村落内部への貨幣経済の浸透によって形成された質地小作関係を通じて，豪農地主と自小作層の両極へと百姓層の分解が進行し，自小作層が再生産困難となって年貢納入はしばしば滞納・不納となり，これ以上の増徴は困難な状態にあった。

　また，寛政の改革以来，1840年代まで繰り返し出された倹約令は，俸禄増額の抑制，役所経費の削減などに一定の効果を上げたが，連年の経費削減には限界があった。そして前述の1792（寛政4）年にロシアのラクスマンが蝦夷島（現在の北海道）の根室に来航して通商を求めたことなどを背景に，99年から東蝦夷地を，1807（文化4）年から西蝦夷地をそれぞれ幕府直轄地に編入したため，巨額の蝦夷地入用金も発生した（大口［2020］）。

　年貢増徴が困難ななかで，幕府は資金運用での収益増を目指した。まず，町人等からの上納金及び強制的な借入金である御用金を課し，18世紀末以降公金貸付を拡大させ，富裕な百姓に貸し付けて利子収入を確保した。これを幕領村落の救済資金に回して，収入増加と百姓救済の両面で一定の効果を挙げた（大口［2020］）。財政収入増加策として貨幣改鋳が行われ，1818（文政元）年の貨幣改鋳では旧貨との間に増歩をつけず1対1で交換し，幕府は巨額の改鋳差益を入手した。それを財源に新貨を鋳造し，財政支出を拡大し，貨幣流通量の増加による物価の持続的な上昇と，そこからの需要の増大に応じた村落における農産物生産と手工業生産の増大をもたらした（「インフレ的成長」）。

　ところが，1830年代に天保の飢饉が生じ，その対策を含めて幕府による天保の改革が行われた。天保の改革は，飢饉で疲弊した村落対策，商業政策など多方面にわたり，金融政策として計数銀貨の普及も進められた。18世紀後半の南鐐

二朱銀以後，1 両＝4 分＝16 朱を単位とする計数銀貨が秤量銀貨に代替しつつあったが，天保改革における天保一分銀約 2,000 万両の鋳造が，計数銀貨の普及を促した。そして銀貨の金貨に対する補助貨幣化，すなわち金貨中心の貨幣一元化の方向性が進行した。それに加え，この頃には貨幣不足を補う代用貨幣としての藩札や私札（銀・銭）も特定の地域内を中心に流通した（岩橋［2019］）。

　開港後の金銀比価問題に対して幕府は，1860（万延元）年に金貨悪鋳（万延小判・万延一分判）を行い，金よりも銀の含有量が多い万延二分金も大量に鋳造（4,695 万両）して改鋳益金を取得した。これによって幕府の財政収入は増加したが，万延小判・一分判を増歩交換方式で旧貨と引き換えたことによる貨幣流通量の増加と，幕府の財政支出の増加とにより物価は急速かつ持続的に上昇し，社会不安を引き起こした（新保［1978］：山本［1994］）。

　一方，19 世紀前半には西南雄藩も上方の銀主と結んで積極的に藩政改革を進めた。例えば萩藩は，領内の紙漉き百姓に厳しいノルマを課して，主要特産物の紙の集荷・販売を行い，藩財政収入を補った。ところが，19 世紀には厳しいノルマのために紙漉き百姓が減少し，紙の集荷量も減少し，萩藩は天保期の財政改革で，藩借銀の利下げ，返済繰り延べ，凍結などを行って，藩財政の負担軽減を図った（田中［2013］）。そして萩藩は，勘文方・御悩 借方・御返済方を設けて蓄積した資産を運用し，佐賀藩は蓄積した藩資産の運用を大坂の銀主に任せていた（伊藤［2014］）。また熊本藩では，水利土木普請の権限を惣庄屋（手永）側に移譲し，惣庄屋は藩側の公的資金を利用して水利土木事業を行った（吉村［2013］）。そして畿内でも，領内に世襲庄屋が多数存在していた岸和田藩は，19 世紀前半の藩政改革で，世襲庄屋のなかで特に有力な 7 家に権威を与え，しかし権限は極力与えずに地方支配体制を整備した（萬代［2019］）。

　こうした諸藩の改革のなかでも，近世後期の金融構造は依然として三都の両替商を中心としていた。両替商の本務は金と銀あるいはそれらと銭貨との両替であるが，自己資金をもとに貸出も盛んに行った。さらに，大坂の両替商は預金業務も営み，銀行に近い性格を帯びるに至った。そして金銭貸借の決済方法としての為替，及びその機能をもつ手形のネットワークも，商品流通の拠点大坂と大消費地江戸間の為替取組を中心として，両替商と商人を通して発達した。

　庶民金融では当時の村請制の下で，年貢納入が滞った百姓へ上層百姓が耕地抵当金融を行っていたが，加入が容易で村内の弱小者を救済できる利点もある講

（頼母子講[2]・無尽[3]）も全国に広まった（加藤［2001］）。ただし，両替商が取り組む手形は，為替手形以外は今日の小切手に相当する振手形に偏っており，割引手形と裏書の制度は存在しなかった（粕谷［2009］）。そして根本的な問題として領主金融（大名貸しなど）は返済が事実上保証されず，金銭貸借に関わる裁判が必ずしも公平でないなど封建社会特有の金融活動への制約があった。

2）明治新政府の財政・金融政策

　明治新政府成立後も引き続き金融政策は政府が担当し，兌換制度の確立を目指した国立銀行条例の制定後も，松方財政期に至るまでは政府が金融調節を行った。一方，廃藩置県による財政の集権化をもとに，秩禄処分・地租改正という財政の根幹に関わる変革がなされた。新政府成立後の財政は，政府の直轄地が旧幕領と東北戦争没収藩領に限られたことから生じた租税収入の不足を，金札（太政官札4,800万両及び民部省札750万両）等の不換紙幣発行と，「会計基立金」（御用金）及び外国からの借入金で補った。維新期は，太政官札・民部省札の発行と近世来の藩札の残存・新規発行で飛躍的に貨幣供給量が増大した。それらがいずれも紙幣的機能を持っていたため，後に兌換紙幣として近代的統一貨幣体系が成立する前提となったとされている（小林［2015］）。また，歳出面における旧封建領主層に対する俸禄（家禄）支出も，明治新政府にとって重い負担となっていた。

　こうした状況下での政府による金融調節策として，新貨条例と準備金の運用が挙げられる。新貨条例は，戊辰戦争の戦費捻出のための劣位鋳貨製造と列国からの抗議を経て，新たな貨幣制度と金本位制の確立を目指して1871（明治4）年に布告された。万延二分金2枚1両と等価の1円金を原貨とし，銀貨・銅貨を補助貨幣にした。もっとも，洋銀が開港場を支配して内地にも流通している現実を踏まえて貿易銀（1円銀）も鋳造された。貨幣単位は十進法を採用して円・銭・厘と定め，洋銀1ドル＝1円とした。同条例は既述の貨幣一元化の方向性を背景としつつ，欧米先進国の趨勢を先取りしようとした政策と評価できる。

　しかし，当該期における輸入超過による巨額の金貨流出という事態を踏まえ，政府が1878年に銀貨の内地自由通用を認めたので，形式上は金銀複本位制にな

2）発起人（親）を中心に多人数が組合（講）を作り，定期的に一定の銭を出し合い，くじで順番に銭を受け取る相互金融のこと。

3）多人数が講を組織して一定の銭を出し合い，相互に融通し合う金融組織。

った。そして実際には金貨は流出するか退蔵されたため，対外取引では銀貨が，国内では不換紙幣が専ら流通した。

　1872 年から，前年の藩札発行禁止に伴う紙幣不足と贋札問題に対処するため良質の新たな政府紙幣が発行され，太政官札・民部省札・藩札等と交換された。こうして洋銀と連携した統一的貨幣制度が成立し，それは殖産興業政策の前提ともなった。また，雑収入と剰余金の積立により始まった一種の特別会計である準備金が，1869〜90 年まで存在し，兌換準備を目的とした正貨蓄積の役割を担いつつ，政商・政府関係者への貸付や直輸出振興のための海外荷為替資金の貸付にも用いられた（高橋 [1964]）。返済率は低く，いわば補助金の性格をもった。

　一方，兌換制度確立と通貨供給の増加を目的とした国立銀行設立策は，前者の目的に失敗して後者に貢献した。1872 年にアメリカのナショナル・バンク（国法銀行）制度を参考に制定された国立銀行条例では，資本金の 6 割で「金札引換公債」を購入して大蔵省への抵当とし，同額の銀行券を発行し，資本金の残り 4 割は正貨で準備することを義務づけた。厳しい設立条件のため設立は 4 行に止まり，発行した銀行券はすぐに兌換請求されて銀行に還流し，市場に流通しなかった。また当初設立された国立銀行は，主に官公預金で資金を調達しており，政府が官公預金にかかわる資産保全措置を採ったり，大蔵省御用預金を引き上げたことが，初期の国立銀行の経営を苦しくしたともされる（鹿野 [2023]）。

　そこで 1876 年に同条例は改正され，資本金の 8 割で後述の金禄公債などを購入して抵当とし，同額の銀行券を発行し，資本金の残り 2 割を政府紙幣で準備すればよいと設立条件が変更された。この結果，国立銀行設立が相次ぎ，1879 年末に許可が打ち切られるまでに 153 行に達し，通貨供給増加が達成された。

　財政機構の変革の前提は廃藩置県であった。それは 1869 年の版籍奉還を前提としつつ，71 年に薩摩・長州（萩）・土佐（高知）の 3 藩から献兵された「御親兵」を背景に断行された。その結果政府の領有権は全国化したが，同時に諸藩の士族が政府の直接支配下に入ったため歳出における俸禄が急増し，1872 年の陸海軍省設置に伴う軍事費の増加と相まって当該期の歳出増加は歳入増加を上回った。財政の集権化だけでは中央財政は確立できず，歳出と歳入の変革が必要となった。そして前者を秩禄処分，後者を地租改正が担った。

　秩禄処分は，財政支出節約と，徴兵制の実施による士族の軍事力の無力化のために行われた。1873 年における家禄税の創設及び家禄奉還制度採用と 75 年にお

ける家禄・賞典禄の金禄への改訂を経て，76年に金禄公債証書[4]発行条例が公布され，金禄支給が廃止され，金禄公債が交付された。金禄の5〜14年分の金額にあたる公債の交付と引き換えに士族は収入源を失ったのである。そして，華士族に対する支出が租税収入に占める比率は低下した。

　地租改正は，中央集権国家として貢租制度の不統一と負担の不平等を是正する必要と，貨幣による税収制度を確立する必要から行われた。1872年から始まった土地の所有権を示す地券（壬申地券）の交付を経て，73年に地租改正条例が公布され，土地の検査・測量（地押丈量）が行われて農民が自らの所有権を確認した。それから地租額が決定され，地租は地価額の3％とされ，貢租率が下がったかに見えるが，従来よりも租税収入が減少しないように，地価が極めて高く設定された。地租額は，各村の地位に応じて反収を割り当てたため「押付反米」などと呼ばれた方式で決定された。そのため1876年に地租改正反対一揆が勃発し，地価の2.5％へと地租が引き下げられ，81年に改正事業は終了した。

　地租改正の結果，地租が定額金納とされ，政府は豊凶に関わりなく巨額の定額収入を確保できるに至った。一方で，商工関係の租税が殖産興業の観点から軽微に止められ，商工業者に軽く農家に重い租税負担になった。そして土地に関して単一の所有者が確定し，所有者は土地を売買したり，その他自由に処理できるようになり，その意味で近代的土地所有が確立した（福島［1970］）。

3）明治新政府の殖産興業政策

　近代前期の殖産興業政策は，世界水準の資本主義的生産様式を強力に移植・創出するための政策体系と特徴づけられる。それは，旧幕営軍事工場の接収や金札の貸付等の初期の政策や工部省の設立を経て，内務省設立後に本格化した。1870（明治3）年設立の工部省による政策の力点は，鉄道業と鉱山業の官営事業に置かれた。鉄道はイギリスから資本を導入しつつ「お雇い外国人」に依存して建設が進められ，開港場と主要都市を結んで，1872年に新橋―横浜間が，74年に大阪―神戸間が開通した（永井［1990］）。鉱山業では，政府は貨幣材料獲得と輸出を目的として旧幕営・藩営の金銀銅山を中心に官収して経営した。

　その際，外国資本排除の必要から鉱山心得書（1872年），日本坑法（73年）を

4）華士族の秩禄を廃止する際に，その代替措置として支給された証書で，最初の5年間は据え置きで，満期（最長30年）になると秩禄の5〜14年分の金額が償還される。

図 5-1　富岡製糸場

出所）詳説日本史図録編集委員会編『山川　詳説日本史図録（第 5 版）』山川出版社，
　　　2011 年，207 頁より。
注）1874（明治 7）年頃の様子と思われる。

相次いで制定し，全ての鉱物を政府の専有とした上で日本人のみに「借区」を認
める「鉱山王有制」が出された（武田［1987］）。明治前期の各官庁では多数のお
雇い外国人が雇用されたが，採用元は工部省，国籍はイギリスが中心で，工部省
中心の時期は，民間産業との連携を考慮せず官業が独走したため，鉱山業等で先
進的機械技術が導入されたが，それは事業成績の速やかな向上よりも当面の財政
赤字をもたらした。そして機械導入のため，貿易収支の入超傾向も顕著になった。
　そこで，岩倉遣欧使節の経験を踏まえ，大久保利通は 1873 年に内務省を設立
して自ら内務卿に就任し，民間製造業の保護育成を通じた輸出振興・輸入防遏を
目指した。1878 年開設の駒場農学校等を通じて欧米農牧技術の導入が目指され，
富岡製糸場（74 年，図 5-1），愛知紡績所（81 年）などの官営模範工場が移管あ
るいは設立された。ただし，官営模範工場に導入された機械設備は高価で，民間
への技術伝習には一定の役割を果たしたものの，官営模範工場は赤字経営が続き，
農牧業・農産加工業ともに十分な成果を収めたとは言い難かった。また，工部省
事業も継続し，1873 年の鉄道の民設方針への転換後は，釜石鉱山の官収・開業
（74 年）や三池炭鉱の採炭本格化など，「鉄と石炭」が重視された。

4）松方財政期の経済政策

　1873（明治 6）年頃から財政・金融政策を担当した大隈重信は，積極財政と通
貨増発により殖産興業資金を供給して民業の育成と貿易収支の改善を目指した。

さらに，1877 年の西南戦争に際して戦費を捻出するため政府紙幣 2,700 万円を増発したため，米価を先頭に激しいインフレーション（銀紙格差拡大）が生じた。その結果，定額金納の地租の負担が相対的に軽くなり，農村が活況を呈する一方で政府財政は危機に陥った。インフレの原因を銀貨の不足に求めた大隈は，1880年に外債 5,000 万円を募集して一挙に不換紙幣を償却すると提案したが，政府内の対立を経て結局否定された。そこで大隈は増税，国家行政費の地方転嫁など財政整理を開始し，1881 年に内外債 5,000 万円を発行して中央銀行を設立することで，紙幣整理と兌換制度確立を達成させると提案した。大隈財政は後半期には緊縮財政へと転じたが，通貨の収縮を回避し続けた。しかし同年のいわゆる明治14 年の政変によって大隈は失脚し，松方正義が大蔵卿に就任した。

　1881 年に始まる松方財政では，通貨収縮による景気後退をいとわず漸進的に不換紙幣償却と正貨蓄積が進められた。そのための財源確保を目的に一方で緊縮財政を行い，他方で大衆課税的性格をもつ酒税を中心とした増税を進めた。そして政府監督権の強いベルギー中央銀行を参考に，資本金 1,000 万円のうち政府が半額を出資して日本銀行（日銀）を設立した。同行は 1882 年に開業したが，当初は兌換銀行券を発行しなかった。この時期の紙幣整理は財政が主に担当し，日銀は国立銀行からの積立金をもとに，1883 年の国立銀行条例改正によって営業期限を定められた国立銀行の発行済紙幣の整理を担当した。上記の政策の結果，1880 年代前半の日本経済は松方デフレといわれる深刻な不況に陥ったが，それによって貿易収支は好転し，正貨の順調な蓄積とインフレの収束を達成した。ただし，1882 年の朝鮮での壬午事変の勃発を背景に，松方は陸海軍の軍拡要求を抑制しつつも増税を財源に軍事費支出を急増させた（室山［2004］）。

　1880 年代後半からの後期松方財政では，日本銀行による銀本位制度の確立が図られ，日銀は紙幣整理の進展を待って 85 年に銀兌換銀行券を発行し，86 年に政府紙幣の銀兌換も開始した。これにより財政による通貨調節が終了して日銀が金融政策の中心に位置付けられ，財政と金融が分離の方向へ向かい始めた。とはいえ，財政政策と金融政策は政府の公債政策を媒介にして間接的な関係を保った。政府は公債を発行することで財政資金を調達し，日銀は国立銀行等に対しそれらが購入した公債を抵当に貸し出して，国内民間金融を拡大させた（神山［1995］）。当該期は世界的銀貨低落が続いていたため，銀本位制の確立は金本位国の欧米諸国への輸出面において，輸出品が相手国で割安となり有利に働いた。

　松方財政期には，殖産興業政策も大きく転換した。大隈財政末期の 1880 年に工場払下概則が制定され，官営事業の払下げが始まったが，同概則は国庫投資回収の視点から「営業費」即納，「興業費」年賦上納など厳しい条件を設定したため，払下げはほとんど進まなかった。概則を無視して企図された北海道開拓使官有物の安価な払下げは「事件」となった（末岡［2022］）。これに対し松方財政期の 1884 年に，鉱山払下げと概則廃止が決定され，それ以降は投資回収よりも事業の継続性が重視され，政商など経営能力を持つと見られる者に有利な条件で数多くの事業が払い下げられた。それに伴い工部省は 1885 年に廃止され，有力鉱山等の払下げを受けた政商は財閥へ発展する基盤を獲得した。

　大隈財政末期の 1881 年に勧業政策所管官庁として農商務省が発足したが，その財政規模は内務省時代よりも大幅に縮小し，殖産興業政策は後退した。そしてこれまでの官営事業や財政資金貸付等の「直接的」勧業政策から，共進会・農談会の開催，同業組合準則の制定（1884 年）などの民業全体を奨励する「間接的」勧業政策へ変化した（上山［1975］）。

5）19 世紀後半の金融構造

　1876（明治 9）年の国立銀行条例の改正後，全国各地で国立銀行設立が相次ぎ，これまで両替商が中心に担当した貸出・為替の業務を代位していった。そして日本銀行が設立されると，同行の下で国立銀行などが内国金融を，1880 年設立の横浜正金銀行が貿易金融を担当した。それらの金融機関についてまとめる。

　第一に，当該期の日本銀行は公債を抵当に民間貸出を拡大したが，その中心は後の財閥系銀行への貸出，紡績業・織物業関係の手形の再割引，横浜正金銀行を含む製糸業関係の銀行への貸出であり，戦略的産業部門に関連する銀行への積極的な貸出を行った。ただし産業金融における日本銀行の地位については，その役割を強調する見解と，大阪などの手形割引市場における民間金融機関の取引高の比重の高さを根拠として，自生的な金融市場の生成を重視し日本銀行の役割の限界性を主張する見解がある（石井［1999］：靎見［1991］）。

　第二に，当時の国立銀行は自前の銀行券をもとに貸出を行う金貸会社的存在であった。近代的銀行は社会的蓄積である預金をもとに貸出を行う点で，個人的蓄積を貸出原資とする両替商に機能面で優越するが，当該期はその状態に達しなかった。ただし，三井銀行など後の 5 大銀行を中心に預金銀行化は次第に進んだ

（石井［1999］［2007］）。

　第三に，銀行類似会社と呼ばれる当時の地方中小金融機関が 1870 年代末頃から長野・新潟・山梨の諸県を中心に急増し，数の上では国立・私立銀行を圧倒した（朝倉［1961］）。その実態は不明な点が多いが，近世以来の村内上層農民による金融や講なども根強く存続する中で，それらを前身として銀行類似会社が作られており，地方の村落等の金融を担当したと考えられる（岩間［2022］）。なお，この他に郵便貯金制度も導入されたが，当初は富裕層の利用が中心で，大衆的な少額貯蓄制度として普及したのは，20 世紀初頭以降となった（田中［2018］）。

　当該期の金融の特徴として為替のネットワークと株式抵当金融も重要である。19 世紀末までに普通銀行となった諸銀行や銀行類似会社は，相互にコルレスポンデンス契約[5]を結んで全国的な為替網を形成し，当時の株式分割払込制度を前提に，国立銀行等は全額が払い込まれていない会社の株式を抵当に貸出を行い，借主はそれにより株式の追加払込を行った。そして銀行は会社に迂回した金融を行い，資本市場の未発達な当該期における産業企業の成長を支えた。

　1860 年代に外国銀行の進出が欧米商社の日本進出を活発化させたのに対し，80 年に設立された横浜正金銀行が貿易金融における対外自立の役割を担った。1859（安政 6）年に自由貿易が開始されて数年の間，外商は自分の船に洋銀を積んで来日したが，63（文久 3）年以降オリエンタル銀行など外国銀行が相次いで横浜に支店を設置し，外商に対して商品の仕入れ資金の提供や外国為替の取り組みを行い始めた。しかし，1873 年に始まった世界的な銀価低落はこれら外国銀行の予想を上回り長期化したため，金貨圏のヨーロッパと銀貨圏のアジアにまたがる取引を展開していた彼らの経営は，70 年代末頃から悪化した。

　1870 年代末は政府財政の準備金から三井物産などへ直接に外国為替資金が貸与されていたが，横浜正金銀行が 1880 年 2 月に設立され，同年 10 月以降，準備金から融資を受けて日本人貿易商への外国為替取組を行った。すなわち，政府供給紙幣を用いて日本商人から為替手形を買い取り，ニューヨーク・ロンドンなどの出張所で代金を取り立て，その外国貨幣を政府へ返済した。しかし直輸出は期待したほどの成果を上げず，同行が多くの国立銀行を通じて行った生糸関係の貸出もこの時期は不良化した。

　5）銀行が銀行間の為替取引を行うために，他銀行とあらかじめ条件を定めて結ぶ取引契約のこと。

　その後，同行は松方財政期の 1882 年頃から経営改革を行って不良債権を減少させるとともに，正貨蓄積がより重視されたことを背景として 1883 年から外国人への為替取組を開始した。これは外国銀行の経営悪化に悩んでいた外商に歓迎され，以後横浜正金銀行は外国為替取組におけるシェアを急速に伸ばした。以上の経緯は直輸出政策の後退をも意味し，1889 年には直輸出為替取組が廃止されて直輸出保護は終了した。一方，横浜正金銀行は政府準備金の廃止に伴い，資金源を日本銀行からの低利融資に転換させつつ，特定の貿易商社の支援を行うなど貿易金融機関として発展した（石井 [1999]：白鳥 [2021]）。

2　商業的農業の進展と百姓生活

1)「地方の時代」としての 19 世紀

　19 世紀は「地方の時代」と呼ばれることが多い。各地で商品生産が進展し，地域市場が形成され，18 世紀に大きな力をもった三都商人に代わって，地方の商人が活躍するに至った状況を示している。ただし，それを中央＝領主的商品経済と地方＝農民的商品経済と位置付け，領主的商品経済に対抗する農民的商品経済の発展がみられた時期と単純に位置付けるのも問題がある。ここでの中央と地方の対抗には，幕府と藩という領主的商品経済内部での中央と地方の対抗の側面と，三都を中心とする中央市場経由の商品流通と三都を通さない地域内・地域間の商品流通の対抗の側面の 2 つが重なり，複雑な様相を示した。

　すなわち，19 世紀前半の有力諸藩は，幕府に対抗して自立した領域経済圏を作ろうとする一方で，藩財政収入増大のために，藩専売制のもとで藩御用商人を保護して特産物を中央市場へ移出し，中央市場との結び付きを 18 世紀以上に強めた。その一方で，18 世紀を通して進められた幕府による商人の組織化で，株仲間＝特権商人が広範に形成されたことへの反発から，19 世紀前半には，仲間外商人や生産者を中心に特権商人による独占的高価格の設定などへの大規模な闘争（国訴）が行われ，特に上方では株仲間＝特権商人の地位は大きく揺らぎ始めた。そのなかで，特権商人も幕府・藩の御用を引き受けるのみでなく，三都を通さない地域内・地域間の商品流通に参入し，逆にそうした商品流通を拡大させる方向も見せた。特権商人にとって，幕府・藩への御用金負担はかなり重く，それを補う資金蓄積を進めるには，非特権的な商品流通に進出せざるを得ず，特権勢

■ 解説 II-5

農村工業化とファッション

　幕末開港後，輸入額の過半を占めたのは毛織物（43.8％）をはじめ綿織物（35.8％）や綿糸（6.6％）といった繊維製品であった（比率は1865年，『横浜市史』）。横浜開港が，金巾（白木綿）・更紗（染木綿）・唐桟（縞木綿）・羅紗（毛織物）・呉呂服倫（同）など，幕末期にかけて旺盛となっていた舶来織物に対する庶民層の潜在的需要をいっきょに国内市場の表舞台に押し出したからであった。興味を引くのは，当時の日本で絹織物や綿糸は自給商品であったが，それまでまったく国内生産されていなかった毛織物を第1位とする繊維3品目が輸入上位であったことの歴史的含意である。

　あらかじめ補足しておくが，輸入毛織物は防寒や洋装用として需要されたものではなかった。それは，伝統的な和装ファッションに鮮明で華やかなアクセントを加飾する新たなテキスタイルとして，しかも着物の多色鮮明化と軽量カジュアル化を支持し始めた幕末庶民に歓迎され，速やかに受容されたものであった。国内市場に本格的に流入した呉呂をはじめ，それに続いて輸入量が増大するイタリアンクロスやモスリン（唐縮緬，メリンス）などのより平滑軽量な毛織物類は，中ないし下級絹織物（繻子・縮緬・博多織やそれらの綿糸交織物）と競合しながら流行した。そして，輸入綿織物（金巾・更紗・綿天鵞絨など）のほうは国産木綿のみならず，その品質が維持される場合には平絹・太織（銘仙）・八丈などの下級絹織物と競合し，おもに女性小袖（上衣や下着，襦袢）およびその部分装飾用に欠かせない掛襟・袖口や半襟・裏地などに多用された。輸入当初から，舶来織物類はファッション性と流行性を色濃く帯びた庶民向け商品であった。

　輸入毛織物のなかでも開港直後から庶民需要が集中したのが，繊度均質な細番手の羊毛糸を用いて生産された梳毛絨（worsted）の呉呂である。それまで羽織地や火事装束用として人気があった厚手の紡毛絨（woolen）の羅紗よりも平滑軽量で，しかも毛織物特有の鮮やかさに加えなめらかな光沢としなやかな質感がもち味であった呉呂は，女性用の帯地としてとりわけ愛用された。一方，輸入綿織物のうち，ヨーロッパ製の白金巾（キャラコ）とその捺染製品である更紗，そして縞木綿の唐桟は，織物組織・配色・軽量平滑性の点において国産品よりも格段に高品質で，木綿製品なのに平絹や太織・八丈・紬などの下級絹織物の品質水準に匹敵するほどであった。横浜開港を契機に，これらの輸入織物は幕末期に成長しつつあった流行市場の内部に潜在していた熱烈な庶民需要に即応するものとして大量に日本市場に流入し，顕在化する流行市場に不断のダイナミズムを与えていったのである。

　開港前後の国内市場の動向を理解する上で欠かせないのは，幕末期にかけて発布された幕府の奢侈禁止令や諸藩の倹約令の背後で着実に進んでいた，絹織物の低品質化と木綿の高品質化という興味ぶかい製品ベクトルである。織物市場の趨勢が中・下級品へと

シフトするなかで，低価格化した絹織物に手が届くようになった幕末庶民は都市的なファッションへの関心を高揚させ，日常生活においても木綿の上級軽量品を身にまとい流行を追随するようになっていた。開港するやイギリス製の機械紡績糸が大量に輸入されるのも，それまでの太く不均質な手紡糸では平滑軽快な流行木綿を生産するのに大きな制約があったからである。

　注目しておきたいのは，開港以前から進行していた絹織物の低品質化と木綿の高品質化が手織り＝手工業段階にあった日本の在来織物業の製品革新のトリガーとなって，農村工業化をさらに促進させた点である。原料生糸の品質を落とし低品質化した絹織物と，それとは逆に原料綿糸の品質を上げ高品質化した綿織物（縞木綿）は，ともに染色コストの節約をはかりながら，農村経済において地機よりも品質と価格（製造原価）の相互調整パフォーマンスが良い高機の機能性を高め，問屋制経営下の緩やかな生産組織＝家内工業や小工場の製品開発やデザインの機動性と柔軟な市場対応力を引き出している。

　しかも，在来織物業の製品革新に連動・呼応した養蚕・蚕種・製糸業の発展は，北関東・甲信越・南東北地方など広範囲の農村地域での農家世帯の購買力を上昇させた。これらの地域では，幕末開港以前から舶来織物をはじめ上級木綿や絹織物類の購入事例が多く見られ，大都市の流行事情に敏感に反応する消費生活が出現している。もはや幕末にかけて，農民が日常的に着用する衣類といえども，それは流行とまったく無縁ではありえなかった。庶民のなかにも，値段が多少高くとも舶来織物や絹を購入し外出着や晴着として桐簞笥に用意しておくライフスタイルが定着し始めていた。人々は仕立てや見栄えを気にし，外出の際には他者の視線を気にすると同時に，他者の服装に強いまなざしを向けたのである。

　こうした状況は，絹の「民主化」＝大衆化が先行的に進展した欧米市場に続き，日本においても 19 世紀後半〜20 世紀前半にかけて絹織物の低品質化＝低価格化が薄地軽量化をともなって着実に進行していたことを意味する。低価格化による大衆需要の喚起は，主に女性ファッションの軽量カジュアル化に拍車をかけただけに止まらなかった。アメリカ市場のように下級絹布のみならず中級品の一部が日用品の領域にまで浸透するほどの勢いではなかったが，絹織物が全体的に低品質化するなかで絹綿交織物を含む軽量安価な新製品群が需要を獲得しモードを下支えしたヨーロッパ市場の趨勢と近似する動きを，日本も示したことになる。そこでは幕末開港が契機となって絹の大衆化が加速し，近代日本のファッション＝テキスタイル革命へとつながる実質的な勢いが顕在化していったと言えよう。

（田村　均）

【参考文献】
谷本雅之［1998］『日本における在来的経済発展と織物業——市場形成と家族経済』名古屋大学出版会
田村均［2004］『ファッションの社会経済史——在来織物業の技術革新と流行市場』日本経済評論社

力と非特権勢力または中央と地方を二項対立的に捉えるのは誤りであろう。その点を念頭に置いて，19世紀前半の商品経済の進展を考える必要がある。

　その結果として非特権的な商品流通に進出し得た特権商人層が，幕末・維新期に資金蓄積を進めて，近代以降も地方資産家として19世紀末の地方の産業化の担い手となった。三都の巨大商人には，体制の転換による近代初頭の経営危機を乗り切り，近代前期に新政府と結んで政商となったものもいたが，彼らの経営展開は，大規模ではあれ家業の多角化に止まり，19世紀末にみられた全国各地の広範な株式会社の成立にはあまり貢献しなかった。地方からの経済発展を考える場合，幕末期に多様な業種へ展開して，地方で資金蓄積を進めた豪農層と，近代前期に，地域社会振興のための政治的・経済的役割を担った地方名望家層との関連が重要となる。両者はともに地域社会の支柱となったが，それらを連続的な存在と捉えられるかが論点となろう（常松［2014］：井奥・谷本編［2018］）。

2）文政の貨幣改鋳とインフレ下の経済成長

　1818（文政元）年の貨幣改鋳で，貨幣価値は下落し，それ以降長期のインフレ状況になったとされ，そのなかで年貢以外の商品生産を進めていた百姓層の所得が上昇し，その購買力上昇に基づき国内市場が拡大したと推定されている（新保［1978］）。それを基礎に，19世紀前半に各地で都市のみでなく村落向けの商品生産も拡大したが，そこでの商品生産の進展には大きな地域差が存在した。関東では，18世紀中頃以降の貨幣経済の浸透や年貢増徴政策の影響を受けたのち，天明の飢饉を契機として借入金返済のための現金収入を求めて離村する下層百姓が急増し，以後天保期頃にかけて荒廃村落が広がった（大口［2004］）。離村した百姓らが，江戸へ流入し，その対策として寛政の改革で旧里帰農奨励令が出されたが，彼らの出身村では既に離村した百姓の耕地を上層百姓が取得しており，離村百姓が出身村に戻ることは困難であった。

　関東の荒廃村落には，二宮尊徳やその門弟らにより改革仕法が行われた村落も多かった。尊徳の仕法の特徴は，資金調達方法と貸付金の運用にあり，諸藩から荒廃村落の復興を依頼された尊徳は，年貢収納高の一定額を領主の分度と定め，それ以上の収納があった場合はそれを全て仕法資金に繰り入れ，百姓に対して無利子もしくは低利で資金を貸し付け，それで他から借り入れていた高利の貸付金の返済を行わせた。むろん，藩主や家臣が分度を守らず，改革が不徹底に終わる

ことも多かったが，尊徳の金融仕法は，百姓の都市高利貸との債務関係を清算し
て，村内の資金貸借関係に還元させることで，百姓が村内の有力民から耕地を質
に入れて資金を借り入れる質地関係が広範に展開したものの，貧窮百姓の離村を
押し止めることに一定の効果をもった（大塚［1996］：大藤［2001］）。そのなかで
1830 年代に関東村落で急速に農民層分解が進展し，農業経営のかたわら醸造
業・商業・山林経営などを兼ねる豪農地主が登場する一方で，零細な農業経営を
副業・日雇いなどで補いつつ村内に滞留する多くの下層百姓が生まれた。

　畿内村落では，18 世紀に特産物生産が各地に普及したため，先進的商品生産
地域としての地位は低下し，幕府の政策のもとで広範に形成された株仲間商人に
よる生産物の集荷規制が強化され，1810 年代には生産者としての百姓の不満は
高まっていた。特に，大坂の綿問屋が流通独占を強めて，畿内村落の生産者が勝
手に他国へ積み出すことや他国商人が摂津・河内・和泉村落で直接実綿を販売す
ることを禁じたため，大坂綿問屋と生産者である百姓および仲間外の在郷商人と
の対立は決定的となった。1823 年に摂津・河内国 786 カ村が連合して百姓によ
る他国への直接販売の自由を求めて大坂町奉行所へ訴え（国訴），その主張が認
められて大坂の綿問屋を通さない百姓の直接販売が実現した。

　実綿と並んで商業的農産物の代表であった菜種の場合も，幕府が手絞り分以外
の菜種は全て大坂へ廻送を命じて流通統制を強めたことに対し，1824 年に摂
津・河内・和泉国 1,460 カ村が連合して，絞油屋が直接油を小売できることや，
百姓が菜種を干鰯屋などへ販売することを求めて国訴を起こした（藪田［1992］）。
いったんは，村々の訴えを却下した幕府も，1832（天保 3）年には菜種油の畿内
村落での自由な販売を認めるとともに，江戸への直送も認めた。

　畿内村落で生産された低価格の菜種油を江戸へ直送して巨大消費市場江戸への
燈油供給を安定させようとした幕府の意図が背後にあったが，畿内村落での自由
な油市場の成立を認めた点で地域市場の成長につながり，実綿・菜種などの商業
的農業の進展で，畿内村落では社会的分業が進展した。例えば，1843 年の和泉
国泉郡宇多大津村では，300 軒近い家のなかで約 3 分の 1 の家が耕作地の保有や
小作地の借用をせず，主に糸稼ぎ（綿糸製造）・出稼ぎ奉公などで生計を立てて
いた。同村には年季奉公人・賃織日雇併せて 23 人を雇用する織屋も存在し，約
半数の家で家族のいずれかが織物関連の仕事に従事していた（津田［1977］）。

　そして畿内村落は，蔬菜生産とその肥料となる屎尿流通でも大坂市場と深く関

わり，大坂の天満青物市場問屋が，大坂外縁部の小市場を包摂しながら勢力維持に努める一方で，周辺村落も屎尿肥料を得るために村連合を結成して，青物問屋と組織的に取引した（荒武 [2015]）。

3）幕末期の百姓生活

　19 世紀前半の商品経済の一層の浸透により，在地村落でも百姓の購買力は高まり，多様な商品が需要されるに至った。それを衣料の面から跡付けたい。1840年代の経済調査としては，長州藩の作成した『防長風土注進案』が著名であり，西川俊作は，それと近代前期の『物産表』『農産表』を比較することで，幕末の長州藩領域の工業化の進展を示した（西川 [2013]）。そして『防長風土注進案』からは，長州藩領域の前山代宰判の各村について階層別の衣料支出状況が判明する。そこでは各村落民は，上・中・下の 3 階層に区分され，それぞれにつき衣料支出額と購入品が記載されている。そのなかで上層民は，綿布購入と綿布自家生産（原料綿購入），中層民は，綿布購入と古着購入と綿布自家生産（原料綿購入），下層民は，古着購入と綿布自家生産（原料綿購入）を行っていた（谷本 [1998]）。

　綿布購入の面では，近世後期における綿織物流通の発展が垣間見られるが，下層民は綿布を購入していなかったので，綿布購入の限界性も指摘でき，評価は難しい。むしろ着目すべきは，下層民でも古着購入が広範に見られたことで，これはこれまでの綿布自家生産中心の衣料生活からの転換を意味した。このことは，18 世紀の特産物生産の進展で生産された都市向けの織物が，都市での消費を終えて村落へ逆流入して，衣料が再生使用された可能性を意味し，都市内のみでなく，都市・村落間を含めて 19 世紀前半の日本は衣料のリサイクル社会であったと考えられる。都市から村落への古着の流入は，東北村落でも見られ，陸奥国野辺地の野村治三郎家の廻船は，19 世紀中頃に大坂・堺で木綿・古着・綿を大量に仕入れて野辺地に持ち帰って販売した（中西 [2009]）。

　村落民の購買力の上昇は，幕末開港を契機に広がった。その経済的影響として，イギリス産綿布流入による国内綿織物産地への打撃を強調する見解（ウェスタン・インパクト）と（高村 [1995]），イギリス産綿布と国産綿布との用途の違いに着目して，両者は競合せず，むしろ幕末開港によって拡大したアジアとの貿易における中国商人との対抗を強調する見解（イースタン・インパクト）がある（川勝 [1991]：籠谷 [2000]）。ただし，幕末開港によるアメリカなどへの生糸輸

出急増は，それら以上に国内村落に広く影響を与えたと思われる。新たな事業機会の到来で，生糸産地商人の開港場横浜への進出が見られ，生糸の原料繭や繭を作る蚕の卵を生産する養蚕・蚕種農家が増加し，その生産拡大により，北関東・甲信越・南東北地方などで百姓の購買力が拡大した。太平洋対岸のアメリカへの生糸貿易の急増の点で，幕末開港はパシフィック・インパクトでもあった。

　むろん 1880 年代以降横浜の生糸売込問屋の産地への支配力が強まると，養蚕農家に残された利益はかなり減少したと考えられるが，幕末開港から 1880（明治 13）年前後までの北関東・甲信越・南東北地方では，百姓の購買力の拡大をもとに舶来織物が流入して「服飾革命」とも呼べる状況が生じた。田村均は 1860 年代の北関東農村に輸入毛織物が流入した状況を検討して，大都市の流行事情が地方の農村に波及し，輸入綿布が下級絹織物と，さらに輸入毛織物が中・下級絹織物と競合したとしている（田村［2004］）。

　ここで絹織物が問題となり，生糸が輸出に向けられ，生糸を原料とした北関東の絹織物産地は原料価格高騰と原料不足に悩んだ。その対応として安価なイギリス産綿糸を使用した絹綿交織が行われ，北関東の足利では従来の絹織物よりも廉価な織物を生産して販路の拡張を図った（市川［1996］）。イギリス産輸入綿布は薄地布で，直接には厚地布の国産綿布とは競合しなかったとされるが，輸入綿布と国産綿布の価格差が大きければ，用途の違いを越えて輸入綿布購入が進んだ面もあり，また国内でも絹織物など薄地布は存在しており，薄地布の舶来織物は，国産絹織物と競合する面もあった。

4）地租改正と近代前期の農村

　明治新政府による地租改正で，日本農業と土地所有のあり方は大きく転換し，土地に単一の所有者が確定して，土地所有権が物権として確定した。ただし，近世初頭の検地と異なり，耕作者ではなく土地保有者にそのまま所有権が認められ，近世期から存在していた質地地主―小作関係は，近代以降も地主―小作関係として継続された。ただし，近世社会では質地請戻し慣行などが存在し，質入れ・質流れした土地を取得した地主の土地処分権は完全には確立していなかったため，所有者が自由な土地処分権を獲得したことは大きな転換であった。それは同時に，耕作者も土地への束縛から自由になったことを意味し，地租改正により契約に基づく近代的地主―小作関係が成立したと言える（奥田［2001］）。

　小作が地主から借りた耕地の借地料としての小作料が高率であったことは，高額に設定された地租とも併せて，前近代的な要素を土地所有関係に継続させたが，その要素は，自由民権運動・農民運動・大正デモクラシー運動などにより，議会開設・小作料減免・普通選挙実施を勝ち取ることで次第に克服される方向に向かい，最終的には，第二次世界大戦後の農地改革で前近代的要素は払拭された。

　近世社会では，地主の土地処分権は制約されたため，地主─小作関係の拡大に一定の歯止めがかかり，地租改正事業が実施された段階では，自作農が多数存在していたと考えられる。地租改正により，地租は金納と決められ，地主・自作農は，農産物を販売して現金を取得し，それで地租を納めた。そのため村落内で米を中心とする農産物売買が急速に進展して商品経済が浸透した。1870 年代後半のインフレ期は，地租が定額であったため実質地租は目減りし，地主・自作農に有利な状況であった。この時期は，大隈財政による直輸出振興策を受け，北関東では生糸直輸出に乗り出す生産者・産地商人などが登場し，農村が活況を呈した。しかし，1881（明治 14）年からの松方デフレにより，実質地租は上昇し，農産物価格の下落によって農家収入は減少したため，自作農の経営状況は悪化した。

　松方デフレは，農産物のみではなく，肥料価格の下落ももたらしたため，肥料コストの減少面では農家経営に有利であった。実際，当時の代表的商品肥料であった北海道産魚肥価格と米価との関係を見ると，松方デフレ期のなかで米価下落率が魚肥下落率を上回った時期と下回った時期があり，農家経営に有利な時期と不利な時期が生じていた（中西 [1998]）。倉庫を所有した地主・有力自作農は，米や肥料を備蓄して販売時期をずらして，こうした景気変動を緩和することができたが，中小の自作農は景気変動の影響を直接受けて，地域の地主や取引先の商人から資金を借用し，その返済が滞ると，土地を売却して返済した。その結果，松方デフレ期には地主・有力自作農や商人の土地集積が急速に進んだ。

5）「寄生地主制」の成立

　松方デフレ期の自作農層の土地喪失にともなう地主・商人への土地集積を経て，近代日本では寄生地主制が広範に成立したが，その確立時期を 1890 年代に求める見解と 1900 年代に求める見解がある。前者は，実態としての大土地所有の広範な成立を指標とし（安良城 [1990]），後者は日本資本主義との連関を重視して商品市場・資本市場での地主の役割に着目した（中村 [1979]）。地主層は，近代

日本を支える政治的・経済的基盤となったが，その背景として，1900（明治 33）年の選挙法改正による選挙権者の範囲の変更が重要である。

　近代日本では，1925（大正 14）年の普通選挙法施行以前は，一定の直接国税納入額以上を納めた男子のみに衆議院議員の選挙権が与えられ，その範囲は1890 年代には直接国税 15 円以上であった。1890 年には新潟県の千町歩地主を始め，全府県にわたって 50 町歩以上地主が広範に存在していた。直接国税の 97%を地租が占めていた当時の税制下では，選挙権者の大多数は地主で，選ばれた衆議院議員の過半数が地主もしくは農業を職業とした（安良城［1990］）。1890 年代の初期帝国議会期を支えた衆議院議員の大多数が地方の大地主であった。

　ところが地方税として導入された営業税が 1896 年に国税に移譲され，商工業者への国税の課税が強まり，所得税法も 99 年に改正されて所得税の徴収強化が図られた（石井裕晶［2012］：牛米［2017］）。さらに 1900 年の選挙法改正で，衆議院議員の選挙権の基準となる直接国税の納付額が 10 円に引き下げられ，さらにその後日露戦争の戦費を調達するために，地租以外に多様な種目の国税が新設されたため，1900 年代後半には，実態として都市有力商工業者にも選挙権が与えられた。株式会社の普及で，株式配当を主たる収入として直接国税の所得税を納めた会社役員などを含め，1900 年代後半に，政治的・経済的基盤としての地主の地位はやや低下し，代わりにブルジョアジーも政治的・経済的基盤となったと考えられる。財源としての営業税を失った市町村は，市町村税となる国税・府県税附加税の税率を弾力的に変化させたり，市町村債を利用するなどして財政収入を確保し，教育や衛生などの需要に対応した（中西［2018］）。

　こうした点から，近代日本における地主制の成立は 1890 年代に求められるが，その地主制を「寄生地主制」としてよいかは注意が必要である。資本主義との関連では，その家の主な収益源が，土地収益にあったか，あるいはそれを運用して得た利子・配当収益にあったかが，「地主のレントナー化」として論じられた（中村［1979］）。寄生地主の語感からは，生産・商業活動を全く行わず，土地収益を浪費するイメージが伴うが，当時の大地主の多くは，商業・醸造業などを兼業し，大部分の地主が土地収益を銀行預金・有価証券投資などで運用していた。

　このような資産運用は，有力商人・醸造家などにも見られ，その結果，地主を含む資産家の収益に利子・配当収入が占める地位は高まった。その意味で，商業・醸造業などの兼業をあまり行わず，土地収益に主に依存した地主も，寄生地

主ではなく地主資産家とした方が実態を反映している。商人が松方デフレ期など
に土地を取得しつつも，土地所有規模はあまり拡大させずに商業収益に主に依存
した場合は商業資産家，原料となる米や大豆を確保するため，大多数の醸造家は
耕地を所有したが，醸造収益に主に依存した場合は醸造資産家と呼べる。

　彼らが資産運用を積極的に行った結果，利子・配当収入が主な収益源となった
場合や，醸造資産家が家業を会社化して，その会社からの配当収入がその家の主
な収益源となった場合は，金融資産家と呼べる。このように，近代日本資本主義
では個人投資家の役割が重要で，それら個人投資家が比較的限られた富裕層であ
った点で資産家資本主義ともいえる（中西 [2019]）。第一次世界大戦期の資本市
場活況のなかで，地主の有価証券投資が進展し，その収益基盤が土地収益から利
子・配当収益へ転換した状況（地主のレントナー化）は（大石編著 [1985]），地
主資産家の金融資産家への転化と考えられ，近代日本資本主義の展開により，地
主資産家・商業資産家・醸造資産家の金融資産家への転換が進んだ。

3　兼業型農村工業と専業型都市工業

1）「風土産業」から在来・近代折衷産業へ

　18世紀に，自然条件の優位性に基づく特産物生産が各地で行われたが，自然
条件の規定性を積極的に活かそうとの考え方が20世紀にも登場する。例えば，
1920年代～30年代に長野県で地理教諭として，独自の「風土」思想を確立した
三澤勝衛は，昭和恐慌の打撃にあえぐ農村を巡回して，「風土産業」に基づく地
域経済の再生を提唱した（三澤 [2008]）。三澤は，大地と大気と植生の相互関係
からそれぞれの地域の風土が決まり，農業の適地適作と同様に，商業にも適地適
商，工業にも適地適工があり，地方産業の振興には風土性に立脚した適地適業を
起こす必要があるとした。前工業化時代は自然や気候の制約を受けて適地適作の
農業が展開し，それに立脚した農産加工業が発達したと考えられる（井奥
[2006]）。しかし，幕末開港以降に欧米で展開した近代技術が日本へ移植される
と，風土性の制約が近代輸送・生産技術により突破され始め，諸産業の生産形態
に大きな変化が生じた。その歴史的評価には2つの見解がある。

　1つは，近代日本では機械制大工業のような近代生産技術が綿紡績業などの都
市工業へ普及した一方で，問屋制家内工業に立脚した農村工業が広範に存在し，

それは近代技術の普及の遅れではなく，問屋制工業の有利性が働く社会環境が近代日本の農村にあったとする見解である（中村［1985］）。そして，近世来の経営システムに立脚して中小経営で成長する農村工業が都市近代工業とは別の発展経路（在来的経済発展）として存在していたとされた（谷本［1998］）。なお日本の国内市場の長期にわたる拡大が質的に異なる生産システムを併存させ，中小経営の成長を支えたとの見解もある（宮地［2008］）。

　もう 1 つは，近世来の農村工業の近代日本における成長を認めつつも，こうした在来産業の成長は，近代技術に立脚した移植産業との相互補完によるとする見解である（中岡［2006］）。例えば，近世来の金属加工・陶漆器・家具などの手工業的産業が，近代の新たな工業素材を取り込みつつ多品種少量生産に適する家内工業として展開したこと，在来織物業における力織機の発明は，移植技術により生産された高品質の綿糸を原料とすることで可能となったことなどが指摘される。近代移植産業の代表例とされる綿紡績業でも，当初は，イギリスの紡績機械を導入しても日本産棉花の紡糸には不向きであり，その後日本国内でそれを克服する試行錯誤が続けられ，最終的にイギリスの紡績機械での紡糸に適した棉花を輸入し，その棉花に最適の太さの糸を紡ぐことで綿紡績業が軌道に乗った。

　近代日本の諸産業は，近世来の技術・生産システムに近代的技術・生産システムを組み込むことで，定着した折衷型の産業が多かったといえる（鈴木［1996］）。むろん，近代期に近代技術に立脚して新たに勃興した産業も存在したが，近代前期の主要製造工業は，醸造業・製糸業・綿紡績業・織物業・肥料加工業で，肥料加工業の大部分は魚肥加工業であり，ほぼ全てが近世来の産業であった（表5-2）。それら近世来の産業には多かれ少なかれ機械の導入や原料の品質などで近代的諸要素が取り込まれ，在来・近代折衷産業となった（佐々木［2006］）。

　ただし生産形態では，農村工業と都市工業では大きく異なった。農村工業が，農家副業や農閑期の労働力に立脚して農業などとの連関が強く，経営者そのものにも農業・商業との兼業的要素が強かったのに対し，都市工業の綿紡績業・造船業・人造肥料製造業では，多数の出資による株式会社形態で主に生産が行われており，そこでの労働者も副業ではなく主に専業として働いた。こうした相違は，都市と農村の社会的分業のあり方を特徴付けており，その点に着目して主要製造業の 19 世紀の展開を以下で概観する。

表 5-2　近代前期主要製造工業生産額（当年価格）

(単位：10 万円)

年	食料品						繊　維								化　学		その他
	合計	内	清酒	内	醬油類	内	菓子	合計	内	生糸	内	綿糸	内	綿布	内	絹布	合計	内	肥料	とも合計
1874	597	198	71	77	408	61	12	105	55	297	100	1,594
1877	691	214	92	106	406	93	10	100	31	413	150	1,908
1880	1,148	498	119	144	949	203	15	217	130	680	339	3,405
1883	1,102	471	107	126	761	163	42	209	54	406	160	2,844
1886	1,220	368	108	209	1,032	277	47	163	163	436	157	3,182
1889	1,537	574	125	217	1,854	360	176	495	160	527	191	4,598
1892	1,665	575	129	253	2,207	483	361	399	235	642	223	5,274
1895	2,190	790	173	335	3,707	804	583	623	525	835	252	7,841
1898	3,953	1,483	241	736	4,188	777	724	624	776	1,097	326	10,894
1901	4,632	1,843	258	880	4,001	897	746	499	769	1,300	294	12,103
1904	4,709	1,492	328	775	3,811	1,036	779	518	570	1,567	409	12,641
1907	6,722	1,992	404	1,480	6,085	1,549	1,200	1,036	946	2,194	427	18,971

出所）篠原三代平編『長期経済統計 10　鉱工業』東洋経済新報社，1972 年，第 1・7・14・18・24 表より作成。
注）食料品のなかで，醬油類に味噌を含めて，味噌・醬油生産額を示した。化学のなかで，肥料には，人造
肥料の他に魚肥・油粕類も含む。1874 年『府県物産表』や 1883 年からの『農商務統計表』をもとにした
推計値（出所資料では B 推計）を示している。

2）兼業型農村工業の展開

　農村工業では，表 5-2 の主要産物のうち，製糸業，綿織物業，醸造業を取り上
げる。蚕種—養蚕—製糸—織布の各工程からなる絹業の一部をなす製糸業では，
主に西陣や桐生・足利など織物産地向けの生糸生産が近世中期以降に奥州・上
州・信州などで増加したが，幕末開港後に生糸輸出が急増した。製糸業は原料部
門＝養蚕業を国内に擁しつつ輸出産業として発展し，最大の外貨獲得部門となっ
た。生産技術は従来の胴取・手挽きに加え，生産性の向上を可能にする座繰製糸
が普及し始めたが，量産化の重視は品質低下を招き粗製濫造が問題となった。生
産形態は養蚕農民が自ら製糸する家内工業の小経営が中心で，賃挽き＝問屋制家
内工業が加わり，端緒的なマニュファクチュアも一部出現した。

　明治新政府は，粗製濫造問題に対し，1873（明治 6）年に各産地と横浜の生糸
改会社設置を通じて流通規制と品質検査を試みたが，外国側からギルドであると
批判され挫折した。またフランス式鉄製器械による官営富岡製糸場を 1872 年に
開業させ，殺蛹・乾繭・選繭も含めた模範的な技術を示した。富岡や，1871 年
に政商小野組が創設したイタリア式の築地製糸場などの技術は設備資金が高額の
ため定着せず，これらと座繰製糸を折衷かつ簡易化した器械製糸が長野・山梨県
を中心として普及した（鈴木 [2009]）。「器械」は道具から機械への過渡期の産
物とされ，水力（のち汽力と併用）を原動力とする中小規模工場が急増し，先端

地域の製糸業は養蚕業と分化しつつ急速に発展した。近世来の先進地でも，東北地方などは生糸商の支配が強固なため器械製糸の普及が遅れた。

　長野県諏訪郡では器械製糸家が結社を組織して荷口を大量化し，生糸商を通さず横浜へ直接出荷した。諏訪製糸家は，輸出先の中心となったアメリカ市場が求める荷口の「斉一化」に対応すべく共同揚返場を設置して品位を改善し，また労働者＝工女を広域から募集して寄宿制による長時間労働を導入するとともに賃金支出の抑制を行い，これらをもとに経営規模を拡大した。繭の購入など運転資金の調達では地方銀行による荷為替割引に加え，横浜売込商による委託生糸の荷為替立替払い，さらに出荷生糸の一手取扱いを条件とした無担保融資＝原資金供給がなされ，有力売込商に対する横浜正金銀行などからの融資がこれを支えた（石井［1972］）。座繰製糸でも，上州などで行われた改良座繰結社あるいは生糸商による揚返及び荷造工程の集中に基づく改良座繰糸が，輸出市場で競争力を保った。他方，従来型の座繰小経営は輸出市場から駆逐され，一部は製糸を放棄して諏訪製糸業への原料繭供給地と化したが，国内市場向けと見られる零細な座繰経営はなお多数存在した（高崎経済大学附属産業研究所編［1999］：高崎経済大学地域科学研究所編［2016］）。

　綿業は，綿作―綿繰―紡糸（紡績）―織布の各工程からなるが，綿織物は近世期に大衆衣料として全国的に使用され，次第に自給生産の域を脱して商品生産化が進展した。19 世紀前半には，農家の自給用として用いられたいざり機がなお一般的であったが，足利・尾西など専業化が進んだ産地では高機が使用され，縞木綿・絣木綿など複雑な製織による製品の生産が可能になり，生産性も向上した。生産形態は織元と賃織農家の関係が軸で，織元が奉公人を雇用する経営も見られた。幕末開港後，生金巾を始め安価なイギリス製綿織物が大量に，1870 年代前半まで輸入された。当該期の所得水準の向上にともない，自家生産や古着の購入を行っていた庶民が，綿織物の購入を新たに始めたり購入量を増加させた。そのため綿布国内市場が形成・拡大し，輸入品の一部は国産の高級縞木綿などと直接競合したが，全体として輸入品増加は市場の拡大に吸収された。

　そのなかで国内の綿織物業の再編成が見られ，縞・絣木綿（後に絹綿交織物）生産地の入間や白木綿生産地の泉南などでは，在地の商人を通じて在来手紡糸に代えて安価で品質均一な輸入綿糸が導入された。特に入間では，短繊維＝太糸の在来糸に代えて細糸の輸入糸が用いられて，双子織など縞木綿の新製品が生まれ

た。さらに，在地商人が前述の丁吟など新興集散地問屋と結んで製品の販路を拡
張したことで，これらの生産地は大隈財政のインフレ期に生産を拡大し，続く松
方デフレ期に激化した生産地間の競争にも勝ち抜いた。一方で，地域外の商人か
ら繰綿（実綿から種子を取り除いたもの）を入手しての紡糸・製織という生産・
流通構造の変革が行われなかった新川（白木綿生産地）などは，競争力を喪失し
ていった。生産技術面では，バッタン機が導入されて手先の熟練の必要を低める
とともに生産性の向上と広幅物の製織を可能とした。生産形態としては松方デフ
レ期以後に問屋制家内工業が定着したが，それは農業と余業とに家族労働力の配
分を行う小農に適合的な形態であった（谷本［1998］［2000］）。

　醸造業では，酒造業と味噌・醤油醸造業が18世紀に発展し，19世紀には，各
地で酒造や味噌・醤油醸造が行われた。酒造は，原料米が重要で，米の生産力の
高かった畿内を中心とする西日本でより発達し，摂津国灘が18世紀後半以降，
技術改良に成功して急速に発展した。灘の酒は，主に江戸へ出荷され，灘の酒造
業者が船を所有して江戸へ輸送した（樽廻船）（柚木［2001］）。醤油醸造は，原
料が大豆と小麦と塩であり，その生産に適した関東ローム層で大豆・小麦生産が
拡大したため関東地方で急速に発展し，上総国野田・銚子が代表的産地となった。
関東産醤油は，主に江戸へ出荷されたが，19世紀に入り関東村落で江戸向けの
農産加工業が発達すると，関東村落での醤油需要が増大し，野田・銚子の醸造業
者が関東村落から大豆・小麦を購入するとともに関東村落へ醤油を販売し，江戸
地廻り経済圏が形成された（落合［2007］）。

　近代に入ると，酒造税が増徴され各地の中小酒造家の経営が圧迫され，愛知県
知多半島では醤油醸造へ転換する酒造家も存在したが（中西・井奥編著［2015］），
東北地方では地主兼業の酒造家が酒造改良を進めて経営を継続した（藤原
［1999］）。それに対し，関東地方では地主兼業の酒造家が駆逐され，他地域から
進出した中規模専業酒造家がやはり酒造改良を進めて産地間競争のなかで残った
（青木［2003］：上村［2014］：大豆生田編［2016］）。そして，灘・伊丹など関西の
大規模専業酒造家の地位はさらに高まった（大島［2007］：飯塚編［2021］）。

　それに対して醤油醸造は地域ごとに，薄口醤油・濃口醤油・溜醤油・白醤油な
ど品質や製法が異なり，地域的市場圏が根強く残った。そして，野田や銚子の醸
造家のように，醤油醸造に専業化して機械化を進め，機械製大工場へと展開した
大経営が存在する一方で（公益財団法人髙梨本家監修［2016］），農業と兼業しつ

つ，地域市場向けに近世来の製造方法で生産する中小経営も多数存在し，重層的な市場構成であった。その背後には，人間の味覚の好みが画一化され得ない消費特性が存在していた（林・天野編［1999］）。

3）交通インフラの整備と官業払下げ

　近代日本における移植産業の定着は，最初は主に交通インフラの整備および官営工場の設立と，お雇い外国人を利用した移植技術の吸収により進められた。交通インフラの整備は海運業の育成，道路・河川・鉄道など輸送ネットワークの整備，そして郵便・電信網の整備として進められた。また官営工場は，そこで技術を学んだ職人らが，地方へ技術を伝えた点で，産業技術面で大きな貢献をしたが，コスト意識に欠けたため赤字工場がほとんどであり，財政負担が大きく，1880年代前半の松方による緊縮財政政策のもとでその多くが民間に払い下げられた。払下げを受けた民間の担い手は，近代初頭に新政府の保護をうけつつ，御用を引き受けた「政商」らであり，まず交通インフラの整備を概観しつつ，代表的政商であった三菱・三井の近代前期の動向に触れて官業払下げの全体像をまとめる。

　開港後の欧米資本は，対日航路を開設して欧米商社の日本進出を促すとともに日本国内物資輸送へも進出した。1850年代〜60年代の造船業の技術革新は欧米諸国のアジアへの汽船による定期航路開発を促し，69年のスエズ運河開通はこの傾向を加速させた。イギリスのP＆O汽船会社は1859（安政6）年に上海—長崎間，64（元治元）年に上海—横浜間に定期航路を開設し，67（慶応3）年に上海—横浜線を開設したアメリカの太平洋郵船会社は，徐々に航路網を拡充して72（明治5）年に対日航路網をほぼ完成させた。しかし日本では，1870年代半ば以降，開港場間輸送において政府の保護を受けた日本国郵便蒸気船会社と三菱商会が圧倒的優位を築いた。

　1872年設立の郵便蒸気船は大蔵省の管理・保護を受け，開港場間航路を開設して貢米輸送等に従事した。三菱商会を設立した岩崎弥太郎は土佐（高知）藩の出身で，1870年に回漕業を開き，74年の台湾出兵に際して政府に積極的に協力した。それを契機に岩崎家への保護政策が始まり，75年に政府は三菱に年25万円の補助金と，同年経営不振によって解散した郵便蒸気船の汽船を含む政府所有汽船を下付することを決めた。三菱は同年2月に上海航路を開設して太平洋郵船と競争し，10月に太平洋郵船を上海航路から撤退させ，横浜—長崎間などの開

港場間航路も三菱（郵便汽船三菱会社）が掌握した。さらに，1876 年 2 月に P ＆ O 汽船が上海—横浜間に新線を設けて三菱との競争を開始したが 7 月にやはり撤退した。以後 1870 年代末にかけて三菱は京浜・阪神・北海道地域を結ぶ沿岸長距離航路を中心に航路を拡充し，沿岸海運における日本汽船の外国汽船に対する圧倒的優位を確立させた（小風［1995］）。

　明治新政府が，河川・道路建設へも多額の投資をし，宮城県の野蒜築港，新潟港の修築，東北諸県の県境を越える新道開削など比較的開発の遅れた地域の輸送インフラの整備を進めた。こうした府県土木事業は，地元負担に加えて国庫補助金でも行われ，明治新政府は，農村部から地租を収奪するのみではなく，地方への財政的支援も行った（長妻［2001］）。通信網では，1872 年に官営郵便のネットワークが主要都市にめぐらされ，飛脚業者は陸運元会社のもとに再組織化され，75 年に内国通運会社（現在の日本通運）が設立された。電信網も 1873 年に東京—長崎間が全通し，80 年までに主要地間が結ばれた。

　1880 年になると，国内海運網を独占した三菱は高運賃を設定したが，それへの批判が強まり，81 年の政変後は，政府の海運政策は三菱一社の保護よりも競争による海運市場の拡大へと変化した。そして資本金 600 万円のうち政府出資が 260 万円を占める半官半民の共同運輸会社が 1882 年に設立された。三菱と共同運輸は運賃引下げを中心に激しい競争を展開し，ともに経営が悪化したため 1885 年に三菱の海運部門と共同運輸が合併して日本郵船会社が成立した。そのため海運業は三菱の直営から離れたが，三菱＝岩崎家は日本郵船の大株主となった。三菱は，もともと積荷に対する荷為替金融を行っており，金融業へも進出し，保険会社を設立するとともに，1881 年に高島炭鉱を買収して本格的に鉱山業へ進出した。さらに三菱は，1884 年に官営長崎造船所の貸下げ（87 年払下げ）を受け，金融業・倉庫業・不動産業・鉱山業・造船業などへ多角化した。

　幕末には両替店・呉服店ともに不振に陥っていた三井は，新政府成立後に呉服店を直営事業から分離する一方で，諸官庁・府県等から無利子の官金預金を一定期間運用できる官金取扱業務（為替方）を受命した。同じく為替方となった小野家・島田家が 1874 年のいわゆる官金抵当増額令で破綻したのに対し，三井家はそれをオリエンタル銀行からの融資で乗り切り，76 年に資本金 200 万円の三井銀行を開業した。もっとも同行は，三井組の巨額の滞貸を引き継いで発足したため，当初は預かった官金をもとに保有した公債の償還益等による滞貸償却に努め

た（石井［1999］：粕谷［2002］）。それでも，国立銀行の不振や小野組・島田組破産による全国的な金融梗塞状況を改善することには寄与した。

　また三井家は，国産方を設けて米穀を始めとする国内産品の取引も行った。地租改正により各地で米の換金が必要となり，各地の米の販売と消費地への輸送を三井国産方は引き受け，この業務は1876年設立の三井物産会社へ引き継がれた。同社は，政府の輸出振興政策に対応して，正貨の吸収を目的に政府米輸出を担当し，地租納入に際しても農民に「貢米荷為替」を取り組んでその円滑化を推進した。さらに，三井物産は，官営三池炭鉱産出炭の一手販売権を得て巨利を獲得し，運賃をめぐって三菱と対立した際には，1880年に三井系海運会社（東京風帆船会社）を設立して三菱と競争した。東京風帆船は1882年に越中風帆船会社・北海道運輸会社と合併して共同運輸となり，それが三菱との激しい競争の後に，85年に日本郵船の設立に至った。その後三井家は，1888年に官営三池炭鉱の払下げを受け，三井財閥の三本柱（銀行・商業・鉱山業）の原型が完成した。

　一方三菱は，海運部門が前述のように共同運輸と合併して日本郵船が設立したため三菱の事業から分離したが，銀行部・売炭部・鉱山部を1890年代後半に設立し，官営長崎造船所の払下げを受けて設立された造船部も合わせて，銀行・商業・鉱山業・造船業を柱に三菱財閥を形成した（武田・関口［2020］）。

　表5-3を見よう。官営工場・官営鉱山の払下げのうち，三菱・三井には，最終的に，高島炭鉱・長崎造船所・三池炭鉱・佐渡金山・生野銀山など資産価値の大きいものが払い下げられ，それらは三菱財閥・三井財閥の中核企業へと成長した。それ以外に，摂綿篤製造所が浅野総一郎へ，小坂銀山が久原庄三郎へ，院内銀山・阿仁銅山が古河市兵衛へ，兵庫造船所が川崎正蔵へ払い下げられ，後のそれらの財閥の中核企業となった（小林［1977］）。

　これらの財閥は三井・三菱より企業グループ規模が小さく，金融業への展開が遅れたため，第一次世界大戦期の好況で企業規模を拡大したものの，1920（大正9）年恐慌の打撃で20年代に低迷し，三井・三菱に住友も加えた3大財閥とそれ以外の財閥との格差は歴然としていた。なお住友は，近世期にすでに幕府から委託された別子銅山の経営を行っており，近代に入っても明治新政府から別子銅山鉱区を借用して経営していたため，表5-3には登場しない。しかし，別子銅山事業に加え，近代期に倉庫・銀行業へ進出し，銅加工の金属工業へも多角化することで住友財閥を形成した（下谷監修［2020］：佐藤［2022］）。

表 5-3　主要官営事業の払下げ（1874〜96 年）

（投資額・評価額・払下価格の単位：千円）

払下年月	物件	投資額	評価額	払下価格	払受人	その後
1874 年 11 月	高島炭鉱	[394]		550	後藤象二郎	1881 年に三菱取得，後に三菱鉱業
1882 年 6 月	広島紡績所	[54]		13	広島綿糸紡績会社	1902 年に海塚紡績所
1884 年 1 月	油戸炭鉱	49	17	28	白勢成煕	1896 年に三菱取得，後に三菱鉱業
7 月	中小坂鉄山	86	24	29	坂本弥八ほか	廃止
7 月	摂綿篤製造所	102	68	62	浅野総一郎	浅野セメント（後に日本セメント）
7 月	深川白煉化石			12	西村勝三	品川白煉瓦
8 月	小坂銀山	547	192	274	久原庄三郎	同和鉱業
12 月	院内銀山	703	73	109	古河市兵衛	古河鉱業
1885 年 3 月	阿仁銅山	1,673	241	338	古河市兵衛	古河鉱業
5 月	品川硝子	294	66	80	西村勝三・磯部栄一	1892 年に廃止
6 月	大葛・真金山	150	99	117	阿部潜	1888 年に三菱取得，後に三菱金属鉱業
1886 年 11 月	愛知紡績所	58			篠田直方	1896 年に焼失
12 月	札幌麦酒醸造所			28	大倉喜八郎	1887 年に札幌麦酒（後にサッポロビール）
1887 年 5 月	新町紡績所	139		141	三井	浅羽靖が取得，後に鐘淵紡績
6 月	長崎造船所	1,131	459	459	三菱	三菱重工業
7 月	兵庫造船所	816	320	188	川崎正蔵	川崎重工業
12 月	釜石鉄山	2,377	733	13	田中長兵衛	1924 年に釜石鉱山，後に新日本製鉄
1888 年 1 月	三田農具製作所			34	子安峻ほか	東京機械製造，後に東京機械製作所
8 月	三池炭鉱	757	449	4,590	佐々木八郎	1889 年に三井取得，後に三井鉱山
1889 年 11 月	幌内炭鉱・鉄道	[2,292]		352	北海道炭礦鉄道	1899 年に三井系列，後に北海道炭礦汽船
1890 年 3 月	紋鼈製糖所	[258]		1	伊達邦成	1895 年に札幌製糖，96 年に解散
1893 年 9 月	富岡製糸場	[310]		121	三井	1902 年に原合名が取得，後に片倉工業
1896 年 9 月	佐渡金山・生野銀山	3,180	1,412	2,561	三菱	三菱金属鉱業

出所）小林正彬『日本の工業化と官業払下げ』東洋経済新報社，1977 年，138-139 頁より作成。

注）投資額は 1885 年末時点の官業投資額，評価額は 85 年 6 月末時点の財産評価額，その後の会社名などを示した。深川白煉化石の投資額・評価額は摂綿篤製造所に合算。投資額のうち括弧内は，払下げ時点までの投資額。投資額・払下価格のいずれかが 1 万円以上の物件を示した。

4）専業型都市工業の展開

　都市工業では，表 5-2 で挙げられた主要産物のうち，綿糸紡績業を取り上げ，前述の官業払下げで近代期に都市工業として成長した造船業，および移植技術で近代期に始まった人造肥料製造業を取り上げる。綿糸紡績業は，開港後の綿織物業の輸入綿糸導入によって輸入圧力が深刻化し，それへの対抗手段は機械紡績工場の建設であり，1867（慶応 3）年に薩摩藩が操業開始した鹿児島紡績所では，イギリスから紡績機械一式を購入し蒸気機関を利用した。短繊維の日本・中国棉花と精紡機の不適合などから能率は低かったが，太糸の生産に成功した。その分工場として 1870（明治 3）年に開業した堺紡績所は，より生産性の高い精紡機を

導入したが，前紡工程の能力が伴わず低能率は改善されなかった。両所及び 1873 年に東京で開業した鹿島紡績所を始祖三紡績と呼ぶ。

　殖産興業期には，棉作振興と結合した紡績業育成による輸入糸への対抗及び士族授産や地域振興という目論みで，愛知・広島紡績所など二千錘規模の水車動力工場が建設された。次に政府は二千錘規模の工場設備を無利息十カ年賦で払い下げ，これに応じた「十基紡」が成立した（1 つは開業に至らず）。その他を含め 1880～85 年に開業した 17 紡績所を二千錘紡績と呼ぶ。これらは錘数の少なさ，水車動力の能力の限界と水車利用のために工場立地が川沿いに限定されたこと，技術者の欠乏，資金調達力の限界などから概して不振であったが，操業は続けて市場に綿糸を供給し，移植産業である機械制紡績業が日本に定着する際に，解決すべき課題を示した（高村［1995］：中岡［2006］）。

　1883 年に開業した大阪紡績会社の成功は，近代紡績業定着の契機となった。同社は渋沢栄一の主唱により華族・政商・大都市商人を結集して資本金 25 万円で発足した。短繊維棉に適応可能な機械を国際水準に近い 1 万 500 錘という規模で備え，イギリスで実地研修した山辺丈夫を技術面の指導者とした。動力としては当初予定の水力を変更して蒸気機関としたが，その結果立地の制約が緩和されて大阪に工場を建設することができた。そして原料の安価な中国棉花への切替えと，女子で操作可能なリング精紡機の導入と，低賃金の若年女子労働力の昼夜二交代制労働に基づく設備稼働率の上昇によって高利益を上げ，それを優先的に配当に回して増資と設備拡大をなし得た。

　創業期の大阪紡績会社の製品は国内綿糸市場拡大にともない綿糸輸入も増加するなかで，主に手紡糸や臥雲辰致が発明した在来技術の改良によるガラ紡糸と競争した。その後，国産綿糸の生産が輸入を上回った 1889～90 年頃から輸入品の駆逐が進んだ。1886 年以降の企業勃興期には，株式会社制度を採用し 1 万錘規模で蒸気機関を用い，大都市に立地して中国棉花を利用する紡績会社が多数設立され，綿糸紡績業は産業革命を主導した（高村［1971］）。渋沢栄一は，大阪紡績会社以外にも多くの会社設立に関わり，自ら出資し，金融機関からの借入のための担保としての株式を貸与したり，出資者仲間の連帯保証人を引き受けたりして，多様な形態の資金と信用の供与を行った。こうした渋沢が創出した出資者経営者のシステムは，財閥家族の封鎖的株式所有を前提とする前述の財閥とは異なるが，企業勃興期の会社設立に大きな役割を果たした（島田［2007］）。

　造船業では，19 世紀前半の和船建造は，運航費が相対的に安く特殊な木材を必要としない棚板構造の弁財船にほぼ統一されていた。その後洋式帆船の建造が始まり，ペリー来航により蒸気軍艦の脅威が明白となると，幕府を中心に汽船建造が志向され，長崎製鉄所が 1861（文久元）年に建設された。1866 年には，同所製の蒸気機関を石川島の造船所で製作された船体に据え付けた初の国産軍艦「千代田形」が完成した。1864（元治元）年に幕府とフランス公使ロッシュとの協議で横須賀製鉄所の建設が決まり，翌年横浜の分工場が同所の資材製作などを目的に操業を始めた。両製鉄所は明治新政府に引き継がれ，加賀藩の兵庫製作所を買収した兵庫造船所とともに工部省所管となり長崎造船所・横須賀造船所と改称した（後者は 1872 年に海軍に移管）（鈴木［2009］）。

　汽船の来航の増加による修理の需要拡大を背景に，1871 年に横須賀で，79 年に長崎で船渠が完成し，イギリス人キルビーが経営する神戸鉄工所は 83 年に長浜—大津間の鉄道連絡輸送のための大型快速船を，ハンターの大阪鉄工所は 90 年に画期的低価格の「球磨川丸」を建造した。また官営工場も含め外国人技術者による指導は，在来技術を持つ船大工など日本人職工を洋式造船・機械工業の熟練工へ育てた。しかし政府は外国人経営に対し抑圧的で，それとの関連は不明確であるがキルビーが 1883 年に自殺すると，神戸鉄工所は海軍に引き継がれて小野浜造船所となった。長崎・兵庫造船所は各々 1884 年三菱，86 年川崎正蔵への貸下げを経て 87 年両者に払下げられ，前者が 90 年に三連成機関を採用した鋼船「筑後川丸」を建造するなど，石川島造船所・大阪鉄工所とともに汽船建造の中心となった。ただし，船舶修理や諸機械製作の比重が大きく，主要汽船は 1896 年に造船奨励法と航海奨励法が制定されるまでは輸入に依存した（鈴木［1996］：中岡［2006］）。汽船と異なる技術体系を持つ和船の建造は根強く存続し，和洋折衷の「合の子船」が国内海運の主役であった。

　表 5-2 では化学工業の分類に肥料が入っているが，肥料には近世来の魚肥や米糠の他に輸入品でもあった大豆粕や近代移植技術で製造された人造肥料（化学肥料）も含まれた。そのうち都市工業として近代期に成立したのは人造肥料工業であった。魚肥は肥料の主要な成分である窒素分と燐酸分をバランスよく含んでおり，それのみで多様な作物に使用できるため近世期からかなり普及した。大豆粕は燐酸分の含有率が少なかったが，成分基準単価で魚肥より安価であったため，窒素分を主に必要とする桑畑などにまず使用され，人造肥料で燐酸肥料が製造さ

れるようになるとそれと併用してさまざまな作物に使用された。そこで人造肥料工業は，まず燐酸肥料の製造から開始された（市川 [2003]）。

　日本で最初に本格的な燐酸肥料（過燐酸石灰）製造を行ったのは，1888 年設立の東京人造肥料会社であった。過燐酸石灰は，燐酸分の少ない土壌で使用され，火山灰土・開墾地の広がる北関東・福島県地方で普及した。畿内でも兵庫県別府の肥料商多木家が 1884 年に獣骨利用の燐酸肥料製造を開始し，93 年に工場を拡張して本格的に生産を拡大した。その後大豆粕と併用しなくても人造肥料のみで使用できるように窒素肥料（硫安）と燐酸肥料を配合した人造肥料が製造され，例えば大阪では，大阪硫曹・大阪アルカリなど，もともと工業用薬品を製造していた会社が，1900 年前後から人造肥料需要が増大したことを受けて人造肥料製造に乗り出した。東京人造肥料や多木製肥所も含め，これら人造肥料製造諸企業は，いずれも特約販売店網を形成して販路の拡大を図った（中西 [2016]）。

5）鉱山業の展開

　鉱山業は鉱山集落という自己完結的な空間を形成する点で，農村工業とも都市工業とも異なる性質を持つ。石炭産業では 18 世紀末以降，瀬戸内地方の製塩業における鹹水（濃縮した塩水）を釜で焚き上げるための燃料用需要が増大した。生産の中心は当初は筑豊地方であったが，幕末開港後船舶・輸出用需要が急増すると開港場長崎近傍の高島・三池や肥前国松浦に移った。排水と港までの輸送距離が問題となり，地表付近に炭層のある松浦は有利，遠賀川の舟運距離の長い筑豊は不利であった。幕藩体制下では山元が領主からの請負で炭鉱を経営した。道具として掘進・採炭にはつるはしが，坑内運搬には竹籠が用いられた。農閑期の季節操業に止まる零細炭鉱が多かったが，多数の鉱夫を使役し通年採炭を行う大規模炭鉱も存在した（隅谷 [1968]）。

　明治新政府は 1872（明治 5）年に鉱山心得書を，翌年には日本坑法を示し，土地所有と鉱区所有の分離と鉱物に対する政府の専有権，本国人主義などを定めた。同法では借区の許可基準が不明確で，かつその期限を 15 年と限定した点に民間鉱業経営を制約する面が，鉱業の出願を自由とし通洞開削を規定した点にそれを促進する面があった（武田 [1987]）。他方政府は 1873 年に三池炭鉱，翌年に高島炭鉱を官収したが，前者は事業者の紛争の解決，後者は外商との共同経営の解消が目的であり，貨幣材料取得目的の金銀銅山の官収とは事情を異にした。

■ 解説 II-6

資源循環と地域社会

　われわれの経済活動や生活において自然資源は不可欠な存在である。自然資源は，石炭・石油・金属資源などの枯渇性資源と森林や漁場などの再生可能資源に大別することができる（大気や水，土地は環境資源とも呼ばれる）。大気や水は生物の生命維持に必要な資源であり，また，森林や漁場，土地は，食料生産に欠かせない資源である。これら資源を繰り返し利用・管理する（資源循環）ことで，われわれの生活や営みは成り立っている。

　林野，水利，温泉といった再生可能資源は，地域住民の共有資源（コモンズとも呼ばれる）として利用されてきた歴史を有し，自然のサイクルに応じながら，持続的な利用が維持されていた。近世の日本社会において，農業生産に不可欠な自給肥料，薪・木材を調達する林野や用水を供給する水利等の資源利用は，村落における耕地の土地所有・利用秩序と密接な関わりをもち，住民が相互に利用していた。他にも，沿岸の漁場では伝統的な漁法に基づいた漁民による慣行や領主層の漁獲規制の下，水産資源は保全されていた。主に湯治場として利用されていた温泉地でも，温泉の自由な開発や個々の利用が原則禁止され，地域住民が利用する共同湯がひろく普及した。近世社会において「資源」は，人々の生業や生活を支える役割をもつと同時に，地域社会の諸活動を規定する存在でもあった。このような特徴をもつ近世の資源循環は，村落共同体など地域社会の社会集団が持続的な利用を維持するため重要な役割を担っていたのである。

　しかし，明治維新以降，維新政府によって新たに導入された「近代的土地所有権」制度や殖産興業政策による鉱業法制の整備といった諸政策によって，資源循環のあり様は大きく変化した。鉱工業の原料やエネルギー源として不可欠な石炭・石油，金属などの鉱物資源は，国家が利用秩序を掌握するとともに，鉱業権を付与された諸企業による開発が進展した。一方で再生可能資源の多くは，利用秩序を維持していた地域社会の関与が制限されるようになった。例えば，近世まで村落で利用していた林野が国有地となった場合，林野への立ち入りや薪・木材の採集が禁止されるなど，住民の林野利用が厳しく制限された。また，水利の利用も河川法に包摂され，旧来の資源循環のあり方は否定されてしまった。

　近代以降の制度変化に加えて，産業化（＝工業化）の進展も資源循環に大きな影響を与えた。産業化が進展する過程では，資源需要が増加し個々の資源の経済的価値が上昇

　その後，三池では竪坑・疎水道の開設を踏まえ蒸気曳揚機など機械を導入し，囚人を採炭労働の中核に据え，三井物産への委託販売で輸出を拡大した。高島は後藤象二郎に払い下げられたが外商からの負債累積で行き詰まり，1881 年岩崎弥太郎に譲渡された。三菱経営下の高島は，採炭を納屋頭に請け負わせる納屋制度に拠りつつ 1880 年代中頃まで出炭量で三池を上回ったが，以後頭打ちとなっ

した。原料・エネルギー源としての鉱物資源だけでなく，水利や温泉といった水資源の重要性も高まったのである。資源をめぐるさまざまな環境の変化は，資源利用のあり様を大きく変化させるとともに，資源循環における地域社会の役割を変化させた。ただ，資源循環において地域社会の関与が無意味になったわけではなかった。資源需要の高まりのなか，持続的な資源利用を行うためには，行政機構によって制度化された規制と共に利用者間の社会関係の存在が不可欠であった。以下では，温泉の資源循環の例を紹介しておこう。

　近代以降の温泉地は，利用客の増加と温泉利用の変化に直面した。前者は鉄道など交通機関の整備や生活水準の向上を要因とし，後者は，利用客のニーズの変化から，共同湯から内湯（旅館内の浴場）利用への変化を促した。温泉地では，利用客に提供するための温泉が大量に必要となったのである。ただ，温泉開発は簡単には進展しなかった。温泉は，短期的には枯渇する可能性がある資源であるとともに，地下で水脈がつながるなど利用者間の関係性が強いという特徴をもつ。仮に温泉の開発が進展すれば，温泉利用が不安定となってしまうのである。それぞれの温泉地では利用客が増加するなか，どのように持続的な利用を維持していくのか，温泉の開発・利用・管理といった資源循環の課題に直面した。

　多くの温泉地では，温泉を利用する旅館や地域住民など，地域社会の構成員が話し合いを行い，開発・利用のあり方を規定した規約を定めたほか，府県など行政機構が開発を制限する規則を制定し事態に対応した。例えば，利用客が急増した静岡県の熱海温泉では，旅館や住民などが設立した温泉組合が温泉の開発や利用に関わっていた。加えて1930年代以降，熱海町（後に熱海市）がいくつかの温泉を一括で管理し，旅館や住民に温泉を配給する仕組みを実現させた。この仕組みは，「集中管理」と呼ばれ，今日多くの温泉地で採用される温泉の管理方法である。地域社会に根ざしたさまざまな関係者の取り組みによって温泉の資源循環は安定している。このように，近代以降の制度変化や資源の経済的価値の高まりといった資源を取り巻く状況の変化の下，資源を有する地域社会は，多くの対立や紛争を経ながらも，持続的な資源循環を実現するための利用・管理上の工夫を行うことで対応したのである。
（高柳 友彦）

【参考文献】
高柳友彦 [2012]「地域社会における資源管理——戦間期の熱海温泉を事例に」『社会経済史学』第 73 巻 1 号
特集「「資源」利用・管理の歴史——国家・地域・共同体」[2012]『歴史学研究』893 号

た。筑豊は貝島太助・麻生太吉など地元資本を中心に，掘進・採炭は手工業的熟練に依存しつつも，排水問題を蒸気ポンプ採用で解決し，石炭借区を 1 万坪以上と定めた 1882 年の日本坑法改正にも促され，80 年代に鉱区を拡大して竪坑開削，捲揚機の導入を進めた。機械の導入は通年採炭とそれに伴う専業労働者の増加をもたらす反面，納屋制度も普及させた。1890 年代の鉄道開通による輸送問題の

解消と，鉱業出願の可否に先願主義を採用し，借区制を廃して採掘権を永久化した鉱業条例の施行（92年）は，石炭産業全般の発展を促進した。生産された石炭の需要は，1880年代には工場用など内需も拡大したが全体的には船舶・輸出用が中心で，88年の輸出税免除もこれを後押しした（隅谷［1968］）。

4　商人の活動と複層的な市場

1）藩御用商人と新興商人

　18世紀に進められた幕府による商人の組織化は，1813（文化10）年の株仲間の広範な成立で頂点を迎えたが，流通統制の強化は，藩および仲間外の商人や生産者の反発を招き，有力諸藩は，幕府に対抗して藩専売制を進めて流通過程に介入し，仲間外の商人や生産者は，国訴などで流通独占の廃止を訴えた。幕府は，民衆側の要求を背景として，天保の改革のなかで都市特権商人の流通独占権を否定して物価引き下げを図るため，1841（天保12）年に株仲間解散令を出した。しかし，株仲間解散が逆に市場の混乱を引き起こし，物価引き下げは成功せず，その後新興商人も含めた流通統制を図るため，1851（嘉永4）年に幕府は株仲間再興令を出した。再興された仲間は新興商人も加入自由で，「特権」色の弱い同業者組織となったが，なかには株仲間解散令に従わず，株仲間の特権を容認しつつ独自に流通統制を強化した藩もあった。

　つまり，諸藩では領内百姓による商品生産の展開を奨励しつつその成果を専売制という形で吸収する改革が行われた（吉永［1973］）。例えば，19世紀前半に，姫路・尾張（名古屋）・広島の諸藩で木綿，彦根藩で蚊帳，肥前（佐賀）・尾張藩で陶器，盛岡・八戸・阿波（徳島）の諸藩で塩の専売制が実施され，薩摩（鹿児島）藩は奄美大島から収奪した砂糖を大坂へ独占的に販売した。

　松前藩や加賀（金沢）藩のように藩の主要湊での移出入品に課税したり，長州（萩）藩のように主要湊を通る船舶に藩が自ら積荷担保の貸付けを行い，利益獲得を図った例もあった。また秋田藩では，18世紀末から19世紀初頭の藩の学館での教育により，実務的官僚集団が創出され，そうした教育効果が藩領内各地へ波及した。その結果，民間人から殖産論が提唱され，それを藩が取り込む形で殖産政策が実施された（金森［2011］）。

　こうした藩の改革には藩財政悪化への対応の意味があり，貨幣鋳造権をもたな

い諸藩では，幕府以上に専売制や流通課税が強力に推し進められた。その場合，貨幣の代わりに藩札が発行されて藩専売品の生産と流通の資金となり，肥前藩は藩札発行胴銀（正貨）を大坂や兵庫の銀主に預けて資金運用させ，兵庫銀主と共同経営で大坂に両替店を開設した（山形［2008］）。

　諸藩の流通統制の強化に伴い，19 世紀前半には藩御用商人が活躍した。例えば，加賀藩では領主米の大坂への廻送を 18 世紀は上方の船主に依存したが，19 世紀は地元の船主が担った。領主米輸送を担った地元の御用船主は買積経営へも進出し，多様な商品を扱うとともに，幕末・維新期に北海道へも進出した。阿波藩でも，19 世紀に入ると江戸への藍の売り込みを藩が積極的に支援し，それを背景に藍屋三木家が 18 世紀末から 19 世紀初頭に江戸・姫路に店を設けて藍を販売した。徳島―江戸間では三木家は阿波藩の公金為替を引き受け，阿波藩の有力廻船業者の山西家と共同出資で船も所有した（天野［1986］）。

　山西家は，廻船業者として藩専売品の藍・塩・白砂糖の輸送・販売とともに，民間商品である魚肥・米穀類も輸送・販売し，領主的商品流通と農民的商品流通を結び付ける役割を果たした。幕藩権力の及ばない商品流通も担った点で，同家は後述する新興勢力と共通性があり，封建的「特権」が廃止された近代以降も，19 世紀末まで活躍した（森本［2021］）。

　藩御用商人のなかには，小浜藩の古河家，加賀藩の銭屋のように出身藩のみでなく複数の藩の御用を引き受けて経営規模を急拡大させた者もいた。ただし，幕府や諸藩の御用に密着し過ぎた商人は，その対価としての御用金負担が多大なため資金蓄積に限界があり，資産家として近代社会にうまく継続し得た者は少なかった。また，御用商人は藩・幕府の政争にも巻き込まれやすく，銭屋は加賀藩の政争に巻き込まれて 1853 年に取り潰された。

　その一方，幕末開港により，国内市場に新たな種類の商品が大量に流入し，また新たな輸出向け商品需要が大量に生じ，19 世紀前半の商品経済の進展とこうした幕末開港のインパクトは，これまでと質の異なる遠隔地商人の登場をもたらした。まず，19 世紀中頃以降，幕府・藩権力から相対的に自立した船持商人が登場した。日本海航路では，領主の地払米（大坂・江戸へ運ぶことなく領域で販売された領主米）を上方へ運んで販売した新興の北前船主が，19 世紀中頃以降，和船所有数を増大させて北海道交易に乗り出した（中西［2009］）。太平洋航路でも，尾張国内海の廻船業者が，19 世紀になると和船所有数を増大させて瀬戸内

図 5-2 横浜生糸売込商

出所) 前掲『山川 詳説日本史図録 (第 5 版)』196 頁より。

海から江戸まで買積経営を行った (斎藤 [1994])。各地の湊の廻船問屋も, 自ら船を所有して消費地の湊へ売り込んだり, 産地の湊から買い付けたりして, 三都を通さずに産地の湊と消費地の湊が直接結ばれ, 幕藩権力の及ばない商品流通が広範に行われ始めた。この動きは, 明治維新で封建的「特権」が廃止されるとさらに促進され, 新興勢力は 1870 年代まで積極的に活躍した。

また, 幕末開港により生糸輸出が急増し, 生糸を扱う商人が急成長した (図5-2)。例えば, 武蔵国渡瀬出身の原善三郎は, 1865 (慶応元) 年に横浜に開店して生糸を外商に売り込む「売込商」を始めた。外商との折衝は苦労を伴ったが, 外貨獲得産業を育成したい新政府の支援もあり, 売込商経営は次第に安定した。旧来の三都商人もこの機を逃さず, 越後屋三井家・下村家・丁字屋小林家など, 三都の呉服・両替商が生糸を扱い始めた。ただし, 三都商人の横浜への進出は成功せず, 横浜売込商は, 前述の原や茂木惣兵衛・渋沢喜作など, 関東の産地で生糸を扱っていた商人で, 新たに横浜へ進出した商人に担われた。三都商人は, むしろ両替商として金融面で生糸取引を支えた (石井 [1984])。

2） 幕藩制的市場の解体

18 世紀の幕藩制的市場は, 領主米に特産物を含み, 中央市場としての三都に兵庫を含むことで変質しつつ拡大したが, 19 世紀に入ると大坂への物資移入量は減少に向かった。その背景には, 藩専売制の拡大のなかで, 諸藩が大坂を通さずに専売品を直接江戸へ運ぶようになり, 新興商人らが大坂を通さずに地域から地域へ直接商品を運ぶようになったことがある。

前者の側面は, それが直ちに幕藩制的市場の崩壊にはつながらず, 三都市場のなかでの江戸の地位が上昇した。19 世紀前半には, 江戸周辺地域でも農村加工業の進展が見られ, それらが江戸に移出されて, 江戸市場が上方市場から自立した経済圏としての性格を強めた (江戸地廻り経済圏) (白川部 [2001])。

　後者の側面からは，各地域が三都との結合から離れて地域的な市場を形成し，独自の地域市場間取引を展開したことが窺われ，幕藩制的市場の崩壊につながる可能性が見られた。上総国銚子で醤油醸造を営んだ濱口家は，19世紀に江戸市場向け生産を急速に拡大したが，幕末期は利根川周辺の養蚕地域の農村経済の成長を受け，その方面への醤油の販売を拡大した（井奥［2006］）。

　江戸地廻り経済は，巨大消費都市江戸の需要に応える形で，江戸と周辺村落との生産・流通関係を基軸として発展し，江戸商人の周辺村落への進出の側面をもった点で，幕藩制的市場の変質的拡大を支えた。その一方で，そうして展開した関東周辺村落での加工業は，江戸市場の需要を越えて生産拡大を果たすと，周辺村落へも販売されるに至り，周辺村落間の地域市場圏を形成した。その点で，幕藩制的市場を崩壊させる側面をももった（落合［2007］）。

　大坂でも，大坂への商品移入量の減少を直ちに幕藩制的市場の崩壊と結び付けるには留意が必要である。第一に，従来指摘された商品移入量の減少は，大坂の湊津への着荷量の減少を意味したが，大坂周辺の湊に荷揚げされた物資がそこから大坂市街に運ばれて大坂で取引された経路も存在した。幕末期大坂への主要移入品であった魚肥の場合は，荷受問屋と仲買の取り決めで，大坂の肥料仲買商は，大坂の湊津に荷揚げされた肥料は，大坂の荷受問屋を通して仕入れる約束であったが，大坂周辺の湊に荷揚げされた肥料は，それらの湊の廻船問屋から直接仕入れてもよかった。実際，和泉国貝塚の廻船問屋廣海家は，幕末期に貝塚に荷揚げされた魚肥を大坂の肥料仲買商に販売していた（石井・中西編［2006］）。

　第二に，幕末期に大坂周辺の湊に荷揚げされた商品取引の決済が，大坂の両替商宛て手形で決済されていた（石井［2007］）。このことは，金融市場としての大坂の地位は幕末期も低下しておらず，大坂市場と大坂周辺の集散地で，金融機能と物資集散機能を分担するに至ったことを意味する（松本［1967］）。幕府・諸藩は幕末期まで資金借入を主に大坂の両替商に負っており，領主金融の側面からも大坂の重要性は低下していなかったといえる。

　第三に，大坂問屋が藩専売制と結んだり，雄藩が自ら主導して諸藩の専売品を大坂へ集荷する動きが幕末期にみられ，その面で大坂への商品移入量が幕末期に拡大した可能性があった（西向［1991］：井上［1994］）。肥前藩が領内で確保した産物・資金の販売運用を大坂市場で行ったように，諸藩が藩札を媒介として上方で正貨の確保と資金調達に努めた事例は多かった（藤村［2000］）。幕藩制的市場

は，一般に想像されるほどには幕末期まで崩壊しておらず，明治維新後の廃藩置県で最終的に解体されたといえよう。

3）「政商」と近世来の商人

　明治新政府による新たな制度的枠組みは1870年代後半〜80年代に形成され，新たな事業機会を，「政商」と呼ばれる御用商人が最も有効に捕らえた。三井・三菱については前述したが，それ以外に長州藩の出身で兵部省御用達となり，土木建設業へ進出しつつ1884（明治17）年に小坂鉱山の払下げをうけて鉱山業へも進出した藤田伝三郎や，越中国出身で83年に深川セメント工場を貸し下げられ（翌年に払下げ），炭鉱業へも進出して日本郵船の高運賃に対抗するために自ら海運会社を設立した浅野総一郎などが代表的政商といえる（小林［1987]）。

　「政商」は，1870年代は互いに質の異なる「御用」を政府から受けて共存共栄を図ったが，銀行制度が形成されて官金取扱業務が減少し，独占への弊害から「政商」の活動が規制されるようになると，「政商」らは「御用」以外の部分でも積極的に国内市場へ進出し，市場構造が「政商」を軸に再編された。

　特に，商業・金融業を担った三井と輸送業を担った三菱は，三井が輸送業に乗り出し，三菱が荷為替金融に乗り出すことで正面から競争するに至った。その際，三井物産は，電信為替を利用して産地商人から集散地での販売の委託を受け，委託契約の際に委託品を担保にして資金を貸し出す荷為替金融を行い，委託品は汽船運賃積で集散地へ運び，三井物産の集散地本支店がそれを販売する取引形態で国内市場へ参入した。それは電信網・汽船網を利用した新たな取引形態であり，買積形態での輸送と荷受問屋を経由した仲買商への販売という近世来の取引形態を崩すもので，近世来の商人・輸送業者はこれに対抗した。

　三井物産の参入以前から，1870年前後に近世期の商業上の特権が廃止され，商品市場への新たな参入者が激増し，取引慣行も一時的に無視されて市場は混乱していた。そのなかから旧来の取引慣行を保持し，信用を回復すべく近世来の商人を中核に仲間的な性質を濃厚に継承した同業者の組合が，多くの業種と地域で作られた。政府も，1884年に同業組合準則を出して商工業者の組織化を追認した（藤田［1995]）。海運業者の間でも同業者の組合が設立され，太平洋海運では，菱垣・樽廻船や内海船は，近代的汽船会社に地位を奪われたが，日本海運では，近代的汽船会社の進出が遅れ，近世来の北前船主が1887年に北陸親議会を結成

して，水夫の雇用や取引慣行で共同歩調を取った。北陸親議会は，取引相手であった大阪・兵庫・徳島らの荷受問屋組合とも共同で取引慣行を決め，そこでの決定事項が瀬戸内海の他の諸港での廻船問屋との取引に援用され，結果的に近世来の取引慣行が 1890 年代にも根強く残った。

　その結果，三井物産の 1890 年代の国内市場での活動はかなり制約された。三井物産は，産地では近世来の商人の取引相手を回避して生産者と委託販売契約を結び，大阪・兵庫では三井物産支店がそれら同業組合に加盟してその取引慣行のなかで取引したが，独自の取引網を築くことは困難であり，三井物産は国内市場から次第に撤退して貿易へ経営の比重を移した。むろん三井物産は，巨大貿易商社として国内市場に影響力は持ち続けたが，三井物産の国内市場への進出で，直ちに国内市場が近代的取引形態に転換したわけではなく，19 世紀末までは，近世来の取引形態も継続していたと言えよう（中西［1998］）。

4）近代的全国市場の成立

　幕藩制的市場は，1871（明治 4）年の廃藩置県で藩が廃止されたことで最終的に解体され，近代的な市場へ移行した。幕藩制的市場と近代的市場の本質的な違いは，経済的側面での近代的諸権利である私的所有権や営業・移動の自由が，前者では市場の参加者に保障されていなかったが，後者では保障されたことである。こうした経済活動の自由度の高まりは，市場への参加者を近代期に格段に増大させ，近代技術の導入による電信為替を利用した取引形態や汽船・鉄道輸送など，大量取引・大量輸送により適合的なシステムを定着させた。その結果，取引関係の地域分断性が解消され，生産地・集散地市場間の輸送コストを越える価格差部分が縮小しつつ価格変動が全国的に連動するに至り，それとともに遠隔地間取引の利益率が平準化し，統一的な市場が形成される（小岩［2003］）。

　近代的全国市場の形成はおよそ以上の過程を辿ると考えられるが，近代日本ではそれほど単純には進まず，商品市場間の相違が大きかった。まず，近代的市場の前提となる法的整備では，1889 年の帝国憲法の発布で居住移転・営業の自由は認められたものの，輸出品を中心とした戦略産業の育成という国家的要請のため，戦略産業には同業組合の保護と規制が認められ，97 年の重要輸出品同業組合法，1900 年の重要物産同業組合法が成立した。その結果，戦略産業では賃金規制・雇用規制・価格規制・品質規制・製品検査の諸機能を有し，全同業者の同

一地域内強制加入統制力をもつ同業組合が成立した（藤田［1995］）。

　社会資本の整備では，1870 年代に郵便・電信網が，80 年代に国内定期汽船網が，90 年代に主要幹線鉄道網が整備されたが，鉄道網の整備は地域差が大きく，日本海沿岸地域はそれより遅れ，北陸地方が 19 世紀末，山陰地方が 1910 年代にずれ込んだ（老川［2008］）。鉄道の開通は，運賃低廉化，港湾との連絡設備，本線と枝線との貨車乗り入れ，運行ダイヤの整備などをともなって社会資本として十分なものとなる。その意味で本格的な鉄道網の整備は 1906〜07 年の鉄道国有化で主要民間鉄道会社（日本鉄道・九州鉄道・山陽鉄道・関西鉄道・北海道炭礦鉄道〔鉄道部門〕など）が官営となってからであった（中西［2016］）。

　電信網も 1880 年代は設置地域にやや偏りがあったが，81 年に地元住民が工事費と局舎を献納する献納置局制度が始まると急速に普及し，85 年の遠距離電報料金の大幅引き下げで経済情報の交換のための電報利用が普及した。そして 1893 年に大阪・神戸で電話交換業務が開始され，市内電話を中心として電話利用も徐々に増加した。その結果，近距離通信は主に伝言か電話，中・遠距離通信は主に郵便，そして速報性を要する場合は電報と，それぞれ利用者によって通信手段が使い分けられるようになった（藤井［1998］）。

　為替決済では手形取引所が設立されたものの，近代期の日本は，全国集中決済機構を持ちえず，東京・大阪の手形交換所と大銀行・日本銀行の支店網からなる「点と線」の決済網に止まり，地域間の金利差も 1890 年代までは大きかった（靎見［1991］）。商品取引所は，1887 年の取引所条例，93 年の取引所法をもとに，98 年までに全国各地に 184 カ所が設立されたが，名目のみのものも多く，1904 年末までに 54 カ所に整理統合された。商品取引所の扱い商品の中心は，米穀・油（石油）・肥料・塩・生糸・綿関係品が多く，先物取引の盛んな米穀や，近代期に取引が盛んとなった石油・生糸・綿糸などの取引需給に対応し，公定相場を決定して取引の基準を示した。しかし肥料の場合は，大阪などの大集散地で近世来の取引形態が強固に残っていたため，取引所の設立は失敗した。

　これらの商品の取引形態では，輸送過程が買積形態中心から運賃積形態中心に 1900 年代を画期に変化し，輸送過程での投機的な変化が抑えられ，地域間価格差が減少して価格連動性が高まった。それにより，1890 年代までの取引形態で主導権を握った問屋の地位が，1900 年代を画期に大きく後退し，電信網・交通網の整備をもとに，産地商人と集散地仲買あるいは新興問屋が直接取引して産地

から集散地まで汽船・鉄道の運賃積で商品を運ぶことで，旧来の荷受問屋を介さない流通が一般的となった。これにより何段階にもわたる取引関係の連鎖が短縮され，遠隔地間取引の主導権が，産地商人や製造業者へ次第に移り，産地ごとに品質標準化による商標確立の動きが進められた（中西［2002c］）。

　ただし，その動きは商品市場間でかなり相違があった。近世期の米のような価値尺度機能をもった基軸商品が存在しなかった近代の商品市場は，市場の成立→市場規模の拡大→他の商品に代替されて衰退という循環を，各商品市場が時期をずらしながら辿り，それらが組み合わさって全国市場を形成したため，幕藩制的市場のような統一したイメージで捉えるのは困難であった。

　領主米を基軸とし，三都を中心とする単一的な幕藩制的市場に対し，近代日本の商品市場は，複層的な市場であり，多極化していた。そして各商品市場の組み合わせのあり方は，近世社会のように排他的・固定的ではなく，かなりの部分の取引で流通の担い手に複数の流通経路の選択可能性が残され，それが複雑な商品流通機構の継続として現れた。つまり，流通の担い手が，比較的対等な立場で選択し得る多様な商品市場が存在しており，その点で近代社会は本来的な意味での市場経済社会の始まりになった。

5　消費生活と社会的危機への対応

1）天保の飢饉と百姓一揆

　19 世紀に入り，1820 年代まで大きな凶作に見舞われなかった村落社会は，18（文政元）年の貨幣改鋳を契機としたインフレ的経済成長のなかで安定した状況を保ち，教育熱も高まった結果，寺小屋が全国各地で開かれた。ところが 1833（天保 4）・36 年に異常気象から全国規模の凶作が生じ，天保の飢饉となった。ただし，寛政の改革以降に飢饉対策として各村落で救荒食物の備蓄が図られ，凶作そのものへは，天明の飢饉の際より速やかに対応し得た。しかし，18 世紀末以降の商品経済の浸透の結果，耕作から離れて加工業・日雇に従事するものが増え，飢饉に対する村落の抵抗力は 18 世紀よりも弱まっていた。そして各藩は，自藩領での食料確保のために米穀の領外移出を禁止し，幕府も天明の飢饉時に生じた都市打ちこわしへの教訓から江戸市中での食料確保を優先させたため，局所的に激しい食料不足が生じた（大口［1988］）。

　幕府は江戸への米の移入に努め，米価高騰を食い止めようとした。そして江戸の町会所に貯蔵された囲米や幕府米蔵の米を御救米として大量に放出し，困窮者を収容するための救小屋を江戸の各地に設立した。こうした施策の結果，江戸では大規模な打ちこわしは生じなかった。しかし，幕府が江戸市中米の確保を優先したため，関東周辺から大量の米穀が江戸市中へ廻送され，大凶作が生じなかった地域でも食料が逼迫し，貧窮民が打ちこわしを起こした。絹織物生産が農家副業として定着していたため，米穀の自給体制が崩れていた甲斐国東部の郡内地方では，1833年の凶作のもとで米価高騰と絹価低落が生じた。その結果として始まった郡内地域の百姓一揆は，甲斐国全体へ広まり，その過程で貧民・無宿人が多数参加し，施米の要求から高利貸への債務帳消し要求へと拡大した。

　大坂でも，大坂町奉行所が江戸への米の廻送に積極的に協力したため，大坂市中での貧窮民への施米は江戸に比べて貧弱であり，大坂町奉行所与力を隠居していた大塩平八郎は，1837年に幕府の施政を批判して門弟らとともに蜂起した。大塩平八郎の乱は半日で鎮圧されたが，武士身分の者が幕府の施政を批判した点で，一揆・打ちこわしとは異なる衝撃を与えた。百姓一揆や大塩平八郎の乱を契機として，幕府のなかで体制危機意識が芽生え，老中水野忠邦により，1841年から天保の改革が進められた。

　天保の改革は，大きく都市・流通対策と地方・村落対策からなり，都市・流通対策では株仲間解散による物価引き下げ策が取られた。しかし，株仲間を廃止すれば諸国から物資が自由に出入りして物価が下降するとの見通しは甘く，突然の株仲間解散で流通機構が混乱したために物資の集散が滞り，物価引き下げに至らなかった。そのため，市中小売価格の直接統制による引き下げを目指したが，逆に商品仕入れが抑制され，大幅な商況不振を招いた。

　村落に対しては，寛政改革の村落対策を踏襲し，村落民の奢侈禁止，荒地起返しの励行，貯穀囲米の奨励などが通達された。そして1840年に全国的に土地検分・地押検地が実施され，若干の年貢増徴を行ったが，荒地起返し・新開見取地の本田化を中心とする米納年貢制の枠に止まり，当時の商品経済の進展には対応できなかった。その意味で同時期に行われた藩専売制を中心とした諸藩の改革に比べて幕府の天保改革は失敗に終わった。

2）文明開化と舶来品流入

　幕末開港は，人々の消費生活にも大きな影響を与え，生糸輸出の急増で，養蚕・製糸業に従事した人々の購買力が上昇し，多くの舶来品が輸入され，時間差・地域差を含みつつ日本全国に普及した。舶来品は，最初は輸入品として受容されたが，国内でも模造品が生産され，舶来起源の国産品が出回った。

　「文明開化」とともに進んだ舶来品の受容は，近代前期の都市化と大きく関わった（中西・二谷［2018］）。近代日本の都市化は，第一次世界大戦期に地方から大都市への人口流入が進み，1920〜30 年代に周辺町村を合併して東京・大阪・名古屋が三大都市となる過程を主に辿ったが，近代前期にも東京・大阪への人口集中は見られた。表 5-4 を見よう。東京は，1860 年代の江戸町方人口は約 50 万人台であったが，近代に入り現住人口が急増し，84（明治 17）・87・91・95 年の

表 5-4　近代前期主要都市人口

(単位：千人)

都市	1879 年	1884 年	1887 年	1891 年	1895 年	1898 年	1903 年	1908 年
東京	671	903	1,250	1,231	1,355	1,440	1,819	2,186
大阪	292	354	432	488	493	821	996	1,227
京都	255	255	265	298	340	353	381	442
名古屋	112	127	150	179	215	244	289	378
金沢	108	104	97	94	89	84	100	111
広島	77	77	84	90	95	122	121	143
徳島		61	60	60	61	62	64	66
和歌山	62	56	56	56	58	64	69	77
仙台	55	55	72	64	82	83	100	98
富山		50	52	59	58	60	56	57
鹿児島		48	50	56	55	53	59	64
福岡	45	47	50	55	61	66	71	82
熊本	45	41	48	57	60	61	60	61
岡山	33	32	42	47	54	58	81	93
横浜	46	70	115	133	170	194	326	394
神戸	44	63	104	143	161	216	285	378
新潟	37	41	44	47	50	53	60	62
長崎	33	39	40	61	72	107	153	176
函館	22	38	47	58	69	78	85	88

出所）内務省・内務統計局編『国勢調査以前日本人口統計集成』第 1〜4 巻，別巻 1・4，原書房，1992・93 年，『明治大正国勢総覧』東洋経済新報社，1927 年，復刻版 1975 年，表 708 より作成。

注）1879 年は 1 月現在の本籍人口，84 年は 1 月現在の現住人口，87 年以降は 12 月現在の現住人口。1895 年時点で現住人口 5 万人以上の都市について表で示した。

現住人口を見ると，87 年頃まで急増した。大阪は，物資集散市場としての地位低下もあり，19 世紀中頃に人口が減少し，1822 年の市街人口が約 38 万人から，61（文久元）年に約 31 万人となり，近代に入り緩やかな人口増加が見られ，80 年代まで現住人口が増加した。京都の人口は，18 世紀後半〜19 世紀前半にかなり減少したと考えられるが，大阪と同様に近代に入って緩やかな人口増加が見られ，1884・95 年の現住人口は，約 26 万人・約 34 万人であった。

　東京と大阪の人口差は，近代前期に拡大し，19 世紀末に東京のみが飛びぬけた大都市となった。それ以外の有力諸藩の城下町では，近代初頭の人口は比較的多く，1884 年時点の現住人口で，名古屋が約 13 万人，金沢が約 10 万人，広島が約 8 万人，徳島・和歌山・仙台がそれぞれ約 6 万人，富山・鹿児島・福岡がそれぞれ約 5 万人であった。しかし，その後の人口を 1895 年の現住人口で見ると，名古屋と仙台がある程度増加したものの，それ以外の地方旧城下町都市の人口はほとんど増えず，金沢のように約 10 万人から約 9 万人に減少した都市もあった。一方，開港場の横浜・神戸の 1884・95 年の現住人口は，横浜が約 7 万人から約 17 万人，神戸が約 6 万人から約 16 万人と急増した。つまり，19 世紀末時点の都市人口で，東京が 100 万都市として飛びぬけた地位を示し，大阪・京都・名古屋の順で続き，横浜・神戸が急激に人口を増加させて名古屋に迫っていた。

　このような都市構成を念頭に置いて，舶来品を扱う小売商の分布を各府県別にみると，1890 年代には全国的にある程度舶来品を扱った小売商が見られるに至ったが，府県ごとや同じ府県でも地域によって舶来品を扱う小売商の分布にかなり違いがあった。そこには，19 世紀末の各地の産業発展のあり方や，鉄道と汽船を軸とした近代的輸送網の形成の度合いが大きな影響を与えていたと考えられ，養蚕・蚕種・製糸業が発展した長野県ではかなり舶来品の移入が進み，早期に近代的輸送網の形成が進んだ神奈川県・滋賀県・仙台等でも 1880 年代から舶来品の移入が進んだ。その一方，近代的輸送網の整備が遅れた富山県では舶来品の移入は遅れ，大阪府でさえ鉄道開通の遅れた南部への舶来品の移入は遅れた。

3）幕末・維新期の消費生活

　こうした舶来品消費の普及を，資産家・自作農上層の家計史料でみると，舶来起源の商品として多様な商品が購入され，衣食住に関しては，衣類の購入としてシャツ・メリンス・金巾（輸入綿布）・フランネル・キャラコなどが，食物の購

入として牛肉・牛乳・葡萄酒などが主に見られた。住生活では雑貨類として，蝙蝠傘・ランプ・帽子・カバン・写真などが見られた。衣食住では，衣類が比較的早く，雑貨類がそれに続いたが，食物の舶来起源のものの購入は全体的に遅く，牛乳も最初は薬用として飲まれたと思われる。

　舶来品普及の流れをまとめると，1870 年代は東京・大阪および開港場での部分的普及に止まり，80 年代に東京・大阪および開港場周辺の近代的輸送網が整備されたため，東京・大阪や開港場へのアクセスが可能な周辺地域の資産家・自作農上層まで普及した。特に，生糸産地であった北関東地域では，養蚕・製糸業に従事した人々の購買力が上昇したため，自作農上層に止まらず，もう少し下の階層まで舶来織物が普及したと考えられる。1890 年代になると輸送網の近代化が進んだ地方都市や地方の市街地で舶来品を扱う小売商がかなり登場し，そこへのアクセスを通して農村地域へも舶来品がある程度普及した。その一方，輸送網の近代化が遅れた地域では，舶来品の普及は 20 世紀以降にずれこんだ。

　その場合，有力資産家層と自作農層では，文明開化関連支出の程度に大きな差があったと思われる。例えば，富山県婦負郡の 1909（明治 42）年の「郡是」には，衣料では，上流社会で絹綿交織・シャツ・羽織・羅紗帽子が，中流社会で羽織ではなく袢纏・前垂が，下流社会では粗雑なる綿服が着用され，食生活では，上流社会で精白米・魚類蔬菜・肉類が食され，中流社会では主食は精白米だが副食物は簡略となり，下流社会では米に粟稗もしくは芋類を混用し，副食物は専ら漬物・蔬菜・豆腐で時として干塩魚が食されたとあった。

　こうした階層差を念頭に置き，近代期の舶来品の購入を 3 つの側面からまとめる（中西・二谷 [2018]）。第一に，ランプ・石油・蝙蝠傘などは，量は異なるものの資産家層・自作農層いずれも購入した。これらは，単価が安くて量の多少にかかわらず使い道があり，そこでは階層間の差は量的なものに止まった。第二に，（銀）時計・眼鏡などは，単価が高かったゆえに資産家層でしか購入がみられず，西洋的な生活様式に真に触れることができたのは資産家層であったといえる。第三に，新聞購読と金巾は，単価は割と低めであったが，資産家層は支出し，自作農層は支出しなかった。新聞購読はおそらく政治的活動・会社経営と関連があり，そうした活動を行った資産家層は購読したが，農繁期があるため恒常的に新聞を読む時間的余裕がなかった自作農層は，かなり後の時期まで新聞を購読しなかった。また，金巾は，薄地布で肌触りはよいが，当時の農耕作業には向いていなか

ったと思われ，「消費生活者」の資産家層と「生産者」の自作農層では求める衣料の使用価値が異なったと考えられる。こうした新聞購読や金巾購入に，文明開化受容における質的な階層間の差を読み取れる。

　そして，1880 年代の資産家層の旅行が舶来品消費の地方への普及の先駆的役割を果たした。近代日本では，殖産技術普及のために内国勧業博覧会が定期的に開催され，1881・90 年に東京で開催された博覧会には，地方の資産家もその見学を兼ねて東京旅行を家族で長期間にわたって行い，その際に，日常の消費生活と異なり，西洋料理を食し，舶来品を購入して散財した（中西［2016］）。近世期の「民衆」の旅では家族で旅することは少なく，旅の目的は伊勢参りや富士山参りのように信仰と深く結び付いていた。そして近世期の「民衆」の旅の散財は，自分の物的欲求を満たすためではなく，旅の安全を祈願して道端の道祖神等に撒き銭をして回ったことが大きかった（深井［1997］）。文明開化は，新しい文化への目を開かせ，旅に対する人々の価値観を変えたといえる。

　ただし，近代前期の消費生活が新文化に完全に染まるには至らず，伝統的な生活世界は根強く残った。資産家層でも，洋装品購入と併存して呉服購入が続き，西洋薬の購入と和漢薬の購入も併存し続けた。住生活では，和室と洋室を併用した近代住宅が好まれ，火鉢と石油ストーブが同時に購入されており，食文化でも愛知県の盛田家では，1880 年代に鶏肉が購入されたが，好みに合わなかったと思われ，その後あまり鶏肉は購入されなかった。ところが盛田家では，1900 年代に鶏肉の購入が急増し，地元の鶏肉屋から定期的にまとまった量を購入し続けた。それは 1900 年代から地元で養鶏業が開始されたことと関係があり，その意味で，地方資産家が消費面で地元産業の定着を支えていた（中西・二谷［2018］）。

4）飢饉・疫病への村落社会の対応

　天保の飢饉を最後に，日本で大規模な飢饉が起こらなくなった背景には，幕末開港後に，安価な外国米（南京米）が輸入され始めたことがあり，富山県の飢饉時の食生活は，1836（天保 7）年に，たんぽぽ・せりなどの摘草や，からむしの根などの採取であったが，97（明治 30）年の凶作時は，南京米に小豆・稗麦やそれぞれの土地で無害と言われる草根・野菜・雑草等を混ぜて食べるか，外国米に豆腐粕や馬鈴薯を加えて食べたとされる。1897 年の凶作時は，秋田・宮城・福島・栃木・埼玉・長野・山梨・石川・和歌山・鳥取・島根・広島・高知・大

分・鹿児島の諸県でも近世来の草の根や雑草に，外国米や近代以降の新しい生産物の馬鈴薯を混合して食された。近世村落では村請制のもとで困窮した百姓を互いに助けるために，質入れを中心とした土地取引を通して金銭の融通が行われ，経済面で村落がセーフティネットの役割を果たした（大塚［1996］）。

ところが，近代初頭の地租改正で地租納入主体が個々の家となり，村請制の枠組みが廃され，松方デフレ期に中小農民層が没落したなかで不在地主が増大し，村落単位のセーフティネット機能は崩れていった（渡辺［2007］）。こうした村請制をめぐる近世村落から近代村落への転換には2つの見解がある。

1つは，18世紀以降の幕藩領主による年貢定免制の実施後，地域社会維持を担う地域行財政の機能が大きく拡大し，村が行政実務の財源として地域入用などを徴収するに至り，そこで培われた人的資源・財源が近代前期の地域社会の近代化に重要な役割を果たしたとの見方である（今村［2020］）。確かに，18世紀後半～19世紀前半は大きな飢饉があり，幕藩権力も，義倉・社倉・備荒貯穀など，地域社会維持を村落に委ねるに至った。この備荒貯穀制度は，地域有力者任せの救済から制度化・システム化された救済への転換であり，「公共的」な防災対策として評価し得るが，同時に百姓の負担増ともなるため，領主と村，あるいは村の中での上層百姓と下層百姓の対立の側面もはらんでいた（渡辺［2022］）。

また中小藩の領域のように，村替が繰り返された地域では，大藩領や幕府領とは村請負のあり方が異なり，地理的条件も含めて，村請制の多様性を重視すべきである（小松［2014］）。そして「多様性」の側面は，藩領域でも同様で，藩領の形成や大名の転封などを考えると，一藩完結ではなく，藩領域を越える地域社会研究も重要である（野尻［2014］）。

もう1つは，村請制という相互に監視・扶助する仕組みを内包していた近世の村は，地租改正による村請制の解体で個別の地片と所有者に分解され，局所的な利害の離合集散を経て，相互監視規約を住民が結ぶ近代村落が再建されたとの見方である（松沢［2022］）。近代村落をそのように捉えるとすれば，再建の契機の1つとして疫病が挙げられる。近世期から疫病は間歇的に流行したが，「鎖国」体制のもとで外国との接触が少なく，国内移動における規制も強かったため，飢饉に比べると疫病が社会に与えた影響は小さかった。しかし，幕末開港で外国から疫病が入るようになり，近世期に比べて人の移動が活発となった近代期は，コレラが何度も大流行した。コレラ流行は，近年の感染症への関心の高まりから衛

生環境との関連で議論が深められている。そこでは中央と府県の行政レベルの双方から衛生行政の展開が検討され，コレラ流行時の都市の下水（屎尿）処理対策とその直接の担い手の掃除請負人の研究などが進められた（安藤［1999］）。

　そして村落では，18 世紀後半から 19 世紀前半に村内の有力者層を担い手とした民衆知の文化が広く存在していたが，コレラ流行を画期に文字文化と民衆知の関係が逆転し，それ以降は，政府の強制力によって民を救う論理を押し込め，人民の健康を政府の手に委ねさせるに至ったとされる（塚本［1991］）。

　一方，官憲が強制的に防疫対策を行う前に，村内の有力者が医療情報を収集して，自発的に村を救おうとし，官憲も村内有力者のそうした行動に期待していた事例を通して，政府の強制的な防疫対策とは異なる形も示された（二谷［2009］）。また，政府の側も，地域社会の実情を考慮し，試行錯誤を繰り返しながら伝染病対策を実施していた（竹原［2020］）。近世期から都市より村落の方が共同体レベルでの自力救済の志向は強かったと考えられるが，近代村落の成立を考える上で，社会的危機への対応は重要な論点となるであろう。

　もう 1 つの論点となり得るのが，林野の利用権の問題で，近世の百姓にとって森林・原野は肥料原料となる草や薪炭材・建材を確保するために重要な意味を持った。ところが明治新政府は，地租改正によって多くの森林・原野を官有地に編入するとともに，地元住民にその利用権を認めなかった。そのため明治政府は過大な森林資源を管理する必要に迫られ，結果的に地域社会を利用しつつ，官有林野の自治的な管理をある程度容認することとなった（松沢編［2019］）。そして水産資源についても近世期の生業保障の概念は近代に入ると失われ，資源繁殖の推進を潮流とした漁業政策が明治政府によって採られた（高橋［2013］）。

テーマ II　環境と経済活動

1.　経済と資源

　人間が利用することができる資源は，環境によってその賦存状況が異なっている。例えば，前近代日本の主食について見てみよう。明治初期の調査によると，当時，主食として米の割合が最も大きかったが，地形や気候の差異によって，その構成は地域によって多様であった。水を得にくい畑作地帯では小麦，大麦が，山岳地帯や寒冷な土地では粟，稗，蕎麦などの雑穀が，そして温暖な西南日本ではサツマイモの割合が高かった。同様に，繊維作物の麻，綿，蚕の飼料になる桑，染料作物の藍，紅花なども，特産地は気候や地形の影響を受けていた。

　経済史において環境を考慮しなければならないのは，環境条件が経済活動に与える制約だけではない。逆に経済活動が環境に影響を与える側面も見逃すことができない。近年，地質学者の間から，人類が地球環境や生態系に逆戻りできないような影響を与えてきたことを考慮して，最も新しい地質年代として「人新世」（Anthropocene）という区分を置くことが提唱されている。その始まりについては1万2000年前の農耕の開始，あるいは18世紀の産業革命とするものなど幅広いが，第二次世界大戦後の1950年代とする説が有力である。

　1980年代以降，将来世代の欲求を満たしつつ，現在世代の欲求も満足させるような「持続可能な開発」（sustainable development）が国際連合を中心に唱えられた。2015年の国連総会において，2030年までに達成することを目指した持続可能な開発目標（SDGs）が採択されて，各国で取り組みが行われている。世界の人口増加と経済成長によって資源の枯渇がもたらされるとともに，グローバルな環境汚染と破壊が懸念されるからである。

　経済活動が環境を汚染したり破壊したりするのは工業化社会に固有の問題ではない。高度成長以前，あるいは戦前の日本には自然がふんだんにあったという言説の背景には，農業社会は環境に優しいという漠然としたイメージがあるように思われる。しかしそのようなイメージは近代人の過ぎし世に対する美化でしかない。それでは近世の日本で，環境と経済活動の関係はどのようなものであったのだろうか。この関係を検討するために，まず人口変動に着目してみよう。

2.　人口，文明，環境

　日本列島の人口は縄文時代以来，波を描くように大きな増加とそれに続く減退が，少なくとも 4 回，繰り返されてきたことが分かっている。第一の波は縄文早期（2 万人）から縄文中期（26 万人）の増加局面と中期から晩期（8 万人）の減少局面からなる。第二の波は縄文晩期から弥生時代（59 万人）を経て，奈良時代（500 万人），平安時代（700 万人）に至る大きな増加と，鎌倉時代（600 万人）の減退期からなる。第三の波は鎌倉時代から室町時代（15 世紀半ばに 1,000 万人），江戸開府期（最新の推計では 1600〔慶長 5〕年に 1,700 万人）を経て，江戸中期（1721〔享保 6〕年に 3,100 万人）に至る増加期と，幕末（1846〔弘化 3〕年に 3,200 万人）までの減退期からなる。第四の波は幕末ないし明治初期（1872〔明治 5〕年に 3,400 万人）に始まり，明治，大正，昭和の増加期と，平成（2010年に 1 億 2,700 万人）から始まる減少期からなる。

　人口の波動は環境の変化とともに文明システムの転換とも密接な関係にある。文明システムとは，人間が作り出した道具，機械，構築物，法，市場，宗教などからなる装置群と人間との関係の総体である。ある文明システムが別のシステムへ転換する過程で，日本列島の人口収容力が引き上げられることによって人口は増加した。縄文前半期のように，気候変動（温暖化）が人口増加を支えることもあった。反対に，新しい文明システムが普及し尽くされると，人口増加率は徐々に小さくなっていく。農業社会では，森林や農耕に適した土地の制約から，開発の余地が少なくなっていったことが人口増加率低下の主な要因となったであろう。このように環境の人口収容力の上限近くまで人口が膨張して，人口増加と経済成長に対する制約が強く働くようになると出生率が抑制されて潜在的な増加率が小さくなり，気候変動の影響が強いと，しばしば人口の回復は困難になった。

　それぞれの人口の波に対応する文明システムの特徴は表に掲げてある。基本的な特徴は，エネルギーの種類と調達形態の相違にある。カルロ・M. チポラが，農業革命と産業革命の 2 つの革命によって世界人口は大きく増加したと説明するように，エネルギーの転換が人口増加の重要な引き金となっていた。それに伝統（慣習），指令（貢納），市場といった経済様式の変化が重なる。

　狩猟採集経済の時代であった縄文時代には，食料も燃料も，身の回りの環境から採取して利用された。この時代の人口分布が圧倒的に食料資源の多い東日本に偏っていたように，人口収容力は生態系の生産力次第であった。また中期以降，

文明システムの比較

	1 縄文	2 水稲農耕化	3 経済社会化	4 工業化
最大人口密度 （人 /km²）	0.9	24	112	345
文明の段階	自然社会	農業社会 （直接農産消費）	農業社会 （間接農産消費）	工業社会
エネルギー資源	生物＋人力	生物＋人力＋自然力 （有機エネルギー経済）	生物＋人力＋自然力 （高度有機エネルギー経済）	非生物＋自然力（水力） （鉱物エネルギー経済）
主要な経済様式	伝統経済	伝統＋指令経済	伝統＋指令＋市場経済	市場経済

出所）筆者作成。

気候寒冷化が進むと著しく人口が減少したように，気候変動の影響を強く受けざるをえなかった。弥生時代以降，朝鮮半島や中国大陸から移動してきた人口集団が稲作を日本列島にもたらすと，本格的に農業社会へ移行した。食料生産によって人口増加が可能になり，また反対に人口増加は開発を促した。長期の備蓄が可能な穀物は社会的余剰となって，権力者，宗教家，技術者などの非食料生産階級の存在を可能にしたから，階級が分化し，都市が成立した。大陸との交流を通じて，古代中国のシステムを取り入れて国家形成が進み，文明は高度化した。

　人口史における近世は 14 世紀に始まる。その原動力は市場経済化にあったと考えられている。農民社会の市場経済に対する反応は，狭小な耕地で，家族による労働集約的な農業を営む小農経営の成立であった。17 世紀には新田開発ブームによって人口増加が支えられた。しかし 18 世紀になると，人口増加は停止した。環境の制約が原因になったと考えられる。歴史人口学的研究によれば，結婚年齢の上昇（晩婚化）と，夫婦出生数の縮小（出生抑制）が起きたことが明らかにされている。さらに 18 世紀を中心として，世界的な気候寒冷化（小氷期）が凶作を頻発させたことも人口減退の要因となった。

　近代につながる人口増加は幕末に始まる。きっかけは寒冷気候の後退による大規模な飢饉の減少にあったのかもしれない。さらにまた 18 世紀後半に始まる農村工業化が幕末の出生率の回復をもたらしたと考えられる。この時期には再び新田開発が活発となり，費用がかかる大規模な浅海埋め立てが盛んに行われるよう

になった。開港時の人口（推定 3,300 万人）は，中国，インド，ロシア，フランスに次ぐ世界第 5 位で，幕末の日本は人口大国であった。開港による本格的な世界貿易への参加と，明治維新以後の工業化への転換がなければ，早晩，人口増加は停止させられていたであろう。

3. 徳川日本は環境先進国か？

　江戸時代に対する評価は，第二次世界大戦以後に限ってみても，何度か大きく変わった。高度経済成長の頃まで，江戸時代の封建体制に関係するものはすべて時代遅れであり，近代化への障害になるものとして否定される傾向にあった。また鎖国は，西欧の進んだ近代科学技術の取り込みを遅れさせ，その結果，日本に科学的で合理的な態度を育て損ねたことが第二次世界大戦の敗戦に導いたと断罪された。

　しかし高度経済成長が軌道に乗ると一転して，欧米以外に唯一，近代経済発展に成功した国として，日本の江戸時代の経験が高く評価されるようになった。「徳川の遺産」として挙げられるのは，貨幣経済と市場の発展，海運と道路網の充実，農業・工業の産業発展，庶民の経済合理性と経済に精通した官僚の誕生などである。

　その後 1980 年代になって，持続可能な開発が課題となると，江戸時代の簡素な豊かさと，その背景にある見事なまでの循環型社会の実現が，高く評価されるようになった。確かに江戸時代の人々は人間の労働力に強く依存する労働集約的な農業を営み，質素な生活が奨励されて，資源とエネルギーの節約（リデュース）を図っていた。都市では本や布団のレンタルが行われていたし，障子や提灯などはもとよりキセル，鍋釜の金属製品も修繕（リペア）して長く使用された。古着の再利用（リユース）は当然であり，釘などの金属，紙，竈の灰は再資源化（リサイクル）された。人間の排泄物も貴重な肥料として用いられた。江戸時代の人々の意識と行動が，可能な限り物質を再循環させる社会を作っていたというのである。このような循環型社会では，農山漁村落も自給自足の社会ではなく，市場の媒介によってそれぞれに交流し，都市と結ばれていた。ただし鎖国によってエネルギーと物質の循環は国内に限定されていたので，「拡大クローズド・システム」（内田星美）と呼ばれる。

　農村では，太陽光と雨水によって作物を育て，河川の水流を利用して水車を動

力として用いる。動力源として用いられた牛馬の飼料となったのは穀物，わら，青草である。里山の雑木林は薪や木炭を生み出すとともに，落ち葉や下草は肥料となった。耕地で栽培される穀物，大豆，蔬菜は食料になっただけではない。わらは履物や包装，屋根葺材の原料になったし，豆殻，油の搾りかす，糠は，竈の灰や排泄物とともに肥料にもなった。究極のスロー・ライフである。

　しかし農村は孤立し，封鎖的であったのではない。まず年貢納入を通じて都市の領主経済と結び付いていた。また農具などの金属製品や塩の購入を通じて，山村や海村とも結び付いていた。養蚕製糸，麻や綿とその加工品も古くから都市や山海村との交易品であった。都市近郊農村では早くから生鮮食料品と燃料の供給を担っていたが，農家経済は次第に市場経済との結合を強めていった。食料や原材料の販売だけではなく，菜種や鰯，鰊の〆かすは窒素肥料として地力の向上に欠かせないものとなったからである。山村は日光と雨によって育つ森林から木材と薪炭を生産して都市，海村に販売した。木材は住宅，橋などの構造材，および船材として用いられた。木炭は暖房や調理だけでなく，金属精錬で大量に利用された。海村では海洋資源として魚介類，海藻，塩を供給した。海産物は食料としてだけでなく，工業原材料や肥料になった。製塩には日光とともに燃料を必要とした。都市は農村から食料や原材料，あるいは繊維製品など農村工業の生産物を移入し，山村から金属，木材，燃料用の薪炭，海村から塩と海産物を移入した。

　こうして，農村，山村，海村，都市の間には緊密な市場関係が成立した。それは近隣の集落どうしだけではなく，畿内，江戸，蝦夷地など，全国を1つの経済社会として結び付けた。海外との貿易において，エネルギー，物産の輸出入はほとんどなく，この点では封鎖経済とみなされる。それゆえ，江戸時代の経済システムはエネルギーと物質循環の観点から「拡大クローズド・システム」と呼ばれるのである。ただし鎖国以後にも，制限されたとはいえ，大量の銀，金，そして銅が主要な貿易品として輸出されたから，その製造に用いられたエネルギー量を考慮するなら，必ずしも純然たる封鎖経済であったというわけにはいかない。同様に江戸時代を模範的な，持続可能な循環型社会とみなすのは楽観的すぎる。江戸時代の社会も，固有な環境問題を内包していたからである。

4.　江戸時代の環境問題

　資源のリユースやリサイクルが完璧に近い形で行われていた江戸時代を循環型

社会とみなすことは間違っていない。しかし江戸時代に限らず，生物的エネルギー資源と自然力に依存する農業社会は多かれ少なかれ，循環型社会であった。金属は貴重であったし，分解されにくいプラスチックは存在しなかった。それでも局地的な環境汚染と環境破壊は全国で発生していたことを知る必要がある。

　農業社会は生物的な資源に依存するため，生産要素のなかでも基本的に土地に基礎を置く社会である。エネルギー，物質の鎖国状態のもとでは，必然的に国土面積と生態系の生産力の制約を受ける。17 世紀の人口増加期は大開墾の時代であったが，18 世紀になると開発のペースは急速に落ちた。人口増加率，村落数の増加率，そして耕地開発関係土木件数の増加率が，いずれも 17 世紀に大きく，18 世紀に低下，19 世紀（幕末）に再び上昇している。後発の新田開発が浅海干拓など，開発コストのかかるものであることを考慮すれば，農民の居住地域の近隣に開発余地が小さくなっていったことが人口増加率の低下の原因になったと考えてよさそうである。

　都市の発展や人口増加は木材需要を高めた。寺社，城郭などの「記念碑的建造物」のためにどこから木材を供給していたかを調査した研究（C. タットマン）によると，8 世紀までは畿内で調達できていたが，16 世紀半ばまでに東は能登半島および三浦半島まで，西は中国地方西部まで拡大していた。ところが 17 世紀末までに蝦夷地（渡島半島）から，対馬，屋久島まで，日本列島の隅々まで木材供給圏は広がっていた。山林の破壊は想像以上に早く始まっていた。畿内では江戸時代以前から森林伐採によって二次林の松林が拡大していた。1666（寛文 6）年に幕府は「諸国山川掟」という法令を出して，淀川水系への土砂流出を防ぐために河川流域の新田開発を制限するとともに，草木を根こそぎ採取することを禁じ，木々のなくなったところには植林することを命じている。同じ時期に，熊沢蕃山は『大学或問』において，農業生産を安定させるためには樹木の伐採を抑制し，植樹によって森林を育成する必要を唱えている。

　農地開発と用材の採取だけが森林を減少させたのではない。鉱山開発，金属精錬，陶磁器製造，製塩などが隆盛すると，大量に燃料と坑木を消費したので森林への利用圧力はさらに高まった。現在の日本は国土の 3 分の 2 を森林が占める，世界のなかでも森林被覆率の高い国であるが，国内の森林資源だけに依存していた江戸時代には，現在よりも森林景観は貧弱であったと見られている。1900（明治 33）年頃の森林面積割合は国土の 65 ％とされるが，そのうちかなりの部分が

天然の森林が劣化した松林や里山であったり，樹木を喪失した禿げ山や草地だったとされる。その他にも，荒地（荒廃地）が 10 ％以上あったと推計されている。

　「クローズド・システム」のもとで，江戸時代後期の人々は国土荒廃の瀬戸際に立たされていたのである。18 世紀のイギリスのように森林資源の枯渇が，国外からの木材輸入と国内の石炭利用に向かわなかったのは，日本の置かれた生態学的条件（気温と降水量）が植物の生育に好ましいものであったのに加えて，人口の意図的抑制，資源利用の節約，官民双方からの厳しい森林利用規制，そして育成林業の定着があったためといえる。

　一見，産業活動に由来する環境汚染とは無縁とみられる江戸時代にも各地で「公害」が発生して社会問題になっていた。農業開発（新田開発）は河川への土砂流出や用水不足，入会地の不足をもたらして村落間の紛争につながることが珍しくなかった。過度な山林利用は土砂流出による天井川の形成と洪水の頻発につながった。江戸時代には不可欠の舟運にとっても，土砂流出は支障となった。特に深刻だったのは，金，銀，銅，鉄，硫黄，石灰などの鉱産物の採掘や精錬にともなって引き起こされた土砂流出，有害物質を含んだ悪水・毒水による水質悪化，煙害，森林伐採などが各地で問題にされていた。それ以外にも食品製造（塩，寒天など），窯業（陶磁器，瓦）による燃料不足や廃棄物問題，舟運による井堰利用への障害，水車利用による舟運への支障など，産業相互間の利害はしばしば対立した。現代の環境汚染と比べれば，影響が及ぶ範囲は小さかったとしても，産業活動が活発になればなるほど，問題もまた深刻になった。諸藩にとって産業振興は必要だったので，多くは操業期間の調整などで決着を見たとされる。一見，環境に優しいと考えられる農業社会であっても，生態系の人口収容力や浄化能力（物質・エネルギー循環）を超えるほどの経済発展は，環境問題を生んでいたのである。

5.　自然環境と社会

　開港によって徳川日本は「近代世界システム」に本格的に参入させられた。明治維新によって政治経済体制は大きく転換した。しかしそれは社会の制度的転換だけではなかった。エネルギー源と原材料の生物的資源から鉱物資源への転換を通じて，社会と環境との関わりを転換させる生態学的転換の始まりでもあった。文政期から明治初期にかけて起きたインフレーションは，人口増加と経済成長と

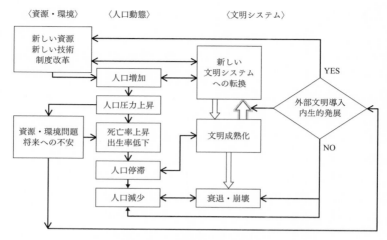

〈資源・環境〉　　〈人口動態〉　　　〈文明システム〉

文明システムの転換モデル（試案）

出所）筆者作成。

いう実体経済の拡大をもたらした。開港による生糸や他の絹製品，茶，米などへ
の外需の発生が，18世紀からプロト工業化として成長しつつあった国内産業を
刺激して，さらに拡大させる。その結果，蚕糸生産地帯では森林伐採が拡大した
とされる。木炭の生産と消費は明治期から昭和戦前期を通じて増加し続けた。

　近世日本の経済社会の成立が，市場の拡大と浸透により森林資源への需要の拡
大，自然力のより大規模な利用（帆船と水車），人間労働力への依存度の上昇を
もたらしたとすれば，明治期における産業化の始動は，そのような「高度有機エ
ネルギー経済」から「鉱物エネルギー経済」への転換の始まりであった。人口や
資源需要の増大が生態系に大きな負荷をかけるようになると人口と経済成長が停
滞し，技術発展や市場の拡大によって新たな資源利用の可能性が高まると，再び
人口は長期的な上昇を開始する。それは新しい文明システムへの転換の開始であ
る。そのメカニズムは図に示した通りである。

　生物資源に基礎を置く農業社会であった江戸時代には，自然環境の影響を強く
受けた。気候や地形条件が農作物や主食物の大きな地域差を生んでいたのはすで
に見た通りである。もう1つの特徴は，18世紀が，世界的に寒冷気候をもたら
した小氷期であったことである。夏期の天候不順（日照不足，低温，霖雨，洪
水）による大規模な凶作と飢饉が各地で発生した。人口が日本列島の人口収容力

の上限近くまで膨張していた文明の成熟期にあたっていたために，環境変動に対して脆弱になっていたことも，気象災害を多発させたと考えられる。

　しかしどの社会にも共通することではあるが，疫病や気候変動の影響は，農業，土木，医療などの技術的条件，輸送，情報，救恤制度，食料備蓄など社会的・制度的条件，そして所得水準，栄養摂取，生活習慣などの個体的条件によって強められもし，また弱められもした。その一例を死亡の季節性について見てみよう。江戸時代中・後期には，夏に多くの人々が死亡していた。冬にも小さな死亡のピークがあった。夏は水や食物を通して伝染する赤痢，腸チフスなどが主な死因であったと考えられる。文政期以後になると外来のコレラが付け加わり，夏の死亡割合がさらに高まった。近代水道の整備，医療や公衆衛生の向上によって，夏の山は消滅していく。現在では冬の山だけが残るようになった。冬の山は乳幼児と高齢者の肺炎，気管支炎などの呼吸器系疾病が死因の多くを占めていた。

　ところが江戸時代以前にはこのようなパターンではなく，春から夏にかけて死亡の山が目立っていた。その理由は，稲の裏作として水田で麦類が栽培されなかった時代には，初夏から夏にかけて食料が底をついてしまうことが多かったためと説明されている。江戸時代中・後期にも，春から初夏にかけての山が見られることがあったが，それは大飢饉の時期に限られていた。水田の生産力向上，乾田化による裏作の普及，市場の役割，食料備蓄制度や救恤制度の確立などがあったからである。このように環境と人間社会との関係は生物世界に見られるものよりもはるかに複雑となっている。そしてその関係性はそれぞれの文明システムの特質によって大きく変わるものであることを知っておく必要がある。　　　（鬼頭　宏）

参考文献
安藤精一［1992］『近世公害史の研究』吉川弘文館
内田星美［2000］「鎖国が生んだ資源自給システム」川勝平太編著『「鎖国」を開く』同文舘
鬼頭宏［2000］『人口から読む日本の歴史』講談社
──［2002］『文明としての江戸システム』講談社
──［2012］『環境先進国・江戸』吉川弘文館
髙島正憲［2017］『経済成長の日本史──古代から近世の超長期 GDP 推計 730-1874』名古屋大学出版会
タットマン，コンラッド［1998］『日本人はどのように森をつくってきたのか』熊崎実訳，築地書館（Conrad Totman, *The Green Archipelago*, Ohio University Press, 1998）
チポラ，カルロ・M.［1972］『経済発展と世界人口』川久保公夫・堀内一徳共訳，ミネルヴ

ァ書房（C. M. Cipolla, *The Economic History of World Population*, Penguin Books, 1962）

ハンレー，スーザン［1990］『江戸時代の遺産——庶民の生活文化』指昭博訳，中央公論社

リグリー，E. A.［1991］『エネルギーと産業革命——連続性・偶然・変化』近藤正臣訳，同文舘（Edward A. Wrigley, *Continuity, Chance and Change : The Character of the Industrial Revolution in England*, Cambridge University Press, 1988）

第 III 部

経済社会の成熟

──近代から現代へ──

はじめに——近代法秩序の下での市場経済社会

　第Ⅲ部は，19世紀末の近代法秩序の整備（憲法発布，民法・商法制定）と対外関係の整備（金本位制への移行，条約改正）により，日本の近代国家の枠組みが国際的に認知されて以降の20世紀を取り上げる。その場合，20世紀全体の日本経済を，1931（昭和6）年の金本位制の停止と71年の金＝ドル本位制の事実上の停止を画期として大きく3つの時期に分けて概説することとした。これらの画期はいずれも国際的経済枠組みとの関係から主に導かれており，そのことは日本経済が国際経済の枠組みと密接に連動して推移したことを示すとともに，20世紀の日本は資源小国であり，自らの主体的行動で国際経済の枠組みを変化させることが困難であった点で経済小国でもあったことを意味している。

　そこで第Ⅲ部では，第6章で20世紀初頭～1920年代，第7章で1930年代～60年代，第8章で1970年代～2020年代初頭を対象としたが，それぞれの章の区切りの間にも，大きな画期があったことも事実で，時期区分には多様な考え方があってしかるべきである。例えば，第6章の時期では，特に1917（大正6）年のロシア革命は政治的にも経済的にも日本経済に大きな影響を与えたと考えられ，政治と経済の民主化に国家が一定の理解を示す契機となった。また第7章の時期では，第二次世界大戦の敗戦により，新たに日本国憲法が制定されたことは，その後の政治と経済の運営に大きな影響を与えたことは間違いない。そして第8章の時期では，1985年のプラザ合意により円が急激に切り上げられたことが日本経済に大きな影響を与えたことは否定できず，それまでの成長基調の日本経済が，その後は短期間の投機的なバブル景気はあったものの，実物経済としては停滞ないし衰退基調に入ったことを考えると，71年に高度成長は終わったと考えるのではなく，55～85年までを日本の高成長時代として連続して捉える見方も可能であろう。

　一方，21世紀に入ってからの景気動向を見ると，2008（平成20）年の「リーマン・ショック」によるアメリカ経済の危機が，その後の日本経済の長期間にわたる後退に与えた影響の大きさが指摘され，1985年のプラザ合意の影響も相対化された。また，第二次世界大戦をはさむ時期については，多様な画期がこれまで主張されており，特定の年を画期とするよりも，連続した変化の累積として考えた方が実態には即していると考えられる。そこで本書では，旧来から指摘されてきた画期を境として，20世紀を3つの時期に分けてまとめることとした。

　20世紀の日本経済の基調は，19世紀までの身分制的制約が1890年代の近代法秩序の整備により解消された結果，経済活動の自由が全面的に保障され，市場経済が

社会の全域に浸透して「市場経済社会」となったことである。むろん，インターネット社会になる以前の20世紀における経済活動の自由は，空間的・時間的制約を完全に克服しえたわけではなく，そこに21世紀の市場経済社会と20世紀の市場経済社会の相違が存在するであろうと考えられるが，19世紀までに比すれば，市場経済は格段に社会のすみずみまで浸透した。

　20世紀の市場経済の浸透は，財とサービスの両面で多面的に進むとともに，生活のあり方も大きく変容させた。本書は，特定の経済局面ではなく，経済社会全体をバランスよく記述することを重視し，第III部各章は，それぞれ序節が世界経済との関連，第1節が財政・金融を中心とした経済政策，第2節が第二次産業（鉱工業），第3節が第一次産業（農林水産業），第4節が流通，第5節が生活（第8章第5節は21世紀の日本経済）を主な対象とする。それゆえ，各章の同じ節を通して読むことで，それぞれのテーマに沿って20世紀を概観できるようにもなっている。19世紀を対象とした第II部第5章も，同様の節構成をとるが，第2節を主に第一次産業，第3節を主に第二次産業と順序を入れ替えたのは，19世紀までの日本が農業国であったのに対し，20世紀の日本が工業国へ転換を遂げたことを含意している。

　また，現代社会が抱える環境問題の歴史的前提を押さえることも本書の重点であり，第III部に限らず，各章の最後の節で生活環境の視点を論じており，第8章第5節では，そうした流れを踏まえて，21世紀に入ってからの約20年間の日本経済を概観した。こうした面も踏まえて，近現代の日本経済の全体像をつかんでいただけたらと思う。

（中西　聡）

第 6 章

苦闘の 20 世紀初頭〜1920 年代
——金本位制下の国際収支天井

序　帝国主義世界の成立と日本の近代

1）帝国主義世界の成立

　欧米資本主義諸国による植民地獲得競争が激化した 1880 年代以降，それを推進する思想や政策を意味する用語として「帝国主義」が広く用いられるようになったが，具体的には，資本主義諸国の重化学工業化が進み，銀行資本と産業資本が合体しつつ独占的企業体を形成すると，そうした金融資本が投資先として植民地を求めるようになり，資本主義諸国が植民地獲得に乗り出して世界を領土的に分割する事態が生じた。植民地分割の主要な担い手はイギリスとフランスであったが，遅れて植民地獲得に乗り出したドイツ（独国）・ロシア・日本なども含めて，19 世紀末には，アジア・アフリカ地域がそれら資本主義諸国に領土分割された。特に，日本は日清戦争の勝利で，台湾を植民地として獲得し，朝鮮も保護国化することで，アジア諸国で唯一帝国主義国に名乗りを上げた。

　その際，日本が資本主義社会として国際的に認知されるためには，国内における経済法の整備と，対外面で他の資本主義諸国と共通の枠組みに入ることが重要であった。前者は商法の制定，後者は金本位制への移行と 1899（明治 32）年の条約改正で果たされた。ただし，日本の中国大陸への進出に批判的であったのがアメリカで，第一次世界大戦期の日本による対華二十一カ条要求に対して，アメリカは日本から圧力を受けた中国（中華民国，1912 年建国）の味方に回った。この時は，日本と同盟していたイギリスも日本への警戒感を強め，日本の意図は挫折した。その点で，対華二十一カ条要求は，中国がアメリカとイギリスの支持を

得て，日本と対立する出発点となった（奈良岡［2015］）。

　なお日本では，第一次世界大戦期に金本位制が停止されたが，1920 年代は国際的には金本位制の枠組みが継続しており，日本も金本位制に復帰しようと努力し，30（昭和 5）年に復帰した。しかし 1929 年は世界恐慌が生じており，31 年にイギリスが金本位制を停止すると日本も続いて停止した。1930 年代は国際的にも金本位制の枠組みがなくなり，そこで大きな経済の転換が生じたので，本章は，20 世紀初頭から 1920 年代まで取り上げる。

2）商法の制定と企業勃興

　企業勃興の進展に比べて，会社法を含む商法の制定は遅れ，1890（明治 23）年にようやく商法（旧商法）は公布された。商法全体については，政府，法学界，民間商工業者などからの反発もあって施行が延期されたが，会社篇は部分施行を求める声もあり，一部修正の上で 1893 年に施行された。旧商法の会社篇では，会社形態が合名会社・合資会社・株式会社に区分され，株式会社については全社員の有限責任制，会社機関の存在，等額株式制など，現在に通ずる規定がなされた。しかし設立については免許制とされ，会社設立申請の後に，行政機関の審査を受ける必要があり，会社設立はあまり進まなかった（高村［1996］）。

　1899 年に新商法が施行され，会社の設立免許主義は，準則主義へと改められ，設立要件を満たせば，届出で会社設立は認められることとなり，それ以降会社設立は急速に進んだ。商法では，ほかに株式譲渡の自由や，優先株に関する規定などが設けられた。また，社債発行も，従来は記名式のみ認められていたが，無記名式も容認された。ただし，その後の 1900 年恐慌や日露戦後の恐慌などにより，会社制度の不備は明瞭となり，11 年に，改正商法が公布・施行され，資産評価基準の改正，取締役の責任の明確化，および合併手続きの厳格化などがはかられた（近藤［2003］）。法的整備のなかで，19 世紀末～ 20 世紀初頭において，会社企業はその内実を整え，定着をみるに至った。

3）日本における金本位制の採用

　商法が制定される過程とほぼ同時期に，通貨制度も大きな変化が生じた。1897（明治 30）年における貨幣法の公布と金本位制の採用である。前述のように，国際的な銀価低落という環境のなかで，日本は事実上の銀本位制を採用してきた。

国際的な銀価下落は，銀本位制国の日本にとって，金本位制国への輸出品が割安に，金本位制国からの輸入品が割高に評価されるため，金本位制国のアメリカへの生糸輸出にとって有利に働いた。その一方で，銀価低落のなかでの銀本位制維持は，円の価値が不安定になることを意味し，日本が発行した外債を金本位制国が購入したがらないという外債発行の足かせともなった。

　1890 年代に入ると，さらに銀価の低落が進行し，本位貨幣の変更が議論されるようになり，93 年には，貨幣制度調査会が設置された。同調査会内における意見は，銀本位制を維持すべきとする者と，金本位制への変更を求める者とで対立したが，最終的に本位貨幣を変更すべきとする意見が上回った。蔵相（1896年より首相）として貨幣制度変更の議論を主導した松方正義は，これを受けて金本位制採用を決定した（中村 [1985]：山本 [1994]：小野 [2000]）。

　この背景には，日清戦争における戦勝と，それによる賠償金などの獲得があった。賠償金は正貨準備にあてられ，在外正貨としてイギリスに預託され，新貨条例以降における銀価低落を反映して，1 円＝純金 0.75 グラムの交換レートが定められた。金本位制のもとでは金準備に通貨発行量が規定されるため，貿易赤字の場合は，貿易決済で金（正貨）が減少し，金準備量の減少により国内通貨発行量も減少し，国内にデフレ圧力が生じた。それゆえ輸出品が対外的に割安，輸入品が対内的に割高となり，輸出が増大する一方で，輸入が減少して貿易赤字を解消に向かわせる自動調節機能が働いた。貿易黒字の場合は，その逆の現象が生ずることで，自動調節機能の存在は長期的には為替の安定化に寄与すると考えられるが，国内経済政策が貿易収支の制約を受けることにもなった。

　日本が欧米諸国と同じ本位貨幣を採用したことで，日本の通貨に対する欧米諸国の信頼性は高まり，商法の整備，および金本位制への移行は，同時期に始まる条約改正の実施（1899 年治外法権の撤廃，1911 年関税自主権の獲得）とともに，世界的な列強に仲間入りするための必要条件を，制度面で満たす役割を果たした。そして日本政府が発行する外債を，欧米諸国の政府が購入するようになった。

　列強の仲間入りをした日本は，1902 年に日英同盟を結び，イギリスと協調しつつ国際社会で行動したが，第一次世界大戦中の 1915（大正 4）年に日本が中国政府に提出した対華二十一カ条要求は，その後の日中対立の原点になるとともに，イギリスの日本への不信を強めた（奈良岡 [2015]）。アメリカも日本への警戒感を強め，領土保全・門戸開放を掲げて中国を支援した。

　中国をめぐる国際関係は，1921〜22 年にアメリカが主導して開催されたワシントン会議で結ばれた九カ国条約で決められ，その際に日英同盟は破棄され，代わりにアメリカ・イギリス・日本・フランスで四カ国条約が結ばれた。それとともにワシントン海軍軍縮条約がアメリカ・イギリス・日本・フランス・イタリア（伊国）で結ばれたが，こうした軍縮の動きに対して日本のブルジョアジーは好意的な評価を示した（石井［2015］）。綿紡績業中心の 1920 年代の大阪ブルジョアジーは，対外的には在華紡資本との結び付きが強く，自由貿易を優先して平和路線を取っていたとされる（石井寛治［2012］［2018］）。

4）20 世紀初頭から 1920 年代の日本経済の概観

　20 世紀初頭から 1920 年代までの日本経済が，好不況の波が激しかった。20 世紀初頭の日露戦後経営で好景気を迎えたものの，1907（明治 40）年恐慌の打撃がかなり大きく，10 年代初頭まで比較的長期の不況状態になった。ところが 1914（大正 3）〜18 年の第一次世界大戦により，ヨーロッパが主戦場になったため，ヨーロッパ産品がアジア市場に流入しなくなり，代わりに日本製品がアジア市場へ輸出され，空前の好景気を迎えた。この好景気は，大戦後の 1919 年も戦後復興の需要でさらに過熱したが，投機的となって 20 年恐慌を招いた。

　1920 年代には，23 年の関東大震災，27（昭和 2）年の金融恐慌と日本経済への打撃が連続し，29 年に生じた世界恐慌の影響が日本へと波及し，32 年頃までは激しい不況状態となった。このような苦闘の 30 年間を表 6-1 から確認する。実質国民総生産は，1900 年代後半の安定期から 10 年代前半に次第に増大し，第一次世界大戦期に急増した。1920 年恐慌の影響で，20 年代前半は低迷したが，20 年代後半から顕著に増大し，世界恐慌期にもあまり減らずに，31 年からかなり増大した。この点は，1920 年代は都市化・電力化をもとに国際的には相対的に高い経済成長を遂げたとする考え方と，世界恐慌の打撃が日本は比較的軽微で早期に日本は恐慌から回復したとの見方を裏付ける。ただし，あくまでマクロの数値によるもので，国内の地域間・産業間ではかなり異なった状況にあった。

　生産指数でみると，第一次世界大戦期に鉱工業の生産指数が急増し，それ以降農業の生産拡大よりも鉱工業の生産拡大が顕著で，産業構成でも工業化が進んだ。物価指数から，前述の景気循環を確認すると，卸売物価指数は第一次世界大戦期に急増して，1920 年恐慌で急落し，20 年代前半は下がった水準で推移し，20 年

表 6-1　1904～1933 年主要経済指標

年	実質国民総生産	生産指数		物価指数		中央政府財政支出	貿易		国際収支（経常）	人口
		鉱工業	農業	卸売	消費者		輸出額	輸入額		
単位	（百万円）					（百万円）	（百万円）	（百万円）	（百万円）	（10 万人）
1904	7,084	14.5	73.3	53.0	52.9	303	329	382	△ 129.6	461
1905	6,769	15.2	60.8	56.9	55.0	440	335	502	△ 324.4	466
1906	6,733	17.0	69.7	58.6	56.0	724	439	437	△ 23.9	470
1907	6,991	18.5	74.4	63.2	61.9	997	452	512	7.0	474
1908	7,187	18.3	76.8	60.9	59.8	859	399	461	△ 62.9	480
1909	7,357	19.2	77.2	58.1	57.4	808	437	431	3.7	486
1910	7,834	20.7	73.0	58.8	57.6	1,223	502	521	△ 85.3	492
1911	7,922	21.7	79.4	61.0	61.9	931	523	581	△ 104.0	499
1912	7,927	23.6	79.2	64.6	65.3	939	618	684	△ 108.0	506
1913	8,001	25.9	80.6	64.7	67.3	1,054	717	795	△ 95.7	513
1914	8,061	25.1	86.9	61.8	62.0	990	671	671	△ 9.5	520
1915	8,527	28.3	87.0	62.5	58.0	885	793	636	230.6	528
1916	9,233	33.1	91.6	75.6	62.7	950	1,234	879	635.1	535
1917	10,061	37.7	88.2	95.1	76.9	1,172	1,752	1,201	975.8	541
1918	10,929	40.7	87.2	124.6	103.5	1,602	2,159	1,902	851.3	547
1919	11,475	42.3	94.6	152.6	137.7	2,459	2,379	2,501	397.2	550
1920	11,422	39.4	95.9	167.8	144.0	2,882	2,200	2,681	△ 42.6	560
1921	12,153	41.7	88.3	129.6	132.0	3,086	1,503	1,940	△ 232.5	567
1922	11,831	43.0	92.7	126.7	130.0	3,473	1,880	2,216	△ 159.8	574
1923	11,292	44.0	87.4	128.9	128.8	3,665	1,686	2,393	△ 520.9	581
1924	12,704	45.7	89.5	133.6	130.0	4,020	2,106	2,971	△ 647.0	589
1925	12,332	48.4	96.3	130.5	131.6	3,683	2,670	3,105	△ 243.7	597
1926	12,424	53.2	91.6	115.7	125.6	3,509	2,414	2,918	△ 335.5	607
1927	12,843	56.8	98.5	109.9	123.7	3,949	2,383	2,712	△ 125.6	617
1928	13,673	58.7	97.4	110.6	119.0	3,917	2,400	2,745	△ 131.0	626
1929	13,735	63.2	98.2	107.5	116.2	4,117	2,604	2,765	77.9	635
1930	13,882	63.1	106.2	88.5	104.4	4,001	1,871	2,006	40.1	645
1931	13,941	64.3	94.0	74.8	92.4	3,509	1,480	1,686	△ 81.3	655
1932	14,557	68.8	99.0	83.0	93.4	4,279	1,802	1,936	41.2	664
1933	16,025	77.5	112.1	95.1	96.3	5,080	2,351	2,464	49.4	674

出所）三和良一・原朗編『近現代日本経済史要覧（補訂版）』東京大学出版会，2010 年，2，4 頁より作成。

注）実質国民総生産・生産指数・消費者物価指数・中央政府財政支出・国際収支・人口は，表 5-1 と同じ。卸売物価指数は，日本銀行「戦前基準基本分類指数（卸売物価指数）総平均」で，1934～36 年平均価格を 100 とする。貿易輸出額・輸入額は，大蔵省調査通関実績数値。国際収支欄の△印は赤字を示す。

代後半からさらに下落した。1929 年恐慌以前から卸売物価はかなり低落傾向にあり，そのことが世界恐慌の波及を緩やかにしたとも言われている。また卸売物価は 1929〜31 年に急落した後，そこから急速に回復し，景気の動向を直接に反映していた。一方消費者物価は，1917〜19 年に急騰したが，20 年恐慌後はそれほど物価が下がらず，国民生活は苦しくなったと考えられる。消費者物価も 1920 年代後半から徐々に低下し，29 年以降も卸売物価ほどには下がらなかった。

　中央政府財政支出は，日露戦後経営での増加が著しく，その後 1910 年代半ばまで財政支出規模はあまり変わらなかったが，第一次世界大戦期に財政規模は急増し，20 年代も関東大震災への復興需要などで増大した財政支出規模がそのまま維持された。1931 年に浜口民政党内閣で井上蔵相による緊縮財政が取られ，一時的に財政支出は削減されたが，32 年に犬養政友会内閣に代わると，高橋蔵相による積極財政がとられて財政支出は拡大した。

　1900 年代に産業革命を達成した日本は，基幹産業の綿紡績業が，紡績機械と原料棉花を輸入に依存したため，輸入代替化が完了して綿製品を輸出するに至っても，生産の拡大にともなって輸入も拡大した。それゆえ，重化学工業品の国際競争力のなかった日本は，第一次世界大戦により，ヨーロッパ産品がアジア市場で途絶した 1915〜19 年のみ日本製品のアジア市場への輸出が拡大して国際収支は大幅な黒字となった。しかし，ヨーロッパが復興して再びヨーロッパ産品がアジア市場へ流入すると，日本からの輸出は頭打ちとなり，1920 年代は入超が続いた。1929 年から国際収支は改善したかに見えるが，世界恐慌の影響による輸入額の減少が大きく，それでも輸入額が輸出額を上回った。そして日本本土の人口は，1911 年に約 5,000 万人，25 年に約 6,000 万人と緩やかに増加した。

1　国際収支の天井と経済政策

1）日清・日露戦争と外資導入

　金本位制への移行は，前述の通り，列強としての地位を認めさせる効果を持ったが，同時に，それを維持するために正貨準備を保つこと，すなわち，国際収支の均衡が求められる。しかし表 6-1 によって 1904〜33（明治 37〜昭和 8）年の日本の輸出額と輸入額を比べると，第一世界大戦期を例外として，ほぼ輸入超過が基調であり，常に，この問題への政策的な対応が求められた。こうした国際収

表 6-2　1895〜1931 年中央・地方財政支出の動向

（単位：百万円）

年度	中央財政歳出					地方財政歳出			
	一般	内 軍事費	内 国債費	特別	内 外地	普通	内 土木費	内 教育費	内 公債費
1895	85	24	24	106		58	16	12	2
1899	254	114	34	223	16	114	29	27	6
1903	250	83	36	113	20	166	38	45	15
1907	602	198	174	679	53	209	42	57	11
1911	585	205	147	660	103	397	65	78	32
1915	583	182	120	659	109	318	58	78	30
1919	1,172	537	111	1,909	184	663	96	182	41
1923	1,521	499	163	2,653	277	1,275	224	359	100
1927	1,766	492	282	2,833	378	2,001	331	456	503
1931	1,477	455	214	2,688	375	1,618	258	390	370

出所）日本銀行統計局編『明治以降本邦主要経済統計』日本銀行統計局，1966 年，131-155 頁より作成。
　注）中央財政特別会計には，年度を定めない臨時軍事費特別会計は含まない。外地特別会計は，植民地の経営を効率的に行うための支出。

支の天井[1]ともいえる存在が経済政策の自由度をせばめ，この時期の日本経済は苦闘の時代となった。

　日清戦争時の臨時軍事費特別会計の支出は 2 億円以上と，当時の歳入規模からすれば巨額であったが，その戦勝に伴う拡張的な財政政策（「日清戦後経営」）により，表 6-2 のように財政の規模はさらに拡大した。日清戦争後の講和条約で日本は下記の主な利権を得た。①朝鮮の清への朝貢廃止を清が認め，日本が朝鮮への進出の足掛かりを得た。②清が台湾・遼東半島などを日本に割譲した。ただし遼東半島の割譲は，ドイツ・ロシア・フランスによる三国干渉を引き起こし，日本は報償金を得て清に遼東半島を返還した。③清は日本へ賠償金をポンド貨で支払い，それが，日本が金本位制へ移行する際の正貨準備となった。④清は長江上流域の重慶まで開港し，日本が長江上流域までの航行権を得て，日本の海運会社が長江輸送へ進出するに至り，1907 年に日清汽船が設立された（松浦［2005］）。

　その後，1898 年に旅順・大連を租借したロシアが日本の朝鮮支配にとって脅威となり，欧米諸国による中国の利権獲得競争を活発化させ，日清戦後経営の課題として何よりも対露戦を想定した陸海軍備の拡張が重要となった。その他に製

1）固定相場制のもとで国際収支の赤字を改善するために経済引き締めを行わざるを得ず，国際収支が経済成長を抑制してしまうことをいう。

鉄所の創設，鉄道と通信設備の拡大や，植民地である台湾の経営なども日清戦後経営の課題となり，1899 年度の歳出は，日清戦争中の 95 年度の約 3 倍となった。こうした歳出の規模拡大を従来の財源で補えるはずもなく，日清戦争賠償金・遼東半島返還報償金のほか，酒税などの増税，営業税・砂糖消費税などの新設，および所得税法の改正による法人所得税の追加などによって賄われた。

　日清戦後経営では，1897 年設立の日本勧業銀行や 1898～1900 年に各府県に設立された農工銀行が地方産業に対して主に不動産抵当担保金融を行い，1899 年に台湾での産業・貿易金融を行う台湾銀行が，1900 年に北海道開発への金融を行う北海道拓殖銀行が，02 年には外資導入と長期資金による工業金融や有価証券金融を行う日本興業銀行が設立された。1901 年開業の官営八幡製鉄所は，国家資本の経営体ゆえに，長期的視野での経営や設備投資が可能となり，そこに蓄積された経営資源は民間企業へも移転された（長島 [2012]）。

　1904 年から日露戦争が始まったが，日露戦争時には，臨時軍事費特別会計の支出が約 15 億円で，日清戦争時の 7 倍以上に増加した。その財源として，増税，諸税の新設，塩・煙草の専売，内国債の発行のほか，外債発行が重要となった。塩・煙草の専売は現代にまでつながる大きな政策転換であるが，塩専売制は，第一次世界大戦期になると価格調節機能がうまく働かず，需給調整が果たせないため，植民地塩の輸移入の拡大が行われ，1910 年代末には植民地塩消費が拡大した（前田 [2022]）。日清戦後経営期から外債発行は行われたが，日露戦時には 1904～05 年に，約 7 億円（実収額）もの外貨公債が発行された。それが可能になった背景に，金本位制への移行と 1902 年の日英同盟の締結があり，この時は主にロンドン・ニューヨーク市場で外債が発行された（杉山 [2012]）。

　さらに，日露戦後には，日清戦後を上回る積極財政が展開された（「日露戦後経営」）。その中心は軍備の拡充であり，兵器においてはその国産化が進展した。それ以外の分野では，1906～07 年に主要民間鉄道が国有化されたほか，日清戦後経営期から引き続いての電信・電話事業など通信インフラの拡張，および新たに影響下に入った朝鮮・樺太，および満洲の経営などが主であり，外地特別会計も増大した。鉄道国有化は国内のみでなく，1906 年に朝鮮の京釜鉄道も日本政府が買収し，ロシアの東清鉄道を継承した南満洲鉄道株式会社（満鉄）が半官半民で設立されるなど，東アジア地域の統一的な交通ネットワークの整備が目指された。このような日露戦後経営のあり方，とりわけ，軍備拡充に向けた艦船・兵

器，および諸機械類の輸入，さらには産業革命の進展に伴う機械設備，棉花など
の工業原料，食料品などの輸入は，綿糸布，生糸といった繊維製品などの輸出を
大きく上回り，大幅な輸入超過となった。

　貿易収支の連年の赤字に，外債の元利支払が加わり，20 世紀初頭の経常収支
は悪化の一途をたどった。しかも日露戦後の講和条約で日本はロシアからの賠償
金を獲得できず，経常収支の悪化を外資導入で補うこととなり，外貨国債の新規
発行・借換のほか，地方債，民間社債も海外で発行された。政府は国債発行など
に際し，国債を引き受ける日本銀行や有力都市銀行の協力が不可欠となり，金融
政策における日本銀行の能動性が高まった（佐藤 [2016]）。そして 1910 年以降
は，対外債務の累積による新規外債発行の困難，および入超の継続による正貨の
減少により，日本は国際収支の危機を迎えた。財政支出は緊縮を余儀なくされ，
景気も低迷を続けたが，第一次世界大戦の勃発で状況が一変した。

2）第一次世界大戦と日本の国際収支

　1914（大正 3）年 7 月の第一次世界大戦の開戦当初こそ，欧米からの重化学工
業製品の輸入途絶，および主要な輸出品であった生糸輸出の減退により，従前か
らの不況がさらに悪化したが，1915 年以降は「大戦ブーム」と呼ばれる好景気
が訪れた。大戦ブームは，国際収支の天井を一時的に取り払った。まず，輸出の
急増により，貿易収支が改善された。前掲表 6-1 の輸出額と輸入額を比べると，
1913 年には約 7,800 万円の貿易収支赤字であったが，17 年には約 5 億 5,100 万円
の黒字となった。品目別・地域別にみると，①戦場であるヨーロッパ地域への軍
需品・食料品の輸出，②参戦諸国からの輸入が激減し，かつ，日本と同様に好況
に沸くアジア地域への工業製品輸出，③同じく好景気であったアメリカへの生糸
輸出などが急拡大した（三和 [2003]）。総力戦の過程で民間の船舶も動員された
ため，ヨーロッパを中心に船舶不足が生じ，世界的に海運賃が高騰した。

　輸出急増とも相まって，海運業における運賃収入・保険料収入が増加した結果，
貿易外収支も好転した。その経常収支の受取超過は，1917 年に約 9 億 7,600 万円
に及んだ。その結果として，1914 年に約 3 億 4,000 万円という危機的な水準にあ
った正貨保有高が，20 年に約 21 億 8,000 万円に達した。経常収支の改善を背景
に，段祺瑞政権への借款（いわゆる「西原借款」[2]）を中心とする中国への資本輸
出が進められた（久保田 [2016]）。さらに，満洲への投資，および連合国側の戦

時公債引受など，積極的な資本輸出が試みられ，1914～18 年の長期資本収支における支払超過額は，約 14 億 9,000 万円に及んだ（伊藤［1989］）。

　第一次世界大戦は，日本の国際収支改善に大きな影響を与えたが，同時に，1917 年の金本位制の停止も日本経済に大きな影響を与えた。1917 年の金本位制停止，および休戦後における金本位制復帰の見送りは，政治的判断であったと指摘されるが（杉山［2012］），同時点から 1920 年代を通して，結果的には金本位制の埒外で，財政経済運営を図ることになった。大戦ブームによる資金需要の拡大，および輸出急増に伴う外国為替資金需要の拡大に対応し，日本銀行は横浜正金銀行・市中銀行に対する貸出を増加させ，公定歩合を引き下げた。こうして，通貨供給量の急増により，1917 年頃から諸物価が上昇し始めた。他方で，第一次世界大戦期における労働者の名目賃金上昇は，物価上昇に及ばなかったので，実質賃金が大戦末期にかけて低下した。

3）1920 年代における経済政策

　1918（大正 7）年 11 月に第一次世界大戦が終結した後も，欧州諸産業の不在，アメリカなどへの輸出の持続，および，通貨供給量の拡大などに支えられて，好況は持続した（「戦後景気」）。この好況は，株式・商品・土地などへの投機に結び付き，それらの価格を高騰させた。ところが，ヨーロッパの復興が進むとともにヨーロッパ製品が再び世界市場に供給され，日本製品の販路は縮小した。そして日本製品が予定通りには売れなくなり，1920 年 3 月，東京株式市場で暴落が生じ，戦後景気の「バブル」がはじけた（「1920 年恐慌」）。特に，金融面での不安は大きく，1920 年 4～7 月にかけて 169 件もの銀行取付[3]があった。政府は，日本銀行を通じての救済融資などにより，恐慌を沈静化させたが，救済融資は淘汰されるべき銀行・企業群を温存した。こうした問題による経済システムの不安定と，金本位制の調節機能の不在が，1920 年代の日本経済を規定した。

　再び表 6-1 によって，1920 年代における日本の国際収支を確認する。貿易収支は，大戦終結時より既に赤字に転落しており，経常収支も 1920 年より赤字となった。以後，両者とも 1920 年代を通じてほぼ赤字続きであったが，とりわけ

2）寺内内閣が 1917～18 年にかけて特使西原亀三を派遣して中国の段祺瑞政権に与えた政治的借款で，総額 1 億 4,500 万円に上った。

3）経済不安が発生したときなどに，預金者が預金を引き出すため，銀行に殺到すること。

23 年の関東大震災後には，復興需要を満たすための輸入増が加わり，5 億円を超える国際収支赤字が計上された。国際収支の赤字は，正貨流出を引き起こした。前述の通り，大戦景気による輸出ブームの結果として，1920 年には約 22 億円（うち，在外正貨約 11 億円）の正貨が蓄積されていたが，28（昭和 3）年には約 12 億円（同約 1 億円）へと減少し，国際収支決済に用いられた在外正貨の減少が著しかった。円為替相場は，1920 年代を通じて平価（100 円＝49.85 ドル）を下回り，1924～25 年には 100 円＝40 ドルを下回った。他方，日本国内の正貨準備高は 10 億円台を維持し，日銀の紙幣発行高は大戦期の水準を維持していた。これが，後述する当該期における「積極財政」の背景となった。正貨減少への対応として，日露戦後期と同様に，政府，地方自治体，民間企業（特に，電力業）による外債発行も行われ，1920 年代における長期資本収支は，再び大幅な受取超過を示した（伊藤［1989］：橘川［1995］：岸田［2002］）。

　日本国内の「慢性不況」に対応し，財政規模は 1910 年代末から拡大した。とりわけ，積極政策を標榜する政友会内閣期（1918～21 年原敬内閣，21～22 年高橋是清内閣，27～28 年田中義一内閣）に，インフラ整備・交通・教育・植民地関係費などを中心に支出が増加した。中央特別会計支出と地方財政支出の増加が 1920 年代は著しく，その中心が植民地関係と土木・教育費であった（表 6-2）。その一方，1920 年代の軍事費は抑制され，外債・地方債償還のための公債費がかなり増大していた。国際収支の悪化，不況への対応という内外の大きな課題に直面しながらも，同時期において金本位制への復帰は模索され続けていた。

　最初の契機は，政友会の高橋内閣から憲政会の加藤友三郎内閣に代わった 1922～23 年であったが，加藤の死去，および前述した関東大震災の影響により，不可能となった。1925 年におけるイギリスの金本位制復帰，および憲政会の加藤高明内閣・若槻礼次郎内閣の成立により，再度，金解禁への努力が始まった。その過程で，特に必要とされたのが，震災手形の処理である。

　震災手形とは，関東大震災が原因で決済が困難になった手形のことで，これについて日本銀行が再割引し，その取り立てを猶予し，さらに融資が回収不能となった場合には 1 億円まで日銀が損失補償することを定めていた。この手形の未決済額が，1926 年末で 2 億 680 万円であり，多くは不良債権化していた。若槻内閣は，震災手形を保有する銀行に対し，公債を交付することで，同問題の最終的な処理を目指した。1927 年 3 月に，その処理法案が審議された場で，片岡直温

蔵相が失言したため，銀行預金の取付が続出し，恐慌となった（「昭和金融恐慌」）（山崎［2000］：伊牟田［2002］）。恐慌の過程で若槻内閣は総辞職し，金解禁に消極的な田中義一内閣に交代した。金解禁の実施は，1929年7月成立の浜口雄幸内閣における井上準之助蔵相に委ねられた。

2　産業革命と工業化

1）軽工業における「産業革命」の展開

　前章で述べた松方デフレ期を経て，1880年代半ばから90（明治23）年にかけて，会社資本金，および設備投資の急増がみられた。いわゆる「企業勃興」である。この第一次の企業勃興期は1890年恐慌によって途絶えたが，商法の制定を経て，日清戦後の第二次企業勃興期に続いた。日露戦後も会社設立は盛んに行われ，通常，1880年代半ばから，1910年頃までを「産業革命」期とすることが多い。何をもって「革命」の指標とするかは，現在でも議論が分かれるところで，生産財と消費財がそれぞれ自立した国内産業として定着したことを重視する考え方や，主導産業で機械制大工業が定着したことを重視する考え方がある。近年では一国史的な枠組を批判し，貿易を軸とした国際分業体制を重視する見解が多い（鈴木淳［2000］：杉山［2012］：三和・三和［2021］）。都市での機械制大工業の定着のみでなく，産業革命期に農村部を含む地方で広範な会社設立が行われたことを重視する見解や（中村［2010］），地方での会社設立における中央との人脈を重視する見解もある（石井［2013］）。

　こうした見解を念頭におきつつ，本節では，綿紡績業・製糸業・石炭業・機械工業について詳述する。綿紡績業は，消費財生産部門の中心であり，戦前期日本経済を主導する産業であった。製糸業と鉱山・石炭業は，当該期において諸機械類を輸入するために必要な外貨獲得を担った産業であり，石炭業の成長はエネルギー自給の確立にもつながった。また機械工業は，産業革命の重工業部門への波及だけでなく，工業化の基盤ともなった。

　日本における近代的紡績業は，1883年に操業を開始した大阪紡績の成功により，80年代半ば以降，鐘淵紡績や摂津紡績・尼崎紡績などの大規模紡績工場の新設が相次いだ。1890年代には，関西や九州，中京圏の地域にも，中堅規模の紡績企業が生まれ，工業化は全国規模で波及することになった（橋口［2022］）。

■ 解説 III-1

産業革命研究の新展開

　1995 年，高村直助は自身の論文集をまとめるにあたり，「"産業革命"は死んだの
か」という短い章を書き下ろした。1980 年代以降，産業革命発祥の地であるイギリス
では経済成長率の推計などを根拠に伝統的な産業革命像への疑問が N. F. R. クラフツに
よって投げかけられ，産業革命（industrial revolution）という概念そのものを「誤解を
まねく用語」とみなす潮流が生じていたことや，80 年代末から 90 年代初めにかけて社
会主義国家が相次いで崩壊もしくは市場経済制度の導入を余儀なくされ，資本主義とい
う経済システムがいわば自明のものとなって，その成立過程や歴史的性格に対する問題
関心が希薄化したことなどが，執筆時の背景にあった。高村は以上のような傾向に対し，
イギリスの実態がこれまで想定されてきた理念型と乖離しているなら，それはむしろ日
本の産業革命研究が静態的な比較分析に終始していた状況から脱する良い機会であるこ
と，かりにイギリス産業革命の展開が漸進的なものであったとしても，後発資本主義国
である日本をそれと同一視することはできないことなどを指摘し，「日本の産業革命の
時代に何がどのように変わったのか」（傍点引用者）という動態的側面の解明が重要で
あると問題提起した。

　しかし，その後における学界の動向は，必ずしも高村が危惧したような産業革命自体
を全否定する方向へは向かわなかった。それは，従来の産業革命研究が立脚していた国
民国家経済史観を相対化する「アジア間交易圏論」を提起し，国際的な学界動向にも通
暁している杉原薫が，近著において「18 世紀末から 19 世紀初頭にかけてのイギリスで
生じた産業革命はやはり画期的な事件であった。その「革命」性やイギリス社会への影
響の強さについては近年異論も出ているが，農業に対する工業の相対的重要性の増大
（工業化）と都市人口の比率の増大（都市化）の二つの変化が不可逆的な趨勢として定
着したことは明らか」（杉原薫ほか編『地球圏・生命圏・人間圏』京都大学学術出版会，
2010 年）と総括していることにもあらわれている。日本においても，1980 年代末から
90 年代半ばにかけて刊行された講座シリーズの『日本経済史』（全 8 巻，岩波書店），
『日本経営史』（全 5 巻，同）では，「産業化の時代」，「経営革新と工業化」というよう
に産業革命という用語を巻名に付すことを回避する傾向が見られたが，2000 年代に入
って刊行された『日本経済史』（全 6 巻，東京大学出版会），『講座・日本経営史』（全 6
巻，ミネルヴァ書房）では，それぞれ「産業革命期」，「産業革命と企業経営」と題する
巻が与えられている。これらを見る限り，産業革命は「死語」となる危機を乗り越え，
復権を果たしたかのように思われる。

　もっとも，このような近年の研究に見る産業革命へのアプローチは，当然ながら大石
嘉一郎編『日本産業革命の研究』（上・下，東京大学出版会，1975 年）を到達点とする

1960 年代以来の研究系譜への単なる回帰ではない。

　新しい研究動向の一つは，「産業革命期」における幅広い事実関係のなかからその同時代的な論理を探ろうとする試みである。その例としては，産業革命初期の多面的な解明を行った高村直助編『企業勃興』（ミネルヴァ書房，1992 年）を先駆とし，谷本雅之・阿部武司「企業勃興と近代経営・在来経営」（前掲『日本経営史』第 2 巻，1995 年），中村尚史『地方からの産業革命』（名古屋大学出版会，2010 年）などの成果が挙げられる。中村は同書の課題について，「産業資本確立の指標をめぐる論争の歴史に一石を投じることではなく，産業革命の起源と展開過程を，地方の視点から見直すことにある」としており，伝統的な研究が「産業革命」という用語に込めていた近代資本主義経済の画期的性格を正面から議論することは意図されていない。このような「産業革命期」に沈潜した実態解明という課題設定は，冒頭で紹介した高村の問題提起を継承するものと言える。

　いま一つの動向は，ミクロ経済理論を歴史研究に援用した新しい「産業革命論」の構築を目指す研究で，中林真幸『近代資本主義の組織』（東京大学出版会，2003 年）がその例として挙げられる。資本主義的な制度と組織の効率性を解明することで資本主義経済の歴史的画期性を浮き彫りにした中林の研究は，依拠する分析ツールは大きく異なるものの，かつて大石が「産業資本確立過程〔＝産業革命〕の把握は，経済理論と関連をもつ歴史分析の方法論的構成に基づいてなされなければならない」（前掲『日本産業革命の研究』上）と強調した産業革命研究の基本姿勢を，最も真摯かつ忠実に実践しているようにも思われる。

　そのほか，武田晴人編『地域の社会経済史』（有斐閣，2003 年），石井寛治・中西聡編『産業化と商家経営』（名古屋大学出版会，2006 年），中西聡『海の富豪の資本主義』（同，2009 年）のように，産業革命の否定という用法ではない広い意味での「産業化」「工業化」概念を用い，そこから新たな視点を得ようとする研究も登場し始めている。このように，産業革命をめぐる研究は多様化しつつあるが，いずれにしても多くの研究者を検証作業に駆り立て，研究の裾野を拡大していけるかどうかが問われていると言えよう。
　　　　　　　　　　　　　　　　　　　　　　　　　　　　　　　　　　（渡邉　惠一）

【参考文献】
クラフツ，N. F. R.［2007］「産業革命——イギリスの経済成長 1700〜1860 年」A. ディグビー／C. ファインスティーン編『社会史と経済史』北海道大学出版会
高村直助［1995］「"産業革命"は死んだのか」同『再発見 明治の経済』塙書房
武田晴人［1992］「近代の産業と資本」社会経済史学会編『社会経済史学の課題と展望』有斐閣
中林真幸［2002］「新しい産業革命論の可能性」社会経済史学会編『社会経済史学の課題と展望』有斐閣

　一方で，二千錘紡績のなかでも業績を回復する事例がみられた。例えば，三重紡績所は渋沢栄一の尽力で三重紡績会社へ改組して一万錘紡績となった。この紡績業の成長の背景には，山辺丈夫や斎藤恒三などの日本人技術者の活躍があったことに加えて，泉南や知多などの地域で産地問屋が，機械製綿糸を導入した問屋制家内工業を通じて産地の成長を牽引していたことが，綿糸市場を拡大させることにつながった（橋口［2017］：阿部［2022］）。

　加えて，貿易条件の整備も紡績業の成長に貢献した。特に原料棉花輸入に関しては，中国棉花からインド棉花に転換するとともに，日本商社がインドの棉花産地へ直接買い付けに赴いたことが指摘され，買い付けた棉花の日本への輸送では，国家的な利益保障を受けた日本郵船が，紡績メーカーと繊維関係品を扱う商社の業界団体である紡績連合会と運賃割戻しの輸送特約契約を結んだ。メーカー・商社・海運業者・国家の協力のもとに，安価な原料棉花の調達が可能となり，日本の紡績業は急速に成長し，1890 年に国産綿糸生産量が綿糸輸入量を超えた。1890 年代には輸出産業化し，97 年には輸出量が輸入量を凌駕した。ただし，紡績機械は 1920 年代まで輸入品を利用し，原料も輸入棉花に依存したため，紡績業の発展は，輸入超過を促すという貿易構造上の問題を有していた。

　製糸業では，1880 年代以降は生糸輸出のうち，5 割以上がアメリカに向けられた。他方，アメリカ市場においても，1890 年代で 5 割程度のシェアを占め，その後中国糸などとの競合で一時期シェアを低下させたものの，大規模製糸工場における品質管理の強化によって再びシェアを向上させ，1910 年代には 6 割を超えるに至った（石井［1972］）。

　日本の生糸輸出を担った産地が長野県諏訪地方で，同地の製糸業者は，横浜の生糸売込問屋や地方銀行から原料繭購入資金の融資を受け，経営規模を拡大して 1890 年代末には蒸気力を利用した近代的製糸工場を設立した。ただし，綿紡績業に比べ，製糸業の繰糸工程の自動化は遅れ，女工の熟練労働に依存し，熟練女工の確保のために「等級賃金制」が導入された。等級賃金制は，女工の成績に基づいて等級を付け，等級に応じて賃金に差を付ける方法で，その等級が相対評価であり，各等級の人数が前もって設定されたため，工場全体の賃金コストは変えないまま，女工間の競争へのインセンティブを高め，糸質の向上に寄与したと考えられる（中林［2003］）。そのことが工場全体としては，製糸女工の低賃金・長時間労働を強制するシステムとして働いた側面も否定できない。

　諏訪地方は普通糸から中等糸へと品質を向上させて輸出市場での地位を確保し（上山 [2016]），諏訪との産地間競争に敗れた北関東の製糸業産地は，諏訪地方へ原料繭と労働力を供給したり，国内向けの生糸生産を進めた。また，諏訪産生糸との差別化を図って，関西の郡是（ぐんぜ）製糸会社のように，優等糸生産へ特化する製糸業者も存在した（花井 [2000]：榎 [2008]）。そして生糸を原料とする絹織物も輸出されるようになり，福井県では工場生産の進展で，19 世紀末に輸出向け羽二重（絹織物）産地が勃興した。伝統的絹織物産地であった桐生でも，1910 年代後半に進展した力織機の導入に加え，消費市場の多様化に対応し得る多品種生産の強みを活かして，20 年代には輸出向け生産も拡大させた（橋野 [2007]）。

　毛織物業は，近代以降，明治政府の軍服需要に応えるべく日本に移植された産業で，官営工場から始まり，綿織物業や絹織物業のように在来産業としての発展基盤は有していなかった。愛知県尾西（びさい）地域が，明治期からの知多地域や遠州地域との産地間競争のなかで主力製品を綿製品から絹綿交織，そして毛織物へと主力製品を転換させることで毛織物産地としての基盤を有し，1920 年代には，大阪の輸出商との製品開発事業や，産地内の整理業者との連携を通じて，尾西産地は日本の毛織物業を牽引していった（橋口 [2019]）。

2）産業革命期の鉱工業

　鉱業では，1870 年代以降，官営化された高島炭鉱，三池炭鉱，および 79（明治 12）年に開鉱した北海道の官営幌内炭鉱などを中心に，西洋式採炭技術が導入された。ただ，これら先端的な炭鉱といえども，導入された「採炭技術」は運搬用の捲揚機と排水用のポンプに限定され，採炭過程における機械化は，両大戦間期以降に進行した（隅谷 [1968]）。1889 年には筑豊で選定鉱区制が採用され，90 年に鉱業条例が公布（92 年施行）されたことによって鉱業権が確立し，三井・三菱財閥による筑豊炭田への進出が開始された。北海道における北海道炭礦鉄道（北炭）が，幌内炭鉱などの払下げを受けて創業したのも 1889 年であり，同時期に大資本を中心とする炭鉱経営が確立した。

　1875 年の日本の出炭量は 60 万トン弱であったが，三池・高島に加え，筑豊・北海道の開発が本格化することにより，1900 年には約 742 万トン，10 年には約 1,600 万トンと，順調に増加していった。また，国内に工業用炭需要の少なかった明治初期においては，三池・高島炭を中心として積極的に輸出されており，

1890〜1900 年における出炭量に占める輸出量（外国船舶の焚料炭需要を含む）の比率は，4 割を超えていた。同時期においては，外貨獲得産業としての役割を果たしていたが，産業革命の進行にともなって工場用炭の需要が増加していき，三池炭などの一部例外を除いて，国内向け需要に振り向けられるようになった。つまり，日本の工業化を，エネルギーの面から支えたのである。

　エネルギーの面では薪炭も重要であるが，林産資源は，薪炭材のみでなく，鉄道業での枕木，電力業での電柱，鉱山業での坑木，製紙業での原料パルプなど多様な産業用材として伐採され，日本の産業化は森林資源の集中的な利用によって進められた（山口［2015］）。

　産業革命期の機械工業には，欧米の一流の機械を主として用いた移植産業に関連した部門（海運・鉄道・綿紡績・軍需など）と，国産機械利用産業に関連した部門（織物業・製糸業・石炭業など中小機械供給部門）の 2 つが存在した（鈴木［1996］）。移植産業関連部門については，産業革命期の初期においては，陸軍兵器の生産を例外として，輸入機械の修理や補助的な機械の生産に終始していたが，1890 年代以降，輸入代替の萌芽がみられた。

　造船業においては，官営工場の払下げにより，石川島造船所・川崎造船所・三菱長崎造船所などが，1880 年代半ばまでに生産を開始した。1896 年に造船奨励法（700 総トン以上の国産鉄鋼船舶に奨励金を支給）が公布・施行され，また 99 年に航海奨励法が改正（外国製船舶を利用した場合の航海補助金半減）されたことにより，国内造船所への発注が増加した。日露戦後期には，汽船の自給率が 6 割を超え，貨客船の国内需要は，ほとんど国内造船業で賄えるまでになった。

　なお官営造船所のうち横須賀造船所は官営のまま海軍工廠となり，その後，呉・佐世保・舞鶴にも海軍工廠が設立され，日露戦後期には軍艦の国産化が可能となっていた。そして日英合弁の民間兵器鉄鋼会社として日本製鋼所が北海道室蘭で 1907 年に設立し，第一次世界大戦後に日本製鋼所が輪西製鉄所を合併するとともに，三井財閥が同社の経営支配権を握り，日本の兵器産業の資本の自立が進んだ（奈倉［2013］）。

　鉄道車両業においても，1893 年に鉄道局神戸工場で初の国産機関車が製造された。これは商業ベースでの生産とはいえなかったが，やはり日露戦後期には生産が増大していき，1906 年の鉄道国有化，09 年における鉄道院の機関車国産化方針決定を経て，国内生産が確立した。このほか，発電機や工作機械の分野など

でも，輸入機械が優勢ななかで，日露戦後期には製品の国産化が進展しつつあっ
た（沢井［1998］）。

　産業革命期においては，中小機械供給部門も重要な役割を果たした。前述した，
長野県諏訪の製糸業に対し，折衷的な技術による器械を供給したのは，在来の鋳
物師や大工であった。また，三池や高島など初期大炭鉱の開発では，輸入のポン
プや捲上機が利用されていたが，1880 年代以降における筑豊炭田の発展に際し
て，（小規模ではあるが）同様の機械類を提供したのは，直方周辺で開業した中
小工場であった（鈴木［1996］）。これに類する事例として力織機がある。力織機
生産は，日露戦後期に広く展開し，かつ，同時代には豊田佐吉の事例のように，
後には輸入機械と同等の製品を製造するに至った例もみられた。

3）重化学工業化の進展とその限界

　産業革命期には，機械工業を中心に重化学工業の発展もみられたが，1910（明
治 43）年の製造工業の構成における重化学の比率はようやく 2 割を超えるに過
ぎず，萌芽にとどまっていた。

　重化学工業化が進行したのは，第一次世界大戦ブーム期においてであった。前
述の通り，船舶不足を背景として海運業が好況となったが，これが造船業から鉄
鋼業へと波及した。また，欧米からの輸入途絶により，化学工業・鉄鋼業・機械
工業における輸入代替が促進された。もちろん，これは輸入圧力の一時的な解消
による「バブル」の側面も強い。重化学工業比率は，1920（大正 9）年に 3 割を
超えたものの，25 年には大戦前の水準（24％）に戻ってしまっている。こうし
た傾向が顕著にみられたのは，化学工業や造船業であった。化学工業では，大戦
の終了によって火薬の需要が急減し，その他の分野についてもヨーロッパ諸国の
生産復帰により，輸入圧力に苦しめられた。造船業においては，大戦期のピーク
時には，汽船建造量が大戦前の 10 倍にまで伸張したが，大戦終了によって世界
的に船舶が過剰となり，20 年代半ばには大戦前の水準に戻ってしまった。また
1922 年のワシントン海軍軍縮条約調印によって軍艦建造量が減少したことも，
ダメージを大きくしている。

　しかし，第一次世界大戦期における重化学工業化を，非連続的にのみとらえる
べきではない。上述したとおり，移植産業関連部門の機械生産についても，技術
的な向上は続いており，一定の条件（この場合，輸入圧力の解消）さえあれば，

国内生産が可能である状況にあったことは軽視すべきではなかろう。また，後述する都市化の進展の影響もあり，金属工業については大戦後も後退せず，生産を漸増させていたことも確認できる（三和［2003］）。

　1920 年代後半期は，第一次世界大戦期とは別の経路で，重化学工業化が進展した。同時期における重化学工業化の中軸は，電力業であった。需要面では，第一次大戦期における諸産業の発展と，都市化による電鉄業の発達が大きく，また供給面では 1914 年における猪苗代発電所の設立以降，大型水力発電と長距離送電の技術が確立され，電源開発が進行したことが大きい。大型の設備投資を賄うために，1920 年代以降外国債の発行が相次いだ。こうした電力供給の充実により，窒素肥料・ソーダのような電力多消費型の化学工業が勃興した。他方で，電力業発達の恩恵を被ったのは大企業のみでなく，中小・零細企業においても電動機が普及した。上述した中小機械供給部門の発達とも結びついていた。

　ただし，第一次世界大戦期を契機に進展した重化学工業化の限界も，1920 年代に明らかとなった。1910 年代の粗鋼生産の急増にも関わらず，20 年当時の日本の粗鋼生産はアメリカの 50 分の 1，イギリスの 10 分の 1 程度にすぎなかった。また，政府の補助を得て，1910 年代から軍用トラックの生産が開始されたものの，耐久消費財を象徴する乗用車生産へは進出しえず，20 年代にアメリカ系自動車メーカーが自動車組立工場を日本国内に設置すると，日本の乗用車市場は完全にアメリカ系自動車メーカーに独占された（石井寛治［2012］）。

4）大企業体制の形成と独占組織の成立

　近代日本では，両大戦間期にカルテル[4]・トラスト・コンツェルンなどの独占組織が成立したが，その成立時期に業種ごとの相違があり，内実も時期により変容したため，独占段階への移行も，1910 年代末，20 年代後半，30 年代前半と多様に展開した。産業革命を主導した綿紡績業では，1900（明治 33）年前後の義和団事件，そして 1907 年の日露戦後恐慌で中小紡績の経営が不安定となったため，大紡績資本による企業合併が進んだ。この合併は，鐘淵紡績は事業の多角化，尼崎紡績は高付加価値製品の重視など，各企業独自の経営戦略が反映された。そ

　4）産業部門別の企業組織で，生産制限や価格の統制を行い，これを通して独占的大企業はその支配力を強化した。

して 1914（大正 3）年には，渋沢栄一が設立に関与した三重紡績と大阪紡績が合併して東洋紡績が生まれ，鐘淵紡績と大日本紡績（1918 年に尼崎紡績と摂津紡績が合併して成立）と合わせて「三大紡」が成立した（橋口［2022］）。

　こうした大紡績は，1910 年代の第一次世界大戦ブーム期に飛躍的に業績を伸ばして内部留保を充実させたため，第一次世界大戦後恐慌を迎えても，その打撃は大阪の綿糸布商に比べて小さかった。それゆえ綿紡績企業は，業界団体の大日本紡績連合会を通じて，綿業界に強い影響力を発揮するようになった（籠谷［1985］）。そしてこうした巨大紡績企業の工場が地方で立地した場合，立地した地域社会も変貌させた。例えば，富士瓦斯紡績の工場が立地した静岡県小山町では，人口増大と商店の集積が見られた一方で，山野資源の乱獲による洪水や農業水利面の損害なども生じた。企業・工場と地域社会はこうした諸問題の解決を図ることを通して利益共同体として一体化していった（筒井［2016］）。

　一方，金融業の分野では 1900～01 年の恐慌で地方の中小銀行の淘汰も進み，少数の都市銀行と多数の地方銀行への二極化が生じ，1910 年代には 5 大都市銀行が預金総額・貸出総額のうち 20％以上を占めた。これら都市大銀行は共同して政府発行の国債を引き受けるシンジケート団を形成し，1918 年には預金金利協定を結んで，競争制限的行動をとった。こうした綿紡績独占体や銀行独占体に着目すると 1910 年代末には独占段階へ移行したともいえる（高村［1980］：石井［1991］）。そして三井銀行・三菱銀行・住友銀行などは，第一次世界大戦期以降に証券業務・国際業務を拡大してユニバーサルバンクとなった（粕谷［2020］）。その結果，証券会社は公社債取引を都市大銀行と協力して行うこととなり，横浜正金銀行は外国為替取引をめぐって三井銀行・三菱銀行・住友銀行と競争した。

　ただし一般に，独占段階への移行は，より規模の経済性の働く重化学工業を素材として主に論じられ，そこでの独占組織の形成は 1920 年代以降に持ち越された。1920 年代は，ヨーロッパ製品との競争に直面した日本の重化学工業では，利益率があまり上がらず，国内企業間競争を制限して協調して対外競争力を確保するためのカルテル組織が，石炭・銅・銑鉄・鋼材・セメントなどの業種で形成された。そして，対外競争圧力のため，石炭業界ではカルテル価格が低位安定化し，生産性の高い企業が低い企業を市場から追い出す効果をもたらしたとされる（長廣［2009］）。そして 1929（昭和 4）年の世界恐慌の打撃が日本へ波及すると，30 年代初頭にさらに多くのカルテルが形成された（橋本・武田編著［1985］）。

　商工省は 1931 年に重要産業統制法を制定し，本格的にカルテルの統制機能を強化して不況対策や合理化を図った。しかし，その効果は化学部門ではみられたものの，銑鉄・鋼材・棒鋼・セメント・製粉・精糖ではみられず，三菱などの財閥は重要産業統制法の対象から外されたため，自らの指導力を維持した（宮島［2004］）。一方で紡績業では，大日本紡績連合会がこの対象下に置かれたため，大紡績企業は綿織物業などの中小企業部門の利害を組み込むよう促されることになった（平沢［2001］）。1932 年には主要製紙三社の合同，34 年には主要製鉄会社の大合同（日本製鉄成立）など，トラスト（企業合同）による企業合理化が進んだ。その意味で，近代日本では 1930 年代前半には重化学工業部門を含む主要産業で，独占段階への移行が見られたといえる（橋本［1984］）。

　いま 1 つの独占組織の形態であるコンツェルンは，第一次世界大戦期の重化学工業化のなかで多くの財閥が事業部門を株式会社化し，その頂点に持株会社を設立して形成された。三井は，1909 年に三井家の全額出資で持株会社の三井合名会社を設立し，三井銀行・三井物産・三井鉱山など直系会社を株式会社に改組して，その有価証券や不動産を所有することでピラミッド型のコンツェルン組織が成立した。三菱は，1893 年に三菱合資会社となったが，1908 年に造船部・鉱山部が独立採算制に移行し，11 年までには全ての事業部が独立採算となった。三菱合資は 1917 年に持株会社化され，その後各事業部が順次株式会社化され，コンツェルン化が図られた（法政大学産業情報センター・橋本・武田編［1992］）。

　コンツェルン化は，1912 年の安田保善社，21 年の住友合資の設立や第一次世界大戦期に急拡大した古河・藤田・浅野・久原などの企業グループでも見られたが，所得税制の改正との関連で，節税対策の意味もあり，グループ企業の株式を公開して外部資金を調達する方向性は弱く，財閥家族の封鎖的株式所有はこの時点では根強く継続された。そして財閥本社は，内部資本市場を通して，財閥の持つ資源を各子会社へ割り当てた。各子会社が資金割り当てを受けるには財閥本社を説得する必要があり，そのことが，内部資本市場をめぐる財閥子会社間の競争構造を作り出した（武田［2020］）。

　また大企業体制の形成は，企業統治[5]の重要性を高めた。企業統治では，当該企業に関わる株主・経営者・従業員・顧客・銀行・政府・地域社会などの関係性

5）企業統治（コーポレート・ガバナンス）は，企業の意思決定と監督の実質的な権限と責任を，企業の利害関係者のうちどのグループが所持しているかの問題を表す。

が問題となる。近代日本においては，大企業の設備投資資金調達では株式を中心
とする資本市場が，在来中小経営の資金調達や大企業の運転資金調達では銀行か
らの借入金が重要とされたが，株式担保金融が広く行われたこともあり，両者を
明確に区別することは難しい（寺西 [2011]：中西 [2019]）。電力業などの公共部
門では政府との関係が重要であるが，近代期の電力企業は，大株主や社債を引き
受けた銀行の利害を重視し，第二次世界大戦後の電力企業は，政府の利害を重視
した（北浦 [2014]）。企業統治のあり方には，産業ごとの特性が強く影響した。

3　地主制の展開と植民地農業

1）世紀転換期の地主制

　ここまで，20 世紀上期における工業化の進展をみてきたが，国内純生産に占
める農林水産業の比率は，1890（明治 23）年で 48.4％，1910 年でも 32.5％であ
った。同じ期間に鉱工業が 11.8％から 21.5％へと拡大したとはいえ，同時期の日
本については，まだ農業国的な色彩も濃厚であった。また，後述する米騒動の勃
発にもみられるように，食料生産・流通のあり方が，社会経済に重大な影響を及
ぼす局面も多い。本節では，戦前期日本農業の特徴ともいえる地主制の展開と，
植民地を含めた食料生産の推移について確認する。

　明治維新期の地租改正によって農地所有者が確定され，また，松方デフレ期の
米価も著しい下落により，同時期より小作地の比率は上昇した。松方デフレ期で
あった 1883〜84 年における小作地率は 35.9％とされているが，90 年代には 4 割
を超え，1908 年には 44.9％まで上昇した。同年に，5 ヘクタール以上を耕作する
農家は，全農家中の 0.8％に過ぎず，1 ヘクタール未満の耕作農家が 7 割弱を占
めていた。地主が，集積した土地を自ら耕作することはせず，小規模な農地を耕
作する小作人に土地を貸与し，小作料を徴収する経営が一般化した（中村
[1979]）。小作地率は，1910 年代以降において上昇することはなかったが，ほぼ
横ばいで推移し，40（昭和 15）年まで 4 割台であった。

　近代日本における地主―小作関係には，固定的な「家」制度や自治的・自律的
機能の強かった「村」によって醸成された信頼関係があり，それゆえ地主制が長
期的・安定的に続いたともされる（坂根 [2011]）。ただし，地主―小作関係が動
揺した地域は存在しており，1920 年代に西日本から始まった小作争議の波は，

30 年代に東北地方へ移った。その背景には，人口増加率の地域差に由来する借地市場の需給バランスの変化があった（玉［2018］）。

　このような体制の下で，米作は順調に増大した。その背景として，明治期から第一次世界大戦期における米価の長期的な上昇傾向と，農商務省による農業技術の改善や土地改良への資金投下，および民間における農事改良家の存在などが大きかった。さらに 1889 年に農会法が成立し，帝国農会—道府県農会—市町村農会として組織された系統農会が，農業技術の普及に取り組むとともに，農業者利益を代表する政治団体としても活動した（松田［2012］）。また，各米産地で品質改良のために実施された米穀検査の役割も，米の品質改良と標準化にとって重要であった（大豆生田［2016］）。

2）日本の植民地進出

　前述のように幕末開港は，欧米諸国への「開国」と同時に，清や朝鮮との本格的「開国」の意味をもった。日朝貿易が開始されると，第一国立銀行は朝鮮各地に支店を開設し，日本郵船・大阪商船などの海運会社も積極的に朝鮮航路を開設した。日清戦争までの日朝貿易は，日本がイギリス製綿布を朝鮮へ輸出し，朝鮮から日本が穀物を輸入することが中心であった。その後，日清戦後になり日本で綿紡績業が定着すると，日本産綿糸・綿織物が朝鮮へ大量に輸出され，朝鮮産の穀物が大阪周辺地域の下層労働者の食料として輸入された。その意味で，日本の綿紡績業と朝鮮農業は密接に関連した。その後，日露戦争が始まると日本は朝鮮支配を強め，1904（明治 37）～05 年に 2 回の日韓協約で日本が朝鮮（大韓帝国）を保護国化し，1908 年に東洋拓殖会社を，09 年に韓国銀行を設立させ，最終的に 10 年に日本が韓国を併合して完全に植民地化した。

　植民地化とともに，日本は朝鮮で 1910 年代に土地調査事業を行い，土地所有権を確定させた。その過程で，東洋拓殖会社を中心として日本人が朝鮮農村部へ進出し，土地調査事業の完了した 1918（大正 7）年末時点で，朝鮮全体で 442 万町歩のうち朝鮮総督府管轄の国有地が約 27 万町歩，日本人地主の所有地が約 24 万町歩を占めた。朝鮮でのインフラ整備は，1900 年代に鉄道建設が進み，南部の釜山から南満洲鉄道まで接続され，11 年に韓国銀行が朝鮮銀行となって朝鮮の中央銀行となり，通貨制度も日本に統合された（金［2002］）。

　日本による朝鮮の植民地化後の日朝間の交易関係は，朝鮮から穀物（米や大

豆）を移出し，日本本国から綿布を移出する「綿米交換体制」が維持された。しかし，1930 年代にかけて朝鮮北部では鉱工業が発展し，朝鮮南部では綿布生産による移入代替が進んだことで，朝鮮は，日本本国から機械（資本財）を移入し，日本本国へ硫安（肥料）を移出するようになった（竹内 [2020]）。

日清戦争で清から獲得した台湾でも，台湾総督府が土地調査事業を実施した。台湾は中国本土との経済関係が強かったため，糖業を中心とする産業振興政策を総督府は推進して日本本土との経済関係を強めた。総督府の保護政策の下で日本企業の台湾糖業への進出が徐々に進み，台湾銀行がそれを資金的に支援した。特に鈴木商店が，台湾糖の取引に積極的に進出し，現地で製糖会社も設立した（社団法人糖業協会監修 [2009]）。製糖業などの大工業に加えて，製帽業が中小零細工業として発展し，植民地台湾は重層的な工業化をみせた（堀内 [2021]）。植民地台湾での重化学工業化は，電源開発先行で始まり，電力産業への投資が電力多消費型産業への投資を誘発し，アルミニウムやマグネシウムの精錬業などが勃興し，それらの製品は日本本土へ移出されて航空機資材となった（湊 [2011]）。

清への日本の投資として，1899 年の八幡製鉄所が原料鉄鉱石を漢冶萍公司（大冶鉄山）から輸入することを結んだ契約が重要であるが，この背景には，日清戦争の賠償金を日本に支払った清が，清の重要な鉱山・製鉄所であった漢冶萍公司の経営資金が足りなくなり，鉄鉱石を日本に売却することでそれを確保しようとしたことがあった（佐藤 [2003]）。そのために，日本では八幡製鉄所がうまく軌道に乗ったのに対し，清の製鉄所が原料鉄鉱石不足でうまく軌道に乗らず，日清戦争の勝敗が両国の製鉄業の定着に大きな影響を与えた。

さらに日本は，日露戦争後の条約で，ロシアから旅順・大連を含む関東州の租借権と東清鉄道南部支線の財産と付属地および南樺太を継承し，満洲（中国東北部）では 1906 年に満洲開発の国策会社として南満洲鉄道株式会社（満鉄）が設立され，資本金の半額は鉄道・付属財産などで日本政府が出資した。満鉄の事業は，鉄道を中心として鉱山・電気・倉庫・不動産などインフラ関連産業に広くわたったが，こうした対外投資の原資として多額の外債が発行され，外資導入による対外投資という日本の特徴が見られた（金子 [1991]）。

また南樺太では，樺太庁が新たに設置され，それまでの漁業中心の産業構成から林業・製紙業中心の産業構成への転換が樺太庁主導で進められた。樺太庁は原住ロシア人を強制的に退去させて，全領域を国有地として統治を開始し，樺太庁

の裁量で土地や原生林の処分を行った（天野［2018］）。

　こうした特徴から，日本では本国の資本蓄積が不十分な段階でも外資に頼って早期に植民地へ進出したと評価されるが，本国において植民地よりも有利な投資先が存在したために植民地企業への投資があまり進まなかったとの見方もあり，植民地進出の必然性は再検討の余地があろう。

3）米騒動の衝撃と植民地における産米増殖

　近代日本では，米の生産量が増加したものの，米の消費量はそれ以上に増加したので，1890 年代以降，米の輸（移）入国となった。植民地化された朝鮮・台湾では，日本本国向けの米生産が拡大し，そうした朝鮮米・台湾米の移入，および中国・東南アジアからの輸入米がそれをまかなった。第一次世界大戦前においては，輸移入米流通量の国内流通米における比率は 10％程度に過ぎなかったが，1918（大正 7）年の米騒動の勃発が転換となった。

　1917 年のロシア革命でソ連（ソヴィエト社会主義共和国連邦，1922 年成立）が誕生し，日本はそれに対応すべく 18 年 8 月にシベリア出兵を宣言した。派兵による米不足の不安から，米価は暴騰へ転じ，第一次世界大戦前に 1 石 15 円内外であった米価は，同年中に 40 円以上まで上昇した。米騒動は，出兵宣言に先立つ 1918 年 7 月に始まり，9 月まで各地で生じた。こうした騒擾に対する危機感から，政府は米不足＝高米価への対応を迫られ，1921 年に米穀法を施行した。同法では，政府が米を売買すること，また輸入関税の増減により，米価の調整が可能となった。その米価安定効果については疑問視されているが，後の食糧管理政策の萌芽となった（大豆生田［2007］）。

　より重要なのは，植民地における産米増殖計画である。前述の通り，朝鮮・台湾からの米移入は大戦前より行われていたが，朝鮮では主に水利・土地改良事業が行われ（松本［2005］），台湾では米の品種改良などにより，1920 年代には朝鮮・台湾からの米移入量が大幅に増加した。日本本土の米消費に占める植民地米のシェアは 2 割近くにまで上昇し，安価な植民地米の影響で，国産米の価格は 1920 年代半ば以降下落し続け，特に昭和恐慌期において，農業恐慌を深刻化させる大きな要因となった。米価の低迷傾向は，地主の小作地経営の魅力を失わせることになり，同時期以降における地主制の後退につながった。米ばかりでなく小麦も海外からの輸入が 1920 年代に急増し，アメリカ・カナダやオーストラリ

アからの輸入に頼っていた（大豆生田［2023］）。他方，産米増殖は植民地農業のあり方自体に大きな影響を与え，いずれの地域でも米生産，および産米の対日移出への偏重が見られた。朝鮮では，人参・棉花など，従来の商業的作物の栽培が阻害され，朝鮮農民の主食として満洲から粟が輸入された（竹内［2020］）。

　台湾では品種改良によって 1920 年代半ば以降米価が上昇し，稲作と，製糖業の原料である甘蔗作とが一部で競合し始めたため（「米糖相剋」），30 年代に台湾農民の交渉力が高まり，製糖会社は対応を迫られた（久保［2022］）。そして台湾では，電力会社による電源開発（水力発電所建設）も台湾農民の水利権とぶつかり，台湾総督府が進めた産米増殖に水利権が関わるため，台湾の重化学工業開発は順調には進まなかった（清水［2015］）。このように地主層の経済的利害を重視する台湾総督府の政策に支えられて，台湾米や砂糖などの一次産品で日本本土と台湾を結び付ける流通ネットワークが形成された（谷ヶ城［2012］）。

　その後，1930 年代には，製糖業で「過剰糖」問題が発生したことで，台湾と日本本国の生産地間で利害の不一致が生じた。加えて工業塩の分野でも，日本が中国山東省を支配下に置いたことで，工業塩の新たな供給源を確保することになり，台湾や関東州の製塩業との競合につながった。つまり日本帝国内の「本国－植民地間」の農工の分業体制は，「相克」と「限界」に直面していたのである（兒玉［2017］：平井［2017］）。

4）農村社会と農民運動

　第一次世界大戦の勃発は，農村社会を変容させた。前述した物価の上昇，とりわけ米価の高騰は，農家経営に強い影響を与えた。地主，および自作農家の上層は，物価上昇による収益を享受することができた。他方で，販売用の米穀を手元に残すことができない自作，および小作下層農民にとっては，生活費や肥料価格の高騰が，むしろ大きな負担となった。後述するように，第一次世界大戦期には，工業労働を中心に都市部の労働力需要が急増した。これに対応して，下層農民を中心として出稼ぎが急増し，農村労働力の流出が顕著となった。1920（大正 9）年恐慌によって，一旦その動きは沈静化したものの，恐慌後に再び流出が増加した。いずれにしても当該期以降，農村社会は，都市をはじめとする外部の経済，および労働市場に，より深く結び付けられていった（大門［1994］）。

　こうした変化は，小作農民の意識をも変化させた。第一次世界大戦期における

　小作農民の生活水準の上昇は，さらなる生活水準の上昇欲求へとつながったが，地主との生活水準の格差は拡大傾向にあり，小作農民の高額小作料，およびそれを基盤とした地主の奢侈に対する反発を高める要因ともなった。実際，第一次世界大戦期後半には小作組合が結成され，小作料減免要求を中心とした争議が現れ始めた。そしてこの時期の争議には，経済的要求のみならず，農村社会内における小作人の人格承認要求も含まれた。

　1920 年における小作争議件数は既に 400 件を超えていたが，恐慌の到来，およびその後の不況により，22 年には約 1,600 件に増加した。その後景況は安定するものの，小作争議件数は容易に減少せず，1926（昭和元）年には 2,751 件に達した。また，1922 年には全国的な農民組織として，日本農民組合（日農）が設立された。日農は各地の争議を指導するなかで組織を拡大し，26 年には 7 万4,000 人という規模に達した。同時に地方の小規模な農民組合も多数結成されている。このような農民組合運動に対抗して，地主側は地主組合のような地主組織を設立し，小作争議対策や，政府への陳情を行った。1910 年代後半～20 年代は，農民運動とならんで労働運動も高揚期を迎えており，政府も対策を迫られた。当初は，小作権の法認を含む小作法や，小作組合法などの制定が目指されたが，最終的には実現せず，1924 年にその手続法である小作調停法のみが施行された。

　小作調停法の特徴として，同法が調停の基準となるべき小作法を欠いたまま運用されており，結果として地主—小作の力関係が，調停の結果に反映されやすかったことが指摘される（西田 [1997]）。こうした限界をともなってはいたが，同法の制定以後，小作争議の調停件数，および調停「成立」件数は増加しており，また，1926 年から 28 年にかけては争議件数自体も減少していった。同法の効果はそれなりに大きかったといえるだろう。

4　交通網の変容と商品流通

1）2 大ブロック市場圏の形成

　1900 年代に成立した近代的全国市場は，商品市場ごとに多様な流通経路が折り重なって形成された複層的な市場であり，商品流通構造も多様であった。近世後期の大坂・兵庫を中心とする比較的単一的な市場構造が，近代期に複雑化した背景には，幕末・維新期に開港場の中心が横浜になったことで，物資集散におけ

る横浜・東京の地位が飛躍的に高まったことがある。それとともに相対的に大阪・兵庫の地位は低下し，多極化した市場構造になった。しかし 1910 年代以降に，大阪の大都市化が進み，また神戸港を拠点に東アジアとの貿易が急増したため，大阪・神戸の物資集散における地位が再び上昇した。その結果，1920（大正 9）年前後に，東京・横浜を中心とする関東ブロックと大阪・神戸を中心とする関西ブロックを頂点とする二極化した市場構造が形成された。

　ただし，石炭は九州が主要産地であり，九州の港から主に輸出され，愛知・岐阜県を主要産地とした陶磁器も，名古屋・武豊港から主に輸出された。また，1905（明治 38）年に専売制が施行された塩は独自の流通を示した（落合［2012］：前田［2022］）。しかし米穀市場では，1920 年前後には明確に二極化が見られ，横浜への輸移入米が東北地方へ運ばれ，代わりに東北地方の産米が東京に運ばれて消費された。そして神戸への輸移入米が大阪で消費されるとともに山陰地方へ運ばれ，代わりに山陰地方の産米が大阪に運ばれて消費された。1910 年代以降は，東京の米集荷圏が関東・東北・北陸の東日本に限定され，大阪の米集荷圏も北陸・中国・四国・近畿・九州に限定されており，主として北陸・東海・東山地方からの米の集荷に依存した東海圏を中間的な位置としつつ，両大戦間期の米穀市場が東西 2 大市場圏へ収斂したとされる（持田［1970］）。

　肥料市場では，幕藩制的市場解体後は 1890 年代まで産地の北海道から消費地隣接港に個別分散的に海運で運ばれていたが，1900 年代以降に「中国東北部（満洲）」産大豆粕肥料が神戸港に大量に輸入されるようになり，また東京では 1890 年代から人造肥料会社による製造が拡大したため，関西では神戸に荷揚げされた大豆粕肥料が，関東では東京で製造された人造肥料が主に利用されるに至った。人造肥料会社は，1900 年代には大阪地域でも設立され，兵庫県を中心として大豆粕生産も拡大したため，20 年前後に，依然として根強く供給された魚肥，神戸港への大豆粕輸入とその近隣での大豆粕生産，大阪・兵庫県別府での人造肥料製造を組み合わせて，畿内市場は西日本の販売肥料市場の中心的集散地となった。同様に，東京市場も大豆粕の集散地や人造肥料の産地としての地位を強め，1920 年時点の主要販売肥料であった大豆粕と人造肥料について見れば，日本本国への供給量全体の約 38％が大阪・神戸・兵庫県別府を経由し，約 27％が東京・横浜を経由した（中西［2016］）。むろん，肥料市場における 2 大拠点の質的な相違もあり，東京市場が後背地（北関東）農村への肥料供給に特化した集散

地としての性格をもったのに対し，大阪市場は販路が台湾と西日本一帯に広く分散し，西日本市場と東アジア市場の中心的拠点の地位をもった。

2）東アジア汽船航路網の整備と鉄道網の整備

　大阪市場が第一次世界大戦期を通して，西日本市場と東アジア市場の中心的拠点となった背景には，1900 年代における神戸港を拠点とした東アジア汽船航路網の整備と西日本での鉄道網の整備の進展があった（図 6-1）。1885（明治 18）年に三菱の海運部門と共同運輸が合併して日本郵船会社が設立され，日本沿岸の定期汽船航路網が整備されたが，ただし日本郵船は瀬戸内海では，限られた港しか寄港せず，関西の中小汽船船主が所有汽船を供出して 1884 年に設立した大阪商船会社が，瀬戸内海を中心として西日本の定期汽船航路の担い手となった。大阪商船は大阪に本社を設け，大阪・神戸を拠点港とした。1895 年の日清戦争の勝利で，台湾が日本の植民地となると，それ以後大阪商船と日本郵船の台湾航路が充実した。そして 1904〜05 年の日露戦争を契機として，朝鮮・満洲と大阪・神戸を結ぶ航海数が急増した（中西［2016］）。

　国内鉄道網は，東日本が先行し，1889 年に東京—神戸間の官営鉄道，91 年に上野—青森間の日本鉄道が全通した。西日本では 1900 年前後に整備が進み，01 年に山陽鉄道神戸—下関間が全通し，同年の下関—門司間鉄道連絡航路の開設と，10 年の宇野—高松間の鉄道連絡航路の開設で，鉄道と連絡航路を利用して畿内と九州・四国が結ばれた。また，官営鉄道北陸線が，1899 年に富山まで開通し，1913（大正 2）年に全通して官営鉄道信越線と接続した。そして山陰地方へも，1904 年に大阪—舞鶴間の鉄道が開通し，翌年の舞鶴—境間の鉄道連絡航路の開設で，鉄道と連絡航路を利用して畿内と境・松江方面が結ばれ，12 年には官営鉄道山陰線が京都から島根県大社まで開通し，畿内と鳥取・島根県東部が鉄道で結ばれた。1921 年には官営鉄道山陰線は島根県浜田まで延伸し，20 年前後には西日本の幹線鉄道網の整備は四国を除いてほぼ完成した。

　こうした交通網の整備が，東京・横浜や大阪・神戸への物資集散を強めることとなり，東京・横浜を中核として北関東をその後背地に含む東京湾岸経済圏，大阪・神戸を中核として畿内をその後背地に含む大阪湾岸経済圏が形成されたと考えられる。その範囲を 1906 年の港湾統計（明治 39・40 年度『日本帝国港湾統計』）から検討すると，東京湾岸では，東は千葉県房総半島の諸港，西は三浦半

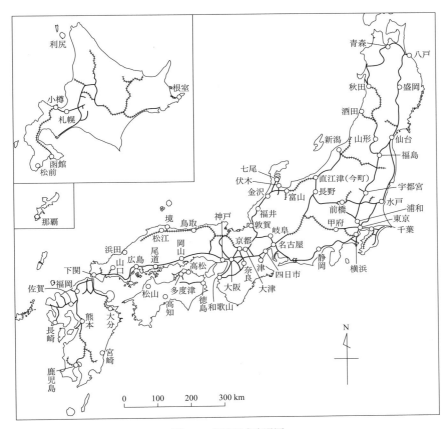

図 6-1　近代日本交通図

出所）石井寛治・中西聡編『産業化と商家経営』名古屋大学出版会，2006 年巻頭地図をもとに作成。
注）三宅俊彦編『復刻版 明治大正時刻表』（新人物往来社，1998 年）の各時刻表に折り込みの鉄道路線図，
　　および野田正穂・原田勝正・青木栄一・老川慶喜編『日本の鉄道』（日本経済評論社，1986 年）393 頁の
　　鉄道路線図を参考にした。鉄道線は 1915（大正 4）年 3 月 1 日時点の主要国有鉄道線と南海鉄道本線と
　　中越鉄道線を入れ，うち――は 1903（明治 36）年 1 月 1 日までの開通，～～～～は 1915 年 3 月 1 日までの
　　開通。鉄道路線網は 1903 年 1 月 1 日発行と 1915 年 3 月 1 日発行の鉄道時刻表を参照した。

島先端の三崎港までは，移出入総額のほとんどが東京・横浜との移出入で，大阪
湾岸では和歌山港は移出入総額の約 70％が大阪・神戸との移出入で，兵庫県高
砂港・別府港は移出入総額の約 80％が大阪・神戸との移出入であった。

3）問屋主導の流通機構の衰退

　1900 年代には取引の主導権が，問屋から仲買や生産者に徐々に移行し，流通過程における問屋の地位が低下した。ただし，集散地問屋自身も産地商人と直接取引して口銭（手数料）取得ではなく自己勘定取引を専ら行うようになり，その商権の維持に努めた。そのため問屋と仲買の区別が曖昧となり，実態として問屋・仲買を含めて卸商となった。そして問屋・仲買を含めた激しい競争のなかで，問屋層の新旧交代が見られ，東京肥料問屋組合では，1897（明治 30）～1906 年に三井物産を含む 32 軒の脱退者と 46 軒の新規加入者があった（中西 [2016]）。

　また東京では生鮮食料品市場である日本橋魚市場と神田青物市場でも問屋層の新旧交代が見られた（中村 [1981]：原田 [1991]）。日本橋魚市場では，1890 年代までは地廻り物を主に扱い，産地荷主から委託販売を受けた問屋は互いに協調して自らに有利な仕切値で取引し，産地荷主の力が弱かった。ところが 1907 年以後，鮮魚運搬船の機動力化と朝鮮海域への出漁，鉄道での鮮魚冷蔵輸送が開始されると，遠隔の資本制漁業を行う大荷主と結んだ新興問屋が魚市場で台頭した。東京市が，1910 年代に都市住民への安定的な食料品供給の観点から公設市場独占制を主張し，23（大正 12）年に中央卸売市場法が公布され，同年の関東大震災を背景に日本橋魚市場の移転が決まった際に，移転に賛成した新興問屋層と移転に反対した旧来の問屋層に分裂し，問屋組合の統制は内部から崩れた。

　神田青物市場でも，鉄道輸送の普及によって遠隔地から運ばれるレール物を，新興問屋・中小問屋が扱うようになり，既存の固定的な産地―問屋―仲買関係は流動化した。そして仲買のなかに，問屋との主従関係を乗り越えて台頭する者が生まれ，1911 年に神田青果市場仲買組合が結成され，仲買が独立した業種として確立した。ただし，公設市場の普及には都市間の格差が大きく，市域の拡大に対しては，私設小売市場の開設が大きな役割を果たした（廣田 [2007]）。

　そして第一次世界大戦期になると，近代的大規模小売商である百貨店が登場し，百貨店が問屋を通さずに，産地直接仕入れを行ったことで，織物問屋の地位も次第に低下した。例えば松坂屋（いとう呉服店）は，1920 年恐慌で消費者の廉売要求が強まるなかで，足利織物産地に直接店員を派遣して現金で織物の仕入れを行った。松坂屋が買い付けに赴いた時期は，通常の流通期間を考えると時期外れになる恐れがあり，問屋が手を引き始めた時期であったが，消費市場ではそれが季節的に売れ出す時期であり，そこに小売商が産地直接仕入れにより生産者から消

費者までの期間を短縮するメリットがあった（中西・二谷［2018］）。

　この当時の足利産地では，買次商が機屋の委託のもとで，集散地問屋へ織物の集荷・支払業務を担うことで口銭を受け取っていた（上野［1987］）。しかし，この口銭の増額を買次商が要求したために，機屋と買次商とで争いが生じた。この結果，機屋側が団結してこの増加率を要求の半分以下に抑えたことで，買次商による機屋への支配力が大きく揺らぎ始めた（古庄［1980］）。この状況下で松坂屋が従来の手形決済でなく現金で買い付けを行ったことは，産地の機屋の取引条件の改善につながるものであったと考えられる。

　新たな流通の担い手の登場もあり，第一次世界大戦直後の好況の反動として，1920年恐慌が生じ，物価が急激に下落すると，問屋層が大きな打撃を受け，織物問屋や木材問屋は衰退した。米穀問屋は，1918年の米騒動への対策として21年に米穀法が施行されたことで活動の余地が狭められ，肥料問屋は，1920年代に販売肥料の中心が大豆粕から人造肥料へ転換したなかで，人造肥料メーカーの特約店網に商権を奪われて衰退した（中西［2016］）。

4）百貨店とメーカーの流通戦略

　国内商品流通における問屋に代わる新たな担い手として，第一次世界大戦期に百貨店とメーカー系列店が登場した。呉服商の百貨店への転換の最初は，1904（明治37）年の三越のいわゆる「デパートメントストア宣言」といわれている。三越は1900年に座売りを全廃して陳列式に店舗を改造し，04年時点では扱い品目を呉服・肩掛・外套・コート・用品類・小間物に拡大して株式会社に転換した。そして1914（大正3）年にエスカレーターを備えた新店舗を完成させ，洋酒・食料品・園芸等の売場を新設し，近代的百貨店の体裁を整えた。松坂屋も，1909年に名古屋に近代的新店舗を建設して10年に株式会社に転換したが，松坂屋の10年代の主要販売商品は高級呉服であり，商品の多様化も衣料関連にほぼ限られ，「百貨」店としての内実を伴っていなかった（中西・二谷［2018］）。

　それが第一次世界大戦期の物価高騰のなかで，顧客の廉売希望が高まり，1920年恐慌後に廉売希望がさらに高まったなかで，安売りセールを行ったことで大勢の顧客が押し寄せ，それらに対応しつつ，店舗の大規模化・販売商品の多様化を本格的に進めた。関東大震災は，東京の百貨店に大損害を与えたが，その復興は素早く，松坂屋は「東京市設衣類雑貨臨時市場」の委嘱を受けて市内各地に廉売

図 6-2　近代化された松坂屋名古屋店（1920 年代後半頃）

出所）松坂屋百年史編集委員会編『松坂屋百年史』株式会社松坂屋，
　　2010 年，68 頁「南大津通に移転した名古屋店」より。

市場を開設し，三越も三越マーケットを市内各地に開設した。そこでは衣類のみでなく食料品・雑貨も販売され，それ以後百貨店の大衆化は本格的に進んだ。これまで百貨店は，店内が汚れることを嫌って来客の下足を預かったが，大量の入場者を捌くために土足入場を可能として店舗を大規模化し（図 6-2），流行を創造しつつ新商品の開発も行ってさらに顧客層を広げた（藤岡［2006］）。

　1920 年代には，電鉄会社によるターミナルデパートの設立もはじまった。阪神急行電鉄（阪急）は，1920 年に本社ビルを竣工した際，その 2 階で食堂を直営し，1 階は東京の百貨店である白木屋を招致して食料品・日用雑貨品の販売を行わせた。阪急経営者の小林一三は，白木屋の業績が好調であることを確認したうえで 1925 年よりこれを直営とし，さらに 29（昭和 4）年に梅田駅ビルを改築して阪急百貨店を開業した。多くの人が集まるターミナル（終着駅）に立地することで，集客のためのコストを削減し，それによって食料品・雑貨の廉売を可能にするという戦略で，百貨店大衆化の流れに連なっていた。こうしたビジネスモデルは，他の電鉄会社にも波及していった（谷内［2014］：加藤［2019］）。

　第一次世界大戦期に新たに見られた流通の担い手として，メーカーと特約契約を結んだ特約店があった。例えば医薬品部門では，1910 年代前半に星製薬が特約店制を採用し，加盟金を納めた店をチェーン店として一定地域の独占的販売圏を認め，従来の薬種問屋を経ない販売ルートを構築した。1899 年創業の森永製菓も，当初は問屋に販売を任せたが，1917 年に問屋と袂を分かって独自の販売所を設置した。また 1918 年創業の松下電気器具製作所は，二灯用差込プラグが爆発的に売れた際に，販売の総代理店を置いて保証金をとり，それで生産設備を拡大したが，20 年代にはブランド名を冠したナショナルショップという小売連

盟店を全国に展開した。花王石鹸も，各地域の有力な卸売問屋を代理店に委嘱し，全国的な販売網を作り上げたが，大阪の代理店が 1920 年恐慌で破綻した結果，花王石鹸が自前で大阪支店を設置して直接販売した（木村［2005］）。

　メーカーの流通支配は，製品販売面のみでなく原料調達面でも見られた。例えば浅野セメントは，1900 年代は青梅鉄道と相互依存的に原料調達ルートを確保していたが，第一次世界大戦期および戦後ブーム期のセメント需要の急増に対応すべく，原料石灰石採掘部門へ進出し，確保した原料石灰石の輸送に関わる鉄道会社の設立に関与した（渡邉［2005］）。生産に適合的な新たな物流システムを周囲に構築した浅野セメントは，1920 年代後半にセメント業界が不況になるとコスト意識を強め，関連鉄道会社へコスト削減を強く要求した。このように 1920 年代は，さまざまな局面でメーカーの流通過程への介入が強まった。

5）総合商社の展開

　国内商品流通において，百貨店やメーカーが流通過程へ進出するようになった一方で，貿易においては，三井物産をはじめとする巨大商社が，それを主導した。日本の巨大商社はいずれも取扱商品を多角化して総合商社化したことが特徴とされる。むろん第一次世界大戦前に総合商社としての実態を備えたのは三井物産のみと考えられるが，第一次世界大戦期は，三井物産を目標として鈴木商店などが総合商社化を目指した。三井物産が総合商社化した要因には，当初から政府御用を引き受けるなかで多様な商品を扱わざるを得なかったと初期条件に求める見解や，財閥商社として財閥が多角化するなかで多様な商品を扱うことになったとする見解や，単一の商品取り扱いでは利益獲得に限界があり，規模を拡大させるのに多様な商品を扱わざるを得なかったとして近代日本の市場規模に要因を求める見解などがある（木山［2009］：大森・大島・木山編著［2011］）。

　三井物産も時期によって取扱商品を選別して収益基盤を変化させたことや，国内市場における三井物産の競争相手の存在を考えると，三井物産の総合商社化は，日本経済全体のなかで位置付ける必要がある。1890 年代に三井物産は貿易品取引への比重を急速に高め，中国商人・外国商社と対抗しつつ，日本の代表的輸出入品である棉花輸入・綿糸輸出を担ったが，そこではメーカーとの「共生」的特約関係や，横浜正金銀行の金融的バックアップが重要であった。

　三井物産自身も手数料を外国商社より引き下げ，自己責任での見込買付を行い，

自ら船舶を所有して輸送過程に進出するなど，リスクをとりつつ競争相手から顧客を奪った（大島［2010］）。三井物産に対抗する国内の競争相手としては，日本綿花のように紡績会社と深い関係を有して特定の商品の取引を拡大した専門商社や，三菱合資・北海道炭礦鉄道（汽船）のように自ら汽船などの輸送手段をもち，その会社が直接製品を販売した事例が考えられるが，取扱商品は限られ，総合商社としての三井物産の商圏を脅かすものではなかった。実際，日露戦後においても日本の貿易総額の約 20％を三井物産が取り扱っており，突出した地位を占めた。三井物産を頂点とする日本商社は，輸入面では 1906（明治 39）年頃，輸出面でも 10 年頃には，日本の貿易取扱額の過半を占め，商権自立を達成した。

　三井物産の圧倒的優位の状況を一変させたのが第一次世界大戦期の未曾有の好況であった。この好況は，ヨーロッパ製品のアジアへの流入途絶によるアジア市場への日本製品の輸出拡大に主に支えられ，それまで財閥内の鉱業生産物販売などの付帯事業として設置された販売機構が分社化され，古河商事・久原商事・三菱商事などが設立された。また，神戸の砂糖引取商に起源をもつ鈴木商店は積極的に取引を拡大することによって 1917（大正 6）年には取扱高 15 億円に達し，三井物産を上回った。

　しかし第一次世界大戦期に生まれた商社の多くは未経験の取扱商品を急速に拡大して多分に投機的性格を有していた。そのためリスク管理が甘く，鈴木商店・古河商事など 1920 年恐慌の影響によって破綻したものも多かった（武田［2017］）。三井物産も見込買付を行っており，投機的性格はあったが，1919 年に他の商社に先んじて投機的取引を大幅に抑制しており，20 年恐慌の打撃は軽微であった。その後，恐慌の打撃を乗り切った三井物産・三菱商事などは，外国間取引にも積極的に乗り出した（上山［2005］：上山・吉川編著［2013］）。

　その際に日本商社の強みとなったのが第一次世界大戦期に船舶を多数購入して規模を拡大した日本の海運会社の存在で，三井物産は川崎汽船や大阪商船と割引運賃の協定を結んだ。また 1920 年代の日本商社は，信用取引の限度額を設定したり，見込商売に備える損失準備金を積み立てたりするなど，リスク管理も強化した（大島［2010］：岡崎［2017］）。そのなかでも三井物産と三菱商事は組織のあり方が異なり，三井物産が店舗独立採算制を採り，支店網がそれぞれ自律的・非階層的に形成されたのに対し，三菱商事は商品本部に取引権限を集約する組織を選択したことが指摘されている（岡崎・大石編［2023］）。

5　都市化と生活環境

1）6大都市の成立と都市インフラの整備

　20世紀初頭に産業革命を達成した日本は，都市工業の定着とともにその後急速に都市化を進めた。日本全国総人口のうち，人口1万人以上の都市に居住した人口は，1903（明治36）年は約21％であったが，20（大正9）年は約32％，30（昭和5）年は約41％になった。特に，大都市への人口集中が顕著で，1913年時点で現住人口10万人以上の11都市のうち，10万人台が5市で，残りの6市（東京・大阪・京都・名古屋・神戸・横浜）はいずれも30万人以上であった。

　表6-3を見よう。そのうち，東京・大阪・名古屋の現住人口の推移を見ると，1920年時点で，約217万人・約125万人・約43万人であったが，25年時点では，約200万人・約211万人・約77万人，30年時点では，約207万人・約245万人・約91万人となり，関東大震災の影響で一時的に減少した東京の現住人口を，市域を拡大させた大阪の現住人口が上回った。1930年代には東京も市域を拡大して再び大阪の現住人口を上回ったが，20年代前半に市域を拡大した名古屋は，30年代も軍需工業の発達などで顕著に現住人口が増加し，100万都市となり，現在にまで続く3大都市圏の原型が作られた。

　こうした都市への人口増大にともない都市での様々なインフラ整備が進められた。例えば，交通網の整備の中心は，それまでの遠距離間の幹線鉄道網の整備か

表6-3　6大都市現住人口の推移

（単位：千人）

	東京	大阪	名古屋	京都	横浜	神戸	小計(a)	全国(b)	a/b（％）
1903年末	1,819	996	289	381	326	285	4,096	46,733	8.8
1908年末	2,186	1,227	378	442	394	378	5,005	49,589	10.1
1913年末	2,050	1,396	452	509	398	442	6,136	56,668	9.8
1918年末	2,347	1,642	437	670	423	593	5,479	55,963	10.8
1920年10月	2,173	1,253	430	591	423	609	5,479	59,737	9.8
1925年10月	1,996	2,115	769	680	406	644	6,610	64,450	11.1
1930年10月	2,071	2,454	907	765	620	788	7,605	69,254	11.8
1935年10月	5,876	2,990	1,083	1,081	704	912	12,646	73,114	18.3
1940年10月	6,779	3,252	1,328	1,090	968	967	14,384	73,114	19.7

出所）東洋経済新報社編『明治大正国勢総覧』東洋経済新報社，復刻版1975年，634-644頁，東洋経済新報社編『昭和国勢総覧』東洋経済新報社，1980年，43-45頁より作成。

注）全国人口の1903～18年は本籍人口。

■ 解説 III-2

ジェンダー・労働市場研究の新展開

　日本経済の歴史を考える上で，ジェンダー研究の成果を取り入れようとする動きがある。特に近代の労働をめぐる議論は，ジェンダー研究と深いつながりがある。ここでは，ジェンダーと労働市場をめぐる近年の研究動向を確認することにしよう。ただし，「ジェンダー」を掲げるだけで新しい研究成果が期待される時期はとうに過ぎている。ジョーン・W. スコットは，『ジェンダーと歴史学』［増補新版］（平凡社，2004 年）の「改訂版への序文」のなかで，すでに「ジェンダー」という語が「批判的切れ味の失われた語となってしまった」とさえ記している。英語圏では 1990 年代の終わりにかけて，「ジェンダー」が一定の用語法として定着することで分析用語としての新味を失った感があるという。しかし，日本においてはいまだ挑発的なニュアンスを残しており，ジェンダーと労働をめぐる歴史研究が大きく進展したのも比較的最近のことであるから，まずは，この間の経過を概観しておこう。

　「ジェンダー」という概念は，欧米のフェミニズム運動のなかから生み出された。その労働史研究への導入は，まず，不可視化されてきた女性の労働を可視化することから始まった。もっとも，工業化過程において多くの女性が繊維産業を中心とする工場労働に従事した日本の場合，すでに女性労働をめぐる豊富な研究蓄積があったから，必ずしも女性の労働が不可視化されてきたわけではない。とはいえ，それは労働市場における「特殊」なものとして議論されてきたのであり，労働史研究の主流とはなりえなかった。

　女性の地位向上に対する機運が高まるなかで進められた女性労働に関する研究は，従来の研究がその「特殊」性を所与のものとしたのに対し，それが家族内の性別分業のあり方と密接に結び付くことを明らかにした。そして，労働市場への参入条件において，家族内性別分業が差異の起点となっていることを示したのである。しかし，それだけでは限界もあった。近年になって，労働の場でジェンダーがどう作用し，またジェンダーがどのように構築あるいは再構築されるのか，といった性差の構築過程に切り込む研究が蓄積されつつある。さらに，家／家族の変容と労働市場の展開を切り結ぶ重要なキーワードの一つとして，「家族賃金」への着目も見られる。

　ところで，ジェンダー・労働市場をめぐる近年の研究を概観すると，比較史の方法が有効であることが分かる。欧米のジェンダー研究の成果を踏まえ，日本の社会経済史研究にジェンダーの視点を導入して戦前期の女性労働を描いたのは，ジャネット・ハンターである。従来の研究蓄積が，紡績，織物，製糸といった産業ごとに細分化されていたのに対し，近代日本の女性労働の典型と考えられる繊維産業労働史の全体像を捉えるのに成功している。

　姫岡とし子は，担い手のジェンダーが異なる日独の織物工業を比較し，近代化過程における ジェンダーによる労働と労働者の差異化のプロセス（ジェンダー化）を描いた。そして，男性労働者を労働者の「標準」とみなす社会保険制度の導入が大きな影響を及ぼしたドイツと比較して，日本の場合，1920 年代の近代的な労使関係の形成が「労働者のジェンダー化」を推進したと指摘する。つまり，男性を「標準」とみなし，女性を「特殊」とする労働者概念の成立を示唆したのである。

　一方，「標準」とされた男性労働者に関しても，研究が進んでいる。一般に，日本の標準的な労働者の姿とは，学校卒業後直ちに企業に就職し，同一企業に継続勤務するというものであろう。菅山真次は，戦間期までにホワイトカラーの間で定着した慣行・制度が，戦時期を経て，1950～60 年代の高度成長期にブルーカラー労働者を含む，「従業員」全般にあまねく普及していくプロセスを描いている。ここでは，高度成長の過程で製造業大企業セクターの男子労働者のキャリア・パターンが大きく変化したことをもって，「就社」社会日本の成り立ちが描かれているが，同時にそれが男性に限定されるという意味で，労働市場が強固にジェンダー化されていく過程をも示している。

　1985 年の雇用機会均等法の制定から約 40 年を経た現在，さまざまな法制度の整備が進んでいるにもかかわらず，労働市場におけるジェンダーの分断は，容易に解消されそうにない。多くの女性が結婚・出産を機に離職し，子育てが一段落した段階で再就職し，その多くがパートタイマーなど非正規労働者として働いているが，こうした就労パターンは，経済環境の変化や制度的変化にもかかわらず，根強く存在し続けている。それは，経路依存性の表れでもあるだろう。歴史的に労働市場がいかにジェンダー化されてきたのかについては，まだまだ研究すべき課題が残されていると言えよう。

　ジェンダー・労働市場研究は，従来の労働史研究の蓄積を踏まえながらも，学際的なアプローチや比較史の手法によって，新たな展開を迎えつつある。さらに，家族と切り離されて自己完結的に捉えられてきた労働のあり方を再考する必要も提起されている。新しい研究動向は，雇用の崩壊が進み，家族のあり方が問われる現代日本の歴史的位置を探る上でも重要な示唆を与えうるだろう。　　　　　　　　　　　　　　（榎　一江）

【参考文献】
菅山真次 [2011]『「就社」社会の誕生──ホワイトカラーからブルーカラーへ』名古屋大学出版会
ハンター，ジャネット [2008]『日本の工業化と女性労働──戦前期の繊維産業』阿部武司・谷本雅之監訳，有斐閣
姫岡とし子 [2004]『ジェンダー化する社会──労働とアイデンティティの日独比較史』岩波書店

ら，都市内や都市周辺部と都市中心部を結ぶ旅客需要に対応した都市電気鉄道網
と貨物需要に対応した小運送網の整備へ大きく転換した。特に市域拡大により，
都市周辺部の居住者が増大すると，そこから都市中心部へ通う通勤・通学客の需
要が急増し，大都市では民間さらには市営の電気軌道が開業され，20 世紀に入
ると定期券が発売されるようになった（三木 [2010]）。

　旅客輸送のみでなく，都市内貨物輸送への対応も重要であり，消費需要の大き
かった生鮮食料品では，輸送機関の近代化と冷蔵技術の開発で，より広域からの
生鮮食料品が大都市に移入されるに至ったが，都市内での輸送を担う小運送が大
きな問題となり，遠隔地からの移入の多かった鮮魚では，鉄道貨物輸送の市街駅
への直通化，近隣生産中心の野菜では荷物の積み替えを省略して自動車で都市内
へ直送するなどの方策で改善が図られた。

　生鮮食料品は，20 世紀初頭までは主に行商形態で都市民に販売されたが，そ
れでは急激な人口増大に対応できず，公設市場の整備も進められた。特に第一次
世界大戦期の好況期の米価高騰のもとで 1918 年に生じた全国的な米騒動の勃発
は，都市の食料問題を緊急な課題とさせ，それ以降食料品・薪炭を主力する公設
市場が各地の都市に設立され，1923 年に中央卸売市場法が設立されて，都市で
消費される生鮮食料品は中央卸売市場に集中された。

　新たに増加した都市住民は，都市工業労働者が多く，都市中小商工業者も含め
て，それら都市住民の生業や生活を金融的に支えたのが，都市所在の農工銀行や
市街地信用組合であった（渋谷 [2001]：植田 [2011]）。都市機能の拡大とともに，
公務員・教員・専門職業者などが増大し，彼らが「新中間層」[6]を形成した。都
市雑業層が就業機会を確保するために，居住条件が悪化しても都市中心部に住み
続けたのに対し（小野 [2014]），新中間層は，都市郊外の一戸建てに住んで電気
鉄道で職場へ通勤する新しい生活スタイルを作りだした。

　こうした郊外住宅を，主に鉄道会社・土地会社・信託会社が供給し，関東では，
五島慶太の経営する東京横浜電鉄や堤康次郎の経営する箱根土地，そして土地所
有者の土地処分事務を代理して高級住宅地を造成した三井信託，関西では，小林
一三の経営する阪神急行電鉄による宅地開発が著名であった（橘川・粕谷編

---

6)　その社会の基本的な 2 つの階級の中間に位置する階層を中間層と呼ぶが，資本主義社
　　会では，中間層は，農民・自営業者などの旧中間層と，管理的知的作業に従事するホ
　　ワイト・カラーや公務員などの新中間層からなる。

[2007])。郊外住宅地開発は，耕地整理事業とも組み合わされて行われ，そのなかで農業生産を前提とした村落における伝統的社会秩序が変容して地域社会のなかで耕地整理組合などの機能別諸団体の影響力が強まった（高嶋 [2013]）。

2）労働運動の展開と「二重構造」

　都市工業の定着は，都市工業労働者を増大させ，労働者の組織化と労働運動の高揚をもたらした。重工業大経営の労働争議が，組織的な色合いを強めたのは，1897（明治30）年の鉄工組合以後であったが，そこでは近代的賃労働者層の組織的労働争議と，賃金水準と生活形態で都市貧民と渾然一体となっていた非熟練労働者層らによる都市民衆騒擾に分かれて展開した。1911年に工場法が公布されたが，女子深夜業禁止条項には例外規定が設けられ，本格的実施は20年代末に延期された。一方，第一次世界大戦期の好況期に都市雑業層の工場労働者への転職や，国内農村や植民地朝鮮からの労働力流入で労働市場は流動化した。そのなかで，名目賃金の上昇した工場労働者と，物価高騰に苦しむ都市雑業層との生活条件の格差は拡大した。

　中核的工場労働者は，1917（大正6）年のロシア革命の勃発や，その後のILO（国際労働機関）[7]の設立など国際的環境の影響を受けて労働争議を活発化させ，賃金増額を勝ち取ったが，17年からの米価の高騰は18年も引き続き，都市下層民衆の生活不安は極点に達し，18年夏に富山県 滑川で生じた米の移出阻止の暴動は，それが新聞などで伝えられるとともに東京・名古屋・大阪・神戸などへ波及して各地で暴動が起こった（米騒動）。そして都市労働者に食事を提供する簡易食堂が1910年代後半以降に大都市で開設された（湯澤 [2018]）。

　米騒動を契機に，日雇賃金も含めて全般的に賃金上昇が見られたことで，都市民衆層の生活苦も一息つくこととなり，第一次世界大戦後のブーム期に再度米価は高騰したが，再び都市民衆の大規模な暴動が起こることはなかった。企業の側も，高揚した労働運動に対して，親方層を通した間接的管理体制を改め，直接的管理体制へ転換することで対応しようとした。すなわち，工場委員会制を導入して，労働条件を経営者代表と労働者代表で協議する枠組みを設け，労働争議の鎮静化に成功したのであった（西成田 [1988]）。

　7）1919年に，労働者の権利保護，労働条件の改善などを世界的に広めることを目的として，第一次世界大戦後のヴェルサイユ条約によって設立された。

　そのなかで，1920年代の労働市場は二重化した。1920年恐慌で，物価は急落したが，賃金はそれに比して下落率は小さく，実質賃金が上昇したため，20年代の企業経営における賃金コストの増大が足かせになった。ただし，実質賃金の上昇を確保したのは重工業大経営に限られ，中小経営では，1920年代の相対的不況のなかで，解雇や賃金切り下げが行われ，労働争議も継続して頻発した。政府も1926（昭和元）年に労働争議調停法を成立させて，争議の未然防止に努めた。その意味で，1920年代の労働市場は，比較的高賃金のもとで形式的な労使協調の枠内に止まった重工業大経営熟練労働者と，低賃金のもとで不安定な雇用状況におかれ続けた未熟練労働者や中小経営の労働者に分断されていた。調停法による階級間の宥和政策は1925年の普通選挙法制定にも見られるが，同時に治安維持法も制定され，反体制運動は厳しく弾圧された。

　こうした二重性は，都市の労働市場に止まらず，農業従事者と工業従事者との所得格差も1920年代に高まった。1918年の米騒動を契機として政府は植民地における米の増産に力を入れ，植民地米の大量移入を背景に，20年代の米価は低迷し，農家経営を圧迫した。農業の有業者一人当たり年間所得と鉱工業のそれを，1906～15年，1916～25年，1926～35年のそれぞれ10年当たり平均値で比べると，農業が89円・241円・190円，鉱工業は221円・591円・687円と推移した。1920年代中葉を境に，農工間の所得格差が拡大し，20年代に形成された「二重構造」は，60年代の高度経済成長で，農家所得が上昇して農工間の所得格差が解消されるまで，日本経済を特徴付けたとされる（尾高［1989］）。

　ただし，生活水準で見た場合，一人当たりの所得ではなく，世帯所得を把握する必要があろうし，居住地域の物価差も念頭に置く必要がある。都市・農村を問わず，中・下層の家では，子女も丁稚・徒弟・女中・女工など労働に従事していたと考えられ，単なる賃金水準に還元されない生活環境の相違があったと思われる。例えば，筑豊地方の炭鉱では，夫婦共稼ぎが一般的であったが，採炭過程の機械化にともない，女性鉱夫の解雇が進む一方で，男性鉱夫への「家族賃金」観念が形成された。それとともに女性鉱夫が，「家庭」の維持と「主婦」役割を担わされるようになった（野依［2010］）。

3）1920年代の都市生活

　1920年代の日本経済には大きく2通りの捉え方がある。1つは，1920（大正

9）年恐慌では物価より賃金の下落が少なく，実質賃金が上昇し，第一次世界大戦後のヨーロッパの復興が進んでヨーロッパ産品が再びアジア市場へ流入したため，国際競争力の弱かった日本の重工業大経営は低利潤率に苦しみ，20年代は慢性的不況であったとの見方である（林・山崎・柴垣［1973］）。一方，重工業大経営は逆境にあったが，実質工業生産の平均は1920年代も拡大しており，国内市場を拡大させつつ輸入代替工業化を促進したとの見方もある（中村・尾高編［1989］）。その場合の経済発展を，都市化の進展で電力需要の増大により発展した電力業と，電力の普及で生まれた電力関連産業（電気機械・電気化学）が担い，電力と電動機の普及で中小・零細工業も動力化した。

　1920年代の都市生活で大きく変容したのは，人々が余暇を楽しむ環境が整えられたことであった。都市近郊電鉄網の発達，百貨店の普及，海水浴場の整備，劇団の結成などに象徴されるような観光開発・娯楽産業が成立し，1920年代は余暇の大衆化と産業化が進展した。ただし，そうした余暇環境の利用は，都市民の社会階層によって大きく異なった。その新しい生活様式は「文化生活」と呼ばれたが，そこでは衣食住や光熱費のみでなく，衛生・娯楽・教育・交際などの文化生活の費用が重視され，そのための所得上昇と余暇時間確保のための労働時間短縮が提唱された。1920年代に重工業大経営で8時間労働制の導入が議論され，日本工業倶楽部は原則としてそれを承認したが，紡績会社らの反対で実施は延期された。そのため多くの余暇時間を利用し得たのは，「新中間層」であったと考えられる。小林一三の経営する阪神急行電鉄は，新興中流階級に向けて，沿線開発と住宅地経営，宝塚少女歌劇の創設，ターミナルデパートの創立などで，電車を媒介にした交通文化圏を作り上げた。関東でも，箱根・日光などが電鉄会社により観光地化され，長期間の遠距離遊覧旅行から，短期間の近距離観光旅行へ旅文化が変容した（竹村［1996］［2004］）。

　商業従事者のなかでも，伝統的な丁稚制度が衰退し，百貨店などを中心に，店員の住込・通勤給料制への転換が進み，女子店員の社会進出や店員に実業教育を受けさせることが見られた。そして，1920年代に大阪市内の各同業組合は公休日制を採用するに至った。企業では，職員層が1920年代前半に，家計支出内訳で，飲食費・住居費・被服費・雑費割合がそれぞれ約30％強・約15％強・約15％弱・約30％という生活構造を確立し，工場労働者がやや遅れて20年代後半に職員層に近い生活構造になったとされる。むろん，当時の工場労働者は10時間

労働のものが大多数を占めていたが，多くの工場で公休日が設けられた。

　そして 1920 年代に大衆化した百貨店が，「新中間層」に加えて商業従事者や工場労働者をも顧客に取り込んだと思われ，東京では，松坂屋の入場者数は上野・銀座店を併せて 20 年代後半に年間 1,000 万人を示し，29（昭和 4）年に上野店が新築開店すると同年に上野店だけで約 1,356 万人の入場者が集まった。松坂屋は，20 年代後半に 10 年代よりかなり安い単価 3 円未満の呉服類を多数販売し，それらも反単位ではなく，1 尺に小分けされて単価 1 円未満で販売した。そしてレーヨンなど安価な化学繊維織物も販売した（中西・二谷［2018］）。

　むろん都市下層の日雇い労働層は，収入が少ないため 1920 年代でも家計支出に占める飲食費の比率は 50％を超え，余暇への支出は限られたが，娯楽として芝居見物・活動写真（映画）を選択し，郊外への旅行は望めなかったが，限られた範囲で余暇を楽しんだ。こうした多様な消費文化のなかで，1920 年代の都市では大衆消費社会の萌芽が形成された（満薗［2014］）。

4）公害と生活環境

　産業革命による工業化は，人々に物質的豊かさをもたらす基盤となったと同時に，自然に大きな負荷をかけたため，近世期以上に公害問題が社会化した。近世期の公害として，森林伐採などによる水害が挙げられたが，それは生命体としての人間そのものに害を与えるものではなかったのに対し，近代以降の公害は人間そのものに有害となった。例えば，19 世紀末に社会問題化した足尾鉱毒事件では，鉱山の開発で森林伐採が行われ，それが渡良瀬川の洪水を起こした点では，近世期の公害と似ていたが，洪水の際に人体や農作物に有毒な金属の含まれた土砂が耕地に流れ出たことがより大きな問題となった。当時の足尾銅山は日本でも最大級の鉱山であり，最新技術で大量に銅を製錬し得た。それゆえ経営者には操業停止の考えは全くなく，政府も採掘継続の方針をとった（武田［2009］）。

　産業革命の進展で工場が次々と設立された大阪では，1910 年代に煤煙被害が深刻になり，住民の工場立ち退き要求にある程度行政当局も対応した。行政当局は，煤煙防止令を府令で出すべく草案を出したが，資本家側の要求で廃案となった。1920 年代に工場立地が大阪市周辺へ広がり，25（大正 14）年に大阪が市域を拡大すると煤煙問題も広がり，特に新市域で有毒ガス・煤煙・廃液・悪臭などの被害が発生した。しかし行政当局は，第一次世界大戦期の好況期以降は企業寄

りの態度に転じ，抜本的な公害対策を取らなかった（小田［1987］）。

　企業の論理と地域社会の利害との相克の問題は山間部でも見られ，地域住民が利用してきた山の資源を，企業が営利目的で所有・利用し，水力発電や工場用水に見られる河川利用や鉱山開発などで，巨大な資本力や社会関係を有する企業と地域住民との対抗関係が生じた（高柳［2021］）。地域社会側からも，町村営電気事業や組合形式の電気事業など地域内向け電気事業が 20 世紀前半に各地で試みられたが（西野［2020］），1910 年代末以降に都市大資本による電源開発が大規模に進められ，都市向けの大規模水力発電所が山間部に多数設立された。

　第一次世界大戦後には水質汚染も大きな問題となった。第一次世界大戦期に工場が，排水の便を考えて市街地周辺の河川付近の一定地域に集中して立地したため，河川への排水で付近住民と河口付近の漁業に大きな被害をもたらした。特に，日本窒素肥料による延岡と八代地方の汚染問題，電気化学工業による富山県の汚染問題など，第一次世界大戦期以降に発展した新産業による公害が顕著で，日本の重化学工業化は初発から公害を不可避的に伴った。むろん企業も公害対策に取り組む姿勢を見せたが，生産技術の発達が公害をさらに拡大させた一方で，公害防止技術は生産技術の発展より常に遅らされた（小田［1983］）。

　とすれば，公害防止は行政が担うべきであり，埋立業者の権利をある程度制限し，水面の権利を有する者への損害補償の義務も明示した公有水面埋立法が 1921 年に公布された。しかしこの法律には，漁業権者等の承諾を必ずしも必要とせずに公有水面の埋め立てを認める可能性があった。1920 年代は，私的所有権と「公益」優先論がせめぎ合った時代であったが，政府内では 20 年代を通して電気事業者らの主張した公益優先論が次第に強くなっていった。そして 1930 年代に生産の社会化が進展し，「公益」優先が全面に出るようになり，政府の公害対策は最後まで産業育成第一主義から自立することができなかった。

■ 解説 III-3

モダニズムと大衆消費社会

　モダニズムという用語は多義的であり，厳密な定義を求めれば，「近代」そのものの定義が必要となって収拾がつかないが，日本近現代史のなかでは，大正後期から昭和初期にあらわれた文化現象を指す。その領域を大づかみに整理すれば，芸術の様式・思潮・運動に関わるものと，大衆の生活・風俗に関わるものとに区別されるが，日本経済史の理解にとって重要なのは後者である。そこに消費史の画期を捉える手がかりが潜んでいるからである。

　モダニズムといえば，しばしばエロ・グロ・ナンセンスという言葉とともに理解され，同時代から批判的に語られることが多い。とりわけ，そうした批判は「モダンガール」という女性表象に集約され，奢侈性や性的放縦さに厳しい視線が向けられていた。しかし，批判のヴェールを一枚はがしてみれば，（当時としては）派手な化粧と洋装で都市を闊歩するモダンガールは，活発な消費の主体そのものと言える。一方，モダニズムには享楽性という側面だけでなく，合理性を重視する価値観が備わっている。女子教育のなかで称揚された「良妻賢母」という女性表象は，儒教文化に基づく伝統的な女性イメージを利用しながら近代によって発明されたものだが，良妻賢母は，生活という領域において，近代合理性を体現する存在であることを期待された。衛生・栄養・健康・能率・科学といった新たな価値観に基礎を置く，「合理的」な生活の実現が期待されたのである。

　牟田和恵が鋭く指摘するように（伊藤ほか編 [2010]），一見すると，モダンガールと良妻賢母は対照的な女性表象だが，良妻賢母も家政の担い手として，もっぱら消費という領域を担当するという意味では，モダンガールと同じ地平にある。そればかりか，例えば主婦とその予備軍を主な読者とする『主婦之友』などの婦人雑誌を繙けば，そこには「合理的」な生活モデルに沿った商品だけでなく，化粧品，香水，洋装といった商品の広告が溢れかえっており，実態の上では，両者の間に明確な境界線を引くことは難しい。これらの女性表象はともに，生活世界が公領域（生産）と私領域（消費）に二元化される形で再編されるなかで，女性が消費文化を支える担い手の位置に据え置かれたことの反映であった。もちろん，モダニズムは女性のみを対象とする文化現象ではなく，ここで例示した女性表象の問題はあくまでその一部に過ぎないが，生活の領域におけるモダニズムは，日常生活に合理性と享楽性を求める価値観を育み，消費という経済行動を活性化させた点に特徴があったと言うことができるだろう。

　モダニズムという文化現象は，東京や大阪といった大都市に限られたものではなかった。金沢，札幌，下関などの地方都市にもモダニズムの波が及んでいたことが知られ，さらには，農村もそうした動向と決して無縁ではなかった。雑誌『家の光』の分析から

は，農村の生活像にも「農村的モダニズム」と呼びうるような，モダニズムに通底する価値観がもち込まれていたことが明らかにされている（板垣 [1992]）。ただし，「農村的モダニズム」は，自給自足的で共同主義的な特徴をもっており，直ちに財の活発な購入に向かうものではなかった。このことは，モダニズムという文化現象が，消費財の購入という形に結び付くためには，メディアによる働きかけだけでなく，都市という場が固有の役割を果たしていた可能性を示唆している。百貨店や商店街といった商業施設や，カフェーや映画館といった娯楽施設の集積である「盛り場」を，文化史として片付けるのではなく，消費史との接点を視野に入れながら検討する必要がある。

　他方で，近年の日本経済史研究においては，大正後期から昭和初期に大衆消費社会の萌芽が見られた，という評価が複数の論者によって提出されている。そこでは，消費嗜好の変化を「洋風化の進展 vs 在来性の残存」という二項対立で理解する傾向が強く，耐久消費財の普及という表面的な現象に根拠が求められることも多い。しかし，洋風化が大衆消費社会化の指標たりえないことは，欧米でそれをどう捉えたらよいのかを考えれば明らかであろう。また，自動車や家電製品の普及という現象が，所得上昇の結果として当たり前に成立するものでないことは，欧米についての歴史研究が説くところであり，そこでは，倹約を旨とするプロテスタントの倫理観とは対抗的な消費文化の成立と展開が，歴史的な基盤として重要な意味をもっていたことが強調されている。

　これらを踏まえると，モダニズムという文化現象は，日本における大衆消費社会の成立を準備したものとして位置付けられる。そして，このことは，消費生活の歴史変化を捉える視点として，衛生・栄養・健康・能率・科学といった合理性と，流行・美容・娯楽に関わる享楽性に着目する必要を提起する。近世中期から明治期には，「勤倹」（＝勤勉＋倹約）を旨とする通俗道徳的な生活規律が広く民衆世界を覆い，そこには奢侈と倹約の二分法が存在するのみであった。あるいは，実態レベルにおいても，禁欲的でつつましいケの領域と，（その抑圧の反動として）浪費的で放縦なハレの領域という二分法で把握される世界が広がっていた。モダニズムの意義は，日常生活に合理性と享楽性を求める価値観を育んだことにより，これらの二分法を打ち破る形で，消費に彩られた日常生活という領域を立ち上げる点にあったのではないだろうか。もちろん，同時代において，モダニズムは万人によって直ちに肯定的に受けとめられはしなかった。批判的な言説のもつ影響力を重視しながら，そのこと自体を含む問題の構図を浮き彫りにする形で，モダニズムを消費史として読み解く研究が求められているように思われる。

（満薗 勇）

【参考文献】

板垣邦子 [1992]『昭和戦前・戦中期の農村生活』三嶺書房
伊藤るりほか編 [2010]『モダンガールと植民地的近代』岩波書店
南博編 [1982]『日本モダニズムの研究』ブレーン出版

第7章

転換の 1930 年代〜60 年代
―――統制経済をはさんだ経済成長

序　転換期世界経済の実相と日本社会の現代化

1）再建国際金本位制の崩壊とブロック経済の形成

　1920 年代の帝国主義諸国は，国際金本位制を再建して，世界経済のバランスを取ることに努めたが，第一次世界大戦で経済的打撃を受けたヨーロッパとその復興需要で急速に生産を拡大したアメリカとの経済の不均衡は 20 年代も広がった。そのため，1928（昭和 3）年になるとアメリカ企業の好業績と高配当ゆえに，アメリカでの株価急上昇が見られ，ヨーロッパに投資されていた資本がアメリカ国内の株式投資に向けられ，アメリカは「バブル経済」状況となった。

　アメリカの株価は，実態経済と乖離し，1929 年 10 月 24 日にニューヨーク株式市場の株価の暴落が始まった。アメリカでの株価暴落は世界中に波及して世界恐慌となり，1931 年 9 月 21 日にイギリスは金輸出を停止し，変動為替レートへと移行した。その後 1 年あまりで大半の国が同様の措置をとった結果，再建金本位制は崩壊した。ニューヨークでの株価暴落後にアメリカからの資本輸出が激減したため，国際通貨システム自体が機能不全に陥った。特に 1931 年 5 月にオーストリアのクレディート・アンシュタルトが支払いを停止するとアメリカの短期資本引き上げは加速し，イギリスも金準備の流出圧力に対応しきれなくなった。金本位制の停止はさらなる投資の縮小を招き，1934 年の新規海外投資は 25（大正 14）〜28 年平均の 10％にまで激減した。

　海外投資と同時に国際貿易も急速に縮小する。決定打は 1930 年 6 月にアメリカで成立したスムート・ホーリー関税法であった。当初同法案は農業保護を目的

としたが，審議過程で工業製品も関税引き上げの対象となり，記録的な高関税が実施された。第一次世界大戦後の新興大国アメリカが保護主義的政策をとった影響は極めて大きく，1932 年にイギリスもオタワ会議を機にイギリス連邦内での特恵的な相互通商協定を成立させた。1929 年 1 月に 30 億ドルあった世界貿易額は 33 年 1 月に 10 億ドルまで減少した。

　金本位制が崩壊し，アメリカ・イギリスを筆頭とする諸国が低為替政策や貿易障壁によって景気回復を図る途を選択した結果，世界経済はドル・ブロック，スターリング・ブロック（ポンド・ブロック），ドイツ広域経済圏といった複数の通貨ブロックに分断された。日本も，日本本国と植民地・「満洲国」からなる円ブロック（日満ブロック）を成立させ，円ブロックはその後日中戦争を機に日満支ブロックへと拡大を遂げ，さらに大東亜共栄圏へと膨張し，そして崩壊を遂げた（伊藤［1989］：山本［1997］：上川・矢後編［2007］）。

2）世界恐慌と社会主義国

　1929（昭和 4）年の世界恐慌は日本へも波及したが，社会主義国ソ連は資本主義世界の経済に直接連動しないため，世界恐慌下でも数回にわたる五カ年計画で経済成長を遂げたといわれる。ただし，ソ連の五カ年計画は，重化学工業や電力産業などの生産財を中心とした生産拡大に向けられ，国民生活が豊かになったとはいえなかった。その意味では，ソ連の経済成長は，諸外国で過大評価されており，そのことが第二次世界大戦後にソ連の指導のもとに社会主義陣営が形成される要因ともなった。日本でも，1930 年代のソ連の経済成長は評価されて戦時期日本の統制経済にその影響が見られ，中国でもソ連の支援を受けて中国共産党が抗日戦線の一翼を担った。建国後のソ連はいったん国際社会と距離をとったが，計画経済によって自由主義市場経済のもたらす問題を解決することを武器に，1930 年代に再び国際社会に影響力を行使し始めた。

　その後ソ連は，第二次世界大戦では，ナチス・ドイツと戦い，1945 年にアメリカ・イギリスとともにヤルタ会談に臨んで，国際社会への本格的復帰を果たした。同時に日本へも宣戦布告し，第二次世界大戦後には東アジア世界へも大きな影響力を行使した。日本はソ連が参戦して間もなく無条件降伏したため，敗戦後は植民地を失ってアメリカ中心の占領下に入り，ソ連とは戦後のソ連・ソ連勢力圏での日本人抑留とその帰還が課題となった（日ソ戦争史研究会編［2023］）。第

二次世界大戦後の中国では，内戦後に社会主義の中華人民共和国が建設され，中
華民国政府は台湾へ移り（台湾国民政府），朝鮮半島北部に社会主義の朝鮮民主
主義人民共和国が，南部に資本主義陣営の大韓民国（韓国）が建設された。

3 ）ブレトン・ウッズ体制の成立

　世界恐慌がブロック経済化をもたらした根本的な理由は覇権国の不在である。
かつての覇権国イギリスには金本位制の維持に必要な信用を供与できる能力はも
はやなく，自ら金本位制を離脱した。新興大国アメリカは第一次世界大戦後も伝
統的な孤立主義から抜けきれず，欧州金融恐慌の際に「最後の貸し手」としての
機能を果たさなかった。さらに，スムート・ホーリー関税法は世界貿易の拡大が
必要な局面で逆にその縮小に帰結する政策であった。
　1939（昭和 14）年の第二次世界大戦勃発を機に欧州が再度戦火にみまわれる
と，アメリカは世界的な覇権の確立を狙い始めた。1941 年 3 月制定の武器貸与
法で連合国への軍事援助を開始し，同年 8 月にフランクリン・ルーズベルトとチ
ャーチルとにより宣言された大西洋憲章では，自由貿易の拡大と経済協力の進展
とが明記された。その後英米を中心として戦後の国際秩序構築についての協議が
進められた結果，1944 年 7 月の連合国通貨金融会議（44 カ国）でブレトン・ウ
ッズ協定が締結された。この協定では，多角的貿易決済システム，為替相場の安
定，自律的なマクロ政策の 3 者の並立が掲げられ，以後これを出発点として
1971 年までの国際経済秩序（ブレトン・ウッズ体制）が成立した。
　国際金融秩序では国際通貨基金（IMF）が設立され，金・ドルを中心とする事
実上の固定相場制（金ドル本位制）が成立した。IMF 協定は，加盟国に自国通貨
の平価を「金または 1944 年 7 月 1 日現在の量目及び純分を有する（アメリカ）
合衆国ドル」のどちらかで表示することを要求したが，この際，アメリカ以外の
すべての国が金ではなくドル平価を選択した。第二次世界大戦後，世界の金準備
のうち約 3 分の 2 がアメリカに集中している状況下では，ドル以外の通貨の金と
の交換性は回復できなかった。また，金とドルとを交換できるのが各国通貨当局
のみとされ，国内の金貨流通や民間の金裁定取引は禁止された。金の役割を限定
し，通貨供給量の柔軟性を一定確保するためであった。
　このように第二次世界大戦後の金・ドルの役割は，従前の金・ポンドの役割と
は大きく異なった。IMF 協定は，平価の上下 1％の幅内に自国通貨を調整する義

務も加盟国に課し，それに必要な短期資金を IMF から融通し得ることを定めた。平価は IMF との協議を経て変更可能であったが，1949 年のポンド切り下げ以降，70 年までは小幅な変更が数回実施されるに止まった。

4）パックス・アメリカーナとブレトン・ウッズ体制下の世界経済

　ブレトン・ウッズ体制の成立で，第二次世界大戦後の 20 年間，為替相場は安定的に推移し，1930 年代のような為替切り下げ競争は防がれた。IMF と同時に設立された国際復興開発銀行（世界銀行，IBRD）の役割は，戦後経済復興や途上国開発に必要な長期資金の融資にあった（山本 [1997]：上川・矢後編 [2007]）。また，国際貿易秩序ではブロック経済下における貿易障壁の乱立を反省し，貿易拡大を促すため，国際貿易機関（ITO）の設立が決定された。ただし，ITO 憲章（1948 年作成）はアメリカをはじめほとんどの国で承認を得られず，ITO は実現せず，1950 年代以降，自由貿易秩序は多国間協定の形式で推進され，GATT[1] が中心的な交渉舞台となった。限界はあったが，アメリカを盟主とする（パックス・アメリカーナ）ブレトン・ウッズ体制の下，世界貿易は急速に回復・増加し，1950〜60 年代の西側諸国は急速な経済成長を遂げた。日本も 1952（昭和 27）年に IMF，55 年に GATT への加盟がそれぞれ認められた。当初の日本は国際収支を理由とする為替取引・貿易制限（IMF14 条国，GATT12 条国）が認められており，こうした特権を活用した経済政策が実施された（伊藤 [2009]）。

　ブレトン・ウッズ体制では，以下の 2 点が重要である。第一に，金ドル本位制といっても 1950 年代まではスターリング・ブロックを中心に根強くポンドが使用されており，国際金融市場での自由交換性もまだ充分には回復されていなかった。これらの問題が克服され，真の意味でドルが国際基軸通貨の地位を占めるのは 1960 年代以降であった。第二に，パックス・アメリカーナはソ連を盟主とする東側諸国と一対になって存在するもので，パックス・ルッソ・アメリカーナ（Pax Russo-Americana）であった。そのためアメリカが直接行う対外援助の役割が重要になると同時に，東側諸国の戦略によってその内容が左右された。

　第二次世界大戦終結直後の世界銀行の役割は限定的で，マーシャル・プランな

1）関税その他の貿易障害を軽減し，通商の差別待遇を廃止して各国の経済の発展を期することを目的として，1948 年に発効した多国間条約のこと。

どを通じたアメリカの公的資本輸出を通したドル散布が大きな役割を果たした。また，1950 年代後半にソ連のフルシチョフが原油輸出やアジア・アフリカ諸国への対外援助など平和攻勢を開始すると，アメリカでも軍事援助にかわって経済援助の重要性が増大した。「近代化」で有名なロストウの議論はこうした時代背景の所産といえる。アメリカは，西側他国の経済成長により好意的な姿勢をとるようになった（渡辺［1996］：山本［1997］：末廣［1998］：上川・矢後編［2007］）。アメリカは日本に対しても 1950 年代半ばまでは，憲法改定と再軍備とを要求していたが，やがて断念し，軽武装下での経済成長を通じた保守政権の維持を基本方針とする（中北［2002］）。日本の高度経済成長はこうした国際環境のもとで 1955 年に始まり，73 年の石油危機まで持続した。

5）1930 年代～60 年代の日本経済の概観

　再建金本位制が崩壊し金ドル本位制が確立されるに至る 1930 年代から 60 年代にかけて，日本経済は昭和恐慌とそれからの脱出，戦時統制経済，戦後復興，高度経済成長というめまぐるしい変化を経験した。この間，代表的な経済指標がどのように変化したのかを表 7-1 から確認したい。まず，戦時経済統制開始直前の 1936（昭和 11）年までについて見る。資本主義諸国のなかで世界恐慌から最も急速に回復したことを反映し，鉱工業生産・農業生産指数はともに 1931 年を底として上昇に転じた。とくに 1930 年に 22.7 であった鉱工業生産は 36 年には 33.7 にまで上昇している。また卸売・小売物価指数も 1931 年が底となった。輸出は後述する高橋財政の効果もあり，19 億円から 36 億円へと約倍増した。この間，国際収支は 1931 年を除いて黒字を維持している。なお，中央政府財政支出が 1936 年に急増しているのは，二・二六事件以後軍拡が進んだためである。

　軍拡の進展と日中戦争の開始により，1937 年以降，経済統制が実施された。この間，国民総生産は 1940 年以降伸び悩み，軍需産業化によって上昇した鉱工業生産指数も 41 年以降停滞し，45 年には半減した。農業生産指数は，1939 年以降労働力不足などにより伸び悩み，卸売・小売物価は 1939 年以降物価統制を本格化させたものの徐々に高騰し，45 年には 36 年水準の約 3 倍になった。もっともこの数値は敗戦後に比べるとまだ抑制的で，戦時期の経済統制は戦後のそれに比べて機能していた。国際収支は 1937 年以降，赤字が定着した。

　戦後経済復興の実質的な初年である 1946 年の数値を見ると，実質国民総生産

表 7-1　1930〜1965 年主要経済指標

年	実質国民総生産	生産指数		物価指数		中央政府財政支出	貿易		国際収支(経常)	人口
		鉱工業	農業	卸売	小売(東京)		輸出額	輸入額		
単位	〜1951(百万円) 1952〜(10億円)					(10億円)	(億円)	(億円)	(億円)	(10万人)
1930	13,493	22.7	106.2	0.885	1.012	4.001	18.71	20.06	0.4	645
1931	13,942	20.5	94.0	0.748	0.885	3.509	14.80	16.86	△0.8	655
1932	14,071	21.6	99.0	0.830	0.893	4.279	18.02	19.36	0.4	664
1933	14,660	26.4	112.1	0.951	0.951	5.080	23.51	24.64	0.5	674
1934	16,239	28.2	93.1	0.970	0.971	5.710	27.89	29.70	0.1	683
1935	16,631	29.9	98.5	0.994	0.990	5.817	32.76	32.72	2.4	693
1936	17,157	33.7	108.4	1.036	1.040	8.432	35.85	36.41	2.4	701
1937	21,220	39.5	109.9	1.258	1.138	9.196	41.89	47.66	△5.5	706
1938	21,935	40.7	106.6	1.327	1.303	13.125	39.39	37.94	△5.5	710
1939	22,117	45.0	114.1	1.466	1.460	16.024	51.63	41.64	1.3	714
1940	20,796	47.1	106.1	1.641	1.696	18.920	54.17	46.53	△0.3	719
1941	21,130	48.6	94.3	1.758	1.716	28.308	43.84	40.67	△10.3	722
1942	21,405	47.2	101.5	1.912	1.766		35.05	29.24	△10.3	729
1943	21,351	47.8	95.8	2.046	1.874		30.55	29.39	△8.0	739
1944	20,634	48.6	89.1	2.319	2.098		12.98	19.47	1.6	744
1945		21.0	82.0	3.503	3.084		3.88	9.57		721
1946	11,594	8.5	84.7	16.270	18.930	154	23	41		758
1947	12,573	10.6	81.9	48.150	18.900	406	101	203		781
1948	14,211	14.0	92.9	127.900	32.700	1,039	520	603		800
1949	14,524	18.2	86.8	208.800	41.000	1,574	1,698	2,845		818
1950	16,115	22.3	98.9	246.800	38.100	1,813	2,980	3,482	1,713.6	832
1951	18,207	30.8	98.5	342.500	44.200	1,601	4,888	7,372	1,184.4	845
1952	13,805	33.0	111.4	349.200	46.000	1,667	4,582	7,304	810.0	858
1953	14,669	40.3	98.4	351.600	49.500	1,919	4,589	8,675	△738.0	870
1954	15,526	43.7	107.6	349.200	52.200	2,009	5,865	8,638	△183.6	882
1955	47,243	47.0	133.7	343.000	51.500	2,169	7,238	8,897	817.2	893
1956	50,735	57.5	126.9	358.000	51.900	2,284	9,002	11,627	△122.4	902
1957	53,978	67.4	132.9	368.800	53.500	2,463	10,289	15,421	△2,232.0	909
1958	57,891	66.7	136.4	344.800	54.000	2,636	10,356	10,919	950.4	918
1959	63,233	80.1	143.9	348.300	54.800	2,916	12,443	12,958	1,299.6	926
1960	71,632	100.0	149.7	352.100	56.700	3,269	14,596	16,168	514.8	934
1961	80,054	119.4	152.2	355.700	59.700	3,740	15,248	20,918	△3,535.2	943
1962	86,906	129.3	158.7	349.700	63.700	4,374	17,698	20,291	△176.4	952
1963	94,500	142.3	154.3	356.000	68.700	5,059	19,628	24,251	△2,804.4	962
1964	104,978	166.8		356.700	71.500	5,800	24,023	28,575	△1,728.0	972
1965	110,976	174.5		359.400	76.700	6,586	30,426	29,408	3,351.6	983

出所）三和良一・原朗編『近現代日本経済史要覧（補訂版）』東京大学出版会，2010 年，2-4，6 頁より作成。
注）農業生産指数・中央政府財政支出・貿易・人口は，表 6-1 と同じ。実質国民総生産：1951 年までは経済
企画庁『国民所得白書』（1965 年版）で，1934〜36 年価格。1952〜54 年は『国民所得統計年報』1977 年
版で 1970 年価格，1955 年の 1970 年数値は 16,898。1955 年以降は国民経済計算（内閣府経済社会総合研
究所）の国民総所得で 68SNA 数値で 1990 年価格。鉱工業生産指数：通商産業省「昭和 35 年基準鉱工業
生産指数」で 1960 年＝ 100（付加価値ウェイト）。物価指数卸売：出所は表 6-1 と同じで 1934〜36 年平
均＝ 1。1945 年までは小数点第 3 位，1946〜47 年は小数点第 2 位，1948 年〜は小数点第 1 位まで表示。
物価指数小売（東京）：1946 年までは日本銀行「東京小売物価指数総平均」で 1934〜36 年平均＝ 1。1947
年以降は総理府「消費者物価指数（東京都区部）」で 1970 年＝ 100。国際収支欄の△印は赤字を示し，
1946〜49 年の国際収支（百万米ドル）は，1946：△ 78，47 年：46，48：75，49 年：207。1945 年
までは小数点第 3 位，1946 年は小数点第 2 位，1947 年〜は小数点第 1 位まで表示。

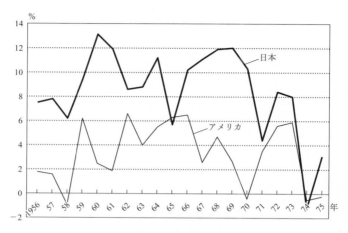

図 7-1　実質経済成長率の推移（1956〜75 年）

出所）前掲『近現代日本経済史要覧（補訂版）』41 頁より作成。

で戦時最高年の約半分，鉱工業生産指数で同 6 分の 1，農業生産指数で同 7 割といった状態であった。一方，小売物価指数は前年の 6 倍以上に達しており，以後 1940 年代後半を通じて日本はインフレの進行に悩まされた。1949 年に公定された為替レートが 1 ドル＝ 360 円であるから，円の対外的価値は敗戦を挟んで 30 年時点の 180 分の 1 にまで低下してしまった。

　その後の生産指数は，鉱工業・農業ともに 1955〜56 年には戦前・戦時の最高水準を超えた。1955 年に始まる神武景気（〜57 年）が高度経済成長の開始とされるのはこのためである。以後岩戸景気（1958〜61 年），オリンピック景気（62〜64 年），いざなぎ景気（65〜70 年）などの好況局面が続き，その間になべ底不況（57〜58 年），62 年不況，65 年不況など短期的不況局面をはさみつつ，日本は 1970 年代初頭まで急速な経済成長を記録した（図 7-1）。周期的な景気後退の背景は，国際収支の天井をにらんだ景気引き締め策を実施せざるを得ないことにあった。1951 年以降の物価動向をみると卸売物価指数に比べて小売物価指数のほうが上昇著しい。この原因には諸説あるが，工業農業・サービス業との生産性上昇率の違いなどが指摘されている（生産性格差インフレ）（吉川［2012］）。当時の人々は，耐久消費財を手に入れられたがインフレにも悩まされていた。

1　高橋財政から戦後経済政策へ

1 ）金解禁と井上財政

　1927（昭和 2 ）年に生じた金融恐慌では，同年成立の銀行法をもとに懸案の不良債権が整理されて金融面での不安が解消され，金利が低下したため，設備投資に有利な環境が生まれた。その一方，同年に成立した政友会田中義一内閣は，積極財政を進め，国家財政の剰余金の枯渇を決定的にした。このため，1929 年 7 月に成立した民政党浜口雄幸内閣のもとで，均衡財政により財政再建を図るか，国債発行に依存して積極財政を継続するかの選択が迫られた。

　浜口内閣の井上準之助蔵相は，均衡財政と貨幣法が定める平価（旧平価）での金解禁を行い，それによって生じるであろう国内の不況を産業の合理化によって乗り切り，日本の産業企業の国際競争力を強化・改善することで景気回復を図ろうとした（三和 [2003]）。井上の判断と選択には，一面では合理性があったものの，1929 年 10 月にアメリカ・ニューヨークの株式市場の大暴落に始まった世界恐慌のなか，30 年 1 月に金解禁を行ったため，世界恐慌の影響はより深刻となり，日本でも恐慌状態が生じた（昭和恐慌）。

　貨幣法が定める平価を旧平価と呼んだのは，1920 年代の日本が入超状況にあって円の対外評価が下がり，実際の相場は 1 割ほど安かったからである。旧平価での金解禁は，日本からの輸出により不利な状況を招き，これに世界恐慌によるアメリカ国内需要の急減が重なった結果，外貨獲得の中心であったアメリカへの生糸輸出は激減した。井上が旧平価での金解禁にこだわった背景には，新しい平価での解禁に貨幣法改正が必要であったという政治的問題や，円を切り下げての解禁により対外信用を失うことを恐れたなど多様な要素が指摘される。しかし，旧平価での金解禁と世界恐慌とが重なったことは，米・繭（生糸の原料）など農産物を中心とした物価下落を深刻なものにし，農村不況を一層激しくした。

　世界恐慌の影響で 1931 年 9 月にイギリスが金兌換を停止すると，日本も金兌換停止に追随してその結果円の価値が下落するとの予測を見込んだ投機売りにさらされ，多額の金が海外に流出した。井上自身は最後まで金本位制の自動調節作用を確信していたようであるが，若槻礼次郎民政党内閣が満洲事変の処理に行き詰まったために総辞職し，1931 年 12 月に犬養毅政友会内閣が成立すると，蔵相

■ 解説 III-4

財 界 論

　元来，「財界」とは，エコノミスト高橋亀吉の名著『大正昭和財界変動史』の表題に見られるように，経済事象一般を指すものであった。一方，資本家や大企業がすべての政治や社会経済活動を支配しているかのような陰謀論的な巨大権力として，「財界」が語られることもある。しかし史料の制約もあり「財界」の実態を知るのは極めて難しいため，「財界」論は仮説とならざるをえない。

　近代日本が「開国」という形で西洋経済システムと互換性をもつものとなるためには，会社，銀行，保険といった経済制度の概念を日本国内に説明，紹介し，実際にそれらを模倣し作っていくことから始めなければならなかった。そして，煉瓦，ガラス，鉄道，汽船，洋紙といったハードから，為替，簿記，株式，手形，度量衡といったソフトなシステムに至るまで，西洋諸国からの急速な導入が進められた。その際明治政府だけでは手が足りず，旧幕府や各藩から有能な官僚が登用され，渋沢栄一のように大蔵官僚から民間商工業界に移って，500 に上ると言われた会社の設立に関与した者もあった。

　渋沢は第一国立銀行を設立し，経済界の恐慌や紛争などに積極的に介入し，東京商工会議所の前身となる東京商法会議所や東京銀行集会所の前身となる択善会，東京株式取引所，東京手形交換所などを設立し，井上馨らの政府実力者と提携しながら，日本の経済システムを形成していった。「財界」の成立である。大阪・名古屋など地方でも，自らの資金のほか，旧藩主らの華士族の金禄公債や富豪の資金を集めて銀行や工場，株式取引所，商業学校などを設立し，地方財界を作る動きが現れた。

　近代日本に企業が生まれ，資本主義が発展していったのも，政府と密接な関係をもち，互いに情報と信用のネットワークを築いた「財界世話業」と呼ばれる人々がいたからである。渋沢のほか，和田豊治富士紡社長，井上準之助日銀総裁，郷誠之助東京株式取引所理事長らが，財界世話業の代表的存在である。彼らはいずれも，留学経験があって会社の経営・再建の手腕をもち，世話好きで，財閥や国家資本，有力政治家との関係をもち，資金・人材・情報を蓄積した自前のネットワークをもっていた。

　第一次世界大戦の頃から経済システムが複雑化し，渋沢が引退すると，郷誠之助を中心に「財界」の組織化が進められた。1917 年日本工業倶楽部が創設されたほか，英米実業訪問団の結果，欧州の商工会議所に対応する日本経済連盟会（日本経済団体連盟の前身）が 22 年に成立した。労働問題が重要になると，日本工業倶楽部とは別立てで 31 年全国産業団体連合会（戦後の日本経営者団体連盟）が成立した。こうした公式の組織化とは別に，経済危機乗り切りにおける金融界の地位向上を背景に，郷に加え，池田成彬三井銀行常務，結城豊太郎日本興業銀行総裁を中心とした財界世話業ら 10 名が，政府との非公式なパイプとして 17 年八日会を作った。毎月 8 日の午後 5 時から，料亭に政府関係者一人ずつを招いて情報交換を行うこの会が，日本の敗戦間際まで 28 年間も

続いたという事実は，工業界・金融界・商業会議所のトップと政府との関係が制度化され，郷や和田・井上（2 人の死後は池田・結城）を中心に「財界」という政治経済権力が構造化されていたことを意味する。郷が商工会議所会頭，全国産業団体連合会会長とあわせ，32 年に日本経済連盟会長に就任したことは，少数者による権力独占・政治腐敗との非難を招き，斎藤内閣を倒壊させる帝人事件を引き起こした。

「財界」は，1930 年代前半の日英経済摩擦などで，自主統制による対英米協調路線をとり，強い官僚統制には反対したものの，製鉄合同・製紙合同・三和銀行設立・電力連盟設立・重要産業統制法・工業組合法・為替管理などの，修正資本主義的政策を支持・推進した。1940 年頃から池田や結城ら金融関係者の発言力が低下するのと平行して，郷は同年 8 月に経済連盟会に重要産業統制団体懇談会を設置した。そして，その副会長となった鉄鋼連盟会長平生釟三郎が，その後郷ら従来の主流に代わって力をもち，統制強化を推進するようになった。重要産業統制団体懇談会が重要産業統制団体協議会に改編され，統制会の連絡機関として期待されるようになると，平生は官僚・軍部と提携を強め，鉄鋼統制会会長として重工業を中心に，官僚が統制会－統制組合－統制会社を指令・統制するシステムを主導するようになるのである。

なお，「財界」は五・一五事件以後，第一次近衛文麿改造内閣の池田成彬蔵相兼商工相など，広田弘毅内閣などを除いて政府に閣僚を送り込んでおり，戦中のみならず，幣原喜重郎内閣の渋沢敬三蔵相，第一次吉田茂内閣の河合良成厚相，第四次吉田内閣の向井忠晴蔵相，鳩山一郎内閣の一万田尚登蔵相・高碕達之助経済審議庁長官，岸信介内閣の一万田蔵相・正力松太郎国家公安委員長兼科学技術庁長官・藤山愛一郎外相など，1960 年まで「財界」からの入閣は続いている。なぜ高度成長期に政治と「財界」との関係が変化したのかは，興味深い課題である。

戦後，日銀総裁を長く務めその後日本民主党に入った一万田や，吉田と親しい宮島清次郎日本工業倶楽部理事長に近い「財界四天王」（小林中・永野重雄・桜田武・水野成夫）が，「財界世話業」の仕事を継いだが，高度成長期以降は日経連・日商・経済同友会・経団連の経済四団体や関西経済連合会による制度化された「団体政治」の時代に入り，財界団体も戦前の「財界」のような形で政治と深い関係をもつことはなかった。しかし，1981 年の第二次臨時行政調査会以降，2001 年の経済財政諮問会議など，民営化や規制緩和を推進する重要な政府機関に「財界」代表が入るようになったことをどう評価すべきかも，「財界」をめぐる今後の重要なテーマと言えよう。　　　　　　（松浦　正孝）

【参考文献】
岡崎哲二・奥野正寛編［1993］『現代日本経済システムの源流』（シリーズ現代経済研究 6）日本経済新聞社
経済団体連合会［1962］『経済団体連合会前史』経済団体連合会
松浦正孝［2002］『財界の政治経済史――井上準之助・郷誠之助・池田成彬の時代』東京大学出版会

に就任した高橋是清は金輸出を即時再禁止した（金本位制停止）。ただし浜口内閣（井上財政）の政策には，企業に対する産業合理化政策も含まれ，新たな国家介入の契機ともなり，不況・失業対策を課題とする本格的な新規事業開始の画期を浜口内閣期に求める見解もある（金澤 [2010]）。井上準之助と高橋是清は，当時の日本が開放小国であるとの認識は共通しており，ともにそのなかでの政策選択を模索していたともいえる（鎮目 [2009]）。

2）高橋財政の展開

　高橋是清は恐慌の原因を需要不足と判断し，金本位制の制約からの脱却を背景とする積極財政に転じた（高橋財政）。ケインズ経済学的な有効需要創出政策を先取りしたともいえる。需要創出の柱は軍事費と時局匡救事業で，井上による緊縮財政と幣原喜重郎による平和外交によって抑制されていた軍事費は，1931（昭和 6）年の満洲事変を機に拡大を続け，財政支出に占める軍事費の割合は，30 年の 28.4％から 35 年の 40.3％に膨張した。時局匡救事業は農村救済・失業対策を目的とするもので，主に土木事業であった。

　こうした政策の財源確保のために赤字公債の発行とその日本銀行引受が行われ，公債不消化の懸念と公募発行の場合に生じる民間資金引揚げ（一時的なデフレ効果）を避けながら資金を供給し得た。さらに通貨供給の増加により低金利を維持することで，国債償還費の軽減と景気刺激も狙った。低金利維持のために公定歩合による市場調整に限界を感じた日本銀行が，赤字国債を引き受けて，国債売買による市場調整に活路を見出したとも考えられる（井手 [2006]）。

　対外経済関係では，従来の為替支持政策を改め，円安を放任する姿勢をとった。このため 1931 年 12 月には 100 円＝ 49.44 ドルであった為替相場は 32 年に入って 100 円＝ 19 ドル台までに暴落する。翌 1933 年には外国為替管理法を施行し，100 円＝ 29 ドル前後での低為替政策を実施した。また，1932 年には関税定率法を改正し，重化学工業製品輸入を中心とする関税引き上げを実施した。輸出促進・輸入防遏政策を展開したのである。

　高橋財政はマクロ政策を井上財政期から抜本的に転換すると同時に，産業合理化政策については井上財政の方針を受け継いだ。その代表例が老齢船の解体を条件とする新造船建造を助成した 1932 年の船舶改善助成施設で，海運・造船の不況対策と船質改善を通じた海運競争力強化とを同時に目的とした。また鉄鋼業で

は官民合同が進められ，1934 年に日本製鉄株式会社が誕生した。トラストの形成を通じて，低能率設備の廃棄と大規模高能率設備の建設とを促進し，国際競争力の強化を狙った（中村［1982］：岡崎・奥野編［1993］：三和［2003］）。

日本の植民地に加え，満洲・中国でも日本円の通用が強制的に進められ（「日満支金融ブロック化」）（波形［1985］），朝鮮と新たに獲得した満洲では，日本の重化学工業化・軍需生産の補完を目的として，原料や粗生産財の増産が実施された。1920 年代には産米増殖計画一辺倒であった朝鮮では，電源開発が総督府の計画下で進められ，電気化学など関連産業が叢生した。満洲でも関東軍の指導の下で石炭・鉄鋼などへの直接投資が増加し，高橋もこれに好意的な姿勢を見せていた。植民地での本格的な重化学工業投資は世界史上極めて特異であったが，満洲での諸資源供給見込みは当初の期待を下回り，関東軍は華北への関心・介入を強めた（堀［1987］［1995］：松浦［2010］：石井寛治［2012］）。

ただし，満鉄は国策会社でありながら政府のみでなく民間からの出資も得た株式会社でもあり，国策会社としての性格を強めることを望まない日本本国の大株主が，満鉄所有株を手放したため，1930 年代に株主構成が大きく変化した（平山［2019］）。国策会社としての満鉄経営に限界が見える中で，満洲の重化学工業化は新興財閥の日本産業が満洲に拠点を移して設立した満洲重化学工業株式会社（満業）に委ねられた（柴田［2017］：老川［2020］）。

植民地の膨張・工業化の一方で，日本本国からはそれに必要な生産財が供給された。国際競争力の未だ低い機械産業などでは，植民地は重要な市場であった。従来本国からの軽工業品移出，植民地からの農産品移出を基軸としていた本国と植民地との帝国内分業は，日本の重化学工業化を補完するものへと高度化を遂げた。帝国内分業は高度化と同時に量的にも結合度を高め，例えば 1930 年代の朝鮮貿易では日本本国を相手とするものが 90％にまで達した。こうした事態は他の植民地帝国と比べても日本帝国主義内部の強い一体性を示すもので，1930 年代の日本帝国は，貿易面では世界最大規模の帝国になった（堀［2009］）。

一連の政策の後押しで，日本の鉱工業生産指数は資本主義諸国のなかでいち早く 1933 年に 29 年水準を回復し，各国に先駆けて恐慌から脱出した。特に，合理化と低為替の恩恵を受けて，日本の軽工業製品は全方位的に輸出を大幅に伸ばし，1932 年下期に日本の綿布輸出量はイギリスのそれを凌駕し，32〜36 年の国際収支は黒字化した。鉱工業生産回復の一方で，実質賃金の回復は英米よりも遅いテ

ンポであった。むしろ，低賃金が鉱工業生産の回復に寄与したといえる。また，深刻化していた農村問題への効果は鉱工業生産に比べて限定的なものに止まり，時局匡救事業は農民生活を十分に下支えするものではなかった（中村［1971］：橋本［1984］：大石・西田編著［1991］：三和［2003］）。

　1934 年前後になると，景気回復の一方で新たな問題が生じ，高橋財政に変化が生じた。通商政策の課題が貿易摩擦への対応である。低為替下での輸出増加は他のブロック経済圏から「ソーシャル・ダンピング」[2]との批判を招き，日本もそれへの対応を余儀なくされた。スターリング・ブロックとの間で日印（インド）会商・日英会商，オランダ領東インドとの間で日蘭会商など通商会議が開催された（籠谷［2000］）。財政政策では景気過熱への不安から，公債漸減方針に取り組んだ。新規公債発行高は 1934 年度から減少に転じたが，軍事費の膨張を抑えることができず，高橋や財政当局は軍事費抑制への努力をある程度は行ったものの，その成果は十分ではなかった。代わりに優先的に歳出削減されたのは時局匡救事業であり，3 年目の 1934 年度を最後にして打ち切られた。

　結局，高橋財政では農村問題やそれにともなう社会不安の真の解決はなされず，このことが陸軍による社会改革への期待を高める遠因になった。そして，高橋が 1936 年の二・二六事件で陸軍皇道派の青年将校に暗殺されると，軍事費増大に歯止めをかける者はもはやおらず，二・二六事件後の広田弘毅内閣では，馬場鍈一蔵相の下，公債漸減方針は放棄された（三和［2003］：武田［2002］）。

3）戦時統制経済とその崩壊

　公債漸減方針を放棄した馬場財政は，「国防の充実」を掲げる 1937（昭和 12）年度予算案を作成した。同時に低金利促進政策もとり，軍需を中心とした内需の拡大を見越した輸入急増のため，1936 年末に深刻な外貨不足に直面し，大蔵省は 37 年 1 月から輸入為替許可制を実施した。戦時統制経済の発想そのものは，第一次世界大戦の衝撃によって平時から準備する形で始まったが（森［2020］），国力充実のための生産力拡充は軽視され，軍事力の整備と資源の確保が優先される形で，日中戦争に先立って，経済統制は開始された（荒川［2011］）。

　国際収支制約に直面する一方で，軍部からの軍拡要求はさらに本格化した。

　2）賃金を不当に切り下げたりしてコストを引き下げ，外国市場で製品の安売りをする行為のことで，日本の綿紡績業が行っていると非難された。

1937 年 5 月，陸軍は重要産業五カ年計画要綱を作成し，「重要資源ヲ自給シ得ル」体制を目標として，日本・満洲・華北一帯に軍需工業と基礎産業を 5 カ年で建設することを掲げて政府に提出した。翌 6 月に成立した近衛文麿内閣は，この計画を閣議了承し，賀屋興宣蔵相と吉野信次商工相との間で，生産力拡充，物資需給の調整，国際収支の均衡の財政経済三原則を交わした（賀屋・吉野三原則）。国際収支赤字を拡大させずに陸軍の要求（軍需動員・軍動員に必要な生産力を拡充）を実現すべく，戦略部門へ重点的に投資されるように政府が市場メカニズムに介入した。特に満洲や華北では，経済合理性や経済的効果を度外視して開発それ自体を自己目的化した炭鉱開発などが進められた（白木沢［2016]）。

　そして，1937 年 7 月の日中戦争勃発は，生産力拡充が不充分な状態での軍需動員・軍動員を招いた。そのため当初想定よりもさらに厳格な経済統制・民需の圧縮が必要となった。日中戦争勃発後の第 72 臨時議会は，戦争終了までを一会計年度とする臨時軍事費特別会計を設定し（柴田［2002]），軍事費への議会によるチェックを不能にするとともに，戦時統制三法（臨時資金調整法，輸出入品等臨時措置法，軍需工業動員法適用法）を成立させた。臨時資金調整法は設備投資を許可事項とすることで設備資金供給を軍需へと統制し，輸出入品等臨時措置法を通じて貿易関係品（実質上全ての物資）に対する需給統制が可能となった。

　軍需工業動員法適用法は 1918 年の軍需工業動員法を，政府の公式説明としては戦争ではない日中戦争（当時の呼称は支那事変）にも適用できるようにしたもので，陸海軍による民間重要軍需工場への管理を可能とした。経済統制は 1938 年 4 月の国家総動員法によってさらに全面化し，人的・物的資源の統制権限が全面的に政府へ委任され，法律ではなく勅令による統制が大幅に可能となった。1939 年 10 月の価格統制令では物価を 9 月 18 日水準に固定化することが決定され，点数切符制を通じた本格的な流通統制への道が開かれた。国家総動員法を国際的文脈で捉えると，アメリカが第一次世界大戦後の平時からすでに国家総動員準備のための計画を公表しており，それが 1920 年代後半からのヨーロッパ諸国や日本の国家総動員準備に大きな影響を与えたとされる（森［2020]）。

　こうした法的体系に依拠して，生産力拡充を目的とする国際収支均衡・物資需給調整が実施された。その根幹が 1938 年 1 月から開始された物資動員計画である。物資動員計画は企画院（1937 年 10 月設置）によって計画され，外貨獲得能力の枠内での物資の総供給量を設定し，その枠内で諸物資を陸海軍軍需・生産力

拡充・一般民需などへと配分するものであった。これに対応して，生産力拡充計画・電力交通動員計画・労務動員計画・資金統制計画などが順次作成され，あらゆる生産要素が政府の統制に組み込まれた。そして不急不要部門への資源の流入は規制されたが，その一方で，ある程度の市場経済性や利潤インセンティブは組み込まれ，企業間競争も利用された（岡崎・奥野編［1993]）。

　しかし国際収支の悪化から，物資動員計画はその 1 年目から改訂を余儀なくされた。つまり，①円ブロックの拡大により対中貿易での為替リスクが消滅し，ブロック外輸出の減少と対中向け輸出の増加が進み，②計画が棉花に代表される一般民需用原料の輸入を優先的に削減した結果，綿布など民需輸出の減少を招き，③軍需生産拡張によってブロック外からの資源輸入が増大した（山崎［2011]［2012]）。結局，円ブロックは資源の自給をなしえず，ブロック内での重化学工業化・軍備拡張はブロック外からの輸入をむしろ激増させた。そこで日本がとった選択は民需への統制強化と円ブロックの拡大であり，1939 年の第二次世界大戦勃発後ドイツの電撃戦が成功し，40 年にフランスが降伏したことに希望を見出した日本は，フランス領インドシナ進駐と日独伊三国軍事同盟の締結を行った。しかしこれはアメリカの鉄屑・石油輸出禁止と対日資産凍結（第三国為替取引の停止）を最終的に招き，1941 年 12 月の日米開戦へと至った。

　正常な貿易関係を不可能とするアジア太平洋戦争下での統制経済において制約要因となったのは船舶輸送力で，これが大東亜共栄圏各地からの資源輸入量を規定した。政府は 1942 年 2 月に大東亜建設審議会を設置し，同審議会は繊維原料増産を答申し，南方地域の鉱産資源開発を議論した（安達［2013]）。開戦前，企画院は日米決戦下の海上輸送力維持は可能との結論を導き出したが，この計画は軍用船への徴用や米軍による攻撃によって達成されず，日米開戦後，海上輸送力は減少の一途をたどった。そのため，オランダ領東インドの油田を占領しても，石油を日本本土に輸送できず，海に流して捨てる，といった事態が生じた。

　実際，アジア太平洋戦争下で進展したのは，軍需部門への諸要素の集中的投下で，民需のみならず生産力拡充すら充分には機能しなくなり，軍需生産そのものの基礎が掘り崩された。1943 年に企画院と商工省とが統合して軍需省が設立され，物資供給先は鉄鋼・石炭・軽金属・船舶・航空機の 5 大重点産業へと一層矮小化された。こうした措置すらも，陸海軍がそれぞれ勝手に物資の囲い込みに走る状況下では，円滑に機能せず，1944 年 7 月にサイパン島が陥落し，重要航路

が相次いで放棄されると，5 大重点産業でも本格的な資源不足に直面し，代用資源や非熟練労働力での生産に追い込まれた。降伏が 1945 年 8 月だったことは，明らかに遅すぎたのである（倉沢［2012］：原［2013］：山崎［2016］）。

4）戦後改革の展開

　アジア太平洋戦争下のアメリカでは知日派が積極的に登用され，対日占領政策の検討がすでに実施されていた。日本占領初期に実施された対日占領方針は，日本の軍需主義を解体するとともに，その発生源と見なされた経済基盤を除去することであった（ハード・ピース路線）。政策立案者にとって軍国主義の解体は重化学工業化の抑制も意味していた。まず，軍工廠では設備をスクラップされ，それらの海外への搬出が進められた。同様の措置は民間の重化学工業でも計画され，1946（昭和 21）年のポーレー対日賠償使節団は，日本の生活水準を 26〜30 年平均に抑制し，その超過分をアジアの他地域の経済復興に回すという方針の下，造船・鉄鋼・石油などでの厳しい現物賠償案を報告した。

　軍国主義の発生源とされた経済基盤の除去が，財閥解体・農地改革・労働民主化の戦後 3 大改革である。財閥解体では 1945 年 11 月に 4 大財閥の本社活動が停止され，46 年に解散された。財閥同族など多くの戦前経営者が公職追放となり，1947 年に独占禁止法が成立し，過度経済力集中排除法によって 325 社の分割が要求された。これは結局，18 社に緩和されたものの，指定外の企業でも自発的に分割したものが約 150 社に上った。こうした措置は若手専門経営者の台頭や証券大衆化をもたらし，戦後の激しい企業間競争の土壌となった。

　農地改革は敗戦当初，日本側から自発的に立案され，対日理事会[3]によって徹底化された。譲渡は有償であったがインフレも作用した結果，きわめて低価格で売却され，総農家の 90％が自作・自小作農になった。労働改革では，団結権・団体交渉権・争議権の労働三権が認められ，社会党や共産党を中心とする組合運動が活発化した。これらはいずれも農民・勤労者への労働分配率を改善し，1950 年代以降の国内市場拡大に寄与した。対日占領は日本の経済構造を根本的に変化させたが，占領期には統制経済という戦時と同様の手段を活用しつつ，経済復興も進められた。そして綿紡績業の復興のための棉花関連援助をアメリカ政府は決

3）GHQ ／ SCAP（連合国軍最高司令官総司令部）の諮問機関のこと。アメリカ・イギリス・ソ連・中国（中華民国）で構成され，東京に設置された。

定し，援助の直接的な受け手である日本の綿紡績企業との調整を連合国軍最高司令官総司令部（GHQ ／ SCAP，以下 GHQ）が担った（大畑 ［2012］）。

　敗戦後の焦眉の対策は悪性インフレの抑制であった。敗戦後の日本政府への信用が低下した結果，現物への換金が進展し，貨幣流通速度が急激に上昇したため，政府は 1946 年 2 月に金融緊急措置令と日本銀行券預入令を公布し，旧円を銀行に預入させ，新円に切り替え，その払い戻し限度額を設定した（預金封鎖）。また，給与の限度額の設定，物価統制，戦時補償打ち切りも断行した。物価統制とともに物資需給計画を策定することで，経済復興政策が実施された。貿易の強い制約という戦時期と類似した状況下で，復興に必要な資材の生産用に物資を優先的に供給する方針がとられた（労働民主化が進められた戦後には，労務動員計画はもはや作成しえなかったが）。この具体策が鉄鋼・石炭などの生産に優先的に資材・資金を投入する「傾斜生産」[4] である（1947 年 1 月）。

　資金供給では全額政府出資の復興金融金庫（復金）を設立し，基幹産業への傾斜金融を実施した。各生産財には基礎物資価格を設定し，生産者価格がそれを超える場合には価格差補給金を生産者に支給した。貿易では，輸出・輸入の双方で日本の生産者に有利になる複数為替レートが設定された。以上の措置は生産力の回復を実現したが，インフレの解決には至らなかった。復金融資の財源は復興金融債券（復金債）の発行とその日銀引受に依存し，通貨膨張を導いた。また価格差補給金や複数為替レートは，生産者にコスト削減への意欲を鈍らせた。

　アメリカでは従来の占領政策の転換が，「納税者の論理」と「冷戦の論理」を背景として進んだ。アメリカ国内では 1946 年秋頃から，日本を占領する経費が政府財政と租税の膨張を生み出しているとの批判が強くなり，1947 年のトルーマン・ドクトリン以降ヨーロッパでの冷戦が本格化し，ドイツ占領政策が非軍事化から復興へと転換を遂げると，その影響は日本にも及んだ。

　日本の占領政策転換を明言したのが 1948 年のロイヤル陸軍長官演説である（三和 ［1982］［2002］：浅井 ［2001］：柴・岡崎編著 ［2011］）。対日占領政策の主目的が，非軍事化から経済復興へと転換されると同時に，これを国際経済への復帰を通じて急速に行うこととなった。賠償政策では軍工廠でのスクラップが不徹底なまま中止され，ポーレー使節団で示された中間賠償方針も撤回された。また，

4）有沢広巳の発案で，第一次吉田内閣で閣議決定された石炭・鉄鋼の生産拡大策で，片山内閣に引き継がれ，両部門へ重点をおいた資金供給が行われた。

公職追放の解除や労働民主化の抑制（1948 年の政令 201 号）が進展し，その後，差別的なレッド・パージ[5]が実施された。

　国際経済への復帰を進めたのが 1949 年に始まるドッジ・ラインである。デトロイト銀行総裁ドッジはアメリカによる援助と復金融資・価格差補給金に依存する日本を「竹馬経済」と批判し，市場メカニズムの導入と国際経済への復帰とを通じて日本経済のインフレ一挙安定，コスト削減，国際競争力強化を実現する方針を確立させた。国家財政では徴税強化を進めるとともに公共事業費の削減や復金債の発行禁止などを実現し，単年度で黒字となる超均衡予算を成立させた。

　貿易政策では，複数為替レートを廃止し，1 ドル＝360 円の単一為替レートを設定した（1949 年 4 月）（伊藤［2009］）。また，同年のシャウプ使節団の勧告により，1950 年度から直接税中心の税制が実施され，各種の補助金を削減して物資需給統制も順次撤廃していった（伊藤［2009］：浅井［2011］）。1 ドル＝360 円レートが発足当初，円の過小評価（円安）であったか，円の過大評価（円高）であったのかの判断は難しいが，アメリカ政府の利害は，日本の輸出を拡大して経済援助から脱却させることにあり，円安評価がアメリカ政府にとって望ましかったといえる（浅井［2015］）。

5）経済自立から所得倍増計画へ

　ドッジ・ラインはデフレ状態をもたらし，深刻な倒産・失業をもたらした（安定恐慌）。この事態を解決したのが 1950（昭和 25）年 6 月の朝鮮戦争勃発に伴う特需景気である。在日アメリカ軍による日本での軍需物資調達を主に意味する特需は，日本企業が国際競争に比較的さらされることなく，外貨（特にドル）を獲得できることを意味した。繊維，金属，機械を中心に生産は拡大し，サンフランシスコ講和条約と日米安全保障条約の調印で連合国の対日占領の終了が決まった 1951 年に鉱工業生産が戦前水準を超えた。1951 年 7 月に休戦会談が開始されて以降も特需は拡大し，54 年までは貿易以上のドル獲得手段であった。

　特需が日本経済に「希望」を与えるなかで立案されたのが「日米経済協力」である。GHQ が東アジア全域におけるアメリカの軍事戦略の一環として日本での産業動員を計画すると，対日援助停止と特需縮小に対する不安を抱いていた日本

5）共産党員およびその同調者を企業または公職から追放することで，日本では，1950 年の朝鮮戦争勃発後に官公庁・民間企業で大規模に行われた。

政府や経済団体連合会は，日本での軍需生産復活の必要性を積極的にアピールした。日本をアジアの兵器廠にすることで経済復興を実現するこのプランは，1950年代半ば以降冷戦体制が定着するなかで実現しなかった。ただし，すべての企業が防衛生産を手放したわけではなかった（沢井［2019a］）。

　マクロ的には特需の効果は一時的なものであったが，鉄鋼・石油・自動車など重化学工業への設備投資が同時期から積極的に展開された。それまで公然と議論されていた国産乗用車不要論などは朝鮮戦争後急速に影をひそめた。ただし，特需が国際競争を回避した不正常な外貨獲得手段である以上，援助や特需抜きでも国際収支均衡が実現できるような国民経済の形成（経済自立）が必要だと考えられていた。そのための手段として以下のような産業政策が，大蔵省や通商産業省（通産省，1949 年設立）によって実施された（浅井［2001］［2002］）。

　日本は 1950 年代前半に IMF・GATT に加盟したが，為替管理や数量規制が認められた。そこで，政府は 1950 年に外資法を制定して外資企業の直接投資を防ぎ，外国為替および外国貿易管理法を通じた外貨割当を実施し，機械や原材料など重要物資の輸入に優先的に外貨を供給した。一方，企業合理化政策としては直接投資抜きでの技術導入を積極的に認めるとともに，企業合理化促進法（1952年）などを通じた設備投資優遇税制を整備した。電力・道路などインフラや鉄鋼・造船・機械など基幹産業に対しては個別の合理化促進政策を実施し（電源開発促進法，鉄鋼合理化計画，計画造船，機械工業振興臨時措置法など），その長期金融に日本開発銀行や日本輸出銀行（ともに 1951 年開業）など政府系金融機関が大きな役割を果たした。これら諸部門の大型設備投資には世界銀行やワシントン輸出入銀行からの借款も活用された。

　そして，当時の外貨獲得産業である陶磁器・雑貨・軽機械（トランジスタラジオ，ミシン，双眼鏡，カメラなど）などの諸産業に対しては，輸出取引法（1952年，翌年に輸出入取引法に改定）を制定して輸出組合を通じたカルテルを認可し，品質改善や市場開拓を促した（寺村［2008］：大森［2015］：沢井［2022］）。

　このような産業政策も奏功し，日本は 1955 年に経済自立を達成した。以後，金ドル本位制が確立し，GATT 体制下で国際貿易の拡大が進むなかで，日本の工業製品輸出は順調に伸びた。1960 年代半ばまで，日本は国際収支の天井に度々直面し，その度に外貨予算削減や金利引き上げなどの景気引き締め政策がとられたが，その影響は当初予想に比べて短期間に止まり，1950 年代末には，国際収

支対策や経済成長には国内資源増産などを通じた輸入削減よりも輸出拡大を優先する方が効果的という考えが主流となった。

　低廉な原燃料輸入の増大→コスト削減→輸出増大が国際収支の天井を底上げし，所得増加と内需拡大を図り，完全雇用を実現するという回路が期待され，所得の増大が耐久消費財需要の拡大に象徴される大衆消費社会を出現させて，追加的な消費需要が機械工業化をさらに促すという高成長実現の基本メカニズムが 1960年代に見られた（武田編［2021］）。そして，国際社会も，経済大国化しつつある日本には，以前のような規制措置を次第に容認しなくなった。

　1960 年に策定された国民所得倍増計画は貿易自由化を掲げるとともに，完全雇用実現への見通しを政府として初めて描けた点で，戦後復興期の経済政策の転換を告げた。この見通しに沿って，1960 年以降，貿易・為替自由化が順次進展し，63 年には GATT 11 条国入りを，64 年には IMF 8 条国入りをそれぞれ遂げ，67 年から資本自由化も進展した（浅井［2008］［2015］）。この間，通産省は開放経済移行に備えた国際競争力の強化を唱え，企業合併や設備投資規制を推奨する態度をとったが，特定産業振興臨時措置法が結局日の目を見なかったことや石油業法による石油産業保護政策がその競争力強化に寄与しなかったように，これらの政策は通産省の思惑通りには運ばなかった。

　外貨割当などの政策手段を喪失した通産省の権限は次第に縮小せざるを得ず，高度成長期における企業の成長は規制ではなく競争を通じて実現した（橘川［2004a］）。そのような競争がもたらす地域間格差の是正と，経済成長の維持のバランスを図りつつ，地域開発が進められ，太平洋ベルト地帯を重点的対象としつつ，分散的な成長拠点として各地に新産業都市が設けられた（藤井［2004］）。

　開放経済への移行に伴って農業・石炭など国内資源産業への政策は大きく転換した。1950 年代までは輸入削減や雇用確保といった目的から国内資源の開発政策が実施されたが，開放経済への移行を進める政府は高コストの国内資源産業を従来のまま育成することを許さなくなった。農業では農業基本法によって「選択的拡大」がとられ，自給率が低下した。エネルギーでも海外原油を基幹エネルギーとして正式に位置付け，国内石炭産業の円滑な整理縮小が政策目標となった（暉峻編［2003］：浅井［2008］：小堀［2010］：島西［2011］）。

　所得倍増政策に前後して福祉政策も拡充された。1950 年代の社会保障政策は生活保護や戦後処理（軍人恩給の復活）を特徴としたが，次第に「国民」全体を

対象とする福祉政策が採られるに至った。在日朝鮮人を受給対象者から外すなどの限界はあったが，1961 年に「国民皆保険・国民皆年金」が一応実現された（玉井 [2022]）。実現された福祉国家の水準は，低福祉・低負担であり，日本は社会保障よりも公共事業と減税を優先した（浅井 [2008]）。

2　「内需」主導の重化学工業化

1）産業構造の重化学工業化

　1930 年代に日本の産業構造は，重化学工業（金属・機械・化学工業）の比重を高めた。重化学工業の生産額は，1931（昭和 6）年の 23 億円から 37 年の 104 億円に大きく増加し，工業生産額全体に占める割合も 29％から 50％に上昇した。従業者数においても同じ期間に 44 万人から 141 万人，割合も 24％から 44％に増大した。この重化学工業化の進展には，前章で述べたカルテルや企業合同による産業組織の再編に加えて，高橋財政期の低為替と関税改正が大きな役割を果たした。金輸出再禁止後の円為替相場の下落によって輸入品価格が上昇し，1932 年の関税改正では，銑鉄などの重化学工業製品を中心に 29 品目にわたって一律 35％の引き上げが実施された。

　こうした保護関税政策の強化により，輸入圧力が軽減された日本の重化学工業品は，価格競争力が高まり，輸入代替化が進んだ（三和 [2003]）。さらに，低為替を背景に繊維産業をはじめとする輸出産業が活況を呈し，製造業全体で設備投資が増大した。拡大する国内市場を基盤に重化学工業が成長し，設備投資が新たな設備投資を生み出すという「内部循環的生産拡大」が軌道に乗った（橋本 [1984]）。ここでは鉄鋼業と繊維工業（綿布・レーヨン）が重要となった。

　この期の重化学工業化を牽引した鉄鋼業の生産量は，1931〜36 年にかけて銑鉄が 92 万トンから 200 万トン，鋼材が 166 万トンから 454 万トンに急増した。鋼材は 1932 年にほぼ輸入鋼材を駆逐して国内自給を達成した。しかし銑鉄は，国内需要の増大に国内生産が追いつかず，インド銑鉄から満洲銑鉄への代替を強めつつ，輸移入への依存が続いた。鉄鋼業では国際競争力を強化するため，1920年代から官民合同による製鉄所設立案が議論されてきたが，30 年の臨時産業審議会での議論を経て，34 年に官営八幡製鉄所と民間鉄鋼会社（1 月に釜石鉱山・輪西製鉄・三菱製鉄・九州製鉄・富士製鋼，3 月に東洋製鉄，36 年に大阪製鉄）が

合併し，日本製鉄株式会社（資本金 3 億 4,954 万円）が発足した。

　日本製鉄は全国製銑能力の 97％，製鋼能力の 58％を有し，株式の 80％を保有した政府（商工省）が鉄鋼業に強い影響力を発揮した。半官半民とはいえ，公開された株式会社を設立することで，銑鉄部門ないし一貫生産設備に対する投資資金の調達を外部資本市場へも広げた（岡崎 [1993]）。その後，商工省の「日鉄中心主義」の下で，日本製鉄は数次にわたる拡張計画を実施し，民間の製鋼メーカーの日本鋼管も製銑・製鋼一貫化（36 年）を進め，日本鉄鋼業の生産能力は拡大した（長島 [2000]）。こうした鉄鋼の生産増大が新たな鉄鋼需要を生み，その生産増大を支える設備投資の増加が土木建築・機械需要を増大させ，その土木建築・機械の生産拡大がさらなる鉄鋼需要を生じさせた（橋本 [1989]）。

　機械工業では，電気機械（特に重電機），造船，鉱山機械などの国内メーカーの発達が見られた部門と，高級工作機械や乗用車など輸入や外資へ依存する部門が併存していた。機械工業は当時の技術水準に規定され，製品別に不均衡な展開を示し（沢井 [1996]），国内市場での輸入代替化に成功した製品であっても，その輸出は中国・植民地を中心としたアジア市場にほぼ限定された。化学工業分野では，国内の化学肥料メーカーが低為替と関税改正を追い風に，輸入硫安との競争に打ち勝ち，1930 年代前半には国内市場を確保した。また重化学工業化にともない，金属加工の際に利用される産業ガス（主に酸素）の供給企業も発展し，戦時期になると軍需工業を支える酸素工業の重要性が強調されて経済規制の対象となり，酸素工業への統制は戦後復興期まで維持された（沢井 [2017]）。

　繊維工業では，世界恐慌後のアメリカ市場における生糸価格の大幅な下落により，製糸業が外貨獲得産業としての地位を大きく後退させ（高村 [1987]），生糸に代わって 1930 年代に綿製品が世界市場を席巻した。1920 年代後半から 30 年代前半に日本の綿紡績会社はハイドラフト精紡機や科学的管理法を導入し，生産性上昇と生産コストの引き下げに成功した。さらに兼営織布事業を拡張し，自動織機の導入を進め，輸出向けの綿布生産を本格化させた。また，綿織物生産では，大経営に加えて多数の中小業者からなる産地綿織物業が両大戦間期に大きく発展した（阿部 [1989]）。合理化と高橋財政期の円為替の低落により，強い国際競争力を発揮した日本綿業は，1933 年にイギリスを上回る世界最大の綿布輸出国となり，35 年には輸出額で生糸輸出を上回って最大の輸出品となった。

　アジア市場を中心とした日本綿布の「集中豪雨的輸出」は，為替ダンピングや

■ **解説 III-5**

植民地と工業化

　戦前の日本は，直轄領の台湾・南樺太・朝鮮，租借地の関東州および鉄道附属地，そして国際連盟委任統治地の南洋群島という 5 つの公式植民地を領有し，また 1932 年に「建国」された傀儡国家「満洲国」をも事実上の植民地として支配していた。しかしこれらは 1945 年の第二次世界大戦敗戦により，ことごとく喪失した。そのため旧植民地についての関心は，戦後日本社会にとって目前の課題とされた経済復興や経済成長への関心の前に埋もれた。戦後直後に行われた国家独占資本主義研究（宇佐美・井上 [1951]）において，戦時経済の深化と植民地からの物資収奪との「作用・反作用」関係が取り上げられたのを例外として，その後は植民地研究が停滞することとなった。

　戦後において，日本植民地研究が本格的に開始されるのは 1960 年代後半からであった。浅田喬二は植民地分析の基準として，支配の「三本柱」（土地支配・金融支配・鉄道支配）論を示したが（浅田 [1975]），原朗は，植民地問題における貿易と金融の契機を重視して植民地内部の問題へ接近する視点を示し（原 [1976]），小林英夫は「植民地に要請された」段階論とでも言うべき分析視角を提示した（小林 [1975]）。

　1980 年代からは旧植民地だった韓国や台湾を含むアジア NIEs の発展を受けて，その発展の要因を植民地統治期に求める関心が高まることとなる。こうした研究動向においては，日本統治期に戦後の経済発展の源流を求める関心が強まり，1930 年代における工業化の進展が「植民地資本主義」を成立させるとする議論（中村 [1988]）や，独立後の「当該国の近代化にとって促進条件」となる可能性（松本 [1992]）などの論点が提出された。こうした研究動向は韓国の学界においても植民地下での経済成長を肯定的に評価する「植民地近代化」論として受容され，韓国人研究者による植民地統治期の再検討を呼び起こし，植民地期の朝鮮経済を，民族概念ではなく地域概念として捉えて，植民地期朝鮮経済の再生産構造を検討した研究も登場した（金 [2002]）。

　これらの研究における中心的な論点は「植民地工業化」論にあった。これは，1930 年代の朝鮮および満洲で見られた重化学工業の発展を念頭に置き，それが植民地社会・経済にもたらしたインパクト（当時の朝鮮では「大陸兵站基地」と称された）を重視していく立場であると言える。しかし，他の植民地にも目を向けてみると，すでに 1920 年・30 年の時点で，台湾・南樺太・南洋群島では工業生産額が総生産額の 45 ％・45 ％（台湾），48 ％・66 ％（南樺太），2.5 ％・44 ％（南洋群島）を占めるに至っていた（『完結　昭和国勢総覧』東洋経済新報社，1991 年）。これらの植民地では，製糖業（台湾・南洋群島）やパルプ・製紙業（南樺太）によって，各植民地の特産品（台湾・南洋群島＝甘蔗，南樺太＝木材）と結合した軽工業化が早い段階から進んでいた。一方，朝鮮は最大の特産品である米生産に特化した農業植民地としての性格を色濃く有し，工業生産額は総生産額の 12 ％（1920 年）・24 ％（30 年）に止まっていた。また満洲では，大豆が世界商品として最大の特産品であり，国策会社・南満洲鉄道株式会社はその収入源の大部分をこの大豆輸送に依存し，その収益から傘下工業部門への投資を進めてコンツェルン化していった。

　1930 年代以後は戦時経済の深化により，各植民地で工業化が進行していく。元々軽工業化が進展していた台湾・南樺太・南洋群島ではそれまで各地で経済開発を先導していた資本が重化学工業に乗り出すのに加え，各地に国策会社も設立されて工業化が一層進展していった。一方，朝鮮ではそれまでの特産品である米生産とは関わりの薄い朝鮮北部において，新興財閥である日本窒素が電源開発を機に，それまでの特産生産とは関わりのない化学製品生産を行うことで重化学工業化が進展し，1930 年代後半に工業生産額が総生産額の 40％に到達した。また満洲では，それまで工業化の中心的役割を担っていた南満洲鉄道から傘下工業部門がほぼ剝奪され（満鉄改組問題），それを継承した新興財閥・日産コンツェルンが満洲に移駐して設立した満洲重工業株式会社が，以後の工業化を推進していった。このように植民地ごとに抱えていた課題は異なるものの，軽工業主導の工業化が進展していた地域と，従来「植民地工業化」論で重視されていた地域とでは工業化の展開が異なることは改めて注目する必要があろう。

　現在植民地の工業化については，戦後の旧植民地地域での工業化との連続・断絶の問題，現地民族工業資本との対抗・依存関係の問題，樺太や南洋群島のように現地在住民族が少ない移住植民地での工業労働力の確保の問題などが研究上の焦点となっている。特に，欧米の学界で中心になりつつあるグローバルヒストリーの研究潮流において，19 世紀後半以降のアジア地域の欧米への一次産品輸出が起点となってアジア域内での広域交易の連鎖のなかで綿業基軸の工業化型貿易が生まれてアジアの工業化が進展したとする見解や（杉原 [1996]），帝国システム総体の国際的比較なども試みられるようになり（籠谷・脇村編 [2009]），日本についても「東アジア地域のひろがりのなかで，日本を中心とした一つの構造をもった資本主義」＝「東アジア資本主義」論（堀 [2008]）も提出されている。日本帝国の「全体的構造」（山本 [1992]）を問題とする研究視角のなかで台湾（平井 [2017]：堀内 [2021]），朝鮮（竹内 [2020]），満洲（張 [2017]）の工業化が再検討されている。　　　　　　　　　　　　　　　　　　　　　　　　　　（竹野　学）

【参考文献】
浅田喬二 [1975]「日本植民地研究の現状と問題点」『歴史評論』第 300 号
宇佐美誠次郎・井上晴丸 [1951]『危機における日本資本主義の構造』岩波書店
籠谷直人・脇村孝平編 [2009]『帝国とアジア・ネットワーク』世界思想社
金洛年 [2002]『日本帝国主義下の朝鮮経済』東京大学出版会
小林英夫 [1975]「「大東亜共栄圏」の形成と崩壊』御茶の水書房（増補版 2006 年）
杉原薫 [1996]『アジア間貿易の形成と構造』ミネルヴァ書房
竹内祐介 [2020]『帝国日本と鉄道輸送』吉川弘文館
張暁紅 [2017]『近代中国東北地域の綿業』大学教育出版
中村哲編著 [1988]『朝鮮近代の歴史像』日本評論社
原朗 [1976]「「大東亜共栄圏」の経済的実態」『土地制度史学』第 71 号
平井健介 [2017]『砂糖の帝国』東京大学出版会
堀和生編著 [2008]『東アジア資本主義史論』Ⅱ，ミネルヴァ書房
堀内義隆 [2021]『緑の工業化』名古屋大学出版会
松本俊郎 [1992]『侵略と開発』御茶の水書房
山本有造 [1992]『日本植民地経済史研究』名古屋大学出版会

ソーシャル・ダンピングといった批判を浴び，アジアの植民地の宗主国であるイギリスやオランダとの経済摩擦を引き起こした。日印会商や日蘭会商などを通じて，日本は関係諸国と貿易協定の締結を図ったが，期待した成果は上がらなかった（籠谷［2000］）。長期化する世界的不況の中で，各国の輸入制限措置が発動され，綿製品の輸出拡大も減速した（白木沢［1999］）。重要市場の 1 つであった中国市場では，1930 年代中頃より，輸入代替化を進めた中国民族紡（中国資本の紡織会社）と在華紡（日本資本により中国で設立された紡織会社）との競争のなかで，日本からの綿布輸出が減少に向かった。また輸入棉花への依存から，綿業は外貨不足の解消と貿易赤字の改善にもあまり貢献しなかった。

　この時期の繊維工業ではレーヨン工業の発展が注目され，鈴木商店系の帝国人造絹糸（1918〔大正 7〕年設立）や三井物産出資の東洋レーヨン（26 年設立）などが，自主開発や外国技術の導入によって国産化に成功し，37 年には日本のレーヨン生産量は世界一となった（山崎［1975］）。

　鮎川義介の日本産業，野口遵の日本窒素肥料，森矗昶の昭和電工，中野友礼の日本曹達，大河内正敏の理化学研究所など新興財閥は，事業拡大の資金を主に株式市場から調達しつつ，重化学工業部門を中心に，1930 年代前半に大きな成長を遂げ（麻島・大塩［1997］：下谷［2008］：宇田川［2015］），植民地にも積極的に進出した。三井・三菱・住友といった既存財閥は，昭和恐慌期の財閥批判を受けて，利益の社会還元や同族経営からの脱却，株式の公開などを進めた（財閥の転向）。財閥批判のなかでも，重化学工業部門に積極的に進出した財閥の経済的地位は，1930 年代に上昇した。また財閥の企業統治も転向の過程で大きく変化し，財閥本社から傘下企業への経営権の委譲が進み，特に巨大化した傘下企業では，経営の自律性が高まり，財閥の組織構造は分権的な性格を強めた。

　朝鮮でも，開発が遅れていた朝鮮半島北部の日本海側を，内地から満洲への接続ルートの経由地として改編する方向で植民地経営が進められたが，朝鮮人は在来産業の漁業に依拠した地域社会を目指し，日本側が進めた開発政策は根付かなかった（加藤［2017］）。そして植民地期朝鮮の大工場では，熟練を形成した朝鮮人労働者が 1930 年代に増大したものの，中間管理職への昇進は難しく，年功序列と流動的な労働市場が並存していた（宣［2006］）。

　また，満洲へ進出した日本産業の鮎川は，米国資本を導入して満洲の経済発展を図ろうとして，フォード社と提携して満洲で自動車工業を興そうとした。ただ

し，戦時統制経済の進展により日産自動車会社の満洲移転は認められず，満洲で設立された満洲自動車工業会社は，主に自動車部品の生産に止まった（井口[2012]）。とはいえ，日本の自動車工業を欧米に追い付くことを目指した存在としてのみ捉えるべきではなく，三輪トラックなどの小型車生産では日本独自の開発が見られた（呂[2011]）。実際，満洲の工業化は第一次産業開発五カ年計画（1937〜41 年度）の時期でも地域格差が大きく，満鉄の貨物輸送の大勢は，満洲事変以前の状況から変わらなかった（三木[2023]）。

2）戦時期の軍需工業化

　日中戦争期以降，戦争遂行のための軍需生産が拡大し，産業構造の重化学工業化はさらに進展した。産業別では，民需部門の代表的存在であった繊維工業の地位が著しく低下し，航空機・船舶・兵器といった機械工業のウェイトが急速に高まった。もっとも商工省による政治統制政策には，綿紡績業をつぶす意図はなく，効率化を進めるために綿紡績業の統合が促された。その結果，綿紡績企業は 10 社に統合され，それに 10 大紡は，軍需繊維などの生産を継続する一方で，軍需関連産業へも進出した（渡辺[2010]）。

　1939（昭和 14）年 1 月に閣議決定された生産力拡充計画では，戦争に必要な戦略物資の増産が目標として掲げられ，重要基礎素材部門（鉄鋼・石炭・軽金属等）に加えて，自動車，造船，工作機械などが対象となった。各製造事業法に基づき，許可会社に指定した企業に資源を集中させ，増産の実現が目指された。しかし，輸入資金や輸入量の不足により物資動員計画の縮小改訂のなかで対象産業の資材配当も削減され，その実績は計画通りの成果を上げなかった。長期的な設備拡張を目指した「生産力拡充計画」も，1941 年度からは短期的な生産量拡大・維持を図る「生産拡充計画」に置き換えられ，戦局の悪化により，短期的な兵器生産と減産阻止に力点を置いた「生産増強」に変化した（原[2013]）。

　太平洋戦争の開戦以後は，輸入力から南方資源の海上輸送力が資源制約となり，前節で述べたように 1943 年には 5 大重点産業の生産増強が政策目標として掲げられた。同年には「戦力増強企業整備要綱」に基づき，不要不急とされた民需中小商工業（繊維・食品等）の施設・設備・労働力を企業統合・転廃業によって軍需部門に振り向ける企業整備が実行に移され（原・山崎編著[2006]），続いて「絶対国防圏」の設定に並行して，航空機増産官庁ともいえる軍需省が発足した。

　そして航空機に集約された増産体制が実現し，工業生産力全体が落ち込むなか
で（鉄鋼・石炭などの基礎資材は 1943 年をピークに減産に転じた），航空機生産は
44 年まで増産の努力が続けられた。戦時増産の焦点となった航空機生産では，
量産技術の確立が課題となり，下請＝協力工業整備や企業系列整備が進められた
（植田［2004］）。しかし，低位な量産技術，原材料難，不熟練工の急増，技術者
不足，頻繁な設計・生産ラインの変更により，十分な成果を上げ得なかった。そ
の他にも戦時下に下請管理や原価計算など，戦後に連なる一連の経営管理手法が
普及した（沢井［2007］）。また戦時下に進展した大学工学部の拡充や官立高等工
業学校の新設（7 校）など，高等工業教育機関の拡充は，高度経済成長期の技術
者層の形成に大きな意味を持った（沢井［2012b］）。

　戦時経済のなかで，財閥の資本集中度は，4 大財閥（三井・三菱・住友・安
田）で 1935 年の 10.4％から 45 年の 24.1％に上昇した。戦時経済は，財閥系メー
カーの規模拡大を促し，戦争関連の重工業分野における財閥の比重が著しく増大
した。この時期の財閥では，経済統制の進展，軍部と傘下企業との直接的関係の
強化，株式公開や日本興業銀行や戦時金融公庫からの資金供給による外部資金へ
の依存が高まり，傘下企業の自律性の拡大，財閥本社の相対的弱体化（分権化の
進展）が見られ，財閥組織は大きく変容した（沢井［1992］）。

3）復興期の生産再開

　戦争によって日本経済は大きく変貌したが，工業用機械設備の 3 分の 2 は残存
していた。戦時期に企業整備が進められた軽工業の生産力は大きく縮小したが，
重点産業として拡大を続けた重化学工業の設備の多くが残され，戦後復興の工業
力回復の基盤となった。ただし，戦時期に進展した軍需工業化の一方で民需産業
の生産能力が低下したため，戦後直後には，経済復興に必要な諸資材の供給力は
不足した。残された設備の稼働率水準は低く，新規設備投資を行う資金力もなか
ったため，老朽化した設備の改良が行われつつ，生産再開が進められた。コスト
面でも再開された生産の苦難は大きく，労働運動の高揚を背景に労働分配率が上
昇するなかで，労働コストの比重が拡大し，企業の利潤率圧迫の要因となった。
原料コストも，燃料・諸資材の不足から「原料高製品安」の状況が生じていた。

　主要原材料である石炭，鉄鋼などの価格引き下げを実現するため，政府は石
炭・鉄鋼など主要原材料生産産業の回復を最優先する「傾斜生産」を構想し，

1947（昭和22）年から資材・資金・労働力を石炭増産に集中的に投入した。石炭増産分の多くが産業用に充当されたことは，重工業の復興に寄与する（岡崎［2002］）。ただし，石炭の増産が生産性向上ではなく労働力の大量投入によって実現されたため，1950年代以降も石炭産業は生産性があまり向上せず，後に衰退の要因となった（島西［2011］：杉山・牛島編著［2012］）。

　消費側でも，熱管理などエネルギー節約の政策や企業努力が進展し，原材料費は少しずつ改善された（武田編［2007］：小堀［2010］）。そして鉄鋼メーカーは，銑鋼一貫の近代的製鉄所に対する積極的な設備投資を1950年代に進め，国際競争力を獲得した。1951年発足の川崎製鉄千葉製鉄所は，その代表例である（橋本［2001］：上岡［2005］）。造船業でも，生産管理面での改革や現場監督制度の改革など，大量生産方式とは質の異なる合理化が進められ，1957年には，日本造船業が年間進水量で，世界一位の座を獲得した（上田［2020］）。

　諸資材の供給力不足，電力を中心としたエネルギー供給不足，設備投資資金の不足という困難な状況下で開始された生産再開は，各種の産業部門に企業の新規参入が相次ぐことで定着していった。特に戦時期に抑制された消費需要が，その反動から急増して国内市場が拡大した食品・繊維産業へは，多数の新規企業が参入した。ただし，新規参入企業もこの時期の経営資源の不足の困難は共有しており，撤退する企業も多く，1950年代は参入と退出のなかで企業間競争が進展した。例えば製粉業では，食糧に対する需要が大きいなかで中小製粉会社が，原料購入の必要がない委託加工制を背景に急速に製粉能力を高めた。しかし原料買取制への移行に伴い，多額の原料調達資金が必要となり，国内産麦の入手が困難になった中小製粉会社が退出する一方，資金調達を成功させた大手製粉会社が製粉能力を回復し，その後本格的な設備投資を開始した（池元［2008］）。

4）競争的寡占構造の成立

　1955（昭和30）年前後になると，前述の生産拡大への制約要因がようやく克服された。まず，戦後の労働運動の高揚のもとでの労働者所得の上昇と農地改革に基づく自作農創設による農家所得上昇により，国内市場が拡大するとともに貯蓄額も上昇した。その結果，銀行資金が豊富になり，企業が設備投資を行うための金融的制約が大幅に緩和された（宮崎［2011］）。さらに1951年のサンフランシスコ講和条約，52年のIMFと世界銀行への加盟，55年のGATTへの正式加盟

と自民党・社会党の 2 大政党成立で，55 年までに政治的枠組みも安定し，協調的労使関係が築かれることで，企業が設備投資を積極的に進める環境が整った。

　日本の国際社会への復帰とともに原油を中心とする海外エネルギーへの依存が強まり，エネルギー制約も大幅に緩和された。1960 年代には電気料金・石油価格など，日本のエネルギー価格は国際的に見ても最低水準に定着し，石炭から石油へのエネルギーの転換が急速に進んだ（エネルギー革命）。エネルギー需要者の企業も，エネルギー制約下で進めてきたエネルギー効率の改善をさらに進め，石油需要の増大とその価格低下を両立させてエネルギー多消費産業の持続が可能となった（小堀 [2011]）。石油価格の低下は，石油化学工業の進展につながり，海外からの新技術導入で化学合成繊維産業も発達した。日本の石油産業は，探鉱・採掘部門と精製・販売部門が分断しており，石油会社が多数乱立している脆弱性があったが，国際石油資本と対抗した出光佐三（出光興産）・山下太郎（アラビア石油）などの企業家活動もみられた（橘川 [2012]）。

　電力料金の低下は，家庭用電化製品の普及を一層進め，高度成長期の基軸製造業は，1950 年代後半の食料品・繊維・鉄鋼業から，60 年代後半には，自動車・家電・鉄鋼業へと大きく転換した。自動車や家電など耐久消費財産業の成長は，その素材としての鉄鋼業の発展と相乗効果をもたらし，電力業など他産業へも波及した。これらの成長産業では，上位企業数社が圧倒的市場シェアを占めつつ，そのなかで激しい競争を行う「競争的寡占構造」が形成され，日本企業が国際競争力を獲得していった。例えば，自動車産業では，日産・トヨタの先発企業に，本田技研・マツダ・三菱自動車などが参入して開発競争が行われ，テレビ産業では，早川電機・松下電器などの先発企業に，東芝・日立製作所などが参入してそれぞれ独自技術を開発しつつ販売競争を行った（山崎 [1991]）。

　こうした戦後の機械工業化の過程で，産業構成では加工組立工業の比重が高まり，その成長を支えた中小の部品メーカーのなかには，高度な技術を武器にして複数の部品納入先をもち，大企業の支配から自立し，完成品メーカーと長期相対取引関係を形成する企業も現れた（橋本 [2001]）。

　長期相対取引は，高品質の部品の安定供給を求める完成品メーカーと安定した部品納入先を求める部品メーカーの両社の利害が一致し，両社共同で品質管理と品質向上を果たすことにメリットがあるが，大企業と中小企業の格差が解消し始めたことも意味した。むろん取引形態は多様であり，条件や状況によっても変化

するため，長期相対取引を日本の特徴と固定的に考えない方がよい。ただし，日本の企業間取引には，取引価格の安定性や問屋・商社が企業間取引に介入するなど，アメリカにはない特徴も存在した（金［2021］）。また，日本の電子部品メーカーのように，市販部品としての汎用性を高めて，大企業の下請けを脱して，高度専門化・多様化を図る側面も見られた（中島［2019］）。

　中小企業部門でも，第二次世界大戦前から陶磁器業や雑貨工業などは輸出産業として成長し，陶磁器業では，同業者組織が政府と連携しながら産地における生産基盤と輸出環境を整え，第二次世界大戦後も 1980 年代前半まで輸出を拡大した（大森［2015］）。国内向け中小企業産地であった木工製品産地でも，第二次世界大戦後に木工機械から特殊産業機械へと産業連関的かつ継起的に産業転換が進み，長期にわたって産地が継続し得た（張［2021］）。

5）企業集団の形成

　設備投資主導による高度成長は，大企業の銀行からの設備投資資金借入への依存度を高め，銀行を中心とする融資系列での企業集団が形成されることとなった。戦前期には持株会社を中心とする資本系列でコンツェルンが形成され，持株会社株を独占的に所有する家族がグループ企業全体を所有する財閥が形成されたが，敗戦後の財閥解体で，持株会社が廃止され，持株会社が所有する傘下会社株は持株会社整理委員会に移転された。持株会社整理委員会は，移転された株式の大半を当該会社の従業員，ついで工場などが所在する地域の住民へ優先して売却した結果，大企業の株式の個人持株比率は急増した。

　ただし，こうした個人株主は，安定株主化せずに株式売却を選好したため，企業は買収の危機にさらされた。企業経営者は，株主安定化を求めて金融機関や旧同系列企業に自社株を所有してもらうよう依頼し，企業どうしの株式持合の比率が上昇した。さらに資本の自由化が目指された 1960 年代に，外資による買収防止のため株式持合比率はさらに上昇し，金融機関を中心として，旧同系列企業が資本的につながる企業集団が形成された。第二次世界大戦前の財閥の流れをくむ三井・三菱・住友に加え，富士銀行，三和銀行，第一勧業銀行をそれぞれ中心とする 6 つの企業集団が大きく，集団を構成する企業の社長の会合（社長会）が定期的に開かれ，グループ企業間の利害調整が行われた（表 7-2）。企業集団の中核に位置する銀行とグループ企業との関係は，メインバンク制で捉えることも可

表 7-2　6 大企業集団 (1970 年代末の主要構成企業)

系列	三菱	住友	三井	芙蓉	三和	第一勧銀
社長会	金曜会	白水会	二木会	芙蓉会	三水会	三金会
銀行	三菱銀行 三菱信託銀行	住友銀行 住友信託銀行	三井銀行 三井信託銀行	富士銀行 安田信託銀行	三和銀行 東洋信託銀行	第一勧業銀行
保険	明治生命 東京海上火災	住友生命 住友海上火災	三井生命 大正海上火災	安田生命 安田火災海上	日本生命	朝日生命 大成火災海上
商社・流通	三菱商事	住友商事	三井物産 三越	丸紅	日商岩井 日綿實業 高島屋	伊藤忠商事 日商岩井 兼松江商 西武百貨店
不動産業	三菱地所	住友不動産	三井不動産	東京建物		
林業・鉱業	三菱鉱業セメント	住友林業 住友石炭鉱業	三井鉱山 北海道炭礦汽船			
鉄鋼・非鉄金属	三菱製鋼 三菱金属 三菱アルミニウム	住友金属工業 住友金属鉱山 住友ベークライト 住友軽金属工業	日本製鋼所 三井金属鉱業	日本鋼管	神戸製鋼所 中山製鋼所 日立金属 日立電線	川崎製鉄 神戸製鋼所 古河鉱業 日本軽金属
機械	三菱重工業 三菱化工機 三菱自動車工業 三菱電機 日本光学工業	住友重機械工業 住友電気工業 日本電気	三井造船 トヨタ自動車 工業 三井精機工業 東京芝浦電気	日産自動車 日立製作所 沖電気工業 キヤノン 久保田鉄工 日本精工 横河電機	日立造船 ダイハツ工業 日立製作所 シャープ NTN東洋ベアリング 新明和工業	川崎重工業 石川島播磨重工業 日立製作所 いすゞ自動車 富士通 旭光学工業
化学・繊維	三菱化成工業 三菱レイヨン 三菱樹脂 三菱瓦斯工業 三菱油化	住友化学工業	三井東圧化学 東レ 三井石油化学 工業	昭和電工 呉羽化学工業 日本油脂 東邦レーヨン 日清紡績	帝人 ユニチカ 関西ペイント 積水化学工業 田辺製薬	日本ゼオン 三共 資生堂 ライオン歯磨 旭化成工業
窯業	旭硝子	日本板硝子 住友セメント		日本セメント	大阪セメント	秩父セメント
石油	三菱石油			東亜燃料工業	丸善石油	昭和石油
食料	麒麟麦酒		日本製粉	日清製粉 サッポロビール	伊藤ハム サントリー	
建設	三菱建設	住友建設	三井建設 三機工業	大成建設	大林組 積水ハウス	清水建設
陸海運・倉庫	日本郵船 三菱倉庫	住友倉庫	大阪商船三井 三井倉庫	東武鉄道 京浜急行電鉄 昭和海運	日本通運 山下新日本汽船 阪急電鉄	日本通運 川崎汽船 渋沢倉庫

出所）東洋経済新報社編『企業系列総覧』1981 年版。
　注）複数の企業集団（社長会）に重複加入している企業もある。

能であるが，それは戦後の銀行・企業間関係にも広く見られた。

　メインバンク（銀行）は，ある企業に対する最大の融資シェアを背景に，人的・資本的関係をその企業と形成し，資金を提供する際にその企業やプロジェクトを審査して，融資を決定する。企業の業績が悪化した場合は，経営陣の交替を求めるなど，メインバンクは融資先企業のモニタリングを長期的に実施し，他の銀行はその企業に融資する際の審査コストを節約することが可能となった。ただしメインバンクが企業経営の規律化に与える効果は弱く，むしろ救済機能が強かったとの見方もあり（白鳥［2017］），また現在では，金融自由化のなかで銀行間競争が激しく，銀行合併により，企業集団の存在そのものがゆらいでいる。

3　地主制の後退と戦後農政

1）農村恐慌の深刻化

　1920 年代後半以降，農産物価格の低下に歯止めが掛からず，農家経済は悪化傾向をたどった。それに世界恐慌と金解禁が重なった昭和恐慌が追い打ちをかけた。日本農村は，生糸の対米輸出激減による繭価格の急落，米価を中心とした農産物価格の暴落により，深刻な恐慌に陥った。農産物価格は 1929（昭和 4）年から 31 年に 39％下落し，特に繭価格は 56％も急落した（梅村・山田・速水・高松・熊崎［1966］）。1930 年の米作は豊作であったが，米価の下落により「豊作飢饉」の状況となり，日本農村は厳しい状況に追い込まれ，全国平均の年間農家所得も，1929 年の 1,150 円から 31 年の 542 円まで低下した（農林省統計情報部編［1974］）。東北農村では，娘の身売りや欠食児童などが社会問題化し，日本各地の農村恐慌下に農地を手放す農民が増加し，小作地率も上昇した。

　1920 年代後半に減少した小作争議も 30 年代に増加したが，20 年代の小作料減額要求を中心とした争議から，30 年代には地主への土地返還要求（小作権）に対する防衛的な争議に変化した（清水［1987］）。政府も地主−小作関係の問題解決を図るべく，1924（大正 13）年の小作調停法に続いて，小作権の保証や小作料減免請求権の制度化を柱とする小作法の立法化を目指した。1931 年に浜口雄幸内閣が小作法案を帝国議会に上程したものの，衆議院は通過したが貴族院で審議未了・廃案となった。その背景には，地主側の小作法成立に対する強い反対もあったが，農業恐慌のなかで地主−小作双方の経営状態が悪化し，小作・土地問

題より直接的な農村不況対策が喫緊の政策課題となったことも大きい。

　農村不況を克服するため，直接的な対策としての農山漁村経済更生運動，救農土木事業，農村負債整理事業，間接的な対策としての米価維持政策や満洲農業移民など，多岐にわたる政策が展開された（暉峻編 [1996]）。農山漁村経済更生運動は，1932 年に農林省内に経済更生部が設置され，本格的にスタートしたが，この運動は基本的に「自力更生」を重視し，伝統的な農村の共助をもとに農民の組織化が図られ，金融や肥料・農産物販売などを行う産業組合への農家の加入が進められ，中小商工業者と産業組合との対立も招いた（森 [2005]）。

　また，各村落の自然・社会環境の違いもあり，行政と村落の関係性や「自力更生」の方向性も多様であった（坂口 [2014]）。とはいえ，1900（明治 33）年の産業組合法の制定以後，10 年代に急速に普及した産業組合が昭和恐慌下で行った小口金融が，農村の崩壊を防ぐ金融的セーフティネットの役割を果たしていた（田中 [2018]）。また，農家は商品生産のみでなく，自家消費向けの生産も行っており，恐慌下ではそれが所得減少を補うのに重要であった。フローとストックの関係や現物消費の視点も大切である（尾関 [2015]）。経済更生運動は 1942 年まで約 10 年間続くが，その過程で中央から地方まで大規模で統一的な農政の立案・実施機構が整備された点は，農村の戦時体制を構築する上で重要な基盤となった。そして経済更生運動の経験は，集落を超える行政村レベルでの共同体化を強め，村の現代化・民主化にもつながった（庄司 [2012]）。

　経済更生運動と並行して，時局匡救事業の一環として 1932～34 年に救農土木事業が実施された。3 年間の総事業費は約 3 億円に上り，その大半が地方の土木事業の補助金に充てられた。同時に農業恐慌の下で増大する農家負債を整理するために，農村負債整理事業も進められた。救農土木事業は，農村を対象とするものとしては従来に比して格段に大きい財政出動で，一定程度の所得補償効果を発揮したが，他方で農村負債整理事業は当初の計画を大きく下回り，十分な成果を上げなかった。ただし，両大戦間期は都市化・工業化の進展とともに農外就業の機会は増加していたと考えられ，経営の複合化を図ることで，1930 年代前半にも収入を増大させた農家が存在していた（中西 [2003]）。

　そして昭和恐慌期に拡充された救農型土木公共事業や産業組合による恐慌対策は，村落内の富裕者の経済力に依拠した旧来型のセーフティネットに代わる新しいセーフティネットと考えられ，制度や組織に依拠して行われた点で，福祉国家

の萌芽とも位置付けられている（小島 [2020]）。

　前章で言及したように，米騒動以後，国内米の恒常的な不足を植民地米の移入で補填する政策がとられたが，農業恐慌後，消費が停滞するなかでも植民地米の移入は止まらなかった（大豆生田 [1993]）。米価の暴落が続き，過剰米への対応に迫られた政府は，1933 年に米穀統制法を制定した。同法によって米の無制限の買上・売却による強力な米価維持政策が可能となり，1934・35 年の不作も重なって，米価は 34 年から回復した。

　国策として行われた満洲農業移民では，1932〜45 年までの 14 年間に約 27 万人が送り出された（高橋 [1997]）。恐慌対策として立案された移民事業であったが，本格化した日中戦争期には，農村労働力の不足も顕在化し始め，100 万戸の移民計画に対して，実際の移民は 10 万戸に止まった。後述する 1939 年の大凶作のなかで，円ブロック内の食料不足により，満洲での開拓と食料増産が求められたため，農村労働力不足のなかでも，10 万戸の満洲農業移民が行われた（玉 [2016]）。しかし，農山漁村経済更生運動と結び付けられて下層村民主体の分村移民として行われたこと，入植時の現地農民との軋轢，想像以上に厳しい開拓現場，終戦直前のソ連参戦による混乱と残留孤児・婦人の問題，帝国崩壊後の引揚者の生活苦など，満洲農業移民政策は大きな禍根を残した（細谷 [2019]）。

2）戦時農業統制と地主制の後退

　1937（昭和 12）年の日中戦争の開戦により，農業政策は農業恐慌からの克服から徐々に転換したが，その画期は 39 年の朝鮮と西日本を中心とした大凶作であった。朝鮮米の移入量が急減し，国内米の不足を植民地米の移入で補う食料政策も転換を迫られた。1940〜41 年に臨時米穀配給統制規則や米穀管理規則など，食料統制の強化が進められ，農家が生産米を政府管理米として供出し，消費者には配給制度により米を供給するという米穀国家管理制度が成立した。

　1942 年には米以外の主要食料も国家管理下に置く食糧管理法が公布され，供出・集荷を担当する産業組合が強化され，配給を担当する食糧営団が発足し，食料の一元的な供出・配給体制が整備された。食料供給・配給は地域差が大きく，食料「移出府県」と「移入府県」があり，米移入県の群馬県が，米移出県の新潟県に対して積極的に麦の輸出を図ることで，移入米確保を目指すなど，ある程度の自律性をもった食料政策を展開した（永江 [2013]）。食料確保を最優先課題と

した食糧管理政策は，第二次世界大戦後まで引き継がれ，食糧供出制度が戦後の
1955 年まで維持されるとともに，増産のインセンティブのために買入価格と売
渡価格が別々の論理で決まる二重価格制が組み込まれた（玉 [2013]）。

　農業労働力は，戦争の激化による徴兵の拡大や軍需産業への移動により，その
不足が深刻化した。政府は国家総動員法に基づき，食料生産の維持・増大のため
の労働力確保を図ったが，その実行には困難がともなった。学徒や女性労働の動
員，農村共同作業の推進なども立案されたが，労務動員計画における軍需部門と
の摩擦や農林省と陸海軍との対立など，戦局の悪化とともに工業部門への「根こ
そぎ動員」が進み，農業生産力は低下した。ただし，代替食料（麦や雑穀）や東
南アジアからの輸入米により，戦争末期に至るまで食料供給は安定し，国民一人
当たり主要食料供給量は，1934〜36 年度平均を 100 とした指数で，43・44 年度
101，45 年度 95 であった。むしろ植民地米や満洲産雑穀の輸移入が途絶した敗
戦後に，都市部を中心に食料危機がより深刻化した（清水 [2007]）。

　戦時下の農業政策では，日中戦争下の農村の安定を目的に，農地調整法（1938
年）や小作料統制令（39 年）などの小作・土地問題に関わる規則・法律の制定が
進んだ。農地調整法により市町村の農地委員会の下で小作権の保護が図られると
ともに，小作料統制令によって小作料は 1939 年 9 月 18 日の水準で固定された。
戦時農地立法のなかで，小作料統制は比較的厳密に守られたが，農地価格統制は
あまり守られなかったとされる（坂根 [2012]）。その意味で，戦時農地政策に限
界はあったものの，戦時下において，地主的土地所有への規制を強め，小作制度
の根幹である小作料に踏み込んだ政策が実施された点は，戦時農政の貴重な成果
であった。太平洋戦争期になると，食料生産の維持・増進が一層の課題となり，
食糧管理制度を背景に地主への規制が強まった。戦時の食料統制の下で，小作料
は実質的に軽減され，また自作農創設維持事業の整備拡充も進んだ。

　このように戦時体制下において，小作・土地問題に一定の解決策が示され，地
主制が後退したが，そこには限界もあった。戦時農政は自作農の創設，小作権の
保護，小作料の規制などで前進を見たが，決して地主的土地所有の解体を目指し
た改革ではなかった。このことは，戦時に小作地率も小作農家戸数の比率もほと
んど低下しなかった点にも表れている。戦時の農地改革が戦後の農地改革に継承
され，戦後改革の布石につながった点も無視しえないものの，地主制の解体は
GHQ の占領下において劇的に進展した。

3）農地改革と戦後農政

　深刻な敗戦直後の食料危機の中で，GHQ は農地改革が短期的に食料増産の妨げになると考えていた。GHQ の方針が定まらない間隙を縫って，1945（昭和20）年 12 月に幣原喜重郎内閣によって第一次農地改革案が立案された。この案は，地主の土地所有を 5 町歩に制限するとともに上限を超える貸付農地の売却を骨子とし，さらに小作料の金納固定化，市町村農地委員の公選化など，戦前と比較すれば画期的な法案であった。食料危機への対応を主眼としつつ，自作農創設と地主—小作関係の整理を図ろうとしたが，地主制を温存する不徹底な改革として，大きな批判を浴びた。そこで GHQ は，対日理事会での討議を経て，より徹底的で厳しい改革案を日本政府に提示し，自作農創設特別措置法と改正農地調整法からなる第二次農地改革案が 1946 年 10 月に議会を通過した。

　第二次農地改革では，不在地主の全小作地と在村地主 1 町歩（北海道 4 町歩）を超える小作地を政府が直接強制的に買収し，安価で小作人に売却した。農地の買収・売却計画の主体となる市町村農地委員会も地主 3，自作農 2，小作農 5 と，小作側に有利な構成とされた。農地改革前の 1945 年 11 月時点で全国の農地面積516 万町歩中，小作地は 237 万町歩で小作地率は約 46％であったが，改革後（50年 8 月）の小作地は 51 万町歩，約 10％まで低下した（三和・原編［2010]）。改革の結果，自作が 62％，自小作をあわせて 94％の農民が自作地を所有し，日本の地主制は解体され，自作農中心の農業協同組合が設立された。

　農地改革により農地は細分化され，小規模零細な自作農が大量に創設された。この小農体制を制度化したのが，農地取得を農民に限定し，土地所有規模にも上限を加えた 1952 年制定の農地法である。農地法は大型中農への展開を妨げ，その後の日本農業の競争力を削いだとの評価が一般的である。しかし当時の日本が，戦前の「桎梏」ともいわれた地主制の復活を阻む農地法を制定し，零細であっても自作農中心の農業経営を選択した点は，戦後の「民主化」に基づく積極的な意思決定であったともいえる。むしろ問題となったのは，食糧管理制度が維持され，政府の米買入価格と売渡価格が異なる二重価格制度が固定化した点であり，農家所得の維持を目的とする政府買入価格（生産者米価）は高く設定され，農村部を票田とする自民党の長期政権下で，生産者保護の側面をより強めた。その点で，食糧管理体制は，第二次世界大戦後にさらに強化されたといえる（小田［2012]）。

　GATT 加盟による段階的な農産物の輸入自由化と農産物需要（食生活）の多様

化などを背景に，1961 年に政府は農業版の憲法といわれた農業基本法を制定した（「農林水産省百年史」編纂委員会編［1982b］）。生産・価格・構造の 3 分野の改革を政策的に進めることで，農業経営の近代化が目指された。高度成長期に農村から都市へ人口が急激に移動し，特に第一次産業の中核を占める農業人口は，1960 年の 1,454 万人から 75 年には 791 万人に減少した（東洋経済新報社編［1991］）。農村労働力の急減にもかかわらず，日本農業は米を基幹としつつ，畜産・果実・野菜に重点を置いた農業生産の選択的拡大，土地改良事業や化学肥料・農薬の多投，農業機械化の進展などにより，農業生産力の維持・拡大を実現した。その意味で基本法農政は，一定の成果を収めたと評価できよう。

　しかし，高度経済成長期における急激な重化学工業部門の発展の陰で，小規模零細な自作農体制が固定化された農業部門は，経営規模の拡大や近代化による競争力の向上が見られず，他産業と比較して，相対的に劣位な状況に陥った。農業所得の不足を農外所得で補うため農家の兼業化が急速に進み，1955～75 年に，専業農家が 35％から 12％，農外所得が農業所得より少ない兼業農家が 38％から25％に低下する一方，農外所得が農業所得を上回る兼業農家が 27％から 62％に上昇した（清水［2010］）。日本農村の「総兼業化」の進展による農外所得の増加，生産所得補償方式に基づく生産者米価の決定に代表される農産物価格政策により，1960 年代後半に農家の世帯所得と勤労者の世帯所得はほぼ均衡化し，農工間の所得面における「二重構造」が高度成長期に解消された。

4　大規模小売商と流通系列

1）「中小商業問題」と流通統制

　1930 年代に経営基盤の弱い中小小売商は，昭和恐慌の不況のなかで深刻な不況に見舞われ，「中小商業問題」は，大きな政治・社会問題となった。前述の百貨店の登場やその大衆化路線への転換は，中小小売商にさらなる打撃を与え，政府は救済策として商業組合法を制定し，零細な小売商の組織化・共同事業を通じて，零細商業経営の合理化を図ろうとした。1936（昭和 11）年に中小商工業者に低利貸付を行う商工組合中央金庫が設立され，百貨店に対しても，呉服商などを中心とした中小小売商の反百貨店運動が高揚し，37 年には新設や拡張，営業時間，休業日などを規制する百貨店法が成立した（幸野［2005］）。一方，地方都市

表 7-3　年間売上高順位表

順位	1955 年	1965 年	1970 年	1975 年
1	三越	大丸	三越	ダイエー
2	大丸	三越	大丸	三越
3	高島屋	高島屋	高島屋	西友ストアー
4	松坂屋	松坂屋	ダイエー	大丸
5	東横百貨店	阪急百貨店	西友ストアー	高島屋
6	阪急百貨店	伊勢丹	松坂屋	イトーヨーカドー
7	伊勢丹	西武百貨店	西武百貨店	西武百貨店
8	松屋	東横百貨店	ジャスコ	ジャスコ
9	そごう	ダイエー	ユニー	ニチイ
10	白木屋	松屋	伊勢丹	松坂屋

出所）三家英治『現代日本小売経営戦略史』晃洋書房，1985 年，204-205 頁より作成。
　注）鉄道弘済会は除く。

で大都市呉服系百貨店の出店と地場系百貨店の開設も進み，それらが地方の在来的需要にも対応しつつ日本的な百貨店が形成された（加藤 [2019]）。

　日中戦争期以降，戦時体制下の経済統制が徐々に深化し，流通業では企業整備と配給統制の展開により，中小零細小売商の転廃業が相次いだ。敗戦後も流通・消費統制が継続されたが，衣食住に関わる生活物資の不足や食料不足は深刻であった。食料の配給不足を補ったのが，いわゆるヤミ米で，都市部を中心に流通統制から外れた違法なヤミ米が人々の生活を支えた。配給・流通機構が機能不全に陥るなかで活躍したのがヤミ市であり，ヤミ市では日用品や食料の小売を中心に飲食店などが営業したが，食料危機を乗り切り，経済の混乱も収まると，徐々に淘汰・撤去が進み，1950 年前後にほぼなくなった（原山 [2011]）。

　戦前以来の大規模小売店である百貨店は，その多くが配給や占領軍向けの販売所（PX）となった。1949 年以降に食料品や酒類，絹製品，日用雑貨，家庭用燃料（石炭）などの統制が撤廃され，51 年の綿製品統制撤廃により衣料品統制も全て解除された。百貨店の売上に占める衣料品のシェアは，1948 年の約 19％から 52 年の 48％に上昇し，衣料品統制の撤廃と朝鮮特需を経た個人消費の回復が百貨店復活の基盤となった（前田 [1991]）。1950 年代後半～60 年代に百貨店は黄金期を迎え（表 7-3），62 年に小売売上高の 9.5％を占めた。そして，急速に成長する百貨店との取引を確保するため，納入業者間の競争が激化した。その結果，返品制や委託販売，派遣店員など，百貨店側に有利な取引が広がった（高岡

[2010])。こうした商慣習は短期的には百貨店側に利益をもたらしたが，長期的には百貨店の企画力，販売員の商品知識の低下を招いて販売力の低下をもたらし，その後のスーパーマーケットとの競争に敗れる一つの要因となった。

2 ）スーパーマーケットの発達

　1930 年代のアメリカで誕生したスーパーマーケット（以下スーパー）は，食料品を中心に第二次世界大戦後に世界的に普及した。日本では高度経済成長期に大きく発展し，百貨店に代わって小売業の主役となった。百貨店と生活協同組合に対抗する小売商の運動から生まれた日本のスーパーは，従来から生鮮食料品を取り扱っていた小売商だけでなく，衣料品やサービス業など様々な業態から新規の参入がみられた（山口 [2014]）。スーパーの特徴はセルフ・サービス方式とチェーン・オペレーション（多店舗経営）である。

　日本のスーパーの第 1 号店は，1953（昭和 28）年に東京・青山に開店した紀ノ国屋とされるが，本格的なセルフ・サービス方式の大型総合食料品の小売店として，56 年開設の九州小倉の丸和フードセンターが挙げられる。翌年に生協対策を議論するために米子市で開催された全国小売業経営者会議で丸和の事例が報告され，全国各地で次々とスーパーが誕生した（青木 [2020]）。

　当初のスーパーは規模が小さく，多くが倒産したが，1960 年代前半に低価格・大量販売を実現するチェーンストアを導入したダイエー，西武ストア（現西友），ヨーカ堂（現イトーヨーカドー）などが開業し，急速に発展した。高度成長期のスーパーの代表格であったダイエーは，中内㓛によって 1957 年に大阪の京阪電鉄千林駅前で「主婦の店ダイエー」として開業した。従来から取り扱っていた医薬品に加えて，化粧品や日用雑貨の販売も行い，その後，店舗を増やして食品，衣料品，家電の販売にも乗り出した。1964 年の東京進出後，70 年に社名を「ダイエー」に改め，72 年に百貨店首位の三越を売上高で上回った。1975 年の年間売上高で（表 7-3），ダイエーを始め，上位 10 社中スーパーが 5 社を占め，小売業の主役交代が読み取れる（鳥羽 [1979]：前田 [1991]）。

　1960 年代には，小売業におけるスーパーの台頭により，中間卸売商を排除した流通経路の短縮を論じた「流通革命論」が唱えられた（渥美 [2007]）。戦後の日本小売業は，百貨店やスーパーなどの大規模小売店が成長を牽引したが，日本の小売業全体をみると，零細な店舗規模，過剰店舗，家族経営といった伝統的な

流通構造が維持された。食生活において，生鮮食料品の鮮度を重視する伝統的な消費傾向が継続し，零細小売店の大部を占める青果や鮮魚，精肉などの食料品小売店が残存したことがその背景にある。また流通革命論で消え去ると予測された中間卸売商も，百貨店やスーパーと商品企画や金融面で経営資源を補完し合うことで，活発な事業を継続した（宮本・平野［1996］：橘川・高岡［1997］）。

3）メーカーによる流通系列化の進展

　高度経済成長期には，家電や自動車などの耐久消費財，医薬品，化粧品などの分野でメーカーによる流通系列化が進み，積極的なマーケティング活動による市場創造が行われた。新たな市場に対応し，かつ大量販売を実現するため，各メーカーは流通系列化を進めていった。前章でも登場した松下電器は，戦前に強力な販売組織を構築していたが，戦後もいち早く自社の流通系列の再建に乗り出した。同社は 1946（昭和 21）年に代理店制度を復活させ，49 年には「ナショナル共栄会」を結成し，代理店数は 55 年までに 580 店に増加した。そしてさらなる販売力強化のため，各地方の有力代理店との共同出資により，地区ごとに松下製品のみを取り扱う販売卸会社を 1950 年代に次々と設立していった。

　卸段階の系列化に加えて，松下電器は小売段階の系列化も進め，1949 年に戦前の連盟店制度を再開し，連盟店は 50 年代半ば以降，約 4 万店に上った。1951年に地域・代理店単位で有力連盟店の親睦と販売研究を目的とする「ナショナル会」を設置し，57 年に一定の販売実績を持つ連盟店からなる「ナショナル店会」も組織し，同年に松下製品の取扱量の多い専売店・準専売店を「ナショナル・ショップ」とする制度を導入した。ナショナル・ショップは原則的に松下製品の専売を行い，見返りに松下側が店舗改装や販路拡大への資金援助，リベートやボーナスの支給，経営相談など手厚い支援を行った。

　松下電器はナショナル会（専売率 30〜49％）—ナショナル店会（50〜79％）—ナショナル・ショップ（80％以上）と多段階からなる強力な流通系列網を築いた。松下電器の動向は，日立・東芝・三菱・三洋・シャープなどの他社を刺激し，家電総合メーカーの流通系列化が進展した。強固な販売網を確立した松下は，系列店以外での販売規制や小売価格の維持を図り，1964 年にテレビ販売をめぐって，ダイエーと激しく対立した（石原・矢作編［2004］：孫［1994］）。

　耐久消費財のもう 1 つの柱の自動車の販売では，修理・整備などのアフター・

サービスが不可欠なため，販売地域を定めた専売のフランチャイズによる排他的ディーラー制が広く普及した。日本の自動車販売では，メーカーからの詳細な技術情報の提供，ディーラー側の商品知識の蓄積，日常の整備を通じたユーザー情報のメーカーへの伝達など，両者の間で長期的関係が構築され，メーカー別の強固な販売チャネルと同時に，同一販売地域内に，主要な車種系列ごとに異なる複数の販売チャネルが展開された（塩地・キーリー［1994］）。

4）総合商社の変容

　太平洋戦争の開戦により，最大の取引先であった欧米との貿易が途絶した後，三井物産は，対中国取引に依存しつつ，取扱高を伸ばした（春日［2010］）。また1934（昭和9）年以降に活発化した株式投資は，日中戦争期以降さらに増大し，重化学工業部門への投資を拡大させた。1930年代に三井物産を取扱高で猛追した三菱商事も，三井物産同様に満洲・中国市場へのシフトを強めた。戦局の拡大にともない，三井物産・三菱商事ともに三井・三菱財閥の中核企業として，南方受命事業等の占領地経営に深く関わり，「国策」への協力姿勢を強めた。しかし，南方地域の事業は，海上輸送が困難になるなかで現地対応に止まった。また戦時期に，関西系の繊維商社や鉄鋼商社が取扱品の多様化，多角化を進め，専門商社から総合商社化への動きを強めた（岡部［2011］）。

　終戦後の1947年に三井物産と三菱商事は，GHQ の覚書「商事会社の解散」指令によって解体された。その解体はきわめて厳格で，旧商号の利用は禁止され，三井物産は223社以上，三菱商事は139社に分割された。この徹底した解体の背景には，戦前期にアジア市場で日本の総合商社と競合関係にあったイギリス商社の思惑があったと推測されている（石井［2003］）。占領期には日本の貿易はGHQ による管理貿易の下，政府間貿易として始まり，商社活動の自由は制限されたが，1949年に民間輸出貿易，50年に輸入貿易が再開され，50年6月に勃発した朝鮮戦争を契機とした特需によって，貿易は大きく拡大した。

　三井物産と三菱商事が分割されていた復興期に，取扱商品の多様化により，総合商社化を進めた関西系の繊維・鉄鋼商社が商機をつかんで成長した。日本の独立回復後，1954年に三菱商事，59年に三井物産が再統合を果たし，戦前に独自の商事会社をもたなかった住友も，戦後に商社部門を立ち上げて住友商事が発足した。財閥系商社の再統合や関西系商社の合併などを経て，1960年代に三井物

産，三菱商事，丸紅，伊藤忠商事，日商岩井，住友商事，トーメン，ニチメン，兼松，安宅産業の「10 大商社体制」が成立した。熾烈な企業間競争が繰り広げられ，1977 年に最下位の安宅産業が伊藤忠商事と合併し，兼松が総合商社の看板を下ろす 99（平成 11）年まで 9 大商社体制が続いた（田中隆之［2012］）。

　高度経済成長期に総合商社も成長したが，「商社斜陽（不要）論」もささやかれた。輸出入や国内取引，三国間（外国間）貿易など伝統的な商取引が，総合商社の収益基盤であったが，高度成長から安定成長への日本経済の転換のなかで，メーカーによる独自の流通・販売網の構築に加えて，家電やコンピュータ，自動車など，新産業の台頭も重なり，総合商社を取り巻く経営環境は大きく変貌した。総合商社も伝統的な重厚長大産業との取引やトレード業務だけでなく，情報通信ビジネスなど新規事業への進出や資源ビジネスへの強化など，投資会社の性格を強めつつ，新たなビジネスモデルの構築を図った（田中彰［2012］）。

5　大衆消費社会の実像

1）萌芽的大衆消費社会の拡大とその限界

　1920 年代に大都市で発生した萌芽的大衆消費社会は，30 年代になると，地方都市へも一定の普及をみせた。その代表例が，ラジオと百貨店である。ラジオの普及は，1920 年代に大都市部に止まっていたが，鉱石式にかわって真空管式の技術革新が進み，放送局の開設やラジオの高性能化・低価格化を背景として，30 年代には全国的となった（鈴木［1999］）。特に 1937（昭和 12）年の日中戦争の本格化を契機に，ラジオの聴取者数は激増し，その世帯普及率は，38 年度には全国で約 30％，市部では約 50％となった（平本［2010］）。

　この時期は仙台や福岡など地方都市でも百貨店が設立され，仙台では 1819（文政 2）年創業の老舗呉服屋の藤崎が 1932 年に近代建築の百貨店を開設し，福岡でも 1754（宝暦 4）年創業の老舗呉服屋の岩田屋が，小林一三が 1920 年代に開始したターミナルデパートを模倣し，36 年に九州鉄道（現西日本鉄道）福岡駅に隣接する百貨店を開設した（末田［2010］：加藤［2019］）。また愛知県挙母町（現豊田市）では，トヨタ自動車進出前の 1930 年代前半には，駅前に 10 件程度のカフェが立ち並んでおり，その有名店舗は「大名古屋」文化の「一縮図」と報じられていた（神谷監修［1992］：新修豊田市史編さん専門委員会編［2021］）。

表 7-4　1930 年代初頭の職業別月収一覧

	職　業	年	月収（円）
一般	工場労働者	1931	50
	小規模商人	〃	30〜50
	住込工員（食住付き）	〃	12
	住込奉公人（食住付き）	〃	3〜10
	職人	1932	20〜50
	日雇労働者	1934	20〜30
	通勤商店員（女性）	〃	25
	内職	〃	10〜20
	タクシー運転手	1936	50〜60
	農村女工（1 食付き）	1937	10
公務員	職業軍人（中尉）	1929	85
	職業軍人（中佐）	1930	268
	判任官	〃	42〜200
	大学助教授	〃	92〜260
	事務官	〃	92〜317
	判事・大学教授	〃	100〜375
	国会議員（一般）	〃	250
	官立大学長・府県知事	〃	500
	各省大臣	〃	670
	内閣総理大臣	〃	1,000
	巡査	1931	30〜60

出所）湯沢雍彦『昭和前期の家族問題』ミネルヴァ書房，2011 年，表序-2，序-3 より作成。

ただし，こうした萌芽的大衆消費社会の拡大は大きな限界を含んでいた。都市のなかでも，表 7-4 のように職種間の所得格差はかなり大きく，1920 年代後半〜30 年代前半の日本の階級構成では，総世帯の約 4 分の 3 が，労働者・小作農・下級官吏など低所得層に位置したとされる。特に，昭和恐慌下に平均的生活水準は大きく低下し，1932 年以降も都市では恐慌から回復したものの実質生活費は横ばいで推移し，35 年以降は実質生活費が低下するとともにエンゲル係数（生活費に占める飲食物費の割合）が上昇した（湯沢［2011］）。

そして，前述のように昭和恐慌の影響が農村部でより深刻であったため，大衆消費社会の農村部への浸透はきわめて弱かった。農村への拡大を阻んだのは，何よりも，農工間所得格差の拡大である。1920 年代後半には工業部門の 4 割であった農業従事者の所得は，30 年代前半になると 25％にまで落ち込んでいた。特に東北など昭和恐慌の影響を大きく受けた地域では，日々の生活を維持することに必死であった。実際，当時の新聞報道・ルポルタージュでは，農家子女の身売りや飢餓状況が赤裸々に語られた。

2 ）戦時期の平等化と窮乏化

都市社会では，戦時統制経済のもとで軍需関連産業を中心として鉱工業生産が伸び，1939（昭和 14）〜40 年頃まで好景気感にともなう消費ブームがみられた。例えば横浜では，1940 年前半頃までは工場労働者の好景気や繁華街の賑わいが報じられ，日中戦争期には「蔣介石さまさま」なる言葉まで発せられたと伝えら

れる（横浜市・横浜の空襲を記録する会編 ［1975］）。交通・観光産業も，戦勝祈願（寺社参詣など）や健康増進（ハイキングなど）を謳い文句としつつレジャー需要を喚起しており，旅行客も増加傾向にあった（高岡 ［1993］）。

　しかし，1940 年以降，経済統制の強化が進むと，消費財の供給は大きく制限され，日用の衣料品・食料品も充分に入手できない状態となった。ステープル・ファイバー（スフ）はこの時代の代表的な代替衣料品である。ラジオの放送内容への統制は厳しくなり，百貨店でも戦時色がきわめて濃くなり，1940 年には三越本店で軍需生産用として政府による金・銀・白金の買い上げが開始され，国民服やモンペの販売も三越で行われた（株式会社三越編 ［1990］）。

　戦時期の賃金統制は職員と行員の間や農業従事者と工業従事者の間での所得格差を縮小したが，それは低水準への平等化でもあった。さらに，戦争末期の日本の生活水準は同じ敗戦国のナチス・ドイツと比べてもきわめて大きく低下した。この背景としては，次の 2 点が指摘される。第 1 に，ナチス・ドイツは，鉄道輸送を通じて，占領地からの消費財や労働力の収奪を大々的に行うことが可能であった。第 2 に，大衆運動を基礎として権力を掌握したナチス・ドイツは，第一次世界大戦後のドイツ革命が，市民の消費生活を急速に破綻させたことを目の当たりにしており，その繰り返しを避けようとした。一方日本は，国民の生活水準をあまり配慮せずとも揺らがない国家であった。その結果，ドイツでは戦時期に民需用工業生産が比較的維持されたが，日本では民需用工業生産は激減し続けた（山崎 ［1979］：鳩澤 ［2021］）。

　そして統制と動員を進める戦時期日本では，人々が奉仕の精神を持って勤労し，戦争遂行の負担を受け止めることが志向された（法政大学大原社会問題研究所・榎編著 ［2018］）。このことが日本で，軍需部門への物資動員の余力を大きくし，戦争の長期化に帰結したともいえる。これは日本のみならずアジア太平洋全域の人々にとってきわめて不幸なことであった。

　生活水準の低下のなかで，その役割が拡大したのがヤミ市場である。1943 年前半までは軍需生産が維持されつつ，比較的余裕のある軍需工場や軍工廠から物資がヤミ市場へ流される形で，国民生活への補塡がインフォーマルに行われたと考えられるが，43 年後半以降に物資不足から軍需生産が行き詰まるにつれて，軍・軍需工場等による重要物資や一般生活必需品の買漁りが増加した。こうした軍・軍需工場の行動が，生活必需品の供給激減・ヤミ価格の急騰の傾向に拍車を

かけ，国民生活はより一層窮乏化した（西田［1994］）。

3）個人消費支出の拡大と労働運動

　戦後復興期においても経済統制は戦時と同様の枠組みで実施されたが，個人消費の爆発的な増加を抑えることは不可能であった。ヤミ市場は戦時期とは比較にならないほど拡大し，上野のアメヤ横丁のようにその痕跡を今日まで残している場所も少なくない。暴露記事やエロ・グロを売り物とした雑誌や書籍も，敗戦直後の解放感を象徴している。物価が急速に値上がりするなかで，タケノコ生活[6]と言われるような事態もみられたが，その後，特需景気に伴う消費ブームを挟んで，1953（昭和 28）年前後には個人消費支出は戦前水準を回復した。

　こうした個人消費支出の拡大を支えたのが，戦後復興期に高揚した労働運動による労働者所得の上昇と，農地改革による自作農創設を通じた農家所得の上昇であった。農家所得の上昇は前述したので，ここでは労働運動に触れる。戦時下には，産業報国運動のなかで企業・工場単位に産業報国会が組織され，労働組合は解散の上，そこに組み入れられた。GHQ の労働改革の下で 1945 年末に労働組合法が制定され，労働組合はようやく合法化され，46 年の食料不足による生活不安やインフレの高進のなかで，労働争議は激増した。そこでの労働者の要求は，賃上げに加えて経営参加など企業経営についての要求や，職員と労務者の差別撤廃など人事に関する要求が大きな比重を示し，労働者の攻勢的な争議であった。

　労働組合運動の高まりは，1947 年 2 月 1 日に予定されたゼネスト計画へと発展したが，それが社会主義運動につながることを懸念した GHQ は，ゼネスト中止を指令し，以後労働争議は件数・参加者数ともに後退した。そして，1948 年にインフレの高進による実質賃金の低下のもとで再び労働争議は急増したが，その要求は賃金に関するものが多く，46 年時点のような経営参加要求は減少した。GHQ が労働運動抑制の方向を強めるなかで，労働争議は，賃金確保や解雇反対など防衛的な性格へと転換した（三宅［2007］）。

　しかし経営者側も，労働組合法・労働関係調整法・労働基準法などの労働者の諸権利が認められた状況下での労働争議に対しては，民主的に対応せざるを得ず，経済復興の理念のもとに経営者と労働者が協力して生産管理を行い，経営再建を

　6）衣類や家財を少しずつ売ることで生活費を賄いながら暮らすこと。タケノコの皮を 1 枚ずつはがすことにたとえている。

進める方向が見られた。そのなかで経営者側および労働者側の代表者で構成する経営協議会が多くの企業で設けられ，労使の団体交渉よりも経営協議会が重視されるようになり，労働組合も敗戦直後の事業所別組織が，1960 年代になると次第に企業別に編成された。こうした労使関係は，民間企業のみでなく，日本国有鉄道（国鉄）など公企業にも影響を与え，長期雇用や雇用保障を望ましいものとする雇用慣行が形成されていった（禹［2003］）。

　ただし，レッド・パージにより左派労働組合活動家が排除され，1949 年に労働組合法が改正されて職員上層（管理職）が労働組合から離脱することになり，経営者側と労働組合側はそれぞれ対立する立場に位置付けられた。もっともそれにより労使関係が緊迫した対立を生んだわけではなく，「経営」と「労働」の明確な区分の上に，労働者側は日本労働組合総評議会（総評）[7]を結成して，労働協約の産業別統一化を目指して統一的団体交渉（「春闘」）を進め，経営者側は協調的な企業内労使関係を築いて生産性向上を社員に求めた。

　そして第二次世界大戦後の日本の大企業では，戦前期に職員（ホワイト・カラー）上層を対象とされた学校から職場への間断のない移動（新卒採用）や長期継続的な雇用関係が（若林［2007］），労働者（ブルー・カラー）層にまで拡延され，企業別組合・年功序列賃金・終身雇用などの「日本的」雇用システムが全社的に採られるようになった（菅山［2011］）。

4）大衆消費社会の全国化

　個人消費支出は，農地改革や労働改革による労働分配率の変化，都市化にともなう世帯数の増加といった要因を受け，その後も着実に増加し，高度成長期の国内市場拡大を下支えした。高度成長期の大衆消費社会は，1920 年代に見られる萌芽的な大衆消費社会とは，生活様式の面で質的に異なるとの見方もあり（寺西［2017］），復興期の消費増が戦前水準への回復を内実としたのに対し，高度成長期のそれは耐久消費財を象徴とする新生活への渇望を内実とした。

　ラジオではトランジスタの普及とともに高性能化・小型化が進み，一家に一台から一人に一台へと向かった。このような普及を前提として，洋楽の流入やラジオ局の深夜放送参入が次第に進み，若者文化の厚みは増していった。白黒テレ

　7）反共産主義労働組合の全国組織として 1948 年に結成され，産業別組合が共同歩調で行う賃上げ要求＝春季闘争を 56 年から指導し，労働運動に定着させた。

ビ・冷蔵庫・洗濯機といった耐久消費財も急速に普及し，家電製品の普及は同時期のヨーロッパと比べてもかなり速く，大衆消費社会が都市と農村の両方へ広がった。炊事や風呂焚き，暖房といった熱利用においても，灯油やプロパンガスが普及した結果，都市と農村との違いは縮小した（橘川 [2004b]：鈴木 [1999]）。それは，村落における市街地形成を含みつつ進行し，農地の宅地化などにより，農村社会に大きな変化をもたらした（沼尻 [2015]）。

　主要耐久消費財の都市と農村での普及度を比較すると，人口 5 万人以上都市の非農家世帯では，白黒テレビは 1960（昭和 35）年前後に普及率 50％を超えて 60 年代半ばに 100％近くなり，電気洗濯機は 61 年に普及率 50％を超えて 70 年代前半に 100％近くなり，電気冷蔵庫は 64 年に普及率 50％を超えて 70 年代前半に 100％近くなった。一方全国の農家世帯では，白黒テレビは 1962 年頃に普及率 50％を超えて 67 年頃に 100％近くなり，電気洗濯機は 65 年に普及率 50％を超えて 70 年代前半に 100％近くなり，電気冷蔵庫は 67 年に普及率 50％を超えて 74 年頃に 100％近くなった。もっとも，乗用車は，1975 年時点で前者への普及率が約 40％に対して後者への普及率が約 50％であり，逆にルームエアコンは 75 年時点で前者への普及率が約 20％に対して後者への普及率が約 5％と，農村へは乗用車が，都市へはルームエアコンがより早く普及した（清水 [2010]）。

　そして戦後の大衆消費社会形成における大きな特徴は，衣類や食生活といった従来は変化がきわめて緩慢だった領域でも大きな変化が進展したことである。戦間期には都市部でも未だ和服が普通に着られていたが，戦後衣料統制が解除されると，衣類の洋服化・既製服化が進展し，百貨店などはそれへの対応を進めていった（今 [1987]：高岡 [2011]）。また，食生活においては洋風化やおかずの増大，加工済み食品の増加とともに，その階級差が他国に比べて急速に縮小していったことが注目される。石毛直道が指摘したように，戦後の日本は，政治や経済だけではなく食生活においても一応「民主化」を達成した。もっともこの民主化は，世界各地から食料を買い付け，自給率を低下させることにより，そして国際的な「不平等」を増大させることによって達成された（石毛 [1982]）。

　また大衆消費社会の形成とともに，消費者が社会の重要な要素になり，消費者運動を通して，消費行動を行う人という中立的な概念の消費者が，ある共通の利害を有する集団として社会的に認知されるようになった（原山 [2011]）。生活様式の急速な変化に対し居住環境の整備が遅れた面も指摘できる。住宅の絶対的不

足は 1968 年に解消されたものの，持ち家率は 1958〜73 年にかけて一貫して減少
し，70 年代でも 3 大都市圏で 50％前後，地方圏でも 70％弱であった。そして高
度経済成長期は，建物の高層化により，不動産賃貸事業機会が増大し，都市部の
土地所有構造が大きく転換した（名武 [2007]）。

　公共下水道の普及率も，1975 年時点で，3 大都市圏で 50％弱，地方圏で約 30
％に過ぎず（清水 [2010]），急速な工業化・都市化にともなう公害の深刻化は，
居住環境の貧しさを表していた。たとえば，2 節で触れた川崎製鉄千葉製鉄所は
深刻な大気汚染発生源でもあり，それは同製鉄所の積極的な技術革新・設備投資
や住宅地に密接した立地がもたらしていた（吉田 [1980]）。日本鉄鋼業の国際競
争力強化は，周辺住民の健康を犠牲にしつつ，実現したのである。

　そして，高度成長期前後における大衆消費社会の全国化は，それに付随するこ
うした「貧しさ」への異議申し立てであった。日本社会党・日本共産党など革新
勢力を与党とする革新自治体が横浜市，東京都，京都府など各地で成立し，政府
よりも先駆的な環境規制を実現した。また，1960 年代末に 4 大公害（水俣病・新
潟水俣病・イタイイタイ病・四日市ぜんそく）訴訟も相次いで開始された結果，
これらが政府の政策転換にもつながっていく（宮本 [2014]）。もっとも，社会運
動の主体は革新系だけではなく，話し合いを通じた生活の質の向上を掲げる新生
活運動のように，政府との距離が比較的近い保守系の社会運動も活発に展開され
ていた。大衆消費社会化の急激な進展にともなって人びとの生活が激変するなか
で，そのあり方を問い直すさまざまな運動が足跡を残したのである（大門
[2012]：大門編著 [2012]）。

■ 解説 III-6

高度成長と公害

　戦後日本の公害は華々しい高度経済成長にまさに寄り添いながら拡大した。4 大公害事件の一つ水俣病の発生は遅くとも 1953 年，四日市ぜんそくのそれは 60 年。だが，いわゆる「公害国会」が開かれたのは 1970 年 11 月。高度成長末期になってようやく，自民党保守政権としても無視しえない政治課題となったのである。

　問題がこのように長期化した背景を明らかにするには，因果関係を自然科学的手法と同時に社会科学的に探ることが必要であろう。あらゆる公害には加害企業と被害者とが存在するのであって，公害は公害「事件」にほかならないからである。

　例えば，人類初の食物連鎖を通じた有機水銀中毒と言われる水俣病の場合，政府がその原因をチッソ工場排水中の有機水銀と認めるのは，1968 年のことである（発生当時は新日本窒素肥料，65 年にチッソと改称。以下すべてチッソと記す）。だが，1956 年の公式発見の翌年に厚生省科学研究班は魚貝摂取を通じた重金属中毒と早くも報告し，59 年には熊本大学医学部がすでに有機水銀説を発表していた。宇井純・原田正純らは，こうした先送りをもたらした社会構造について，企業・地域・国家の 3 層に即して以下のように論じている。

　企業＝チッソについてはその高い労災体質が挙げられた。工場内の工具の安全性を軽視する企業風土が工場外へもそのまま移出されていたのである（1959 年の段階で，チッソは工場排水が水俣病の原因である可能性が極めて高いことを知りながら，外部には公表していない）。そして，この風土は，チッソの前身・日窒コンツェルンが，1920 年代以降大胆な技術導入を繰り返し，植民地朝鮮への進出を本格化する過程で形成された，というのが彼らの推論であった。

　次に，地域＝水俣については企業城下町ゆえの問題が指摘された。1960 年の市税収総額に占めるチッソの比率は 48 ％に達している。このため，工場が操業停止することへの危機感は労組・社会党関係者など革新陣営を含む「全市」に広がり，1959 年に漁民が工場排水停止を要求した際には，停止反対の陳情が市内各種団体によって行われた。チッソ関係者を頂点とする社会構造の下，元来零細者の多かった漁民は完全に孤立したのである。水俣病被害者の多くはこうした漁民とその家族であった。

　最後に，国家＝日本については，重化学工業化の優先と中央優位の社会構造が批判された。1950 年代に日本の化学工業がプラスチック生産への移行を進めるなかで，チッソが有機水銀を排出したのは，塩化ビニルの可塑剤の原料（オクタノール）を生産する工程であった。チッソのオクタノール生産は 1952 年に日本で初めて工業化に成功して以降急速に増加し，59 年時点で国内全生産量の 85 ％を占めていた。通産省はチッソが国内化学工業のトップランナーであることを第一義的に重視し，その排水停止には一貫して反対した。この一方で，1958 年に東京・千葉の漁民との紛争を引き起こしていた本州製紙江戸川工場に対しては，通産省も排水停止を強く勧告している。首都圏の製紙工場には規制しても地方の有力化学工場には規制しない，というのが当時の産業政策の論理であった。

　これら 3 層の構造を目の当たりにするなかで宇井は「高度成長のひずみとして公害が拡大した」という通念の一面性を批判し，「公害が許容されるような社会だからこそ高度成長が可能となった」と論じる。また原田がたどりついた結論は「公害は差別のあるところで発生・拡大する」というものであった。

　実際，4 大公害事件では何れも，被害者は企業や行政の責任を法廷で追及せざるをえない立場にまで追い込まれた。例えば，四日市ぜんそくでは，コンビナート周辺地域の硫黄酸化物濃度が他都市に比べて極めて高いとの調査結果が 1960 年時点ですでに出ていた。だが，コンビナートの経済効果を重視する県・市の対策は不充分なものに終わり，逆にコンビナートの拡張を決定する。裁判開始は決定の翌年，1967 年であった。

　とはいえ当時の公害事件の「解決」がすべてここまで遅延したわけではない。例えば，飛鳥田一雄革新市政下の横浜市は，臨海部の埋立を推進する（これを機に横浜市の自然海岸はほぼ消滅）と同時に，進出企業には公害防止協定を個別交渉で締結することによって，法的規制以上の操業条件を課し始めた（1964 年）。東京電力南横浜火力が世界初の LNG 専焼で建設されたのはこの成果の一例にほかならない。横浜市がこうした取り組みをなしえたのは，企業と科学的・個別的な折衝のできる技術系職員を市が擁していたためと言われる。

　同様の施策は「横浜方式」として各地に広がる。例えば鉄鋼業の技術革新などによって大気汚染が深刻化していた北九州市でも，1967 年に最初の公害防止協定が締結された。北九州市の公害対策で注目されるのが，同市戸畑区の婦人会である。婦人会は大気汚染濃度と小学校欠席者数との相関関係の独自調査といった学習・調査活動を地道に展開し，その成果を宣伝映画『青空がほしい』の自主製作や工場幹部との直接交渉などに発揮した。これらが社会的圧力となることで，企業・自治体の方針が徐々に転換していったのである。

　また，静岡県三島市は県のコンビナート建設計画自体を中止に追い込んだことで有名である。これが成功しえた背景としては，町内会のような旧来型の団体と「母親の会」や地元紙のような新たな諸団体との連繋関係が作られたことが指摘されている。そして，この関係を支えたのは「湧水」という住民の身近な存在をめぐる共同性であった。

　たとえ技術進歩にはリスクが不可避だとしても，この際，進歩の果実を〈中心〉が享受する一方でリスクは〈周辺〉へと転嫁される構造と，それによって問題解決が引き延ばされる過程は，公害が環境問題と称されるようになった今日においても無縁の話ではない。そして無縁ではないからこそ，この構造と過程とがさまざまな条件や主体によっては一定克服されてきたということもまた，記憶されるべき史実であろう。（小堀　聡）

【参考文献】
宇井純編［1985］『技術と産業公害』国際連合大学
沼尻晃伸［2009］「高度経済成長前半期の水利用と住民・企業・自治体」『歴史学研究』第 859 号
林永代［1971］『八幡の公害』朝日新聞社
原田正純［2007］『水俣への回帰』日本評論社
横浜市総務局市史編集室［2002］『横浜市史 II』第 3 巻・上，横浜市

第 8 章

国際化の 1970 年代〜21 世紀初頭
―― 輸出依存の経済とその限界

序　トランスナショナル経済の展開と現代日本

1）1970 年代以降の世界経済

　第二次世界大戦後の世界的な高度経済成長は，1960 年代後半に鈍化しており，第二次世界大戦の敗戦国であった西ドイツや日本の経済成長により，アメリカの貿易赤字が拡大していた上に，ベトナム戦争への介入のためにアメリカの財政赤字も拡大したため，ドルに対する信頼度がかなり揺らいでいた。そしてついに1971（昭和 46）年 8 月，アメリカのニクソン大統領が金・ドル交換停止を宣言した（ニクソン・ショック）。これにより，戦後の国際通貨システムの基盤となった金ドル本位制が崩壊，1973 年初め頃から，主要先進国は続々と変動相場制へ移行した。以後，継続的にドル安が進行した。

　日本は 1960 年代後半以来の経常収支黒字定着により，輸出企業を中心とした外貨売り・円買い行動が為替取引のベースとなり，長期的に見れば外国に比してインフレが抑制されたことから，基調として円高[1]が進展した（図 8-1）。ただし，2 回の石油危機（オイル・ショック）[2]による輸入額増加や対外投資の増加にともなう外貨買い・円売り行動が円安圧力となることもあり，為替相場の短期的変動は大きかった。為替相場の変動や長期にわたる円高基調は，1970 年代以降の日本の経済政策に大きな影響を与えた。

　1）円の対外価値が上がり，輸入取引が有利，輸出取引が不利になった状態。
　2）急激な原油価格の値上がりを意味し，アラブ諸国の石油戦略による原油価格の高騰（第一次）とイラン革命を契機とする原油価格の高騰（第二次）の 2 回生じた。

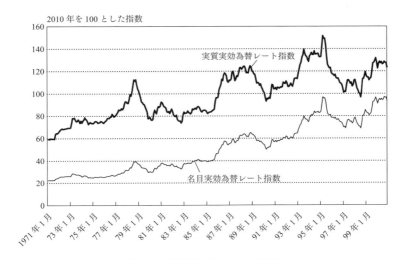

図 8-1　円実効為替レートの推移

出所）日本銀行調査統計局ホームページ「実効為替レート（名目・実質）」より。

　その後の世界経済は，資本主義陣営の先進工業国の停滞と新興工業国の成長により多極化した。しかも，社会主義諸国の計画経済の行き詰まりのなかで，1985年にソ連共産党書記長に就任したゴルバチョフが，ペレストロイカ（再構築）とグラスノスチ（情報公開）を打ち出して民主化路線を推進し，91（平成 3）年にソ連邦が解体されてロシアを中心とする独立国家共同体（CIS）が設立された。そして民主化の動きは東ヨーロッパへ拡大し，1990年に資本主義国西ドイツが社会主義国東ドイツを吸収して統一ドイツが成立した。

　東アジアでも中国が 1979 年以降，改革開放路線を採択して漸進的に市場経済を導入し，92 年からは「社会主義的市場経済」を公式の経済秩序として標榜した。そして中国では経済特区が複数設置されるとともに外資導入が積極的に進められ，その後の中国の急速な経済成長が世界経済に大きな影響を与えた。

　ヨーロッパ諸国は，人，モノ，資金ができる限りの自由度をもって往来できる広域経済圏の形成を目指してヨーロッパ連合（EU）を 1993 年に設立し，ヨーロッパ共通通貨のユーロが 1991 年から EU 主要国で導入されている。世界経済の大きな流れとしては，国境を跨ぐ経済の動きが活発となり，トランスナショナルな世界経済へと向かっている。

　そのなかの日本経済は，それまでのアメリカ重視のスタンスから，多局面への配慮が必要になっており，難しいかじ取りが要請されている。トランスナショナル経済で求められたのが，「グローバル・スタンダード」と呼ばれた会計基準や取引慣行の世界的規模での標準化であり，それに対応して日本も会計基準の改訂や金融の大幅な規制緩和・自由化要求を受け入れざるを得なかった。これからの日本経済も世界経済との関連で注視する必要があろう。

2）ニクソン・ショックと石油危機

　輸出競争力確保に向けて円高を阻止するため，ニクソン・ショック時に，政府・日本銀行（日銀）はドルを買い支えて大量の円資金を供給した。その後 1971（昭和 46）年 12 月のスミソニアン合意で，日本は円切り上げ（1 ドル＝360 円から 308 円へ）を受け入れたが，さらなる円切り上げを避けるために外国の水準に合わせた物価上昇が必要との観点から 72 年には政府内で「調整インフレ」政策[3]が台頭，金融も緩和され，73 年にかけてマネーサプライが急増した。同時期，田中角栄首相の主導する「列島改造」ブームを受けて急速に内需が拡大したこともあり，インフレが加速した。インフレ率は，第一次石油危機でさらに高まり，大きな社会問題となった。ただし，強力な金融引き締め，労使協調による賃上げの抑制などにより，1974〜75 年頃に高インフレがほぼ収束，以後，第二次石油危機時の一時的な物価上昇を除いて，日本の物価は安定的に推移した。

　円高は，海外に比して日本の賃金コストを高める要因となる。このため，労働集約的な繊維や雑貨などの国際競争力が弱まり，より技術集約的な高付加価値製品へのシフトが見られた。また，石油など資源価格の上昇により，エネルギー多消費型産業（鉄鋼，石油化学など）も苦境に陥った。1970 年代以降，日本の製造業のなかで成長が顕著であったのは，自動車，電子機器などで，これらの産業は，高度成長期に貿易面での保護や政策的支援を受けつつ，民間企業の積極的な設備投資や技術導入・開発により成長した。有力企業は，厳しいコスト・カットで円高と石油危機を乗り切り，1980 年代には国際的にも先端的な地位を占めた。

　高度成長期においては，旺盛な民間設備投資や産業基盤建設，順調な消費の伸びなど内需拡大が顕著であったが，1970 年代前半以降，その伸びが停滞する。

　3）拡張的な財政・金融政策によって国内の物価水準を引き上げ，円高圧力を弱める政策のこと。

内需停滞の一方，マクロの需要項目別で見れば，輸出や政府投資への依存度が高まった。輸出の対 GDP（国民総生産）比率は，1960 年代後半に 4〜6％程度であったが，70 年代後半に 8％を超え，80 年代には 10％超となる。こうした状況を背景に，日本の成長を主導するのは輸出製造業であるとの認識が定着した。このため政策・通貨当局には円高への警戒感が根強く存在した。円高にかかわらず日本の製造業はコスト・カットを進めて生産性を向上させ，そのことが輸出競争力を高め，さらなる円高が進展する環境を作り出す要因ともなった。

3）円レートの動きと通商摩擦

　名目の円実効為替レートは，1974（昭和 49）〜76 年に安定したあと，経常黒字の増加を背景に 77〜78 年に急上昇した。対米ドルでは，1 ドル＝180 円前後と固定相場時代の 360 円の 2 倍の水準にまで達した。しかし，イラン革命を契機とする第二次石油危機とともに円安へ反転した。その後，アメリカの高金利政策や1980 年代のレーガン政権下での財政需要の拡大を受けて，日本企業のアメリカ国債購入をはじめとする対外投資が活発化した。このため，1980 年代前半はドル高が進み，84〜85 年に 1 ドル＝250 円前後となった。このドル高は，日米物価や貿易財の生産性上昇率格差を勘案すれば，購買力平価の均衡水準以上にドル高に振れていたと見られる（吉川［1992］）。このため，対ドルで円安となった日本製品の競争力が実体以上に高まり，輸出および貿易黒字の増加につながった。当時のマクロ経済政策は，アメリカが財政支出増加，金融引き締め気味に対し，日本は財政を再建のために引き締め，金融を緩和気味に推移しており，こうした対照的なポリシー・ミックスが均衡レートを外れたドル高の背景になっていた。

　この時期，対欧州通貨では引き続き円高に推移し，実効為替レートも比較的安定していたので，円安というよりはドル高と見るべきである。その最大の要因はアメリカの経済政策であったと考えられる。各国のポリシー・ミックスは，国内の政治・経済・社会状況に大きく左右されるが，貿易・資本取引が拡大するほど，一国の経済政策が外国の経済に与える影響も大きくなる。変動相場制への移行によって，理論的には各国の経済政策の違いは，スムーズな為替市場の調整によって影響が遮断されると考えられた。しかし，為替レートの動きはきわめて速く，各国の貿易財の競争力に多大な影響を及ぼす。そうした価格変動を受けて，迅速に産業構造を調整することは容易ではない。このため，欧米日諸国の間でマクロ

経済政策調整が必要であるとの認識が強まってきた。

　1980 年代前半のドル高は，自動車，電気製品をはじめとする日本の対米輸出を増加させる要因となり，通商摩擦に発展した。アメリカの製造業者やその関連労働者による対日批判が高まり，日米間で政府・民間レベルの交渉が繰り返された。自動車などで日本側の輸出自主規制措置がとられたものの，通商摩擦の対象は広がった。1980 年代半ばにはまだアメリカ企業の競争力が上と見られていた半導体についても，アメリカ側が予防的に輸出規制を求めてきた。

　個別産業における通商摩擦とその結果としての日本側の輸出規制だけでは，日本の経常黒字，アメリカの経常赤字といった国際収支不均衡の解消にはつながらず，マクロ経済政策の調整が必要とされた。1970 年代後半以来，先進国首脳会議（サミット）などの場で，緩やかな経済政策の協力が約束されたが，その実行は容易ではなかった。日本は，1970 年代後半，「機関車論」4) を受けて，政府主導で景気刺激策をとり，その結果，国債発行が急増したとの苦い認識が強かった。1980 年代になると，国債残高の累積を受けて，中曽根政権になって財政再建路線が本格化した。しかし，国際協調の一環として経常黒字減らしを推進するには，財政再建路線の修正が求められる可能性があった。

　国際収支不均衡是正のためにもう 1 つ重視されたのが，通商や資本取引をめぐる規制緩和とそれにともなう市場の一層の開放である。日本の輸出増加よりも，日本の製品輸入が非常に少ないこと，また日本の対外投資に比して対内投資が極端に少ないことを根拠に日本の市場の閉鎖性が問題とされ，各種規制緩和が強く求められた。日本の経済規模が西側世界ではアメリカに次ぐ第 2 位となり，高度成長期に比して成長率が低下したとはいえ，石油危機後の順調な回復を示したことから，その購買力への期待が高まったことが背景にある。実際には，1980 年代前半は円安というよりもドル高であったから，日本市場の閉鎖性がその要因とされることには根拠が乏しい。しかし，通商摩擦が激化するなかで，日本は通商・円取引の規制緩和や市場開放を進めざるを得なかった。

　規制緩和や市場開放については，日本国内にも支持する声が少なくなかった。輸入業者は，安全・衛生面に関わる規制が過剰であると感じており，輸入手続きが煩雑で時間がかかりすぎるとの不満を表明していた。輸出関連大企業は，自ら

---

4) 日本，西ドイツなど経常収支黒字国が内需を刺激して，世界経済を活性化させる機関車となるべきとの議論のこと。

輸出規制するよりも，輸入の円滑化や拡大によって通商摩擦を回避したいとの意向が強かった。しかし，規制緩和・市場開放により不利益を被る可能性のある，従来保護されてきた農業・流通業・労働集約的な製造業などの反発は強かった。レーガン政権のドル高政策は，長期間堅持された。しかし，アメリカの巨額の経常赤字が継続していたことから，1985 年初め頃，アメリカ国内でもドル高の持続可能性への懸念が生まれ，ドル暴落への危機感が醸成された。同時に日本政府内では，通商摩擦回避のため，円高容認論が芽生えていた。

4）プラザ合意と円高

　1985（昭和 60）年 9 月，日本・アメリカ・西ドイツ・イギリス・フランス 5 カ国蔵相・中央銀行総裁は，ニューヨーク・プラザホテルで極秘のうちに会談し，ドル高是正のための為替市場介入，関連するマクロ経済政策協調に合意（G5 プラザ合意），即座に合意内容を世界に向けて発表した。以後，先進諸国によるマクロ経済政策協調が明示的に繰り返し行われた（小峰編［2011］）。

　プラザ合意後の円高・ドル安の急激な進行の結果，1987 年には，1 ドル＝120 円台に達し，円は戦後かつてない水準にまで切り上がった。一定程度の円高容認は，通商摩擦を回避するため，日本政府も望ましいと考えていたが，実際の円高は予想を超えて進んだ。このため，輸出企業を中心に苦境に陥り，労働集約的な輸出中小企業が集中的に立地する地域では倒産が相次いだ（円高不況）。この円高は，1980 年代前半に均衡レートを離れて過度に進んだドル高の調整過程で，80 年代後半に均衡レートに戻ったとの見解が有力である（吉川［1992］）。

　政府は，円高阻止を訴えて各国に協力を求める一方で財政再建路線を維持した。このため金融政策への期待が高まり，1986～87 年に金融緩和が急速に進み，マネーサプライが急増した。のちに財政再建路線も一部で緩和され，財政資金だけでなく民間活力を利用した第三セクター方式による公共事業の推進が図られた。マネーサプライの急増と民活投資に刺激され，大都市周辺の地価上昇スピードが加速，「バブル」の様相を呈してきた。

5）「バブル」景気と経済停滞

　「プラザ合意」後の円高不況は 1 年余りで収束，民間設備投資が伸び始め，急速に回復した。高度成長末期の「いざなぎ景気」以来の長期大型景気となり，

久々の内需主導の成長となった。経常黒字拡大と円高の進展を受けて，1986（昭和 61）年に中曽根首相の諮問機関が提出した「前川レポート」など，日本国内からも，日本経済を輸出依存型から内需拡大型の構造に転換させようとする動きが現れた。政府の長期経済計画にも，日本人は働き過ぎなので，休暇をとってレジャーを満喫することで，内需拡大を目指すべきとの発想が盛り込まれた。

　内需拡大のため，規制緩和と政府支援を組み合わせた民活法やリゾート法により，大規模プロジェクトが推進された。大都市周辺ではオフィスビルの建設やウォーターフロント開発が推進され，各地でゴルフ場，スキー場，海洋リゾートの大規模な開発が計画された。開発それ自体は実体をともなったものであり，それを受けて民間設備投資が活性化した。しかし，将来需要を過大に見込んだプロジェクトが横行し，金融が緩慢化するなかで銀行の融資審査が甘くなったことは否めない。地価上昇による担保価値の高まりに対して，融資掛け率が十分に調整されず，潤沢な資金が大規模プロジェクトに投入されたのである。

　好景気のもとで株価が上昇，金融・証券の自由化も進み，企業の間では，融資を受けて実物投資せずに証券などで運用する「財テク」が広まった。株価上昇により高い「財テク」収益を上げることで，さらにのめり込む企業も目立ち，株価は次第に実体経済を超えて「バブル」的に上昇した（図 8-2）。この間，一般物価水準が安定したことなどから，金融政策の引き締めへの転換が遅れた。しかし，強力な引き締めと不動産融資規制を受けて，1990 年以降「バブル」が崩壊，多くの金融機関が不良債権を抱えた。1990 年代の日本は，不良債権の処理をめぐる利害調整に追われ，経済停滞が長期間持続し，内需拡大型へ経済を転換させる構想は急速にしぼんだ。「バブル景気」と呼ばれる 1986〜90 年の好景気のもとで，日本の経常黒字はようやく縮小し始め，89 年頃から円実効為替レートも円安に振れた。しかし，「バブル」崩壊後の 1990 年代前半，再び日本の輸出依存が強まって経常黒字が増加，一時は 1 ドル＝100 円を切る円高となった。

　1970 年代以降，円高に対応するため，日本の製造業が海外に工場を建設するケースが次第に目立ち始め，90 年代以降に加速する。これによる「産業の空洞化」が懸念され，実際に国内の製造業雇用が減少していった。大企業は，為替リスクを回避しながら，グローバルな視点で最適な生産・販売立地を目指し，自国への依存度を低下させたが，東アジアのなかで国際的な水平分業ネットワークが形成される契機ともなった。

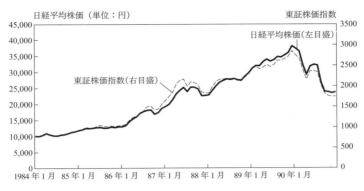

図 8-2　東証株価の推移

出所）日本経済新聞社，東京証券取引所月次データより作成。

　1990 年代以降急速に経済成長を遂げた韓国や中国は，日本企業の競争相手であるとともに重要な顧客でもある。相互依存関係が強まる一方，競争も激化するなど，国際経済環境はますます複雑化しつつある。そのなかで，国際的な有力大企業を引き留め，誘致することが，各国において経済政策上，優先されるケースが増してきた。1990 年代以降の日本においても，独占禁止法の緩和，労働規制の緩和など，企業の自由な活動を促す政策が立て続けに実施された。

6）1970 年代〜90 年代の日本経済の概観

　表 8-1 に示したように，1960 年代までに比して 70 年代以降の実質経済成長は大きく減速した。しかし，それでも第一次石油危機の 1973（昭和 48）〜74 年を除けば，90 年代半ばまで日本経済はプラス成長を続けた。この 1970〜90 年代頃を安定成長期と呼ぶことがある。1997（平成 9）年以降，大きく様相が変わり，21 世紀初頭にかけてマイナス成長やゼロ成長が恒常化した。

　鉱工業生産指数は，1970〜71 年，74〜75 年，80〜82 年に一時停滞したものの，高度成長期に引き続いて長期的な上昇傾向が続いた。しかし，1990 年代初頭に成長が止まり，その後は変動しつつも停滞気味に推移した。農業生産は 1980 年代前半まで変動しながらも上昇傾向が続いたが，以後下落傾向に転ずる。日本の農業生産額は世界有数の水準に達したが，食料自給率は持続的に低下した。

　企業物価は 1972〜74 年の「列島改造」ブームと第一次石油危機時，78〜80 年

表 8-1a　1965〜2000 年主要経済指標（その 1）

年	①実質国内総生産（1968 年 SNA）1990 年基準価格（10 億円）	②実質国内総生産（1993 年 SNA）1995 年基準価格（10 億円）	③鉱工業生産指数 2000 年＝100	④農業生産指数 2000 年＝100	⑤国内企業物価指数 2000 年＝100	⑥全国消費者物価指数 持家の帰属家賃を除く総合指数 2005 年＝100
1965	111,294		22.0	89.6	50.7	25.5
1966	122,700		24.9	92.9	52.0	26.8
1967	136,300		29.7	101.3	53.3	27.8
1968	152,532		34.3	104.5	53.8	29.4
1969	170,765		39.8	103.0	54.8	31.0
1970	188,323		45.3	100.6	56.7	33.3
1971	196,589		46.4	96.4	56.2	35.3
1972	213,129		49.8	102.2	57.1	36.9
1973	230,249		57.3	102.8	66.1	41.2
1974	227,428		55.0	103.0	84.3	51.3
1975	234,459		48.9	106.3	86.7	57.4
1976	243,779		54.4	102.7	91.4	62.8
1977	254,481		56.6	110.7	94.5	67.8
1978	267,898		60.2	111.9	94.0	70.3
1979	282,589		64.7	112.6	98.7	72.9
1980	290,551		67.7	105.0	113.4	78.7
1981	299,763		68.4	106.5	115.0	82.6
1982	308,927		68.6	108.7	115.5	84.7
1983	316,101		70.7	109.3	114.8	86.4
1984	328,484		77.4	114.7	114.9	88.3
1985	342,950		80.2	115.8	114.0	90.1
1986	352,880		80.0	116.1	108.6	90.4
1987	367,556		82.7	113.5	105.2	90.2
1988	390,325		90.7	109.7	104.7	90.7
1989	409,184		96.0	111.5	106.7	92.8
1990	429,986	460,925	99.9	111.1	108.3	95.6
1991	446,315	476,369	101.6	106.0	109.4	98.8
1992	450,877	481,000	95.4	110.4	108.4	100.4
1993	452,282	482,191	91.7	98.9	106.7	101.6
1994	455,197	487,520	92.6	111.1	104.9	102.0
1995	461,894	496,958	95.6	106.0	104.1	101.8
1996		514,030	97.8	103.9	102.4	101.8
1997		523,640	101.3	104.3	103.0	103.4
1998		517,857	94.4	98.1	101.5	104.1
1999		518,324	94.6	99.7	100.0	103.7
2000		533,177	100.0	100.0	100.0	102.8

出所）①内閣府経済社会総合研究所国民経済計算部「国民経済計算報告（長期遡及主要系列　昭和 30 年〜平成 10 年）」。②内閣府経済社会総合研究所「国民経済計算（SNA）統計　国民経済計算確報　平成 15 年度確報」（国民経済計算部企画調査課）。③経済産業省経済産業政策局調査統計部「鉱工業指数年報」。④農林水産省ホームページ「農林水産統計データ　農林水産業生産指数」（農林水産省大臣官房統計部統計企画課）。⑤日本銀行「統計　物価関連統計　企業物価指数（時系列データ）」。⑥総務省統計局統計調査部消費統計課物価統計室「消費者物価指数（CPI）」。

表 8-1b　1965〜2000 年主要経済指標（その 2）

年 （財政のみ 年度）	⑦中央政府財政支出			⑧貿易		⑨経常収支		⑩人口
	一般会計 （10 億円）	特別会計 （10 億円）	重複・差引 調整後の純計 （10 億円）	輸出額 （10 億円）	輸入額 （10 億円）	（百万 ドル）	（10 億円）	（万人）
1965	3,723	6,406	6,586	3,043	2,941	931		9,828
1966	4,459	7,670	7,621	3,520	3,428	1,251		9,904
1967	5,113	9,572	8,969	3,759	4,199	△ 190		10,020
1968	5,937	11,903	10,415	4,670	4,675	1,048		10,133
1969	6,918	14,309	12,067	5,756	5,408	2,119		10,254
1970	8,188	16,008	13,727	6,954	6,797	1,970		10,467
1971	9,561	16,864	15,525	8,393	6,910	5,797		10,610
1972	11,932	19,370	18,748	8,806	7,229	6,624		10,760
1973	14,778	23,017	22,065	10,031	10,404	△ 136		10,910
1974	19,100	28,485	28,399	16,208	18,076	△ 4,693		11,057
1975	20,861	33,876	33,571	16,545	17,170	△ 682		11,194
1976	24,468	42,701	40,854	19,935	19,229	3,680		11,309
1977	29,060	52,268	48,605	21,648	19,132	10,918		11,417
1978	34,096	62,553	57,213	20,556	16,728	16,534		11,519
1979	38,790	72,196	64,580	22,532	24,245	△ 8,754		11,616
1980	43,405	83,946	72,931	29,382	31,995	△ 10,746		11,706
1981	46,921	92,321	80,212	33,469	31,464	4,770		11,790
1982	47,245	97,880	83,554	34,433	32,656	6,850		11,873
1983	50,635	106,277	90,798	34,909	30,015	20,799		11,954
1984	51,481	115,569	93,630	40,325	32,321	35,003		12,031
1985	53,005	111,775	90,834	41,956	31,085	49,169		12,105
1986	53,640	129,789	95,887	35,290	21,551	85,845	14,244	12,166
1987	57,731	145,205	102,867	33,315	21,737	87,015	12,186	12,224
1988	61,471	147,492	105,623	33,939	24,006	79,631	10,146	12,275
1989	65,859	152,802	113,391	37,823	28,979	57,157	8,711	12,321
1990	69,269	168,584	116,858	41,457	33,855	35,761	6,474	12,361
1991	70,547	177,879	120,622	42,360	31,900	72,901	9,176	12,410
1992	70,497	188,798	129,563	43,012	29,527	117,551	14,235	12,457
1993	75,102	202,241	137,912	40,202	26,826	131,448	14,669	12,494
1994	73,614	214,245	145,078	40,498	28,104	129,140	13,343	12,527
1995	75,939	232,466	155,325	41,531	31,549		10,386	12,557
1996	78,848	245,210	161,961	44,731	37,993		7,153	12,586
1997	78,470	247,036	169,939	50,938	40,956		11,734	12,616
1998	84,392	272,579	186,550	50,645	36,654		15,528	12,647
1999	89,037	279,369	198,763	47,548	35,268		13,052	12,667
2000	89,321	305,776	199,466	51,654	40,938		12,876	12,693

出所）⑦財務省主計局調査課「財政統計」。⑧財務省貿易統計ホームページ「年別輸出入総額」。⑨日本銀行国際局「国際収支統計月報」。⑩総務省統計局統計調査部国勢統計課「国勢調査報告」，総務省統計局統計調査部国勢統計課「人口推計資料」。1969 年以前は沖縄県人口を含まない。

注）国際収支欄の△印は赤字を示す。

の第二次石油危機時の 2 回，顕著な上昇が見られたが，そのほかは安定的に推移した。1990 年代以降は下落傾向が続いている。消費者物価も同様に 2 回の顕著な上昇が見られたが，それ以外の時期もじりじりと上昇を続け，1990 年代になってから安定・下落傾向に転じた。中央政府の財政支出は 1960 年代後半にも増加したが，70 年代に入って増加傾向が顕著となり，80 年度の一般会計歳出は 65 年度の 12 倍近くに達した。社会保障や景気対策のための公共事業が主な増加要因であった。経済成長率低下により税収の伸びが鈍化したため国債発行が増大，これを受けて財政再建路線が強化され，1980 年代半ばに財政支出の伸びが停滞した。しかし，内需拡大政策が重視された 1980 年代後半から再び増加し始め，景気が停滞気味に推移した 90 年代にも増加傾向が持続した。

　貿易は，輸出入額とも持続的に増加した。1986 年に輸出入額とも減少したが，これは急速な円高に伴い，円建て換算金額が低下したことによる影響が大きいので注意が必要である。経常収支は，1960 年代後半以降，石油危機時などを除いて恒常的に黒字化し，しかも 80 年代に大きく拡大した。1980 年代後半の「バブル」期に一時縮小するが，90 年代前半に再び増加，その後も高水準の経常黒字が続いた。この間，人口増加率は減速したが，1984 年には 1 億 2000 万人に達し，21 世紀に入って少子化の影響が現れるまで増加を続けた。

1　財政再建と金融・証券の自由化

1）景気対策と財政再建

　1971（昭和 56）年のアメリカの新経済政策（ニクソン・ショック）[5] とそれを契機とした国際貿易の一時的収縮および同年 12 月のスミソニアン合意による円の大幅切り上げにより，景気は落ち込んだ。これに対応した積極財政が実施され，さらに 72 年に田中内閣が成立すると，「列島改造」を目ざし，積極的な公共投資を推進した。これらの結果，卸売・消費者物価ともに急上昇した。これに加え，1973 年の第一次石油危機が追い打ちをかけ，物価急騰の一方で生産が減少して失業率も上昇するというスタグフレーション（不況と物価上昇の併存）が日本でも始まった。物価抑制のため政府の財政政策は総需要抑制へ転換し，公共事業費

　5）アメリカの貿易赤字による金流出を防ぐため，金・ドル交換停止や輸入課徴金制度などを盛り込んだニクソン政権の経済政策。

の増大が抑えられた。一方，田中内閣のもとでそれまで先進諸国に比して貧弱であった社会保障の充実も図られ，1973年に老人福祉法が改正され老人医療費の実質無料化が実施されたことなどから社会保障関係費が増加，財政のなかで大きな比重を占めた。日銀公定歩合の引き上げ，公共事業の伸びの抑制，労使協調による賃上げの抑制などにより，インフレが収まってきた1975年から日本は積極財政に転換，公共事業が再び増加し始め，赤字公債の発行も始まった。以後，大量の赤字公債発行が定着し，1979年度には歳入に占める公債金依存度は約35%に達した（納富・岩元・中村・古川編［1988］）。

　公債の大量発行は，公債費の支払いを持続的に拡大させる要因となった。これに対処するため，1980年代には，行政改革と組み合わせて財政再建が課題となった。1980年代の公共事業費は再び抑制気味に推移し，1982年度からは政府予算を抑えるために，各省の概算要求に対して「ゼロシーリング」（伸び率0とする）などの枠が設けられた。一方，高齢化社会の進展とともに，社会保障関係費は増加を続けた。その伸びを抑制するために，1980年代前半には，老人医療費への自己負担の導入などが進められ，給付額の増加が課題となっていた年金に関しては1985年の制度改正で保険料の段階的引き上げと給付水準の抑制が図られた。その後も，高齢化の急速な進展に対応するため，医療・年金制度に関する改革が繰り返し行われ，2000（平成12）年度には介護保険制度が始まった。

　財政の歳入面では，景気動向に対して税収の安定が見込まれる大型間接税の導入への動きが1970年代末から始まったが，その逆進性への批判や価格転嫁が困難な中小企業の反対を受けたことから利害調整が長引き，89年4月になってようやく一般消費税が導入された（財務省財務総合政策研究所編［2006］）。一方，企業活動の国際化への対応などから，1980年代後半以降，法人税の減税が始まり，21世紀にかけて段階的に引き下げられ，最高時の43.3%から，2018年には23.2%にまで低下した。同時期に所得税の最高税率も引き下げられ，高所得者ほど税率が高くなる累進制が緩和された。

2）金融環境の変化

　高度成長期までの日本においては，大衆小口預金が主に銀行を通じて企業に融資されるパターンが金融の基本的な流れであった。また，外貨と円の交換は厳しく規制され，例えば海外旅行の際にも外貨持ち出し上限額が設定されていた。さ

らに，銀行と証券は分離され，銀行の営業も預金金利や新規出店などを中心に厳しく規制されてきた。しかし，1970 年代以降，外貨不足に陥ることがほとんどなくなり，主要な資金需要者として民間企業に加えて新たに政府（国債）が登場したこと，資金調達元として証券や海外の重要性が増したこと，投資機会が少なくなった大企業が豊富な余資の運用先を求めたこと，などから金融を取り巻く環境が大きく変化した。これを受けて，金融・証券の自由化が進められた。

　1970 年代後半，国債発行が増大すると，民間企業以上に政府が資金調達者として大きな比重を占めた。国債は極めて信用性・流動性の高い証券で，担保などの形で，金融取引で利用されやすい。1970 年代後半に，国債を利用した現先市場と呼ばれる自由金利の短期金融市場が拡大した。これまで銀行の定期預金以外に有力な預け先のなかった大企業が，国債現先市場で余資を運用し，証券会社や一部の銀行が資金の取り手となった。これに加え，国債が将来的に満期に近づいた時に定期預金と競合することが予想された。銀行の定期預金は，金利が強力に規制されていたため，国債および関連金融商品に比べ競争力が劣ることが懸念され，1979（昭和 54）年，銀行が自由金利の譲渡性預金（CD）を発行することが許可され，金融・証券自由化の最初の大きな契機となった。

3）金融・証券の自由化

　1970 年代以降，海外で金融・証券の自由化が進み，日本企業が海外からより低コストで資金調達できる可能性が広がった。また，日本の経済規模の拡大と1970 年代以降の比較的堅調な成長を見て，海外から日本円に対する投資意欲が増大した。さらに，日本製品の輸出競争力の向上とともに，円建て取引も次第に増加し，日本企業が円建てで外債（ユーロ円債）を発行する動きも生じた。これらを受けて，内外から為替や金融をめぐる規制緩和要求が高まり，1984（昭和59）年にそれまで規制されてきたユーロ円市場と国内市場との間の資金移動が自由化され（円転規制の撤廃），85 年には日米円ドル委員会の提案を受けて円建てBA 市場（貿易のための短期金融市場）が創設された。規制緩和の動きとともに，海外の金融・投資会社が東京にオフィスを開設する動きが活発化し，東京がニューヨーク，ロンドンとならぶ第三の国際金融センターとなるとの期待を生み，オフィスビル建設ラッシュやウォーターフロント開発へとつながったものの，東京の国際金融センターとしての地位は「バブル」崩壊とともに低迷した。

　国内の金融に関しては，1979 年の譲渡性預金（CD）の導入により自由金利での銀行の資金調達が実現したのに続いて，80 年代に入って預金金利の自由化が進められた。1985 年から，企業の余資運用先として CD と競合する 10 億円以上の大口定期預金が自由化され，段階的に金額が引き下げられるとともに市場金利連動型定期預金（MMC）が導入された。小口定期預金金利の自由化も進み，1994（平成 6）年には当座性預金以外のすべての流動性預金の金利自由化が完了した。従来の規制金利下において，銀行は一定の利ざやの確保がほぼ保証されていたので，預金規模拡大によって収益を増大させることが可能であったが，自由金利下では収益とコストの管理の徹底が求められた。同時に顧客の利便性や経営の効率化のため，オンライン化が進み，より高度なシステムへと発展した。

　証券に関しては，1980 年代，海外で社債発行の自由化が進んだため，日本企業が海外で社債（転換社債[6]，ワラント債[7]を含む）を発行して資金調達するケースが増加した。1985 年以降は，日本においても転換社債，ワラント債の適債基準が緩和され，発行額が急増した（表 8-2）。さらに，1987 年に信用度の高い大企業に対して，短期資金調達のためのコマーシャル・ペーパー（CP）[8]の発行が認められ，以後発行が急増，企業の資金調達手段が多様化した。特に信用度の高い大企業が海外でワラント債を発行した場合，調達金利をきわめて低位に抑えられた。このため，一部の大企業は，社債や CP によって低利で資金調達をし，より高利回りが期待できる CD，大口定期預金，投資信託などで運用することにより収益を上げることが可能となり，前述の「財テク」ブームを後押しした。

　1980 年代後半は，企業の「財テク」の運用先として，証券会社の販売する投資信託が急伸した。同時期の株式ブームに加え 1985 年に大口取引の手数料が引き下げられると，法人企業と証券会社の取引が活性化した。企業が余資の運用を証券会社に一任する形態（営業特金）が増え，証券会社の間では営業特金獲得競争が激化した。「バブル」景気の時代に証券会社が違法に高利回りを約束し，損失が発生した場合の補填を行うケースも頻発した。

6）当初は社債として発行されるが，株式に転換できる証券のこと。
7）前もって定められた価格や期日に株式購入権が付いた社債のこと。
8）短期金融市場での資金調達の際に振り出す単名の無担保約束手形のこと。

表 8-2　資本市場における企業の資金調達の推移

(単位：億円)

年度	国内						海外					合計額に占める海外の割合
	株式	うち時価発行増資	転換社債等	うちワラント債	事業債	合計	株式	転換社債等	うちワラント債	事業債	合計	
1980	11,601	9,063	965		9,935	22,501	1,077	5,149		1,680	7,906	26.0%
1981	17,932	12,799	5,460	200	12,690	36,082	2,874	10,691	443	491	14,056	28.0%
1982	10,154	7,759	4,645	470	10,475	25,274	626	6,933	658	6,812	14,371	36.2%
1983	8,495	5,569	8,780	170	6,830	24,105	778	15,145	3,231	4,039	19,962	45.3%
1984	8,148	7,047	16,145	30	7,200	31,493	494	16,606	4,335	11,345	28,445	47.5%
1985	6,513	4,375	16,405	550	9,435	32,353	107	18,142	8,662	14,393	32,642	50.2%
1986	6,315	4,741	35,720	1,040	9,800	51,835	6	24,784	19,932	16,392	41,182	44.3%
1987	20,839	14,946	50,550		9,150	80,539	390	45,157	34,390	8,240	53,787	40.0%
1988	45,638	34,668	69,945		7,490	123,073	165	60,486	49,821	8,426	69,077	35.9%
1989	75,600	62,571	85,545	9,150	7,290	168,435	3,364	100,087	82,698	11,200	114,651	40.5%

出所）『大蔵省証券局年報』各年より作成。
　注）事業債には NTT 債を含み，銀行債を含まない。

4）不良債権と金融危機

　1990 年代前半の景気後退期において，株価は低迷し，地価も戦後初めて持続的な低落を続けた。高地価を前提とした不動産担保貸出が多く，貸し倒れ損失を担保価値でカバーできないケースが多数あったと見られる。これに加え，損失引き当てに対する税法上の措置が不十分であったため，金融機関が実質的な不良債権を表面化させずに先送りさせることが少なくなかった。また，そのことが金融機関に対する人々の不信感を増幅させた。

　1995（平成 7）〜96 年に，銀行等によって作られた住宅金融専門会社（住専）の大規模な不良債権とそれに伴う損失が発覚した。その処理をめぐって利害対立が激化，国会の場で激しい応酬がなされた（住専国会）。損失の補填は主に母体となる銀行の負担とされたが，農林金融機関系統の住専については母体行が補填しきれない部分に公的資金を投入するとの法案への激しい批判が相次いだ。最終的に法案が可決し，住宅金融債権管理機構（のち整理回収機構）が設立されたが，以後，不良債権処理に公的資金を投入することが困難となった。

　1997 年には，不良債権を大量に抱えた北海道拓殖銀行が破綻，続けて損失隠しが発覚した山一証券が自主廃業した。翌年には，日本長期信用銀行と日本債券信用銀行が相次いで破綻，戦後かつてない金融危機に見舞われた。その後，日本

の多くの銀行は単独での生き残りが困難となり，経営基盤強化を目指して合併，グループ化を推進した。都市銀行は，東京三菱 UFJ，みずほ，三井住友の 3 大メガバンク・グループに集約された。

　住専問題や長期信用銀行の破綻は，企業の資金調達手段が証券，海外へと多様化するなかで，貸し手間の競争が激化したことを背景としている。住専は当初，比較的堅実な個人住宅ローンを手がけていた。しかし，1980 年代半ば頃からこの分野に銀行本体が進出してきたのを受けて，よりリスクの高いテナントビルや賃貸住宅への融資にシフトしていった。また，金融債で資金を調達し主に設備投資に使われる長期資金を企業に貸し付けてきた長期信用銀行は，大企業が株式・債券により直接，長期資金を調達する傾向を強めたため，顧客を失いつつあった。新規顧客開拓のため，よりリスクの高い不動産関連ビジネスや新興企業融資に活路を見出したが，「バブル」崩壊とともに多くが不良債権と化した。

5）金融規制と効率化

　1970 年代以来進められてきた金融の自由化は，金融取引の効率化を図ることがその最大の目的であった。大銀行の破綻や少数のグループへの集約化は，効率化プロセスの過程で生じた現象であったといえる。ただし，銀行は決済に必要な資金や大衆の小口預金を扱うという公的側面も持ち合わせた。そこで，経営の健全性を逐次チェックし，安易な破綻を避けるための規制システムが常に設けられ，日本では大蔵省により，銀行に対する行政指導の形で，自己資本比率など経営諸比率の規制が行われてきた。1980 年代に，ラテンアメリカ諸国の債務危機などを背景に，バーゼルの国際決済銀行（BIS）において，自己資本比率を規制し，金融危機の拡大を未然に防止することを求める動きが高まった。これを受けて 1988（昭和 63）年に BIS 自己資本比率規制の基準（92〔平成 4〕年末までに 8％達成）が国際的に合意された。この過程で，日本の強い要望により自己資本の中に有価証券含み益の一定割合を組み込むことが認められた。

　株価上昇過程においては，日本の銀行が BIS 規制を達成することは困難でないと見られていたが，「バブル」崩壊により状況が一変した。国際業務を行うためには，厳しい BIS 規制をクリアすることが必須であり，銀行は，自己資本を充実させてグローバル銀行に脱皮するか，国内ないし特定地域のリージョナル・バンクとして生き残るかの選択を迫られた。このことも，1990 年代以降の日本

の銀行再編に影響を与えた。

2 「外需」主導の産業構造とその変容

1) 集中豪雨的輸出と経済大国

1970 年代以降，不況の克服だけでなく経済大国への成長に大きな役割を果たしたのは海外市場への輸出である。こうした，いわゆる貿易による有効需要効果は，短期的な不況脱出策に止まらず日本経済の構造的特色となって，1980 年代後半の日本経済と日本企業の黄金時代をもたらす牽引力となっていった。

1973（昭和 48）年に起こった，第四次中東戦争を契機とした石油危機（オイル・ショック）は，短期的に世界経済を不況にしただけでなく，長期的・構造的な転換をもたらした。産油国による原油の供給制限と価格上昇は，高度成長期に石油への依存度を高めていた日本経済に決定的な悪影響を与えるかに思えたが，原油価格の上昇による世界的な省資源経済への移行は，小型化やコスト削減の得意な日本のメーカーにとって追い風となり，自動車や家電など組立型の重工業メーカーを中心に，欧米，特にアメリカへの輸出が長期にわたって拡大した。

家電や自動車などの海外輸出が日本経済の立ち直りの中心となるなかで，経済成長に対する国内需要の寄与度は大きく低下し，1980 年頃には輸出が最大の寄与部門となった（図 8-3）。こうした耐久消費財の組立メーカーは減量経営と呼ばれるコスト削減を進め，日本的労使関係と呼ばれる企業別組合による協調的な労使関係の下で，採用抑制や配置転換，出向などにより，労賃上昇を抑えつつできるだけ解雇を行わず，労使一体となってコスト削減に取り組んだ。同時に，生産量や操業度を確保するために低価格戦略による積極的な輸出攻勢をかけた。

日本の輸出増加と国際収支黒字の定着は，他の先進国にとっては輸入増加と国際収支の悪化や赤字をもたらした。特に，最大の貿易相手国であるアメリカに対する日本の黒字は，アメリカの国際収支赤字の最大の要因となった。そのため，円価格の上昇と他国の通貨，特にドルの下落が長期的に進行し，「円高ドル安」と呼ばれた。円高による日本製品の競争力低下の恩恵を受けたのは，アメリカよりむしろ，低賃金労働による低価格を武器とした韓国や東南アジア諸国である。鉄鋼や造船などは，アジアや南米の新興国の追い上げによって汎用的製品や低価格製品で競争力を弱めて成熟産業となり，産業構造は「重厚長大産業から軽薄短

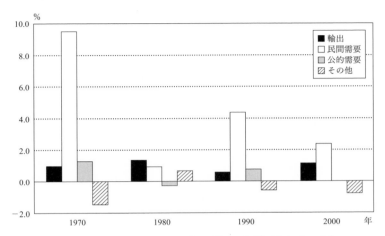

図 8-3　国内総支出の増加（％）に対する部門別寄与度の変化

出所）三和良一・原朗編『近現代日本経済史要覧（補訂版）』東京大学出版会，2010 年，表 7・
　　　4，8・2 より作成。
　　注）「その他」は輸入増の控除など。

小産業へ」移行したといわれた。

　逆に，組立型の耐久消費財の最終製品を製造するメーカーのなかからは，自動
車産業のトヨタ自動車や本田技研工業，家電産業のソニーや松下電器産業のよう
に，日本を代表する世界的大企業として発展する企業が現れた。こうした企業の
関連企業・産業を含めた雇用や，生産の比重も高まり，自動車産業は俗に「1 割
産業」と呼ばれた。ただし，こうした企業は高度成長期から海外市場で販売網の
形成などにも取り組んでおり，そうした従来からの取り組みが，欧米市場で高い
声価を得ることにつながったといえよう。

　また，素材・原材料産業から耐久消費財産業に至る幅広い産業で生産技術の改
良が積み重ねられ，原材料の節約や不良品削減によってコストが低下しただけで
なく，故障が少ないなどの品質の安定をも実現し，日本製品の信頼性は大きく向
上した。日本の総合商社は，それまで海外市場での販売活動のノウハウに乏しか
った日本のメーカーの輸出業務を補完する役割を果たしていたが，メーカーの商
社離れによって「冬の時代」を迎えた（島田・黄・田中［2003］）。

　1980 年代になって自動車や家電などの耐久消費財の内部で電子化が進むと，
国内の半導体産業が発展し，低価格で高品質の半導体を供給するようになった。

■ 解説　III-7

トヨタ生産方式の展開

　トヨタ生産方式（Toyota Production System；TPS）が国内で広く知られるようになったのは第一次石油危機以後のことであり，とくに大野耐一・トヨタ自動車工業副社長（当時）の著書（大野［1978］）によってである。同書はその後も増刷を繰り返し，初版から 30 年以上をへたいまなお標準的な入門書として読み継がれている。

　同書によれば，トヨタ生産方式の基本思想は「徹底したムダの排除」であり，「ジャスト・イン・タイム（JIT）」と「〔ニンベンの付いた〕自働化」を二本柱とする。

　JIT とは，「必要なものを，必要なときに必要なだけ」というスローガンに表されるように，後工程で使われた部品等を前工程から引き取ること（後工程引取り）であり，前工程は引き取られた分だけ生産する。この結果，従来の前工程押出しでは不可避であった中間在庫を飛躍的に削減することができる。そのためのツールとして利用されるのが「かんばん」と呼ばれる循環伝票である。

　一方，自働化とは，機械に自動停止装置を組み込むことであり，これによって生産ラインの異常を早期に発見し，不良品の発生を抑制することができるとともに，作業者が多くの機械を受け持つことができるようになり，生産性を向上させる。

　このほか，以下に挙げるような諸活動が「徹底したムダの排除」の基本思想のもとに複数の製造現場をつらぬくように構築され，体系的な「生産システム」を形成している。

①【工場内の製造技術】プレス工程での小ロット生産にともなう頻繁かつすばやい段取り替え，最終組立工程の同一ラインでさまざまな車種を平準化させて流す混流・一個流し生産などの製造方法・生産管理技法。またそれを可能にする汎用ラインなどの生産設備技術。

②【労使関係】多能工化とチームワークを基調とする労働編成・人的資源管理技法。

③【工場を超えた連携】部品メーカー・委託組立メーカー・販売店との連携，サプライチェーン全体の同期化（製販統合）を実現する購買管理・販売管理技法。

　TPS の革新性は，単一品種の大量生産のために設計された従来の「フォード・システム」と一線を画し，多品種少量生産に適した柔軟な生産システムであるという点にある。石油危機後の世界的な市場の成熟化と低成長のもとで，TPS は在庫を圧縮しつつ差別化された多様な製品を生産することを可能にし，絶大な成果を挙げた。

　トヨタ自動車（以下トヨタ）がこのような生産システムを開発しえたのは，戦後復興期から高度成長前期にかけての国内市場が狭隘であるため，単一品種の大量生産システムでは過剰生産となることが明らかであり，反面同社がそのための潤沢な設備投資資金をもたなかったことなどの歴史的事情によるものである。

　TPS の起源と形成過程については議論がある。前掲大野［1978］は，JIT はトヨタの

創業者である豊田喜一郎の戦前期の構想に，自働化はさらにさかのぼって発明王・豊田佐吉の豊田式自動織機に源流を求めることができると述べている。一方，佐武［1998］は後工程引取り（かんばん方式）と多能工化に着目し，それらが 1953 年に大野が所管した機械工場の内部で始まり，横展開されて 63〜65 年に社内で全面展開されていく過程を重視している。部品メーカーへのかんばん方式導入，および販売店とのオーダーエントリ・システムは 65〜66 年に始まり，石油危機後にかけて定着していった。

　TPS を先頭とする日本自動車工業の生産システムは 1980 年代後半から国際的に研究されるようになった。その成果が 90 年代以降に積極的に海外に紹介された結果，ムダを排除した「リーン生産方式」が ICT 技術革新をともなってアメリカ企業に導入され，また多能工化を基調とする労働編成が，「労働の人間化」の観点から注目された。国内ではバブル崩壊後の長期不況のなかで TPS への期待はさらに高まり，製造業だけでなく，小売業や郵便事業へも導入されていった。

　他方，トヨタ自身は 1990 年代以降に国内外で生産拠点が急速に増大し，進出先，とくに海外への TPS 移植（トヨタとその系列企業のトランスプラントだけでなく，ローカル企業への指導を含む）や広域的な生産拠点間の柔軟な分業（「グローバルリンク生産体制」）が進んだ。トヨタの経営に対しては，過密労働，下請へのしわ寄せなどといった伝統的な批判があるほか，海外生産の拡大にともなって海外進出先との文化的摩擦，海外でのアウトソーシングにともなう品質管理問題が生じた。これに対してトヨタでは，生産システムの前提となるべき経営理念「トヨタウェイ」，「トヨタフィロソフィー」などの定式化と普及に取り組んできた。いまひとつの論点は，大規模災害のさいに寸断されるサプライチェーンの脆弱性の課題である。トヨタは事業継続マネジメントの観点からサプライヤーと連携してサプライチェーンの強靭化に取り組んでおり，2020 年以降の COVID-19 パンデミック下の世界的な半導体不足に対して TPS では良くないとされる在庫積み増しで臨み，一定の成果を挙げている。高度成長期の西三河地区に生まれた独特の生産システムは，グローバル経済の深化と不安定化の時代にあって，時代の変化に適応して進化し続けることを要請されているのである。

（田中　彰）

【参考文献】

大野耐一［1978］『トヨタ生産方式——脱規模の経営をめざして』ダイヤモンド社

佐武弘章［1998］『トヨタ生産方式の生成・発展・変容』東洋経済新報社

和田一夫［2009］『ものづくりの寓話——フォードからトヨタへ』名古屋大学出版会

Womack, James P., Daniel T. Jones, and Daniel Roos［1990］*The Machine That Changed the World*, Rawson Associates（沢田博訳［1990］『リーン生産方式が，世界の自動車産業をこう変える。』経済界）

電子制御技術の優れた日本製造業が供給する「メイド・イン・ジャパン」商品の信頼性が向上し，世界を席巻するに至った。新興工業国の発展は繊維などの軽工業と一部の伝統的重工業などに止まっており，重工業型の消費財製品に関しては海外市場で強力な競争相手は存在しなかった。そのため，1960年代半ば以降に輸出面での重工業化が進み，同時に設備投資に必要な生産財部門では輸入代替化が進んだため，加工貿易による国際収支黒字が年々拡大していった。

　しかし，「集中豪雨的」とさえいわれた石油危機後の日本製品の輸出急増は，先進工業国との貿易摩擦を拡大させた。1980年初頭から，大統領選挙を控えたアメリカで日本の自動車輸出の急増が政治問題化し，日本政府および日本の自動車メーカーに対して輸出の制限や規制を要求するなど外交問題化するに至った。これに対して，数量規制や報復的な関税を避けるために，日本の自動車業界全体で1981年のアメリカへの輸出台数を168万台以下に自主規制することになり，この自動車輸出自主規制は93（平成5）年まで続いた。ただし，この時期は日本国内の自動車販売台数も拡大し，1990年には乗用車だけで年間510万台という規模にまで膨張した。一方，アメリカ国内ではビッグ3と呼ばれる自動車巨大メーカー（GM，フォード，クライスラー）の一角を占めるクライスラーが経営危機に陥るなど，デトロイト問題と呼ばれた自動車産業の危機は大きな社会問題となった。その後，貿易摩擦への対応で日本メーカーの現地生産化が進み，アメリカメーカーも日本の生産システムに学んで小型で燃費の良い新型車を販売するようになって徐々に業績が回復し，自動車貿易摩擦は鎮静化した。

　1980年代後半以降は，新たな「産業のコメ」と呼ばれるようになった半導体産業が貿易摩擦の最大の焦点となった。日本の半導体メーカーは1988年には世界市場の出荷額の52％を占めるに至り，先端産業においても日本優位という状況の出現は，アメリカ政府や産業界に大きな危機感を抱かせた。半導体産業の貿易摩擦の交渉の過程で，日本製品の輸出を抑制するだけでなくアメリカ製品の日本での販売促進が問題となり，アメリカ政府は日本に対して結果責任を負わせる「数値目標」という要求を突きつけた。この時の交渉は，国際収支不均衡を是正するために日米両国の経済の問題点を議論する日米構造協議に発展し，アメリカ側は流通分野などの非関税障壁と呼ばれる日本国内のさまざまな規制を緩和させることで，アメリカ企業による日本市場への進出の促進を図った。日本国内でも市場メカニズムを歪めるものとして規制を忌避する，新自由主義と呼ばれる考え

方が政治的に広まり，外圧を利用して規制緩和を推進する動きが強まった。

　1980 年代に自動車摩擦が大きな問題となった後，自動車メーカーは欧米の自動車メーカーとの提携や合弁を試みながら，現地生産や販売網の整備に取り組んだ。合弁の試みはあまり実を結ばなかったが，こうした努力がその後の多国籍化・グローバル化による企業発展につながった。日本の製造業の優秀さが内外ともに認識され，その経営や生産システムに対する関心も高まった。製品の輸出に限らず，日本的な経済システムが世界に普及していくという議論まで現れ，協調的な労使関係や柔軟な生産システムなどをアメリカや東南アジアにそのまま移植することは難しかったものの，アメリカの自動車メーカーも日本の生産システムの長所を取り入れ，日本の製造業は世界的に影響を与えた。外需主導の成長にともなう対外調整への対応は，こうして企業による市場志向型の海外投資や現地生産という形でも実行され，日本国内の産業空洞化といわれる事態も見られた。

　ただし，いわゆる重厚長大産業でも新興国が生産できない高品質製品の分野では，1980 年代後半の円高の打撃は小さかった。日本企業は在庫縮小や，原材料消費の効率化などによる生産コストの削減，作業のプール化による要員と賃金コスト削減などの合理化によって，円高への対応を進めた。合理化で大きな役割を果たしたのが系列企業を中心とする企業間関係である。部品等の納入価格の引き下げや工場内での役務サービスの契約価格の引き下げ，余剰人員の出向引き受け，作業現場全体の外注化と出向など，最終製品を製造する大企業は経営コストの低い系列企業への外部化を推進し，本体企業の正社員の業務は管理保守などに絞られていった。こうして，重工業の幅広い製品を日本が他の先進国に供給するようになり，それが新興の戦略的産業である半導体など電子産業にも及ぶと，「モノづくり大国」と呼ばれる日本の製造業の絶頂期が到来した。

2）内需拡大の模索

　円高とアメリカの低金利に対応するための低金利政策等によって，企業の業績が好調だったことに加えて，労働力不足による賃金上昇で人々の収入が増加したため，バブル経済の下では国内消費市場が拡大した。また，円高によって輸入品の価格が値下がりし，政府も貿易不均衡是正のために奢侈品の関税引き下げなどの措置を取り，内需振興に努めた。こうして外需・内需がともに拡大したため，日本の一人当たり GDP はドル換算でアメリカに匹敵するようになった。

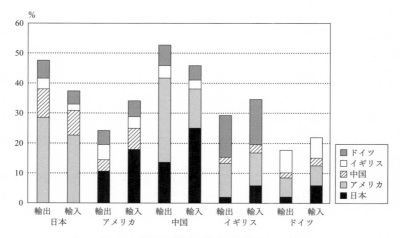

図 8-4　貿易相手国の構成の比較（1992 年）

出所）前掲『近現代日本経済史要覧（補訂版）』表 8・76 より作成。

　バブル経済が崩壊した後，日本企業は経営合理化をさらに進めようとしたが，長年にわたる取り組みの結果，合理化の余地はほとんど無くなっていた。そのため，年功賃金制度の見直しや出向者の転籍による終身雇用の実質的な放棄に加えて，新規採用の抑制や人員整理・解雇などが行われて，合理化の中心は次第に人件費の抑制が中心となった。その結果，雇用の縮小や給与の抑制が個人所得および個人消費の低迷に及び，日本経済の不況は全面的なデフレ状況に陥った。

　民間の設備投資と個人消費が落ち込むなかで，政府は財政赤字悪化と赤字国債増大の危険を冒して，建設などの公共投資拡大による景気対策を大規模に行った。公共投資は一定の景気下支えの効果は果たしたが，低下していた消費性向を回復させるには至らず，その効果は一過性のものに止まり，工業化していない地方の公共事業依存を強め，建設業の比率の高い歪んだ地方経済を作り上げた。国内市場の縮小は，海外市場への輸出に対する期待を高め，特にグローバル化を進めて復活したとされるアメリカ経済と，新たに世界の工場として高成長の時代に入っていた中国経済に注目が集まった（図 8-4）。

　しかし，海外からの投資によって，先進技術と低賃金を結び付けた先進国向けの製品を製造する当時の中国経済においては，国内の消費市場の拡大は不十分で，日本からの輸出は素材や原材料部門の利益率の低い低級品に止まった。また，日

用品などの消費財が中国から輸入されるようになったことは，収入の減った個人消費の生活水準を維持する役割を果たす一方，低価格の輸入品が国内製品の価格を抑えることで，企業収益を圧迫する要因にもなった。家電産業などでは台湾や韓国のメーカーの商品が普及しただけでなく，日本企業も国内生産を停止してアジアの各国で生産する動きが広がり，産業の空洞化が一層進んだ。

　一方，アメリカをはじめとする先進国市場では，長年にわたる貿易摩擦解消の努力の成果で現地生産化が進んでおり，さらに新興工業国を含む世界的な範囲で部品調達と生産を行うグローバル企業への展開が進んだことで，外需の日本国内の経済への還元は少なくなっている。かつてはその裾野の広さから「1 割産業」と呼ばれた自動車産業でも，海外生産や部品調達のグローバル化が進んだ。また，環境対策などによって膨張した新型車の開発投資の負担が一社では難しくなった結果，自動車企業のグループ化が国際的に進んだことも，最終組み立てメーカーを中心とする産業構造を揺るがすことになった。

　さらに，内外の市場で東南アジアや東アジアの新興工業国との競争は激しくなっており，日本の製造業の優位性は大きく揺らいでいる。その典型は半導体産業である。かつては日米貿易摩擦の最大の焦点となるほどの圧倒的なシェアを誇った日本の半導体産業は，人員整理による人材の流出が競争力の逆転を加速させたこともあって，台湾・韓国などのメーカーにシェアを逆転され，これらの国との競争による膨大な研究開発や設備投資の費用を回収できないなど，危機的な状況に陥った。日本はドイツとともに先進国のなかでは比較的高い第二次産業の比率を維持していたが，新興国企業による輸入品だけでなく日本企業の国内市場向け製品も海外の低賃金労働を利用するようになり，加工貿易によって外需に依存する経済成長の時代は終わった。

3　国際化のなかの日本農業

1 ）開放市場下の農業と食料

　資源・原料の輸入や加工貿易型の製品輸出など貿易を前提として経済大国化した日本は，原則的に自由貿易の推進の立場に立たざるを得ない。このため，国内農業保護のための輸入制限は最小限に止めざるをえず，国際競争力を失った国内農業の生産額や産業人口の比率が低下するなど（表 8-3），経済大国化と反比例

表 8-3　農業部門の比重の推移

(単位：%)

年度	GDP シェア	就業人口	国家予算	食料自給率
1970	4.5	15.9	10.8	60
1975	4.0	11.2	9.6	54
1980	2.5	9.1	7.1	53
1985	2.3	7.6	5.1	53
1990	1.7	6.2	3.6	48
1995	1.4	5.1	4.4	43
2000	1.1	4.5	3.2	40

出所）前掲『近現代日本経済史要覧（補訂版）』表 3，7・69 より作成。

する形で「農業小国化」が進んだ（暉峻編 [2003]）。1986（昭和 61）年から始まった GATT（貿易と関税に関する一般協定）のウルグアイ・ラウンド交渉は，サービス分野や知的財産権，農業分野の貿易自由化の交渉に取り組んだが，アメリカと EC（ヨーロッパ共同体），さらにケアンズ・グループと呼ばれる農業輸出国グループなどの意見が対立し，7 年にわたる長期の交渉となった。

　日本の場合も，貿易管理を行っていたコメの貿易自由化などの交渉が主にアメリカとの間で難航し，農業保護の継続を求める国内の動きも強かった。交渉は1990 年代に入ってようやく本格化し，93（平成 5）年に合意に達し，WTO（世界貿易機関）[9] の発足による紛争処理機能の強化が行われた。従来の農業や農家経営の中心として位置付けられていたコメの輸入自由化への反対運動は強く，農産物貿易関税化の例外措置を認めようとしないアメリカ政府との隔たりが大きかった。しかし，1993 年にアメリカで共和党から民主党に政権交代があり，日本でも細川政権が誕生して自民党が政権を失うと，ミニマム・アクセス（最低輸入量）を定めた 6 年間の猶予期間の後に関税化することで日米両政府が合意し，その内容はそのままウルグアイ・ラウンドに「付属書」として盛り込まれた。

　都市人口の増加や農村を含む生活の洋風化が進んだことで食料消費の構造は大きく変化し，コメ離れや非穀物消費の増加によって，コメ作りを中心としてきた農業経営・農政と食料消費の不適合も拡大した。そうした関係の象徴が食料自給率の極端な低下である。1980 年代の円高によって食料輸入がさらに促進された結果，日本の食料自給率は 87 年にはカロリーベースで 50％を切るなど先進国で

9）GATT に代わり 1995 年に発足し，世界の自由貿易を目指し，各国の貿易政策の監視や紛争処理にあたっている。

も最低水準に低下したため，農業の衰退は食料安全保障という観点からも問題化した。さらに，1990 年代に入ると中国などアジアの低賃金国からの食料輸入が増加し，国内農業の価格競争力はますます低下した。

1970 年代以降にはコメの生産調整が実施されたが，ウルグアイ・ラウンド交渉中に一層の農産物市場の開放を迫られるなかで国際競争力強化を目指す農業政策が採られ，大規模化や施設・設備の近代化などによる市場化・効率化が図られた（暉峻編 [2003]）。1994 年には食糧法，99 年には食料・農業・農村基本法（新基本法）が制定され，WTO 体制の下での市場主義的な農政の基本が整備された。しかし，実際には，都市化にともなって資産価値の上昇した農地は流動化による集積の代わりに宅地化が進み，企業などの大規模農業経営が新しい農業の担い手となることはなかった。

ウルグアイ・ラウンドを受けて，1995 年に小麦・乳製品などの輸入数量制限がまず撤廃され，99 年にコメが関税化されたことで日本の農産物の輸入数量制限は完全に廃止された。日米交渉の焦点となったコメ市場の開放・自由化は，国内取引においても，米穀取引への参入制限の緩和，取引の自由化・広域化，需給バランスを反映した価格による市場化などによって進められた。

そうした規制撤廃の結果，米穀流通では大企業・小売企業主導の流通再編が行われ，食糧管理体制の下で中心的役割を果たしていた卸売業者は，スーパーや外食チェーンなどの大口需要者の下請けへと変化した。大手チェーンストアは大量かつ一定の品質のコメを安定的に確保するため，系列流通の形成を進めた。貿易についても，民間輸入の開始や新規業者の参入，食糧庁を介さない国内流通との一元化などが行われ，国内の卸売・小売業者としても登録している総合商社中心のコメ輸入が行われるに至った。

より明確に大口需要者主導の流通への再編が進んだのは牛肉の輸入・流通である。牛肉は 1988 年に日米・日豪（オーストラリア）牛肉交渉が合意し，輸入と国内取引の自由化が実施された。大手スーパーや外食チェーンの一部は，自社買い付けによる開発輸入や商社を介した委託取引によって，海外の産地に規格などを指定して商品を輸入するなど，輸入業務に進出することで品質や数量の確保を図った。一方で，国産和牛は高級品としてブランド化しており，輸入自由化による低価格化と国産品の高級化の二極化が進んだ（滝澤・細川編 [2000]）。

2) 環境保全型農業に向けて

　1990 年代には，食品の安全性や安定供給に関わる事態が立て続けに発生し，消費者保護の側面から農業生産や食料品の管理が必要とされた。1993（平成 5）年に，天候不順（冷夏）によって戦後最大級の米の不作が起きると，コメの流通は大混乱に陥って入手難となり，政府は緊急輸入を行うとともに流通・販売を管理する措置を取った。また，1996 年には，イギリスを中心に BSE（牛海綿状脳症）に感染した牛肉の問題が大きく報じられ，日本国内でも病原性大腸菌 O-157 による集団食中毒が発生したことで，食品のトレーサビリティー（生産・流通過程の追跡可能性）などが注目されるに至った。その一方で，加工食品，野菜を含む冷凍食品など，国外からの食品輸入が従来よりも多様化したため，国内の管理が及ばない輸入食品の安全性という新たな問題が生じた。

　農業の衰退によって耕作放棄の広がりや集落の消滅が進んだことは，自然環境保全や，景観形成，文化伝承と地域社会の維持など，農業の多面的な機能が見直されるきっかけとなった。輸入食料品に価格面で対抗することが難しくなった国内農業を維持するため，有機栽培のように健康や環境に配慮した農産物を生産したり，産地直送や地域ブランドなどの流通面の対応によって農業経営の維持・展開を図ったりする動きが広がった。

　同時に，化学肥料・農薬の過剰使用などによる水質汚染や，化石燃料の使用による二酸化炭素排出などの，農業の与える環境負荷が指摘され，環境に配慮した農業が模索されるようになった。農林水産省は 1994 年に環境保全型農業の推進本部を設置し，資源循環を基礎とする伝統的農法を再評価するとともに，環境負荷を軽減する新技術の開発を進めることで，堆肥利用や輪作体系の導入，耕作と畜産との連携などによる持続性の高い農業生産が目指された。

　しかし，収穫や品質の安定生産技術の確立・修得，経費の増加，高齢化する農村での労働力確保など，環境保全型農業の推進には多くの課題があった。そのため，固定的な消費者との連携による販路の確保と適正価格の維持などが図られ，住民参加型の農業，有機農産物の認証制度，地産地消，生ごみの堆肥化など，地域内で資源を循環する持続可能な地域づくりの一環として役割を果たすことが，農業の維持に必要となっている。

4　流通・消費の多様化と環境問題

1）小売業の多様化

　1960 年代の後半は，流通部門でも大きな変化が生じた。小売業において大規模なチェーンシステムを採用した大企業が登場し，1972（昭和 47）年に総合スーパーの最大手であるダイエーが百貨店トップの三越を，また，業界全体としてもスーパー業界が百貨店業界の売上額を上回った。これによって，高度成長期の半ばまでは唯一の大型店舗であった百貨店を，スーパーが企業としても業態としても追い越した。さらに，セルフ・サービスとチェーン・オペレーションを採用した小売大企業が登場していく過程で，流通における小売と卸売の力関係が逆転し，戦後に大企業化した消費財メーカーに対する交渉力も増大した。これに対し卸売企業は，主要機能である金融機能を基盤としつつ，小売商への直接販売を拡大するとともに取引先の広域化を図り，全国の卸売企業との連携や合同を図ることで取引交渉力を維持しようとした（佐々木［2015］［2019］［2023］）。

　また，食品スーパーと呼ばれる企業は，日本の食生活の中心である肉・魚・野菜などの生鮮食料品のセルフ・サービスの販売技術を開発したことで，加工品や衣料品を中心とする総合スーパーとは異なる，本格的なセルフ・サービス総合食料品店を確立した。こうして生活・消費に関連する産業が発達した結果，産業構造の面でも，1974 年には第三次産業への就業者が全就業者の 50％を超え，そのうち卸・小売業だけでも 21％を占めるようになった。ただし，人々の購買先を金額で見ると，そうした大型店の割合は 10％台に止まり，依然として小規模な専門店が高い比重を占めていた。

　高度成長期後半以降，全国的なチェーンストアの競争が過熱して大型店の出店が盛んに行われたため，その圧迫を受ける零細な小売商店を保護するために大規模小売店舗法（大店法）が 1973 年に成立した。ちょうどこの年に石油危機が起きて低成長時代に入ったため，大店法による大型店舗の出店規制の運用は強化され，1978 年の改正によって規制対象の拡大（店舗面積引き下げ）や，それまでにも運用的に行われていた地元との調整が正式に盛り込まれるなどした。

　大店法を始めとした流通政策によって保護されたものの，個人商店の経営はより困難になった。高度成長期は消費市場が拡大したために大型店と個人商店の数

はともに増加していたが，低成長期には市場拡大が鈍化した一方で，スーパー企業は成長を続けており，積極的に出店を進めた。とくに生鮮食料品を中心とする食品スーパーの増加は，八百屋・魚屋・肉屋などの食料品店にとって脅威となり，これらの店舗を核とする市場や商店街の集客力が低下した。また，従来は商店街などのなかに出店していたスーパーがより大型化して郊外に出店したり，食品スーパーのように団地周辺に出店したりした。その結果，人々は車でショッピングする傾向が強まり，繁華街や駅前に作られた商店街への人の流れが次第に減少した。そのため，商店街のなかには商店の組織化やアーケードの建設などで人の流れを引き戻すための対策を講じるところも現れた。

　1980年代に入ると全国の小売店舗数は減少に転じたが，それを上回るサービス業などの増加によって第三次産業の拡大は続いた。また，イトーヨーカ堂傘下のセブン-イレブンをはじめとして，小売大企業を経営母体としながらも，フランチャイズ制[10]を採用して個人経営店舗を組織化するコンビニエンス・ストア（以下コンビニとする）が増加し，百貨店・スーパーに次ぐ新しい業態として確立した。深夜や早朝の営業やチケット販売，宅配便の取扱い，雑誌を中心とする書籍販売，おにぎりや弁当などファストフード類の販売などは，都会のワンルームマンションなどに住む若年単身者の生活に沿うものであった。一方，店舗の側でも学生などのアルバイト労働に大きく依存するなど，コンビニは消費と労働の両面で都市の単身世帯の増加と並行して発展してきたといえる（須永［2005］）。

　コンビニはもともとアメリカ発祥の業態であるが，24時間営業，定価販売，商品数の絞り込みと頻繁な更新など，アメリカのコンビニとも従来の日本の店舗とも異なる独自の店舗運営方式が発展した。また，バーコードシステムを利用したPOS（Point of Sales）システム[11]による商品・販売データの収集と管理を世界に先駆けて採用したり，卸売業者と協力した共同配送を開始したりするなど物流面での変革により，消費者と直に接することで市場の情報を獲得できる小売業の主導性が次第に高まった。

10）他と差別性のある製品やサービスを販売する業者が，一販売地域につき一業者に対してその製品やサービスの独占的販売権を販売ノウハウなどとともに与え，与えられた側はそのなかで販売努力を義務付けられるシステムのこと。

11）バーコードなどによる光学式正札（商品・価格）読み取り装置等とコンピューターを連動させた販売時点情報管理システムのこと。

2 ）内需振興からグローバル化へ

　変動相場制へ移行した 1970 年代以降，円高によって国内の購買力は高まったが，新興工業国の日用品製造業は繊維製品など一部の製品を除くと未発達で，輸入消費財の拡大には直接つながらなかった。一方，国内メーカーが海外での販売価格を割安に設定したため，急激な円高による新しい為替レートで換算すると，海外価格が国内価格を下回り，いったん輸出した海外向け商品が再び国内に輸入されて販売される「逆輸入」も行われた。1980 年代後半には，日常的な生活水準である程度豊かになった日本人は，バブル期の労働不足による所得上昇や円高による海外商品の価格低下を，旅行などのサービス的消費や高級ブランド商品の購入に振り向け，冬の時代とされていた百貨店が売り上げを拡大し，DC ブランドなどデザイナーを前面に出したファッション性の高い衣料品消費が拡大した。

　バブル期に注目を集めたのが，大衆的資金による資産市場への投資である。プラザ合意後の低金利や通貨供給の高止まりに加えて，製造業の自己金融化などによって融資先を失った資金は，不動産や株式などの資産市場へ向かった。投機的な土地・株式への投資が社会的な注目を集める契機となったのは，日本電信電話公社から民営化された NTT の政府保有株の売却であった。1987（昭和 62）年 2 月に株式市場に上場された NTT 株は，その株価の大幅な上昇が連日一面で報道されるなど，多くの人びとの株式投資への関心を高めた。政府の内需拡大策も相まって，1980 年代後半に国内消費市場が非日用品を中心として拡大し，企業収益の増加した製造業・販売業も積極的な投資を行い，好況の長期化によって個人所得・消費も拡大した。その一方では，不動産価格の上昇によって持ち家取得の可能性が低くなったことで，個人の消費は自動車などの耐久消費財に廻され，高級車やレジャー用 RV（Recreational Vehicle）車などの販売が拡大した。

　1980 年代後半のアメリカからの市場開放圧力や，国内の規制緩和論の影響で，90 年代初頭に大店法の出店規制は大幅に緩和され，最終的に 98（平成 10）年に廃止された。大店法規制の下にあった 1980 年代に，小売チェーンの合併による流通再編を唱えたのが，総合スーパーの草分けで最大の企業でもあったダイエー創業者の中内功である。こうした M&A による同業種間の企業再編は不発に終わったが，ダイエーをはじめとする総合スーパーは，一方ではコンビニへの進出など小売業態の多角化を進めながら，ショッピングセンター開発やリゾート事業など幅広い事業分野への多角化を図った。

　しかし，金融引き締めと 1991 年の湾岸戦争をきっかけに株式・不動産市場の
バブルが崩壊し，製造業・流通業ともにバブル期の投資が過剰投資となって企業
業績を低迷させて，資産収入に加えて給与所得も停滞したため個人消費は縮小し
た。さらに，コスト削減のために企業が雇用の抑制や賃金制度の変更を行い，人
びとは将来への不安に備えて消費を控えて貯蓄し，いっそう消費市場が縮小して
企業業績が停滞するという悪循環に陥った。バブル経済崩壊後の景気低迷は，金
融不安や不良債権問題が長引いたことで長期化し，1990 年代に好況を迎えたア
メリカと比べて，「日米再逆転」や「失われた 10 年」などといわれた。

　バブル期の流通企業の多角化の資金は，不動産価格上昇や銀行の積極的融資に
よって賄われ，事業自体も過剰投資の傾向があったため，バブル経済崩壊後に経
営が悪化して返済不能な債務を抱えた場合が多く，ダイエーの経営破綻やセゾン
グループの解体など，長期不況期の流通グループの解体・再編の原因となった。
戦前からの百貨店や高度成長期の流通革命を担った総合スーパーは，業態自体が
成熟化から衰退へと向かいつつあり，2000 年代後半以降に店舗の閉鎖や売上額
の減少が続いた。その結果，国内の流通グループは，破綻企業を積極的に買収し
て規模を拡大してきたイオン・グループと，セブン＆アイ・グループの 2 大グル
ープを中心に再編された。一方，コンビニは店舗数の拡大と売り上げ増を続けて
第三の業態としての地位を確立し，2008 年には百貨店の売り上げを越え，コン
ビニ業界も成熟化の時代を迎えた。

　情報技術の発達によって消費市場のデータベース化が飛躍的に発展し，商品開
発や販売戦略のために不可欠となったことは，メーカーに対する小売企業の優位
性を強めた。特に，1990 年代以降に物価の停滞・下落が長期にわたって続いた
ため，低価格で品質とのバランスも良い新興工業国製品への需要が増加した。そ
のため，製造企業の部品調達や生産が海外に展開し，流通企業も自らが主体とな
って食料品・衣料品の開発輸入を行うようになり，国内外の製造企業によって供
給される小売業者のプライベートブランド商品が普及・定着した。

　なかでも，衣料品店のユニクロや百円ショップのダイソーなど，自己ブランド
品の開発輸入を全面的に活用した新しい流通大企業は，デザインや品質を重視し
つつ，低賃金と大量生産によって低価格との両立を実現させることに成功した。
これらの流通企業は商品ブランドの確立にも成功し，特に衣料品の場合には SPA
（Specialty store retailer of Private label Apparel）と呼ばれる 1 つの業態と考えられる

ようになった。こうした新しい業態の登場は，バブル崩壊後のデフレ経済・消費不況に対応するものとして定着しただけでなく，グローバル化や情報化などの新たな経済の動向を反映したものでもあった。

　長期不況の影響は世代によって異なり，世代間格差も社会問題となった。高度成長期から 21 世紀初めまでの約半世紀にわたって，消費市場に大きな影響を与えてきたのが，第二次世界大戦後の約 5 年間（1946〜50 年）のベビーブームで生まれた，団塊世代と呼ばれる人々である。団塊世代は，高度成長期に豊富な若年労働者として就職した世代で，2005 年頃から退職年齢に入った。一方，この時期に就職年齢になった人びとは低い就職率や不安定就業にさらされ，ロストジェネレーションと呼ばれた。こうした世代間格差をもたらした要因の 1 つが，労働市場の規制緩和である。その背景は，国内の長期不況と世界経済のグローバル化を前提に，グローバル・スタンダードの導入によって産業構造の転換を促進し，新しい経済成長パターンを作り出そうとする政策が唱えられたことにある。このグローバル・スタンダード論は新自由主義を再生させ，製造業における派遣労働の解禁など，とくに労働分野における規制緩和を推進させていった。

3）省エネルギーから資源循環型社会へ

　1973（昭和 48）年の産油国の原油価格引き上げ（第一次石油危機）に際しては，日本の国内は大きく混乱し，石油製品のみでなくトイレット・ペーパーなどの日用品が不足する懸念が広がり，商品の買い占めが全国的に広がった。1978 年の第二次石油危機時には大きなパニックは起きなかったが，物価が急激に上昇したことで，コストや支出を抑えるために企業や消費者の間で省エネルギーや省資源の考え方が広がった。1979 年に省エネルギー法が制定され，工場，機械等の省エネルギーのために事業者が取り組むべき内容が定められ，素材型産業の成熟と加工組立産業の成長も相まって，国内製造業の省エネルギー化が進んだ。この時期の日本は，先進国の中で GDP 当たりのエネルギー消費が最も高い利用効率を記録し，環境技術・省エネルギー技術の先進国であった。世界に先駆けてアメリカの排ガス規制強化に対応した自動車メーカーが優位に立ったように，環境・エネルギー技術は日本の製造業の国際競争力強化と輸出増加にもつながった。

　しかし，日本が経済大国と呼ばれるようになった 1980 年代には，円高によって日本の購買力が上昇して，供給不足に備えた備蓄も増加し，国内の省エネルギ

一の意識は弱まった。個人消費の拡大，運輸量の増加，東京一極集中などによってエネルギー総消費量や資源消費が増大するとともに，都市廃棄物の地方持ち込みなどの問題も生じた。1991（平成 3）年の湾岸戦争の時には，石油危機の再来が懸念され，実際に原油価格が上昇したことに加えて戦時の消費自粛などもあって，エネルギー節約の機運が生まれたが，一時的なものに止まり，製品そのものの省エネルギー性能は上昇しても製品購入量が全体として増加したため，日本全体の石油や電力使用量は増加し続けた。2001 年度の日本の二酸化炭素排出量は 1990 年度比で 8.6％増加したが，産業部門が横ばいから減少で推移したのに対して，運輸・業務その他と家庭部門は大きく増加した。

　一方，国際的な影響をより強く受けながら，環境問題への対応は長期にわたって緩やかに展開した。人びとが環境問題を意識するようになったきっかけは，高度成長期の公害問題であった。特に，前述の 4 大公害病の裁判が大きく報じられ，公害問題への関心は高まった。1967 年に公害対策基本法が成立し，続いて 71 年には環境庁（2001 年から環境省へ改組）が発足し，公害防止行政が一元化されるとともに，「公害国会」で多くの法律が改正・成立した。工場の煙突が排出する煙も，繁栄の象徴から公害のもとへと見方が大きく変わった。

　特定の工場に限らない自動車の排気ガスによる大気汚染は，地域住民全体が加害者にも被害者にもなるだけに，社会全体で取り組む環境問題の必要性を認識させた。特に，高度成長期に光化学スモッグ現象が大都市で頻繁に生じたため，自動車の排気ガスのなかの有害成分の規制は次第に強化された。こうした有害物質の存在とその影響は，国内外で次々と指摘されていった。例えば，熱効率が良く省資源的とされていたディーゼル車は，窒素酸化物（NOx）が問題となってその排出量規制が強まり，除去装置が高価なために自家用車ではほとんど用いられなくなった。また，きわめて発がん性の高い物質であるダイオキシンが産業廃棄物やゴミ焼却場によって発生していることが 1990 年代末頃から問題化し，ダイオキシン類対策特別措置法（99 年）によって環境基準や排出基準が定められた。

　1980 年代後半以降，環境問題は国際的な取り組みの中で新しい展開をみせた。冷蔵装置や工場のラインでの洗浄などに使われていたフロンは，上空のオゾン層を破壊していることが疑われて，ウィーン条約（1985 年）やモントリオール議定書（87 年）で国際的に製造・輸入が禁止され，日本でも 88 年にオゾン層保護法が制定された。国際社会は環境問題をより普遍的問題として議論するようにな

り，87 年に国際連合（国連）ブルントラント委員会「我らの共通の未来（Our Common Future)」が示した「持続可能な開発（Sustainable Development)」という用語が周知され，国内でも 88 年に環境庁に地球環境部が設置された。

　環境問題への取り組みの広がりは，1990 年代の廃棄物処理，リサイクルなどのエコビジネスの成立へとつながった。公害対策基本法と自然環境保全法を統合して 1993 年に環境基本法が制定されると，国全体の包括的な環境計画となる環境基本計画が閣議決定され，97 年の環境影響評価（アセスメント）法の制定などにつながった。財界でも，1991 年に日本経済団体連合会が「経団連地球環境憲章」を制定した後，業界ごとの環境保全の取組の基本方針が作成され，より具体的な方針となる「経団連環境アピール」が 96 年に宣言されると，会員団体による「環境自主行動計画」を策定する動きが広がった。

　地球温暖化や二酸化炭素の排出などによる地球規模の自然環境破壊への意識も，1990 年代以降に広がった。石油などの天然資源が有限であることがより強く認識され，太陽光や風力などの自然エネルギーを活用した持続的成長への転換が議論され始め，その対策も国際的な枠組みで検討されるようになった。

　1997 年に京都で開催された，国連気候変動枠組条約の第 3 回締約国会議（COP3）で採択された「京都議定書」では，先進国の温室効果ガス排出量削減について規定された。日本は基準年の水準から期限までに 6% 削減することを約束した他，アメリカは 7%，EU は 8%，先進国全体で 5.2% 削減とされた。そのため，政府は 1998 年に「地球温暖化対策の推進に関する法律」の制定，2002 年に「地球温暖化対策推進大綱」の決定などを行った。ところが，最大の二酸化炭素排出国であるアメリカは 2001 年に京都議定書からの離脱を表明した。また，削減義務の無かった新興国を中心に世界全体では排出量が増加するなど，京都議定書の成果には限界も大きかったが，地球環境問題に対して国際社会が協力する枠組みの模索はその後も続けられた。

　地球環境問題などへの関心が高まったことを受けて，20 世紀末から環境規制法の整備も進んでいった。とくに，2000 年通常国会とその前後の時期に，廃棄物処理法の改正や，循環型社会形成推進基本法を初めとするリサイクルや環境規制のための法律の制定などが行われた。循環型社会形成推進基本法は，「分ければ資源，捨てればゴミ」とされるような「循環資源」のリユース・リサイクルによる，省資源と環境負荷の低減を図る法律であり，3R（スリーアール）すなわち

①リサイクル（Recycle）・②リデュース（Reduce：廃棄物の発生抑制）・③リユース（Reuse：部品等の再利用）の体制を整備するものであった。これにより，事業者・国民の排出者責任の明確化と拡大生産者責任の原則の確立がなされた。再生資源利用促進法もあらためて資源有効利用促進法として改正され，3R の総合的推進を目指して対象業種・製品が 10 業種 69 品目に大きく拡大された。

　国や地方公共団体には，グリーン購入法によって環境物品の率先購入とグリーン購入[12]の情報提供などが定められ，食品循環資源再利用促進法，建設工事資材再資源化法など業界ごとの制度，さらに容器包装リサイクル法（容リ法）や家電リサイクル法などによって，企業・消費者・行政それぞれの役割と責任が示された。例えば，容リ法は市町村の分別収集を利用しつつ，消費者に分別排出，事業者にリサイクルを求めるものである。1997 年度から，事業者を大企業に限定してガラス瓶・ペットボトルの再商品化が開始されていたが，2000 年度からは紙・プラスチック製容器包装を加え，リサイクル義務も中小規模事業者に拡大し，人びとの日常生活への影響は大きく広がった。家電リサイクル法はテレビ，冷蔵庫，洗濯機，エアコンの 4 品目を対象として，製造業者等に自社製品の引き取りと再商品化義務，小売業者に消費者からの引き取りと製造業者への引き渡し義務，消費者に小売業者への引き渡しと，収集・運搬，再商品化に要する費用の支払いの義務を課した。

　リサイクル（1 つの R）から展開した 3R の社会的普及により，新たに形成・拡大したのが環境ビジネス（エコビジネス）である。環境庁の試算では，1990 年に 5 兆 9,500 億円だったエコビジネスの市場規模は，2010 年に約 4.4 倍に成長するとされた。排出物等の環境対策の強化を課された生産現場では高度な環境技術に対するニーズが増大し，リサイクル処理の外部委託も広がったことで，静脈産業と呼ばれる廃棄物の回収・再利用を専ら担うビジネスが生まれた。さらに，循環資源のストック施設，再利用のための処理施設等の，資源循環型社会のインフラ形成，太陽光発電など新エネルギー設備の製造・建設などもあり，ソフト・ハードにわたる環境技術を提供するエコビジネスの成立と相まって，総合的な資源・エネルギー循環型社会が展開していったのである。

12）製品やサービスを購入する際に，環境を考慮して環境への負荷ができるだけ少ないものを選んで購入すること。

5　21 世紀初頭の日本経済

1 ）世界経済の成長と日本経済の停滞

　21 世紀に入ってから 20 年間，世界の経済成長率は堅調に推移した（図 8-5）。とりわけ，中国，ASEAN-5 諸国（タイ，マレーシア，フィリピン，インドネシア，ベトナム）などアジア新興国の成長率が非常に高い。軽工業から電子・機械工業まで多くの製造業が立地する中国は「世界の工場」と呼ばれるに至った。これに対して，G7（アメリカ，日本，ドイツ，イギリス，フランス，イタリア，カナダ）をはじめとする先進工業国の経済成長率は低迷し，なかでも日本の経済停滞が目立った。1990 年代初めのバブル崩壊を経て，97（平成 9）〜98 年の金融危機・アジア通貨危機，2000〜02 年の世界的な IT バブル崩壊を経験した後の 21 世紀初め，日本では「失われた 10 年」という言葉が流行した。その後，成長を目指してさまざまな経済政策が実施されたものの，顕著な効果は見られず，2020（令和 2）年頃には「失われた 30 年」とさえいわれるほど，日本経済は長期にわたって停滞が続いた。

　長期停滞といわれる中でもいくつかの景気の波があった。2002 年から 08 年にかけて，日本の実質 GDP および鉱工業生産指数は緩やかに増加傾向を見せてい

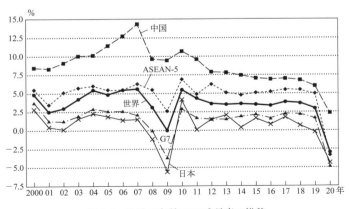

図 8-5　世界の実質 GDP 成長率の推移

出所）IMF"World Economic Outlook Database"

る。この間，消費者物価指数は安定していたものの，企業物価指数は上昇傾向で推移した（表 8-4a）。内閣府経済社会総合研究所の分析では，2002 年 1 月から 08 年 2 月までの間，73 カ月に及ぶ戦後最長の好景気が実現したとされる。もっとも，この間，企業業績は大きく向上したものの，実質賃金水準が低迷したことなどから，国内消費が伸びず，好況感には乏しかった。2008 年には，アメリカの投資銀行リーマンブラザーズの破綻にともなう経済危機が世界に広まり（リーマン・ショック），とりわけ日本は大きく落ち込んだ。

　その後，短期間の景気回復が見られたが，ヨーロッパの景気後退や日中関係の悪化などの不安定要因から 2012 年には景気が後退した。その後，2012 年秋頃から 18 年半ばにかけて，再び景気拡大期となった。この間，日本銀行による「異次元緩和」と呼ばれる金融緩和政策（物価上昇目標を定め，マネタリーベース[13]を大幅に拡大する政策）が実施された。これにより，輸出増加などにともなう企業業績の向上や株価上昇は見られたものの，実質賃金と消費は目立った伸びを見せなかった。その後，2020 年からは，新型コロナウィルス（COVID-19）のパンデミックの影響を受けて，総需要が一気に低下し，経済が大きく落ち込んだ。

　2002～08 年，12～18 年と 2 度にわたる長期の景気拡大局面が生じた大きな要因は，世界経済の成長であった。2002～08 年にかけて，日本の輸出額は大きく増加しているが（表 8-4b），これは近隣アジア諸国の成長や実効レートの円安を背景としたものである。景気拡大の主な要因が輸出であったことから，2008 年の「リーマン・ショック」とその後の一時的な円高による輸出の停滞は，日本経済にとって大きなダメージとなった。2013 年以降もまた，アジア諸国の経済成長と大胆な金融緩和政策などにともなう実効レートの大幅な円安を背景とした輸出拡大とインバウンド需要[14]に，日本経済は強く依存することとなる。しかし，COVID-19 パンデミック・ショックにともなうインバウンド需要と輸出の減少によって，日本経済は再び大きく落ち込むこととなった。

　景気の外需依存に加え，日本企業の設備投資もその多くが海外に向かうようになった。2005 年頃から，日本の対外直接投資が伸び始め，「リーマン・ショック」後には毎年高い水準を記録している（表 8-5）。日本政策投資銀行の設備投資動向調査によれば，リーマン・ショック後の 2010 年以降，製造業の設備投資

13）マネタリーベース＝日本銀行券発行高＋貨幣流通高＋日銀当座預金。
14）海外からの観光客などが日本国内で消費することによって生じた需要。

表 8-4a　2000〜2020 年主要経済指標（その 1）

年	①実質国内総生産（2008 年 SNA） 2015 年基準価格（10 億円）	②鉱工業生産指数 2015 年 = 100	③農業生産指数 2000 年 = 100	④国内企業物価指数 2020 年 = 100	⑤全国消費者物価指数 持家の帰属家賃を除く総合指数 2020 年 = 100
2000	482,617	107.8	100.0	96.6	96.4
2001	484,480	100.5	98.3	94.4	95.5
2002	484,684	99.3	97.2	92.5	94.5
2003	492,124	102.2	92.4	91.6	94.2
2004	502,882	107.1	94.0	92.8	94.2
2005	511,954	108.6	95.3	94.3	93.8
2006	518,980	113.4		96.4	94.1
2007	526,681	116.7		98.1	94.2
2008	520,233	112.7		102.6	95.7
2009	490,615	88.1		97.2	94.3
2010	510,720	101.8		97.1	93.5
2011	510,842	98.9		98.5	93.2
2012	517,864	99.6		97.7	93.3
2013	528,248	99.2		98.9	93.7
2014	529,813	101.2		102.1	96.8
2015	538,081	100.0		99.7	97.8
2016	542,137	100.0		96.2	97.7
2017	551,220	103.1		98.4	98.3
2018	554,440	104.2		101.0	99.5
2019	553,107	101.1		101.2	100.0
2020	528,179	90.6		100.0	100.0

出所）①内閣府ホームページ 内閣府経済社会総合研究所国民経済計算部「2020 年度 国民経済計算 主要系列表」。②経済産業省ホームページ 経済産業省大臣官房　調査統計グループ 経済解析室「鉱工業生産指数」（2013 年以降）、「接続指数」（2012 年まで）。③農林水産省『平成 20 年度版 食料・農業・農村白書 参考統計表』p100 の農業総合生産指数。農業生産指数の公表は、2005 年までで終了。④日本銀行ホームページ「統計 物価関連統計 企業物価指数（時系列データ）」。⑤総務省統計局ホームページ 総務省統計局統計調査部消費統計課物価統計室「消費者物価指数（CPI）」。

のうち海外向けの比率は大きく跳ね上がっている [15]。日本国内の消費需要の伸びが見込めなくなったことを背景に，製造業の企業活動の重点は海外へとシフトし，新たな投資の多くが海外でなされ，海外投資の収益が企業業績に大きく影響するに至った。生産も販売も海外で行われることが多くなり，海外生産の日本メーカー品が輸入されることも増えた。20 世紀末までの日本は大きな貿易黒字を抱えていたが，21 世紀になると，貿易収支がしばしば赤字となり，投資収益な

15）日本政策投資銀行「2021 年度設備投資計画調査の結果概要」（2021 年 8 月 5 日）。

表 8-4b　2000～2020 年主要経済指標（その 2）

年 （財政のみ 年度）	⑥中央政府財政支出			⑦貿易		⑧経常収支	⑨人口
	一般会計 （10 億円）	特別会計 （10 億円）	重複・差引調 整後の純計 （10 億円）	輸出額 （10 億円）	輸入額 （10 億円）	（10 億円）	（万人）
2000	89,321	305,776	199,466	51,654	40,938	14,062	12,693
2001	84,811	363,337	248,343	48,979	42,416	10,452	12,732
2002	83,674	373,898	245,376	52,109	42,228	13,684	12,749
2003	82,416	357,691	230,854	54,548	44,362	16,125	12,769
2004	84,897	376,033	233,321	61,170	49,217	19,694	12,779
2005	85,520	401,184	230,183	65,657	56,949	18,728	12,777
2006	81,445	450,580	250,923	75,246	67,344	20,331	12,790
2007	81,843	353,283	203,515	83,931	73,136	24,949	12,803
2008	84,697	359,198	204,781	81,018	78,955	14,879	12,808
2009	100,973	348,060	212,710	54,171	51,499	13,593	12,803
2010	95,312	345,074	201,228	67,400	60,765	19,383	12,806
2011	100,715	376,463	223,615	65,546	68,111	10,401	12,783
2012	97,087	377,012	221,853	63,748	70,689	4,764	12,759
2013	100,189	382,717	227,684	69,774	81,243	4,457	12,741
2014	98,813	390,202	226,756	73,093	85,909	3,922	12,724
2015	98,230	386,214	228,749	75,614	78,406	16,519	12,710
2016	97,542	395,361	241,061	70,036	66,042	21,391	12,704
2017	98,116	374,150	229,389	78,286	75,379	22,778	12,692
2018	98,975	368,936	226,661	81,479	82,703	19,505	12,675
2019	109,044	387,949	249,442	76,932	78,600	19,251	12,656
2020	102,658	391,759	244,301	68,399	68,011	15,674	12,615

出所）⑥財務省ホームページ 財務省主計局調査課「財政統計」。ただし 2019 年度は見込み，2020 年
度は当初予算。⑦財務省貿易統計ホームページ 年別輸出入総額（確定値）。⑧日本銀行ホーム
ページ 日本銀行国際局「国際収支関連統計」。⑨総務省統計局「国際調査報告」，「人口推計資
料」。

　ど海外からの所得によって経常収支の黒字が維持される構造へと変化した。
　2001 年度以降の 20 年間，政府の財政支出はきわめて抑制的であった（表
8-4b）。支出内容では，社会保障費は増加し続けたが，公共事業関係費が持続的
に低下していった。一方，所得税や法人税の減税が繰り返し実施されたため，政
府の一般会計税収は 1997 年の消費税 5％への引き上げ以降，2013 年に至るまで
大きく低迷し，継続的に 50 兆円を下回った。税収の低迷の背景にあったのが，
増税に対する世論の反発である。1990 年代から 2000 年代にかけて所得税・法人
税の減税の一方で，医療保険や年金保険などの社会保険料の負担率が増加し続け
たこと，実質賃金が低迷したことなどから，一般国民の負担感は必ずしも軽減さ
れなかった。一方で，社会保障の支給対象は高齢者中心であり，育児・教育・住
居費など現役勤労世代のニーズは軽減されず，多くが自己負担であり続けた。
　弱者救済への財政支出が共感されにくくなり，生活保護受給者へのバッシング

が生ずるなど，社会の「分断」の芽も現れてきた。そうした状況を背景に，政権与党は，消費税増税を回避し，規制緩和などを通じた構造改革による経済成長と，その結果として税収を増加させることで長期的な将来の財政再建を目指すことを経済政策の柱に据えた。野党もまた，財政の無駄遣いを指摘し，景気後退時などには消費税減税を求めることが多かった。

2009 年の民主党政権への交代で政策に変化が見られ，12 年には民主党政権のもとで消費税増税が決定された。この決定を引き継いだ安倍自民・公明政権のもとで，2014 年から消費税は段階的に引

表8-5　日本の対外直接投資の推移

年	日本の対外直接投資総額 フロー，国際収支ベース （百万ドル）	うちアジア 向けの割合
2000	31,534	6.8%
2001	38,495	20.3%
2002	32,039	25.5%
2003	28,767	17.5%
2004	30,962	34.0%
2005	45,461	35.6%
2006	50,165	34.2%
2007	73,483	26.4%
2008	130,801	17.8%
2009	74,650	27.6%
2010	57,223	38.7%
2011	108,808	36.3%
2012	122,355	27.4%
2013	135,049	30.0%
2014	138,018	31.5%
2015	138,428	25.3%
2016	178,533	7.9%
2017	173,768	24.5%
2018	160,267	34.4%
2019	258,276	21.4%
2020	146,041	25.3%

出所）日本貿易振興機構（JETRO）直接投資統計。

き上げられ，19 年 10 月の消費税率は 10%（食料品などの軽減税率対象は 8%）となり，一定程度の税収の回復が実現した。また，2012 年頃から，政府においても，高齢者向け給付に偏っていた社会保障のあり方を転換し，「全世代型」社会保障を目指すための検討も始まった。もっとも安倍政権においては，短期的な景気対策を重視して消費税率引き上げを二度延期するなど，大規模な金融緩和を政策の中心に据えた。政府と連携した日本銀行は，マネタリーベースを大幅に拡大するため，国債や ETF（上場投資信託）を大量に購入した。日本銀行の長期国債保有残高は，2013 年 3 月末の 91.3 兆円から，20 年 3 月末には 473.5 兆円へと膨らんだ。この間，同時に，日本銀行の ETF 保有残高が 1.5 兆円から 29.7 兆円へと大きく増加，好況感に乏しいまま，株価上昇を導く要因ともなった。

図 8-5 に見られるように，2000 年から 19 年（新型コロナ・パンデミック前）の 19 年間の実質 GDP 成長率は 15% 弱（年率換算約 0.7%）に止まった。この間の好景気もほとんどが輸出依存であり，日本経済は世界経済の動向に翻弄された。経済成長による税収の増加を通じて財政再建を目指す政策は現実性に乏しく，増

税を先送りしたことによる歳出とのギャップはきわめて大きくなり，それを埋めるため国債発行残高が継続的に増加した。国と地方を合わせた政府の長期債務残高は 2020 年度末には 1,000 兆円を超えるに至った。

2）市場重視の構造改革と格差の拡大

　2001（平成 13）年に成立した小泉政権のもとで，政府に資金が流れやすい構造になっているから民間企業に必要な資金が回らないと主張する構造改革論者が勢力を増した。2001 年 6 月，「今後の経済財政運営及び経済社会の構造改革に関する基本方針」（骨太の方針）が閣議決定され，「官から民へ」とのスローガンの下に，行政サービスの民間開放や構造改革特区などの規制改革の推進が目指され，企業の自由な活動を強調する市場重視の構造改革が進められた。構造改革の 1 つの焦点として，2005 年，小泉政権下で郵政民営化が始まった。郵便貯金・簡易保険などを資金源とする財政投融資が資金の自由な流れを歪め，国債発行の安易な増大につながったとの認識が背景にある。1980 年代の国鉄の民営化と日本電信電話公社の民営化は，旧社会党の支持基盤の労働組合であった国労や官公労に打撃を与えたが，郵政民営化は自民党の支持基盤の特定郵便局長会に打撃を与えた。こうして官業の民営化を通して，自民党と社会党の二大政党により政治的に安定した「五五年体制」を支える構造が失われた（伊藤 [2019]）。

　また，規制緩和の 1 つとして，労働者派遣制度の自由化が進められ，2004 年には製造業への労働者派遣が解禁された。これは多様な働き方への対応との側面もあったが，企業が景気変動に対応し，採用・解雇をより柔軟に行い，迅速なコスト削減を可能とするものでもあった。高度成長期以降，日本の大企業においては，新卒一括採用による長期継続雇用が普及してきた。従業員は容易に解雇されることがないものの，採用時に明確な職務が定められず，転勤や長時間勤務やサービス残業が常態化した。そして，景気後退時には，残業やボーナスの削減により人件費が調整された[16]。経済が伸び悩む中で，企業はこのような正規雇用者の長期継続雇用を核とした調整システムを維持することが困難となり，労働者派遣に対する規制緩和を契機に，派遣労働者をはじめとする非正規雇用のウェイト

16）このような日本の雇用のあり方を「メンバーシップ型雇用」，これに対して，多くの国で一般的に見られる職務範囲を明確に定めた雇用のあり方を「ジョブ型雇用」と呼ぶことがある（濱口 [2021]）。

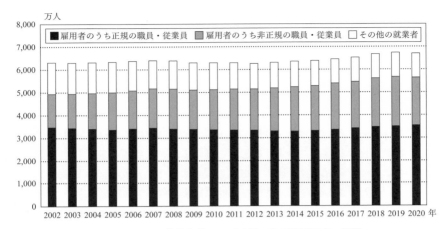

図 8-6　日本の就業者数および正規・非正規雇用者の推移

出所）総務省統計局「労働力調査」長期時系列表。

を高めていった（図 8-6）。とりわけ，1990 年代初めのバブル崩壊以降 2000 年代半ばまで，さらにはリーマン・ショック以降 10 年代前半までにかけて，大企業が新規学卒者の採用人数を絞ったことから，正規雇用者として採用されることなく，非正規雇用の職を転々とする若者が増加し，「就職氷河期」世代と呼ばれた。

同時期には，製造業の生産拠点の国内から海外への移転が相次ぎ，また公共事業費の減額により各地で建設業の雇用が減少したことなどから，高卒者への正規雇用の求人が激減した。その一方で，大学の新設が続々と認可されたことから，大学進学者が増加したものの，大卒者を対象とした正規雇用の求人は減少気味に推移したため，非正規雇用者の比率が徐々に上昇していったのである。

2008 年に景気後退が始まり，リーマン・ショックで大きく落ち込むと，非正規雇用の派遣労働者の「雇い止め」が相次ぎ，大きな社会問題となった。以前から，日本においては，正規雇用と非正規雇用との間の賃金・待遇格差が大きかったが，非正規雇用者の多くが学生アルバイトや主婦パートなど家計補助的なものとして位置付けられていたことから，それほど深刻な問題とはなっていなかった。しかし，就職氷河期世代に関しては，主たる家計支持者と想定される働き盛りの若者が非正規雇用など不安定な職に止まり，容易に正規の職が得られないという形で，格差問題が増幅しつつあった。それがリーマン・ショック時に大きく顕在

化したのである。

　格差の拡大に対応するため，就職氷河期世代の「再チャレンジ」や労働者派遣法の改正による非正規雇用者の地位の改善を目指した規制強化などの政策が実施された。また，2020（令和 2）年からは，同一企業内で正規雇用と非正規雇用との間の不合理な待遇の差が法的に禁止され，多様で柔軟な働き方を可能とするために規制が強化されることとなった。この規制強化は，「同一労働・同一賃金」との発想をベースとしており，今後，日本の大企業における正規従業員を中心とした長期継続雇用制度にどのような影響を与えるかが注目される。

　雇用における格差に加え，国際比較した場合の日本の男女格差（ジェンダー・ギャップ）の大きさも顕在化してきた。世紀転換期頃から，欧米を中心に男女格差を是正するための試みが進んできたが，日本は大きく後れをとってきた。世界経済フォーラムが発表した 2021 年の日本の男女平等度は世界 120 位と先進国で最低レベルとなっており，男女平等度のスコアは 2000 年代半ばからほとんど変わっていない。とりわけ政治や経済の分野での女性の参加割合が低く，管理職の女性割合は 15％弱に止まり，非正規のパートタイム職の女性の割合は男性に比べて非常に高く，女性の平均的な所得水準も低い。雇用における正規と非正規との格差は，男女格差とも大きく関連しているのである。

　20 世紀末から，政府は「男女共同参画」を目指す取り組みを続けてきたものの，家制度や性別役割分業などひと昔前の規範を内面化した支持層をバックとする保守系の政権が長く続いていることもあり，男女平等に向けた制度改革が進んでいるとはいいがたい。このことは，日本社会のあり方の硬直性の 1 つであり，この結果として多様な人材の活用がなされず，経済にも負の効果を与えていると指摘されることが少なくない。

　長期的に見れば，日本経済が長期停滞するなかでの格差拡大は，相対的貧困率[17]の上昇という形で現れ，貧困問題が深刻化してきた（図 8-7）。2010 年代後半には，日本の相対的貧困率は，G7 諸国の中でアメリカに次いで 2 番目に高くなり，子どもの相対的貧困率が OECD 諸国平均を上回るなどの事実が明らかとなった。さらには，日本国内の賃金水準が長期にわたって低下傾向が続いたた

---

[17] OECD の基準では，等価可処分所得（世帯の可処分所得を世帯人数の平方根で除した値）が全人口の中央値の半分未満の世帯員を相対的貧困者とし，その比率を相対的貧困率と呼ぶ。

め，2020 年には OECD の試
算による購買力平価で換算し
た賃金水準で，日本は韓国を
下回った。同時に，海外と比
較した場合，日本の各種商品
やサービスの物価の相対的な
低さが指摘されることも多く
なり，円高が進む中でもバブ
ルに沸き，「豊かさ」と「物
価高」が目立った 1980 年代

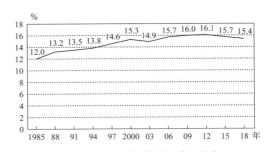

図 8-7　日本の相対的貧困率の推移
出所）厚生労働省「2019 年　国民生活基礎調査の概況」。

後半から約 30 年を経て，日本の「貧しさ」，「安さ」が強調される時代となった。

3 ）産業・企業の変貌

　2000（平成 12）年以降の日本における産業別構成には，以前の時代ほどの大
きな変化は見られない（表 8-6）[18]。ただし，製造業の構成比が若干減少し，第
三次産業の割合が上昇した。より詳細に見ると，製造業のなかでも，電子・電気
および情報・通信機器関連の構成比が顕著に低下したことが注目される。一方，
化学，金属，自動車を中心とする輸送用機械の割合はほとんど変わらなかった。
製造業以外では，建設業と卸売業の低下と，小売業，専門・科学技術，業務支援
サービス業，保健衛生・社会事業の上昇が目立つ。

　21 世紀は，1990 年代から引き続いてインターネットの普及が進み，情報通信
技術（IT 技術）が社会に広く浸透した。これにともない IT 技術の活用と関連す
る専門・科学技術，業務支援サービス業が増加するとともに，消費者直結の販売
拡大など流通の効率化が進められ，卸売業の比率の低下につながったものと見ら
れる。他方で，1990 年代まで高い成長率を誇っていた日本の電子・IT 機器製造
業は，2000 年代以降国際競争力を低下させた。電子・IT 機器の基盤となる最先
端の半導体設計技術ではアメリカとの差が縮まらず，汎用部品や製造技術では，
韓国・台湾企業の後塵を拝することが多くなったのである。また，公共事業費の

18）2020 年は，新型コロナ・パンデミックの影響が大きいため，2000 年と 2019 年を比較
　　した。

表 8-6　経済活動別国内総生産の構成比（%）

産業	2000 年	2019 年
農林水産業	1.5	1.0
鉱業	0.1	0.1
製造業	22.5	20.1
うち食料品	2.6	2.4
繊維製品	0.6	0.3
化学，石油・石炭製品	3.0	3.1
窯業・土石製品	0.8	0.6
一次金属，金属製品	2.6	2.7
汎用・生産用・業務用機械	2.7	3.1
電子部品・デバイス、電気機械	3.1	2.3
情報・通信機器	1.5	0.5
輸送用機械	2.4	2.5
電気・ガス・水道・廃棄物処理業	3.3	3.0
建設業	6.7	5.5
卸売業	8.2	6.5
小売業	4.8	5.8
運輸・郵便業	4.9	5.3
宿泊・飲食サービス業	3.1	2.5
情報通信業	4.7	4.8
金融・保険業	5.0	4.0
不動産業	10.8	11.8
専門・科学技術，業務支援サービス業	5.5	8.3
公務	5.0	5.0
教育	3.6	3.4
保健衛生・社会事業	5.1	7.8

出所）内閣府ホームページ 内閣府経済社会総合研究所国民経済計算部
「2020 年度 国民経済計算　主要系列表」。

削減が大きく影響して建設業が縮小し，高齢化の進展と社会保障費の増加とともに，医療・介護等に関わる保健衛生・社会事業が伸びた。

　製造業全般が停滞気味に推移するなかでも，日本の基幹産業ともいえる自動車産業は，比較的堅調を保った。2008 年のリーマン・ショックを受けて，アメリカのビッグ 3 は経営危機に陥ったが，日本のトヨタはグループ生産台数で世界一となった。もっとも，日本の自動車メーカーの経営のあり方はこの間，大きく変

化した。1990 年代以降，マツダが一時アメリカのフォード傘下に，日産がフランスのルノー傘下となり，外資の影響力が高まった。2010 年代以降になると，マツダ，スバル，スズキがトヨタとの提携関係を深め，三菱自動車が日産の傘下に入るなど，グループの再編・集約化が進んだ。

　一方，2000 年代初めまで自動車と並ぶ主要輸出産業であった，電子・IT 機器産業においては，主要企業の中で激しい興亡や離合集散が生じた。かつて世界一の生産量を誇った半導体産業においては，1990 年代末以降，NEC，日立，三菱電機など主要各メーカーから半導体事業部門が切り離され，メモリー専業のエルピーダ・メモリ，マイコンや車載半導体に優位を持つルネサスエレクトロニクスに統合された。しかし，エルピーダ・メモリは経営悪化によって事実上破綻し，のちにアメリカのマイクロン・テクノロジーに買収された。一方，ルネサスエレクトロニクスも経営悪化により，政府の国策投資会社である産業革新機構の傘下となることで再建された。このほか，家電の有力メーカーであった三洋電機は，経営行き詰まりによりパナソニック傘下となり，一部事業が中国の家電メーカー・ハイアールに売却された。また，一時期，液晶テレビで業界を先導したシャープは，韓国・台湾の新興企業の追い上げに屈し，台湾の電子機器受託生産メーカーの鴻海精密工業に買収された。

　さらに，日立と並ぶ総合電機メーカーであった東芝は，パソコン事業などの赤字の隠蔽や海外原子力事業（ウェスチングハウス社）の買収にともなう多大な損失を抱えて事実上解体され，優位性を持つ半導体フラッシュメモリー事業が切り離され，海外投資ファンドなどからの出資を受けるに至った。このように電子・IT 機器メーカーが苦境に陥る一方，IT 技術を縦横に活用する企業（ソフトバンクグループ，楽天グループ，リクルート，エムスリー，サイバーエージェントなど）が，ベンチャービジネスから始まって急成長を遂げた。もっとも，アメリカや中国に比すれば，日本の IT ベンチャーの成功事例は乏しい状況にある。

　2000 年代には，企業内における事業のコントロールや企業統治のあり方も変化した。1997 年の独占禁止法改正により，占領改革以来禁じられていた純粋持株会社が解禁された。持株会社解禁により，1990 年代末から，独立採算の事業法人が純粋持株会社のもとでグループ化され，多様な事業を営むケースが増えた。経済産業省の「純粋持株会社実態調査」によれば，2015 年 3 月時点において，485 社の純粋持株会社が設立されている。また，大企業における経営の意思決定

の迅速化や効率化，さらには透明性の確保を目指して，2003 年に委員会等設置会社（のち委員会設置会社を経て指名委員会等設置会社）制度が導入され，いくつかの大企業に採り入れられ，新たに執行役員や社外取締役が設けられた。

　1990 年代後半から外国人株主の増加が顕著となり，2000 年以降，上場企業の株式の 4 分の 1 前後を外国法人等が占める状況となった[19]。このような国際化の進展やバブル期頃から企業の不祥事が相次いだことが背景となり，上場企業の情報公開のあり方をより透明化し，内部統制を強化するとともに，国際基準に収斂させようとする動きが生じた。2005 年に商法改正によって成立した会社法，07 年に証券取引法改正によって成立した金融商品取引法に基づき，08 年度以降，上場企業は適切な内部統制システムの構築を義務づけられた。また，2009 年には国際会計基準（IFRS）の任意適用が奨励されるようになり，これを受けて，グローバル化に対応するために，IFRS を導入する企業が増加していった。

　以上のような動きは，20 世紀後半において成立した従業員や主取引銀行（メインバンク）の関与度の強い企業統治から，株主重視の企業統治への変化でもあった。この結果，内外の投資ファンドが，「物言う株主」として，経営方針や役員人事に異論を唱えたり，株主提案を強力に主張したりするケースが増加した。そうした動きのなかで，経営者は株主志向性を強め，不採算事業の売却や利益率向上のための施策が重視された。一方で，コスト削減のために従業員の給与が抑制されたことから，日本の大企業の労働分配率は 2000 年代初めの 60 ％超から徐々に低下，10 年代後半には 50 ％台前半となり，また，企業内における従業員への人的投資（OJT を除く研修費用等）も，2000 年代以降大きく低下した[20]。

4）地球環境の維持と資源・エネルギー問題

　1990 年代に始まった，国連を中心とした地球温暖化対策など気候変動防止へ向けた取り組みは，21 世紀に入って新たな展開を示した。1997（平成 9）年の京都議定書では，発展途上国について温室効果ガス排出の数値目標が定められなかったが，21 世紀に入ると中国・インドなどの新興国の急速な成長とともに，発展途上国の排出量がかなりのウェイトを占めるようになった。これに対応するた

19）東京証券取引所「株式分布状況調査」による。
20）内閣官房新しい資本主義実現本部事務局「賃金・人的資本に関するデータ集」（2021 年 11 月）。

めの COP（気候変動枠組条約の締約国会議）が繰り返し開かれたが，先進国と発展途上国の対立は容易に解消しなかった。先進国の中で最大の排出国であるアメリカは，自国の経済成長への阻害や発展途上国対応への不満から 2001 年に京都議定書離脱を表明するなど，排出量削減に向けた国際協調の先行きが危ぶまれた。

しかし，2021（令和 3）年の COP 21（パリ会議）では，20 年で失効する京都議定書に代わる新たな枠組みが議論され，先進国に加え，中国などすべての参加国が排出量削減への努力を進めることが合意された。このうち，日本の目標は，2030 年までに，13 年に比して，温室効果ガス排出量を 26％削減することとされた。日本はこうした方針をさらに進め，2021 年 10 月には，地球温暖化対策計画を閣議決定し，30 年度の温室効果ガス 46％削減（2013 年度比）を目指し，50 年に完全なカーボンニュートラル（温室効果ガスの排出量と吸収量を等しくすること）を実現することを目標と定めた。

一方，2000 年代には，新興国の経済成長により将来的な資源・エネルギー不足が懸念され，しばしば石油等の資源価格が上昇した。同時に，化石燃料の燃焼による温室効果ガス排出の抑制が求められ，2000 年代中頃以降，発電時の二酸化炭素排出量が小さい原子力の活用が再び脚光を浴び，「原子力ルネサンス」と呼ばれた。1986（昭和 61）年のソ連のチェルノブイリ（チョルノービル）原発事故以来，世界的には原子力の利用が敬遠される傾向にあったが，世界各地で新たな原子力発電所建設プロジェクトが計画された。日本においても，経済産業省と電力会社が，原子力利用のさらなる拡大を進めようとした。

しかし，2011 年 3 月 11 日，東北地方を襲った M9.0 の大地震と大津波により，福島第一原発がレベル 7 の過酷事故を起こした。この事故できわめて広範囲に大量の放射性物質がまき散らされたため，周辺住民は長期にわたる避難を余儀なくされた。一部地域は 2023 年時点においても帰還が実現せず，破壊された原子炉内部の状況もまだ十分に把握されておらず，廃炉は難航し，完了の目途が立っていない。その後のいくつかの訴訟で明らかにされたことだが，福島第一原発については，2000 年代初めから大津波が来る可能性が指摘されており，大津波への対策が不十分であることが認識されていた。東京電力内部では大津波対策への取り組みを始める動きもあった。しかし，2007 年に起きた新潟中越沖地震で柏崎刈羽原発が停止し，その対応を余儀なくされていたこと，福島第一原発で計画されていた MOX 燃料[21]を利用した「プルサーマル」発電の円滑な実施が重視され

■ 解説 III-8

日本における社会福祉研究の新展開

　近年，社会福祉が政策面での重要な課題となっているが，日本では第二次世界大戦前から，社会政策として福祉が論じられてきた（玉井・佐口 [2011]）。そして 1930 年代の社会政策論に大きな影響を与えた大河内一男は，社会政策を「資本主義社会において労働力の保全，培養をするために必要な政策」と規定した。この大河内理論の影響により日本の社会政策論は 1970 年代まで労働政策に収斂した。しかし，本来社会政策は労働者のみではなく，貧窮者を含む生活者一般を対象とするものであり，戦前期日本でも1910 年代から 20 年代に社会学に依拠する生活政策論が論じられてきた。その生活政策的視点が再び注目されたのが 1970 年代のことである。高度経済成長期に社会問題化した公害問題に加えて，急速に社会の高齢化が進み，退職後の生活設計が重要な問題となったからと考えられる。今一つの問題点は，核家族化が進んだ高度経済成長期から安定成長への転換が進むことと相まって，女性が社会進出をするようになり，晩婚化と少子化を加速する要因となった。そうしたなかで，日本型福祉国家システムはどうあるべきかが議論の俎上にのぼった。

　その点に関して武川正吾は，欧米諸国を主に考察したイエスタ・エスピン-アンデルセン『福祉資本主義の三つの世界』（岡沢憲芙・宮本太郎監訳，ミネルヴァ書房，2001年，原著初版 1990 年）に刺激を受け，日本を含む東アジアではヨーロッパとは別の新しい世界が成立しているとした（金 [2010]）。すなわち社会民主主義・保守主義・自由主義というエスピン-アンデルセンの 3 つのレジームに福祉国家を分類するのではなく，いかなる国際環境のもとで福祉国家化したかによって，その国の福祉国家の特徴や性格が決まるので，その成立時期から福祉国家の特質を考えるべきとした。そして武川は，日本では人口の高齢化が進むなかで，高齢者への社会保障が充実した 1973 年が日本の福祉国家化の始点であるとした。一方，田多英範は，生存権の保障の観点から福祉国家は考えるべきで，日本では 1961 年の国民皆年金と国民皆保険の実施こそが福祉国家化の起点になるとした。田多が制度的枠組みを重視したのに対し，武川は実態としての社会保障支出を重視したと言える。

　武川―田多論争に，狭義の福祉国家とそれ以外の諸制度との関係を捉える視点を導入したのが宮本太郎である（宮本 [2012]）。宮本は，高度経済成長下の日本の完全雇用政策が福祉国家の機能を代替したと考えた。この視点では，国民年金・国民保険ではなく，企業年金・企業保険こそが日本型福祉国家システムの眼目であったことになり，戦前期以来の社会政策論と福祉国家論が交わることになったと言える。しかし，完全雇用体制が崩れた 1990 年代以降においては，新たな視点からの考察が必要となろう。

　それを受けて現在，市場・家族・政府・非営利組織の新しい組み合わせを考える方向で，日本型福祉国家システムの再編に向けての見解が示されている（宮本 [2012]）。例えば「ワークフェア」「アクティベーション」「ベーシックインカム」など市場における雇用関係と所得保障の再編に関わる見解もあれば，「男女共同参画」「ワーク・ライフ・

バランス」など家族と市場の関係をめぐる見解もある。ワークフェアは，就労に向けた努力義務を社会保障の給付条件とし，社会保障に対して市場原理を全面的に浸透させようとする考え方であり，アクティベーションは，市場原理に基盤を置きつつも社会保障の受給者に対する支援機能を強めて水平的な連帯を高めようとする考えである。一方，ベーシックインカムは社会保障と雇用とを制度的に切り離し，無条件の一律給付を打ち出す。前述の社会政策論の研究史に立ち返ると，ワークフェアとアクティベーションは労働政策に対応し，ベーシックインカムは生活政策に対応していると言えよう。

　また家族と市場の関係では，環境と福祉との調和を重視する広井良典は，近代以前の伝統的社会を人口も生産水準もほぼ安定した静態的な「定常型社会」であったとし，市場経済の成立とともに共同体から解き放たれた個人による私利の追求が可能になり，消費が社会的美徳とされた時代が到来したとする。そして今後の社会では，有限の物質・エネルギーの消費を超えた「情報の消費」が，そしてさらに「時間の消費」が重要となると予測した（広井 [2006]）。広井が特に強調するのが，ライフサイクル全体のなかでの時間配分の問題で，高齢社会のなかで人生におけるリスクが高齢期に集中するという論調に対し，「人生前半の社会保障」を主張する。その背景には，日本において最も失業率が高いのが，高齢世代ではなく若年層にあるという現実がある。若年層の社会保障において重要なのが教育費と生活費であり，広井は教育保障の充実と若年層への年金給付を提言した。

　このように，第二次世界大戦後に形成された日本型福祉国家システムが，雇用・年金・医療・教育など人々の日常生活に関わるさまざまな局面で制度疲労を起こしており，将来に展望がもてる社会保障・社会福祉制度の設計が求められている。欧米諸国のみならず 1990 年代後半からは東アジア諸国の福祉制度と日本との国際比較が盛んに行われ，現状に対する対応策が模索されてきた。その一方で，社会保障制度における戦前・戦時期から戦後への系譜的連続性が指摘されたこともあり，制度成立に帰着するまでの諸構想にまで踏み込んだ歴史的検討も行われるようになった（玉井 [2022]）。この点に関連して高岡裕之は，戦時下の「社会国家」構想は，「戦後」へと直結するものではなく，むしろ高度経済成長期へ連なる側面があり，戦時下の総力戦体制の経験が，戦後の「福祉国家」の展開にどのように継承され，もしくは忘却されたかを再検討する必要があるとする（高岡 [2011]）。現状分析と歴史分析の相互交流は，社会福祉研究の分野でも重要な課題となっていると言えよう。

（二谷　智子）

【参考文献】

金成垣編著 [2010]『現代の比較福祉国家論――東アジア発の新しい理論構築に向けて』ミネルヴァ書房

高岡裕之 [2011]『総力戦体制と「福祉国家」――戦時期日本の「社会改革」構想』岩波書店

玉井金五 [2022]『共助の稜線――近現代日本社会政策論研究』（増補版）法律文化社

玉井金五・佐口和郎編著 [2011]『戦後社会政策論』（講座　現代の社会政策　第 1 巻）明石書店

広井良典 [2006]『持続可能な福祉社会――「もうひとつの日本」の構想』ちくま新書

宮本太郎編著 [2012]『福祉政治』（福祉＋α②）ミネルヴァ書房

たことなどから，津波対策は進展しなかった。このことが，事故を深刻化させる一因となった可能性がある（添田［2021]）。

　福島第一原発の事故を受けて，原発の安全規制が強化されたことから，その対策のための設備投資や事故発生時の周辺地域避難計画の策定が必要となり，日本国内の原発は続々と停止された。この結果，化石燃料への依存度が再び高まって日本は温室効果ガス排出対策においても後れをとることとなり，また，電力不足や電力料金の高騰などの課題が生じた。しかし，地震・津波・噴火等，想定を超えた被害が頻発する日本において，原発の大々的な再稼働や新設はきわめて困難な状況となっている。

　原発の停止と温室効果ガス削減要請という厳しい制約条件の下で期待されているのは，太陽光，風力，地熱，水力など再生可能エネルギーの活用である。日本においても，2009 年から太陽光発電の固定価格での余剰電力買取制度が始まった。福島第一原発事故後の 2012 年からは太陽光発電以外の再生可能エネルギーにもこの制度が広げられ，次第に再生可能エネルギーの利用が拡大していった。この結果，2020 年の日本の再生可能エネルギー利用は，発電エネルギーのうち約 20%，一次エネルギー[22]全体のうち約 10% に達した。もっとも，この水準はヨーロッパ諸国や中国などに比して低く，再生可能エネルギーの利用が十分に進められているとはいいがたい。資源・エネルギーをめぐる厳しい状況は，今後も継続することが予想される。このような側面においても，日本は，1990 年代以降から続く長期経済停滞から抜け出すための明確な道筋を見いだせないでいる。

21）原子力発電の使用済み燃料をリサイクルして，プルトニウムを取り出し，ウランと混合することで作られた燃料。

22）自然界に存在するエネルギーで，人為的な変換プロセスを経ていないもの。枯渇性のものと再生可能なものからなる。

テーマ III　科学技術と経済活動

　科学技術という言葉が一般化したのは 1940（昭和 15）年，当時も現在も「科学および技術」の意味であるともいわれる。しかし，「技術」は人類の生活と共に古くからあるので，ここでは科学技術を科学的知見に基づいて開発，利用される技術，すなわち「科学的技術」と捉える。その担い手は主に学校教育により系統的に科学知識を身につけた人々である。このような意味での科学技術が日本に導入され，経済活動や社会のありかたを変えた過程をたどろう。

1.　科学技術の担い手

　日本ではじめて科学技術の担い手の養成を目指したのは 1870（明治 3）年に設立された横須賀造船所の黌舎であった。しかし，技師になる教育が完結したのは，ここでの教育を終えてフランスの海軍造船学校へ 2 年あまり留学した 6 名に限られ，黌舎は留学のための予備教育機関に止まった。このほか黌舎はお雇いフランス人の帰国後の 1882 年に 2 名だけ技師養成課程の正規の卒業生を送り出したが，彼らは黌舎での基礎教育と専門教育の間に 1877 年に発足した東京大学で 2 年間物理学を学んだ。このように，当時国内最大の事業所であった海軍横須賀造船所も，中心的な技術者の養成には部外の教育機関の力が不可欠であり，これ以後は東京大学や 1879 年に第一期生を送り出した工部大学校の卒業生を採用した。

　このように，従来の経済主体が経営内，あるいは同業者集団内でその技術的担い手を養成することができたのに対し，科学技術を担う人材の養成は，内部だけでは完結せず，それを利用する産業が未発達な状態で科学技術の担い手を国内で養成する体制を整備するには，政府が大きな役割を果たす必要があった。しかし，科学技術の成果である新技術の移入と，科学技術を担う人材の育成が同時に進行する必然性はない。例えば，先進国の技術者が本国から機械を運び込んで工場を建設し，あるいは鉄道を敷設して一定期間その運用を指導すれば，指導を受けた人々が，科学技術の理解が不十分なまま，その運用を続けることはそれほど難しくない。設備が多少時代遅れになっても，労賃の低さから十分国際競争力をもつ可能性もある。そもそも，大学で教育を受けた技術者が産業のなかで重要な役割

を果たすのは，欧米でも 19 世紀の終わり頃からで，それまでは，実務者への弟子入りが技術者養成の主流であった。明治初年に技術指導に招かれたお雇い外国人も，必ずしも高等工業教育を受けてはいなかった。そして，明治期の課題は，輸入機械を日本の条件に合わせて活用し，あるいは日本の条件に合わせて簡易化しながら国内の技術で国産化することであった。この課題の解決には科学技術を系統的に学んだ人より，力織機の発明者豊田佐吉のような，現場の経験や創意工夫に富んだ人が適していた。

　ではなぜ，大学で科学技術の担い手が養成されたのであろうか。これは国家の近代化の姿勢による。明治政府は西洋列強に並び立つ国家を作るため，西洋の新技術を利用可能なすべての部門で導入しようとし，外国人教師・技術者を招聘した。そして，彼らに代わるだけではない，より多くの人材を国内で養成しようとした。そのためには，廃藩前に各藩が盛んに実施した留学や限られた現場での伝習より，大学教育を発足させ，選抜した人材を教育する方が合理的であった。同じ留学でも，適材に大学教育を施した上で派遣した方が効果的である。全国民向けの小学校からの体系的な教育体制を整えることや，すでに儒学や洋学を学校で学ぶ習慣をもっていた旧武士層の子弟に適切な就学の場を与えるという目的も，高等工業教育機関の整備を後押しした。このため，国は理学部，医学部を擁する東京大学や工部大学校，駒場農学校などを設け，さらにそれらを統合した帝国大学を 1886 年に発足させて，科学技術者の養成を一元的に担った。当時の科学技術は欧米の最新の技術を理解するための基礎知識としての性格が強かったので，理数系知識のほか，語学力がその重要な構成要素であった。そして，研究は研究所での実験より，先進国での実地調査という形で行われた。

　科学技術の担い手は，当面の事業に必要な数を超えて養成され，お雇い外国人の指導を受けたが，現場で経験を積んだ日本人技術者たちが彼らを常に高く評価したわけでもなかった。それゆえ，彼らは科学技術の新たな応用分野を熱心に探した。工部大教授から電灯事業に転じた藤岡市助をはじめ官，民，学の壁を越えて流動した人も多かった。科学技術の活用を目指す事業者は，大学卒技術者を採用した上で海外留学させ，その後も必要に応じて海外調査に派遣することが望ましかったが，資金的余裕がある企業は限られ，最大の就職先は政府であった。

　官営の諸事業は徐々に民間への払下げで整理されたが，軍工廠は拡充された。また，科学技術の進歩の結果生産規模が大きくなり国際競争力をもつには巨額の

投資が必要になった製鉄業では，1896年に官制を定めて国が八幡に製鉄所を建設した。製鉄所を管轄した農商務省は，これと前後して蚕業試験場，農事試験場，工業試験場を設立し，科学技術を諸産業に応用した。重要な輸出産業であった製糸業は輸入技術を簡易化して在来技術と組み合わせる方向で発展したが，製糸原料の繭を生産する養蚕業では，1906年に農科大学助教授外山亀太郎が蚕にメンデルの遺伝法則が適用できることを発見したのを契機に，一代雑種による蚕種改良が進み，大正期以降の日本産生糸の国際競争力を支える品質の向上をもたらした。農業では，肥料の三要素という発想や土壌分析技術が導入され，日本では燐酸分が最も不足していることが明らかになったが，これを補う過燐酸石灰は工部大学校卒業後イギリスに留学した特許局技師高峰譲吉が，1887年に渋沢栄一や三井を動かして東京人造肥料会社を設立させたことで工業生産が開始された。

　高峰はその後，醸造への麹の利用を企業化しようとアメリカに渡る。そして，1894年にタカジアスターゼを開発して米国特許を取り，現地の製薬会社から胃腸薬として発売させて巨利を博した。さらに，1900年にはこの製薬会社の要請で，アドレナリンの結晶分離に成功する。科学技術は国際的なものであり，その先端的部分を担う新発見を生かした製品開発を行う体制や資本，さらにはそれを国際市場に送り出す信用は日本よりアメリカにおいて得やすかった。タカジアスターゼの国産化は1914（大正3）年のことである。

　科学技術の利用は，良い結果ばかりをもたらしたわけではない。古河市兵衛が科学技術を活用して進めた足尾銅山の再開発の結果，銅分の残る排水や過去の鉱滓が大量に渡良瀬川を流下して流域に鉱毒被害をもたらし，初の本格的な公害問題が生じた。この被害と鉱山との因果関係は被害農民の要請に応じた農科大学の古在由直助教授らが土壌の科学的分析によって立証し，1897年に政府の科学的知見に基づく命令により予防工事が行われた。それは公害の完全な防止にはほど遠かったが，公害の発生原因の特定にも，他の産業や住民の生活との共存を図るにも科学技術が必要なことは明らかになった。帝国大学として東京・京都に続く，理工系を中心とした東北，九州帝国大学の新設は，1906年に予算不足から断念されそうになったが，内務大臣原敬が副社長を務めた古河鉱業会社の寄付で実現した。科学技術を活用する企業の寄付は，政府とのつながりの深さを示していたが，当然の社会的責任でもあった。

2.　導入から開発へ

　治外法権の撤廃と外国企業の居留地外での活動を認める条約改正の発効を前に，1896（明治 29）年に外国人の特許出願が認められた。西洋の技術を手探りで模倣する時代から企業の進出や提携により先端的な産業技術を導入する時代へと進んだのである。金本位制への移行もあって，ウェスチング・ハウス社の資本を中心に日本電気会社が創立されたのをはじめ，外国資本の直接投資や技術提携が日露戦争後に本格化した。ゼネラル・エレクトリック社が東京電気会社（東芝の前身会社の一つ）に資本参加し，イギリス兵器製造業者との合弁で日本製鋼所が設立され，技術提携では海軍工廠，三菱造船，川崎造船へタービン技術が，芝浦製作所（東京電気とともに東芝の前身）へは電気機械技術が導入された。一方で，貿易収支の悪化のなかで，海軍，鉄道，通信といった科学技術を活用する国の部門は，所要機材の国産化を目指し，発達してきた民間企業を指導した。これが外国企業との提携を促した面もある。

　第一次世界大戦期には重化学工業の全般的な発展が見られた。化学工業は輸入の途絶に対応して国産化の範囲を広めるが，そのなかでは工業試験場（1918〔大正 7〕年大阪工業試験場の設立により東京工業試験場と改称）の研究成果が大きな役割を果たした。1915 年には東北大に三共の寄付で臨時理化学研究所が，京都大では化学特別研究所が，東大では翌年に軍の研究者も含めた航空研究所が発足し，これらは戦後に金属材料研究所，化学研究所，航空研究所として制度化され，大学が本格的に技術開発に取り組んだ。1916 年には政府の資金援助を受ける財団法人理化学研究所も発足する。国の資金を利用した研究開発が活発に展開された一方で，科学技術を活用した生産活動では，染料医薬品製造，製鉄，軍用自動車製造の各分野で補助金の支給を定めた法律を制定して企業の進出を促す政策がとられ，一定の成果をもたらした。研究開発の促進も含め，政党や議会を通じて政策に影響力をもち始めていた産業界の要求を反映したものであった。

　大戦後には 1919 年の陸軍科学研究所，1923 年の海軍技術研究所の設置や航空機への取り組みなど軍の科学技術導入，開発も本格化し，民間では繊維産業の機械に関する世界的にも先端的な水準での改良や発明など，現場の経験と組み合わせられた科学技術の成果が活用された。しかし，戦時中に拡大した化学工業や機械工業でも再び技術提携が活発になり，古河がジーメンス・シュッケルトと合弁で富士電機を設立するなど，合弁の動きも再開した。それでも，高度な製品やア

メリカで大量生産体制が確立した自動車は輸入が多かった。

　一方で，1920年代には，産業合理化が図られ，科学的管理法による標準動作の設定や工場，機械の配置の検討により人の熟練を科学技術で評価し，制度化するなど，新技術の開発・導入だけではなく，産業全体が科学技術を活用して効率的なありかたをとるべきだとの理解が広まった。これと併行して法科出身者を中心とした官僚に比べて昇進の機会が限られていた技術官僚を中心に，技術者の地位向上を求める技術者運動も起こった。

　国際収支の悪化と不況への対策として，大正末年から国産品愛用が唱えられ，金輸出再禁止後の輸入コストの上昇と輸入技術の消化，そしてナショナリズムの高まりを背景に，1930年代には諸機械類の国産化や，化学工業の独自の方式の開発が進む。1936（昭和11）年の自動車製造事業法は日本に進出していたアメリカ自動車会社の生産台数を制限して国内企業の育成を図った。しかし，急速に普及したラジオが，多波長に対応した欧米の製品とはかけ離れた，NHKの放送しか受信できない単純なものであったことに象徴されるように，国内の事情に合わせた進んだ科学技術の活用にはさまざまな限界があった。

　その後，第二次世界大戦の勃発によって先進国からの技術導入が難しくなり，軍備拡張，代用品生産を進めるために，科学技術の一層の発展が国家的な課題となった。「科学技術」という言葉は，このような状況のなかで1940年に企画院によって，従来の所管を越えた動員と政策樹立のための言葉として使われ，急速に普及した。そこでは，個別企業や業界の枠を越えて国策に沿った，資源自給や軍事技術に結び付く研究の推進が目指された。陸海軍の技術研究・開発が所管外であったため，この枠組み自体の有効性はあまりなかったが，1930年代末以降，従来の医科大学に理工学部を加えた名古屋帝国大学の新設をはじめ，理工系の教育機関の拡張が大規模に進められ，戦時下の文部大臣橋田邦彦の1940年の著書の題目でもある「科学する心」の教育は初等教育から重視された。大量に養成された若手技術者は陸海軍や軍需企業に勤務したが，科学技術を背景とする合理的思考になじんだ彼らが直面したのは，資源と技術力の限界のなかで，品質管理の概念も不十分なまま，広範な未熟練者の動員によって，頻繁に変更を命じられながら，生産の数的目標だけを達成しようとする不合理な戦時生産であった。

　敗戦後の日本の科学技術は，全般的に欧米より遅れ，軍需生産への転換と空爆を中心とした戦争被害により産業施設も多くが破壊されていた。中岡哲郎は敗戦

直後の10年間に重要で，その後の日本の歩みに大きく影響したのは，戦時生産の非合理性への反省と，アメリカ軍を主力とした占領という現実のなかで，他の時代には結び付きえない，占領軍が派遣したアメリカ人専門家，技術者運動の流れをくむ人々，人民主義の統計学者，そして経団連の経営者が，「生産の中に科学を」という情熱と，廃墟からの復興の意欲で結び付き，品質管理運動をはじめ，積極的に産業の復興に取り組んだことだと指摘している（中岡 [2006]）。その前提には，戦前の経験や戦中の科学重視の教育もあった。多くの科学技術の担い手たちが，従来の職を失って，新たな活動の舞台を求めてさまざまな分野で活動した。1940年代後半には，海外渡航や海外企業からの直接的な技術導入は不可能であったが，製品や文献を参照しながらの技術導入が熱心に進められた。1950年の外貨法により，海外渡航や技術導入が可能になると，技術提携の復活や新たな提携が多く見られたが，政府は外貨管理によってこれらを管理し，重要産業や輸出産業を優先して認可範囲を統制した。また外国企業の直接投資も原則的には認めず，外貨管理によって機械・設備の輸入も統制した。このため第一次世界大戦後のような激しい外圧にさらされることなく，数多くの技術者を抱えた企業が限られた直接的技術導入機会を大切にしつつ，政府系研究機関の主導のもとでの協調も含め技術開発を行った。高度経済成長はこうして準備された。

　1960年代に貿易の自由化のもとで，民間企業を主役とする高度経済成長が展開し，企業による研究開発の主役としての技術者の終身雇用的な就業慣行が成立して，技術といえば科学を背景とするのが当然の時代を迎えた。政府は科学技術の自立を目指した研究・開発支援を続け，理工系大学・高専の増設で人材を供給し，1956年の科学技術庁の設置に象徴されるように，原子力，航空，さらには宇宙開発という，巨額の資金を要し不確実性が高い分野で，国家プロジェクトを推進した。科学技術の教育と大規模な先端的部分を政府が担う構造は明治以来一貫している。

3.　科学技術の導く世界

　科学技術を活用した高度経済成長とその後のさらなる科学技術の進歩，活用は，われわれをどのような世界に導いたのであろうか。それは，科学技術を活用した工業製品の利用による生産や生活の変容であり，それによる工業やソフトウェア産業の市場拡大である。農業を例にとれば，前述のように明治期から化学肥料の

導入が始まってはいたが，本格的な科学技術の応用は，高度経済成長期のことで
あった。それは化学肥料の多用，除草・除虫への農薬使用，農業機械の利用，ビ
ニールハウスの設置，遺伝研究に基づく種苗の利用など幅広く，農村では自給で
きない工業製品の導入として進められた。大型農業機械の導入の前提として構造
改善事業による大規模な耕地整備が政府補助金を投じて行われ，住宅への新建材
や燃料としての石油やプロパンガスの導入と相まって農村の景観も生活習慣も大
幅に変わった。各種の工業製品が農村に必須になるとともに農作業自体も機械や
設備の利用で変容した。科学技術の研究開発も従来以上に膨大な設備を要する活
動となり，医療の分野では，特に検査機器の登場によって病院が巨額の設備投資
が必要な施設となった。コンピュータの発達は事務や流通，取引への機械導入を
進め，同時にソフトウェア開発という新たな産業分野を生み出した。20世紀末
以降は，携帯電話やパーソナルコンピュータ，家庭用ゲーム機などにより新たな
工業製品とソフトウェアの消費市場が生み出され，かつては工業と運搬において
のみ見られた機械を相手にした人間の活動が日常生活全体に及んだ。

　1990年代には不況の到来と製造業の国際競争力の低下により，国が科学技術
振興により積極的に取り組むことが合意され，5年ごとに科学技術基本計画を策
定して重点形成を図るに至った。大学や政府系研究機関の研究もこれらの重点部
門か企業との共同研究に乗ることが多く，さまざまな観点から取り組まれるべき
科学技術の研究が多様性を失い，また重点分野の設定をめぐり，各研究分野の共
同利益の防衛がその分野の科学技術者にとって重要な課題となっている。

　科学技術の産業，製品への応用が進むのに対して，公害問題が大きくなったが，
1970（昭和45）年前後の法整備と，4大公害裁判の結果企業の責任が厳しく追及
されたことで，対応の道筋が見えてきた。公害という外部不経済が，排出物の規
制や損害賠償，さらに社会的批判によって企業経営に反映され，科学技術を活用
した公害防除技術の開発・採用や旧施設の廃棄を促進した。公害に関しても近年
は適切な防止処置を取らなかった政府の責任が裁判で認められるようになってい
るが，より早くから政府の責任が追及されたのは，国に許認可権がある薬害問題
である。古くから許認可によって科学技術と政府の権力が深く結び付いていたこ
の分野で科学技術者の良心が疑われる問題が近年も発生していることは，政府が
主導する科学技術のありかたの問題点を示唆する。それを明確に示したのは，東
日本大震災に誘発された福島第一原発の事故である。原子力利用の安全性を唱え，

その発展を目指す方向が半世紀余り国家主導で進み，電力会社の経済的利害とも結び付いた結果，電力会社だけではなく，政府やこの分野の研究機関の科学技術者たちも，現在の技術体系を批判的に検討して事故を未然に防ぐ力を失っていた。それは敗戦までの軍事技術の歩みを想い起こさせる事態であった。

　公害でもアスベスト問題など，後年に発生源との因果関係や人体への悪影響が明らかになる事例，また低線量被曝や電磁波の影響，予防接種の副作用など，被害を受ける人間の側の個人差を含めて評価が固まらない事例も増えてきており，人体への影響が明確になるより前に新成果が普及するのが科学技術の進歩と分かち難い問題であることが明らかになってきた。人口密度の高さや土地利用の高度さ，そして身近な魚介類を食用にする習慣から，日本では欧米先進国以上に公害が健康被害に直結し，また建築物の破壊や原発事故を招いた地震災害も発生率が高い。科学技術のこの種の危険性に対する対応が強く要求され，それを達成することで，世界に貢献できる可能性も高い。科学知識の一層の普及により科学技術者以外の人々の批判能力を上げ，また狭い専門分野を越えた科学技術者の活動や発言に期待するとともに，公害対策や軍事技術における歴史的経緯を顧みれば，ある分野の科学技術の活用方法の誤りが直接に被害を引き起こした企業だけでなく，その分野の科学技術者全体の不利益をもたらす制度を作って，同分野の科学技術者が科学技術の悪影響の可能性に敏感になるようにする必要が感じられる。もちろん，科学技術者にそれだけの責任を負わせるのであれば，彼らの行政や経営に対する発言力や社会的地位の向上も必要である。　　　　　　　　（鈴木　淳）

参考文献

通商産業省［1979］『商工政策史　第 13 巻　工業技術』商工政策史刊行会
中岡哲郎・石井正・内田星美［1986］『近代日本の技術と技術政策』国際連合大学
中岡哲郎編著［2002］『戦後日本の技術形成』日本経済評論社
日本産業技術史学会［2007］『日本産業技術史辞典』思文閣

終　章

明日への模索
——資源節約型環境立国へ

　本書を終えるにあたり，将来のために日本経済の歴史から何を教訓として得られるかを考えてみたい。第8章が「国際化」を表題としたように，21世紀に入り，インターネットの普及とともに国際化が一層進展し，市場競争の局面では，国境が参入障壁とはならなくなっている。歴史研究でも，入門ガイドで述べるように，「グローバル・ヒストリー」という新しい分析方法が展開し，その名称から，国際化に対応した新しい歴史研究が展開しているかに見える。しかし，「グローバル・ヒストリー」の眼目は，西欧中心史観の是正であり，西欧の価値観を世界の価値基準とすることへの批判でもあった。その背後には，各地域にはそれぞれの地域固有の発展経路が存在しており，そのことを尊重すべきとの価値観があり，「グローバル・スタンダード（世界標準）」の視点から世界を捉えることへの反発があると思われる。実際，世界的な経済のボーダレス化が進めば進むほど，各地で文化的な摩擦が引き起こされ，政治的な紛争にもなっている。経済のグローバル化と文化のナショナリズムが交錯しているのが現代社会といえる。

　この交錯を解きほぐして，多民族が共存共栄し合える世界を確保するには，それぞれの民族のもつ「慣習」を尊重し合うことが大切であろう。本書では，日本の経済に関わる慣習として「贈与」を取り上げ，贈与慣行が非常に盛んであった古代・中世を対象としてテーマⅠで取り上げた。古代の贈与は「神への贈与」の側面が強く，信仰に裏付けられた行動であり，私利私欲の要素はあまりなかった。それが中世になり，「人への贈与」が一般化することで贈与経済は市場経済と循環構造をもつことになり，贈与経済が急激に拡大した。贈与慣行は，戦国時代になると急速に沈静化し，近世以降は，儀礼のなかに残り，中世のように社会の経済のなかで大きな比重を占めなくなるが，中元・歳暮などで生活慣習のなかに根

づいて現代まで続いている。近世日本では社会のなかで宗教の占める比重は少なくなり，近代に入ると，合理性が社会規範を定めるようになったが，地震予知が困難なように，合理性の追求では計り知れない自然の摂理が残されている。

　その際に参考にすべきが，先人の知恵と工夫であり，それは長年の慣習のなかで培われたものであった。例えば，東日本大震災の際に生じた津波の到達限界域に，東北地方の江戸時代の旧街道が走っており，そこに旧街道を作ったのは，長年の経験でそこまでは津波が来ないことが分かっていたからと推察され（平川[2012]），防災における歴史的経験の重要性が高まった。江戸時代の災害は，津波のみではなく，飢饉や流行病が周期的に生じ，生活水準がそのたびに悪化した。そのなかでも，それらの危機を乗り切るためにさまざまな工夫が試みられてきた（第4章および解説II-3「歴史人口学と生活水準」）。その場合に大切なのは，自然環境を侮らないことであり，自然への畏怖の念を持ち続けることであろう。古代社会で，「神への贈与」の背景に，神への畏怖の精神があったのと同様に，現代の人々も「自然への贈与」の精神で自然に働きかけ，「自然からの贈与」として経済活動の成果物を受け取る心持ちが必要ではないかと考えられる。

　そうした自然を尊重する認識をもつことで，自然環境と社会の関係を短期的に崩壊させてしまうのではなく，1つの文明システムとしてある程度永続させることができるように思う。テーマIIで述べたように，環境と人間社会との関係は，生物世界に見られるものよりはるかに複雑になっており，技術的条件・社会的条件・制度的条件・個体的条件がそれぞれ自然環境や社会環境を負の方向にもっていくこともあれば，正の方向にもっていく場合もあった。例えば近代日本では，鉱物資源が私的所有権の確立とともに鉱山所有企業の論理が優先されて採掘される一方で，温泉資源は，地域社会の「集中管理」により持続的な資源循環として利用されている（解説II-6「資源循環と地域社会」）。産業技術や社会制度は，自然環境を破壊する力をもつ一方で，持続的な資源循環を可能にする力ももっているのであり，後者の側面こそこれからの社会で活かすべきであろう。

　実際，高度経済成長期後半に社会問題となった公害問題についても，公害病患者への補償の問題は残り続けるものの，公害そのものを除去する産業技術はかなり進歩し，公害を防ぐ社会制度の構築も試みられている（解説III-6「高度成長と公害」）。テーマIIIでは，この科学技術と経済活動の関係を取り上げたが，そこでも指摘されたように，科学技術の発展は，公害を生む土壌となるとともに，それ

を除去する役割も果たしている。科学知識の一層の普及により科学技術者以外の
人々の批判能力を上げて，科学技術の活用方法の誤りを修正する社会制度の構築
が重要に思われる。そこまで社会的に教育水準を高め，科学技術の活用を自己批
判し，さらにその野放図な拡大を抑制できるような社会的仕組みをもってこそ真
の環境立国といえる。実際，先述の資源循環の問題も，リサイクル可能な資源で
あれば浪費しても構わないとの論理にすり替わる可能性があるため，循環型社会
をさらに進めて資源節約型社会を導ける環境立国が望まれる。

　そして現代日本の現状を鑑みれば，高度経済成長期に進んだ安価な石油の大量
輸入のために，火力発電の燃料が石炭から石油へ転換し，燃料コストが低下した
ことから，電気事業において水力発電から火力発電への転換が進んだ。そうした
エネルギー転換に加えて，安価な木材の大量輸入のために，国内の林産資源・鉱
物資源・水資源が十分に利用されずに，水力発電用のダムの無人化，炭鉱の放置，
森林の放置が進行して，現代日本は災害への対応力が弱まっている。むろん，
1970年代の石油危機の際に，石油依存のエネルギーのあり方を見直すチャンス
があったと考えられるが，国内の林産資源・鉱物資源あるいは水力発電の利用へ
はあまり向かわず，天然ガスの大量輸入へと向かった。

　こうした輸入資源に頼る日本経済のあり方が，21世紀に入っても変わらなか
ったのは，消費者の意識にも要因があったと思われる。序章で，「足し算の経済
学」と「引き算の経済学」の2つの考え方を示したが，安価なものを求める消費
者の意識が，生産者により一層のコスト削減を余儀なくさせ，石油や天然ガスな
どの安価な資源・エネルギー源を追い求めることになったともいえる。石油や天
然ガスなどの埋蔵量に限界があり，しかもその利用による二酸化炭素の排出が，
環境に多大な負荷をかけていることが明らかになった今日，生産費に利潤が足さ
れて販売価格が決まるという「足し算の経済学」に立ち返って，安価なものを追
い求めるのではなく，地元産の資源を利用し，地元産のものを購入することで，
持続的な経済社会を支えるという視点が重要であろう（中西［2021］）。

　現代日本の将来は，慣習を活かした持続的な環境保全社会を作り，それを維持
するための資源節約型科学技術を発展させ，それを社会として実用することにか
かっていると思われる。科学技術には，産業技術，情報技術，医療技術，軍事技
術などさまざまな技術が含まれるが，生きるための科学技術に最高の価値をおく
歴史認識は，より多くの人々の共感を得られるのではないかと思われる。

入門ガイド　日本経済の歴史を学ぶ

　ここでは，日本経済の歴史に関してこれまでどのような学説が展開されてきたかを概観し，現代社会の状況を捉える上で，そこから何を学べるかを考える。その場合，日本経済史学とはいえ，諸外国の学問的影響を受けて展開しており，世界における経済史学との関わりを重視する必要があろう。世界の経済史学の潮流が日本へ流入した時期には，以下のように大きく3つの波があったと考えられる。

　第一は，20世紀初頭から1920年代で，この時期に日本で日本経済史学が生まれ，そこにはドイツ歴史学派とマルクス経済学が大きな影響を与えた。そのなかでマルクス経済学の唯物史観に基づく経済発展段階説の日本への適用のあり方をめぐって日本資本主義論争が展開される一方で，京都大学を中心として実証的経済史学も成立した（山田・徳永編［2001]）。歴史分析の手法として，個別の実証分析を積み重ねて一般的結論を導き出す帰納法と，命題を設定して事例分析によらずに論理の規則に従って必然的な結論を導き出す演繹法があるが，日本資本主義論争では主に演繹法の立場から日本資本主義の性格が論じられ，京都大学を中心としたグループは帰納法の立場から実証研究を深めた。ただし第二次世界大戦前のこの2つの潮流は，マルクス唯物史観が日本経済史学界で浸透するにつれて前者が優勢となった。

　第二は，第二次世界大戦後の復興期にあたる1950年代で，敗戦への反省もあり，近代化をめぐる議論が展開された。この時期経済史学の立場から近代化を論じた大塚久雄は，マックス・ウェーバーの人間類型論を経済史学に応用し，近代資本主義社会は，生産力の発展による個の自立のなかで封建的共同体が終局的に解体して成立するとした（大塚［1955]）。唯物論的マルクス経済学とウェーバー社会学を大塚が結合し，西欧との比較で日本を捉えようとすることで，段階論と類型論の関係が日本経済史学界でも大きな課題となった。

　第三は，1960（昭和35）年前後からロウトウらの経済成長論を数量的に精緻化した計量経済史が「新しい経済史」としてアメリカで展開され，それが70年前後に日本に紹介され，数量経済史として日本経済史学界で定着するようになった。そこでは数量データを加工する枠組みとして新古典派ミクロ経済学が応用され，近代経済学の理論の経済史学への適用が積極的に進められたが，そのため分析対象が，経済学的諸要素が十分に機能する領域へ限定され，それまでの日本経済史研究が社会全体を分析対象としたのに対し，物価・人口など特定の要素について長期的な数量分析が行われた（梅村・新保・西川・速水編［1976]）。

　なお，近年は歴史制度分析とグローバル・ヒストリー論という新たな諸潮流が，日本経済史学界へも影響を与えるようになったが，それらは「おわりに」で触れることとし，以下，日本経済史学の学問的潮流を，①帰納法と演繹法，②段階論と類型論，③全体史と部分史を切り口として概観してみたい。

1.　帰納法的な実態研究と演繹法的な制度研究

　日本における日本経済史という学問の創始者は，福田徳三と内田銀蔵といわれており，福田はヨーロッパ留学中の1900（明治33）年にドイツ語で『日本経済史論』を著し，そこで，ドイツ歴史学派の影響を受けてヨーロッパ経済史と日本経済史を比較する視点を採用した。一方，内田は各国経済史の比較よりも，それらの基礎となるべき個別的事実の研究を優先させ，経済史の一般性を認めつつも，個別実証研究から始めた。経済史をさまざまな側面から描き出す内田の方向性は，本庄栄治郎・黒正巌など京都大学の研究者に受け継がれ，本庄と黒正は共著で1929（昭和4）年に古代から近代におよぶ『日本経済史』を著した。特に黒正は，百姓一揆の詳細な実証研究を行い，実証史学の基礎を築いた（山田・徳永編［2001］）。

　その一方で，1920年代はマルクス経済学の唯物史観の影響を受けて，当時の日本の経済発展段階をめぐる論争が展開され，平野義太郎・山田盛太郎など当時の日本の前近代的性格を強調する論者は，30年代初頭に岩波書店刊の『日本資本主義発達史講座』を執筆し，「講座派」と呼ばれた。それに対し，当時の日本はすでに近代ブルジョア国家に移行していると考えた論者は，雑誌『労農』などで論を展開したため「労農派」と呼ばれた（長岡［1984］）。「講座派」と「労農派」の論争は，日本資本主義の性格を特殊性から評価するか普遍性から評価するかの違いがあったが，マルクス経済学の経済発展段階論を基盤に置く点では共通しており，黒正らの実証史学とは学問的スタンスは異なっていた。

　1920年代の実証史学は，30年代にはアチック・ミューゼアムによって進められた農村・漁村研究へとつながったが，第二次世界大戦後の日本経済史学界では，唯物史観がかなりの影響力をもった。黒正は，実証的研究成果と唯物史観の総合を試みたが，1949年に亡くなり，以後の日本経済史学は，宇野弘蔵らと「講座派」との間で行われた段階論をめぐる論争のなかで主に展開した。それは経済発展段階論の日本への適用のあり方を論じた点で演繹的手法であり，特に地租改正や農地改革など土地制度に関心が向けられ，経済実態よりも制度に分析の焦点が向けられた。マルクス経済史家が着目した制度は，政治体制に作られた制度であったが，世界の経済史学界でダグラス・ノースらによって分析対象とされた「制度」は，経済主体が自発的に作り上げた組織も含み，市場機能を補完するものとして概念が広げられ，

経済理論のなかで制度を論ずることが可能となった（ノース［1994］）。

　近年では，日本経済史学においても広義の「制度」が市場機能を補完するものとして分析対象にされているが，そこでは制度の有効性の仮説が提示され，その検証が数量分析で確認される点で，分析手法としては演繹法的手法が優先されつつ，帰納法的手法で仮説が裏付けられており，分析手法は格段に精緻化された。それが可能になったのは，フランスの歴史人口学やアメリカの計量経済史の影響を受けて日本でも，統計的手法で長期の数量データを処理してその要因分析を行う数量経済史が展開したことに負っている。

　その一方で，方法論的論争から距離をおいた実証史学も，根強く継続されており，西欧世界で構成された概念を日本に適用することそのものに懐疑的な見方も存在する。例えば，日本近世史の研究者である尾藤正英は，日本の近世社会は，外来の観念や現代の価値観に捉われることなく，日本の歴史を，その歴史そのものの流れに即して理解しなければ，正確には認識し難いとして，「家の一般的形成」の視点から見て日本の戦国時代とそれ以前との間に大きな断絶があり，日本の歴史はそこを境目に大きく二分されるとした（尾藤［1992］）。

2.　日本資本主義をめぐる段階論と類型論

　前述のように第二次世界大戦後に，マルクス経済学の経済発展段階論の日本への適用をめぐって論争が再開されたが，そこでマルクス経済学を独自の解釈で展開したのが宇野弘蔵であった。宇野はすでに1935（昭和10）年に，山田盛太郎ら「講座派」と向坂逸郎ら「労農派」を両面批判しており，山田が高率小作料の存在から強調した戦前期日本の半封建的土地所有については，それは後進国の資本主義化に必然的な農民分解の不徹底を示す経済的事象であり，特殊日本的な現象＝半封建的ではないとした。そしてイギリスのように日本農業もいずれは資本主義化するとの向坂らの考え方も批判し，後進国の資本主義化が必ずしも先進国と同じ道を辿るわけではないことを主張した（宇野［1935］）。

　こうした発想を踏まえて第二次世界大戦後に宇野は，独自の段階論を提唱した。すなわち，マルクスの『資本論』は資本主義の原理を解明すべきもので現実に適用すべきではなく，原理論を示し，その上に資本主義の世界史的傾向を扱う段階論を示し，これを土台にして資本主義の具体的現実をあつかう現状分析を行うべきとした。宇野段階論は，資本主義を発生期・成長期・爛熟期に分け，各時期において指導的地位にある代表的産業を分析することで，それぞれの時期の資本のタイプを示した。具体的には，発生期には商人資本が中心的存在となり，その利害を守る重商主義政策が採られ，成長期には産業資本が中心的存在となり，その利害を守る自由

主義政策が採られ，爛熟期には金融資本が中心的存在となり，その利害を守る帝国主義政策が採られたと結論付けた。そして，日本は後進国として世界史的帝国主義段階のなかで資本主義が成立したため，後進国としての特徴をもった資本主義が成立するに至ったと位置付けた（宇野 [1954]）。一方，第二次世界大戦後の近代化論において大塚久雄も，共同体の諸類型が生産諸力の異なる段階に対応し，アジア共同体—古典古代共同体—ゲルマン的共同体と共同体も世界史的展開を遂げ，共同体の解体により近代資本主義が成立したと論じた点では，マルクス経済学の経済発展段階論の影響を強く受けていた。しかし，同時に大塚は，「西欧近代」を理想化し，禁欲的人間類型を代表する中産的生産者層によって行われたイギリスの産業革命のみが先導的な影響を与える世界史的原型とした点で，イギリス資本主義を類型的に把握していた（大塚 [1969]）。

　第二次世界大戦後に宇野や大塚を中心として展開された段階論をめぐる論争では，日本の位置付けを，基本法則に対する偏差と見るか，類型的な差異と見るかが大きな論点となり，それが日本経済史学界にも反映された。例えば，安良城盛昭は，アジア的共同体—古代奴隷制—農奴制—資本制—社会主義と展開するマルクスの経済発展段階論を基に独自の社会構成体史論を展開した。そして日本の近世社会とそれ以前の社会とを区別する歴史的事象として太閤検地の画期性を主張し，太閤検地により農民の全剰余が封建領主に「搾取」されるに至り，農民は小家族を生産単位とする農奴として均等に位置付けられ，近世日本社会で農奴制は完成したとした（安良城 [1959]）。それは同時に，日本の中世社会は奴隷制社会であったことを示唆するもので，その評価をめぐる論争を引き起こした。国家の本質を経済的土台に還元する安良城の見方に対し，水林彪らは，社会と国家との関係の視角から，未開から文明へという歴史の発展法則に照らすと，社会と国家が未分離な状態から社会と国家の二元制が成立する過程が重要とした。そして水林は，同一の発展段階にあるものの類型的な差異を認識するための国制の比較研究を提唱し，近世日本の国制を西欧の絶対主義や中国の秦漢帝国の国制と比較すべきとした（鈴木・水林・渡辺・小路田編 [1992]）。

　日本の近代社会を考える場合も，それを類型的な差異と見るか基本法則に対する偏差と見るかで大きく異なる見方で示された。例えば前述の「講座派」の立場では，明治維新は絶対主義革命とされ，そこで成立した明治国家は天皇制絶対主義国家と考えられている。ところが，絶対主義体制でありながら資本主義が成立したことを説得的に論ずるために，日本では特殊型絶対王政が成立したと位置付けられ（石井 [1991]），西欧的な概念を活かしつつ，日本の実情と合わせるため，それは類型的な差異と見なされた。一方，世界史への基本法則が近代日本も貫いており，それへ

の偏差から日本の特徴を論ずる見方もあり，「宇野派」の流れをくむ大内力は，明治維新はブルジョア革命で，それにより近代的土地所有制度が確立され，近代日本はブルジョア国家として重商主義段階から自由主義段階そして帝国主義段階へ移行したとした（大内［2000]）。

3. 全体史と部分史から見た日本経済史

　段階論の日本への適用の難しさが明らかになる一方で，1970年代から日本経済史学界では，新しい潮流が生まれ，フランスの歴史人口学やアメリカの計量経済史の影響を受けて日本でも数量経済史が新しい分析手段として採用された。数量経済史の特徴は，統計学の分析手法を援用して長期間の数量データを解析し，日本経済の趨勢を明らかにするとともにその要因を分析することにある。こうした視点から，日本の産業革命の重要性も相対化され，産業革命の画期性はある程度認めるものの第二次世界大戦後の高度経済成長期の社会変革に比べれば相対的に小さく，近世日本の勤勉革命，近代日本の産業革命，現代日本の高度成長といった経済発展の複数の波の1つに過ぎないとする見方が示された（梅村ほか編［1988〜90]）。また産業革命の社会変革は，農村の社会変革を十分にともなわず，産業革命期も農家副業に立脚した近世来の在来産業が，近代期に移植された近代産業と並んで，より労働集約性を高める「発展」を続けたとされた。

　一方，前述の「講座派」「宇野派」の立場からの産業革命研究も進められ，「講座派」の立場からは，日本の産業革命は，消費財部門で産業資本による機械制大工場生産が定着し，生産財部門でもそれが可能になる技術水準が達成されたことで，1900年代後半に達成したとするいわゆる二部門定置説が主張された。「宇野派」の立場からは，産業資本段階の主導部門であった綿工業で産業資本による機械制大工場生産が定着したことが産業革命に重要であり，その点から日本では1900（明治33）年前後に産業革命が達成したとするいわゆる綿工業中心説が主張された（大石編［1975]：大内［1967]）。こうした，在来産業論・二部門定置説・綿工業中心説を比べると，日本社会のどの範囲で資本主義の成立を考えるかの見方がかなり異なる。主導産業で判断すればよいとする綿工業中心説は，いわば「先端部分」を重視するといえ，農業も含めて産業全体を視野に入れる在来産業論が「社会全体」を重視する立場と考えられる。二部門定置説は，機械制大工場生産にこだわる点で，工業の「先端部分」を重視しつつも，消費財部門のみでなく生産財部門も重視することで，国民経済としての対外自立（国内自給）を視野に入れており，綿工業中心説よりは分析の範囲は広い。

　このようにある時点の経済の特徴を社会のどの範囲で捉えるかにより，その見方

は異なり，分析対象範囲が大きな論点となる。例えば，日本の中世社会の特質を貢納経済社会とみるか市場経済社会とみるかの論争が，永原慶二と網野善彦との間で交わされたが，当時の経済の進展度の「先端部分」に着目すれば，首都経済圏では信用経済がかなりの発達を示していたと考えられ，日本の中世社会は市場経済が展開していたことになろう。その一方，地方に目を向ければ，首都経済圏ほどの信用経済の展開は見られなかったと考えられ，貢納経済社会の色合いが濃かったことも否定できない（本書第2章）。

　日本でも紹介されたフランスのアナール派社会経済史学では，フェルナン・ブローデルなど社会全体を分析対象とする「全体史」の志向性が強かった（竹岡[1990]）。社会全体を相当な実証密度で分析することができれば理想的であろうが，史料の残存状況には偏差があり，地域や分析対象によって実証密度に精粗が出るのはやむを得ない。それゆえ，分析対象を絞り込んで実証を行うことは実証水準を保つために必要であろう。その意味で，実証研究は「部分史」にならざるを得ない。その際重要なのは，分析対象として取り上げた「部分」が「全体」のなかにどのように位置付くかが明確になっていることであろう。

　実際，前述の数量経済史であっても，数量データの残存状況に分析対象が左右されるため，推計を行ったとしても「全体」像を明らかにするのには困難が伴う。それゆえ，数量経済史が最も進展したのは，物価・人口など長期的数量データが比較的残されている分野に限られた。そして在来産業論も，近代移植産業とは異なる別の経済発展経路は示せたものの，両者の関連を統合して，社会全体の産業化を提示し得るところまでは至っていない。

おわりに——今後に向けての論点

　現代の日本経済史学界は，世界の経済史学界の新しい学問的潮流の影響を受けつつある。1つは，近代経済学の手法が数量データの長期的趨勢の要因分析のみでなく，歴史的諸局面の制度や市場機能の検証に導入され，かなり広範に経済史学に応用されるようになったことである。経済主体が自生的に作り上げた組織も含めてさまざまな諸制度が市場機能の働きをいかに補完していたかを近代経済学のゲーム理論を援用して分析する歴史制度分析の展開が，近代経済学の手法の経済史学への応用に大きな役割を果たした（グライフ[2009]）。

　もう1つは，近年のアジア諸国の急速な経済成長を踏まえて，従来の西欧中心の経済発展史観の見直しが進むなかで，国民国家主体の歴史像ではなく，世界全体をそのものとして対象とする新しい歴史像を目指すグローバル・ヒストリー論が展開され，日本経済史学界でも，アジアのなかの日本の視点がより強く打ち出されるよ

うになった（水島編［2008］）。

　このように歴史制度分析とグローバル・ヒストリー論が現代的潮流として注目を浴びているが，同時にそこに内在する課題も明らかになってきた。それを分析手法・分析形態・分析対象の点からまとめておきたい。

　分析手法では，歴史制度分析とグローバル・ヒストリー論はともに仮説の提示に力点が置かれており，演繹法的性格が強い。ただし仮説は，実証的に検証されてこそ説得力をもつが，歴史制度分析では特定の実証方法が利用されるためそれに合致する数量データが存在している場合のみ検証が可能になり，仮説を提示し得る範囲が限定されることとなる。また，グローバル・ヒストリー論では，ヨーロッパ的経済発展と異なるアジア的経済発展の特質を解明するために，検証可能な仮説をいくつか提示してヨーロッパとアジアの比較研究が行われるが，ヨーロッパにも多様なタイプ，アジアにも多様なタイプがあるためその比較研究を，全体像に直接結び付けるのは困難となる。その一方で，多様な分析手法の開発と史料発掘により，個別実証研究の水準が日本経済史学では急速に高まり，総体としての枠組みの研究と，個別実態研究との乖離が進んでいるのが現状である。

　また，グローバル・ヒストリー論で西欧中心の「世界史の基本法則」が厳しく批判されたように，段階論的発想の余地は小さくなり，ヨーロッパとアジアを類型論として比較する研究が進展している。類型論は，論点を明確化するには優れているが，十分な実証研究の蓄積がないままに仮説的に類型化をすると，その反証事例が多く挙げられて，類型と実態に大きな齟齬が生じる。類型化は，最終的結論を導くための作業仮説に過ぎず，それを絶対視しないことが肝要である。

　さらに，歴史制度分析が市場機能を補完する諸制度に分析対象をかなり絞り込んだのに対し，グローバル・ヒストリー論は世界全体を分析対象とする志向性が強く，学問的潮流としては全体史への可能性を秘めつつも，実態の分析そのものは個別分散化しているように見受けられる。日本経済史学界でも，アジアとの関連への意識は強まったものの，それを具体的に論証する局面では，主に貿易関係の分析が中心となっている。むろん，そうした全体史の方法的限界を乗り越えるために，人口・家族・生産形態などの各局面における国際比較の研究も進められている（斎藤［2008］：杉原［2020］）。

　そして，近年の歴史研究の動向をまとめると，広く長い視野と身近な視野の両極化とでも呼べる状況にあるといえる。序章で触れたように，長期の歴史を生物学や自然環境学の手法を取り入れて学際的に進める研究が登場している一方で，特定の時代についての日本史研究では，国家よりもむしろ地域社会や生活空間への関心が高まっている。その際の，地域社会の範囲は，時代や研究対象によって異なるが，

古代・中世では，荘園と村落の関係が盛んに論じられ，近世では，村請制や村の共同性・自律性についての議論が展開された。また，近現代でも，市町村を範囲とする地域社会の政治・経済のあり様について，深く考察されるに至っている。こうした傾向は，本書の参考文献リストから，近年の著作を選んでみると明らかとなる。

　この両極化のなかで，前者は数量分析へと傾斜し，後者は文献分析へと傾斜しているが，数量分析は，マクロ的状況やその趨勢はかなりの精度で明確化できるものの，因果関係の確定は難しく，逆に文献分析は，因果関係をかなり説得的に説明できるものの，マクロ的状況の説明は困難となる。その点で，数量分析と文献分析は相互補完の関係にあり，その共同作業が歴史の物語性を克服するのに役立つ。

　歴史の物語性については，かなり以前から問題にされてきたが，歴史学が対象とする過去の事実は，研究する主体が，その問いや視角（主観）に応じて選択的に認識するものではないかという指摘である（渡辺美季［2020］）。この考え方に立てば，歴史学の客観性は否定されて，「歴史は物語」という位置付けとなってしまう。私は，歴史学は必ずしも過去に対して「主体的」に問いを立てる必要はなく，出会った歴史的資料に無心で向かい，歴史的事実を史料に語らせることが本来の実証史学と思う。そうした手続きを経て，明らかにされてきた歴史的事実をもとに歴史を記述すれば，物語性の克服は可能と考えられる。

　以上のことを踏まえると，黒正巌に始まり，日本常民文化研究所で戸谷敏之らにより進められた実証史学に今一度立ち戻り（戸谷［1941］［1943］），史料に即した実証研究を積み上げることが大切に思われる。そして数量分析においても，史料批判は必要となるが，実際に史料に記された数値を表やグラフで示しつつ分析を行うことが重要になるといえる。冷戦体制の崩壊とともに，マルクス経済学の経済発展段階論の呪縛から日本経済史学がある程度自由になって 30 年ほどになるが，新たなグランド・セオリーを構築することは容易ではない。むろん個別実証研究を全体像につなげる努力は進めるべきであるが，経済史学は経済学の一分野であるとともに歴史学の一分野でもあり，十分な実証研究の蓄積を踏まえて全体像の構築を図るべきであろう。

（中西　聡）

参考文献

* 『国立歴史民俗博物館研究報告』は『報告（歴博）』と略記。

青木隆浩［2003］『近代酒造業の地域的展開』吉川弘文館

青木均［2020］『小売営業形態成立の理論と歴史』同文舘出版

秋田茂責任編集［2019］『グローバル化の世界史』（MINERVA 世界史叢書②）ミネルヴァ書房

浅井良夫［2001］『戦後改革と民主主義』吉川弘文館

―――［2002］「1950 年代の特需について（1）」『成城大學經濟研究』第 158 号

―――［2008］「1950 年代における経済自立と開発」『年報日本現代史』第 13 号

―――［2011］「開発の 50 年代から成長の 60 年代へ」『報告（歴博）』第 171 集

―――［2015］『IMF 8 条国移行』日本経済評論社

浅香年木［1971］『日本古代手工業史の研究』法政大学出版局

朝倉孝吉［1961］『明治前期日本金融構造史』岩波書店

麻島昭一・大塩武［1997］『昭和電工成立史の研究』日本経済評論社

阿諏訪青美［2004］『中世庶民信仰経済の研究』校倉書房

安達宏昭［2013］『「大東亜共栄圏」の経済構想』吉川弘文館

渥美俊一［2007］『流通革命の真実』ダイヤモンド・フリードマン社

阿部浩一［2001］『戦国期の徳政と地域社会』吉川弘文館

阿部武司［1989］『日本における産地綿織物業の展開』東京大学出版会

―――［2022］『日本綿業史』名古屋大学出版会

阿部武司・中村尚史編著［2010］『講座日本経営史② 産業革命と企業経営』ミネルヴァ書房

天野尚樹［2018］「樺太における「国内植民地」の形成」今西一・飯塚一幸編『帝国日本の移動と動員』大阪大学出版会

天野雅敏［1986］『阿波藍経済史研究』吉川弘文館

―――［2010］『戦前日豪貿易史の研究』勁草書房

網野善彦［1973］「荘園公領制の形成と構造」同［1991］『日本中世土地制度史の研究』塙書房に所収

―――［1978］『無縁・公界・楽』（平凡社選書）平凡社，増補版［1987］

―――［1997］『日本中世に何が起きたか』日本エディタースクール出版部

新井鎮久［2015］『近世関東畑作農村の商品生産と舟運』成文堂

荒川憲一［2011］『戦時経済体制の構想と展開』岩波書店

安良城盛昭［1959］『幕藩体制社会の成立と構造』有斐閣，増訂第 4 版［1986］

―――［1989］『天皇・天皇制・百姓・沖縄』吉川弘文館

―――［1990］『天皇制と地主制』上・下巻，塙書房

荒武賢一朗［2015］『屎尿をめぐる近世社会』清文堂出版

荒野泰典［1988］『近世日本と東アジア』東京大学出版会

粟倉大輔［2017］『日本茶の近代史』蒼天社出版

安藤精一［1992］『近世公害史の研究』吉川弘文館

安藤優一郎［1999］「東京市区改正以前の屎尿処理対策」石弘之他編『環境と歴史 ライブラリ相関社会科学 6』新世社

―――［2000］『寛政改革の都市政策』校倉書房

安野眞幸［2009］『楽市論』法政大学出版局

―――［2018］『日本中世市場論』名古屋大学出版会

飯島千秋［2004］『江戸幕府財政の研究』吉川弘文館

飯塚一幸［2017］『明治期の地方制度と名望家』吉川弘文館

──編［2021］『近代移行期の酒造業と地域社会』吉川弘文館

井奥成彦［2006］『19 世紀日本の商品生産と流通』日本経済評論社

井奥成彦・谷本雅之編［2018］『豪農たちの近世・近代』東京大学出版会

井川克彦［1998］『近代日本製糸業と繭生産』東京経済情報出版

井口治夫［2012］『鮎川義介と経済的国際主義』名古屋大学出版会

池享［2010］『日本中近世移行論』同成社

池上裕子［2012］『日本中近世移行期論』校倉書房

──［2021］『中近世移行期の検地』岩田書院

池元有一［2008］「製粉業」後掲武田編［2008］

石井寛治［1972］『日本蚕糸業史分析』東京大学出版会

──［1984］『近代日本とイギリス資本』東京大学出版会

──［1991］『日本経済史』（第 2 版）東京大学出版会

──［1999］『近代日本金融史序説』東京大学出版会

──［2001］「貿易と金融における日英対抗」杉山伸也／ジャネット・ハンター編『日英交流史
　1600-2000　4 経済』東京大学出版会

──［2003］『日本流通史』有斐閣

──［2007］『経済発展と両替商金融』有斐閣

──［2012］『帝国主義日本の対外戦略』名古屋大学出版会

──［2015］『資本主義日本の歴史構造』東京大学出版会

──［2018］『資本主義日本の地域構造』東京大学出版会

──編［2005］『近代日本流通史』東京堂出版

石井寛治・中西聡編［2006］『産業化と商家経営』名古屋大学出版会

石井寛治・原朗・武田晴人編『日本経済史』東京大学出版会，第 1 巻［2000a］幕末維新期，第 2 巻
　［2000b］産業革命期，第 3 巻［2002］両大戦間期，第 4 巻［2007］戦時・戦後期，第 5 巻
　［2010a］高度成長期，第 6 巻［2010b］日本経済史研究入門

石井進編［1995］『中世のムラ』東京大学出版会

石井裕晶［2012］『戦前期日本における制度変革』早稲田大学出版部

石井里枝［2013］『戦前期日本の地方企業』日本経済評論社

石川亮太［2016］『近代アジア市場と朝鮮』名古屋大学出版会

石毛直道［1982］『食事の文明論』（中公新書）中央公論新社

石原武政・矢作敏行編［2004］『日本の流通 100 年』有斐閣

磯貝富士男［2002］『中世の農業と気候』吉川弘文館

市川大祐［2003］「施肥改良と市場創造」後掲武田編［2003］

市川孝正［1996］『日本農村工業史研究』文眞堂

逸身喜一郎・吉田伸之編［2014］『両替商　銭屋佐兵衛』全 2 巻，東京大学出版会

井手英策［2006］『高橋財政の研究』有斐閣

伊藤昭弘［2014］『藩財政再考』清文堂出版

伊藤修［1995］『日本型金融の歴史的構造』東京大学出版会

伊藤俊一［2010］『室町期荘園制の研究』塙書房

──［2021］『荘園』（中公新書）中央公論新社

伊藤正直［1989］『日本の対外金融と金融政策』名古屋大学出版会

──［2009］『戦後日本の対外金融』名古屋大学出版会

伊藤好一［1996］『江戸上水道の歴史』吉川弘文館

伊藤真利子［2019］『郵政民営化の政治経済学』名古屋大学出版会

稲葉継陽［2009］『日本近世社会形成史論』校倉書房

井上勝生［1994］『幕末維新政治史の研究』塙書房

井上正夫［2022］『東アジア国際通貨と中世日本』名古屋大学出版会

井上光貞・永原慶二・児玉幸多・大久保利謙編［1984〜90］『日本歴史大系』全 6 巻，山川出版社，

後に普及版［1995～97］全 18 巻

井原今朝男［2003a］「室町期東国本所領荘園の成立過程」『報告（歴博）』第 104 集

―――［2003b］「東国荘園年貢の京上システムと国家的保障体制」同上，第 108 集

―――［2011］『日本中世債務史の研究』東京大学出版会

―――編［2013］『環境の日本史 3　中世の環境と開発・生業』吉川弘文館

―――［2015］『中世日本の信用経済と徳政令』吉川弘文館

今井典子［2015］『近世日本の銅と大坂銅商人』思文閣出版

今村直樹［2020］『近世の地域行財政と明治維新』吉川弘文館

伊牟田敏充［2002］『昭和金融恐慌の構造』財団法人経済産業調査会

岩井茂樹［2020］『朝貢・海禁・互市』名古屋大学出版会

岩田浩太郎［2004］『近世都市騒擾の研究』吉川弘文館

岩橋勝［2002］「近世の貨幣・信用」後掲桜井・中西編［2002］

―――［2019］『近世貨幣と経済発展』名古屋大学出版会

岩間剛城［2022］「市場経済化と金融組織」後掲長谷部・高橋・山内編［2022］

禹宗杬［2003］『「身分の取引」と日本の雇用慣行』日本経済評論社

上島享［2010］『日本中世社会の形成と王権』名古屋大学出版会

上田修［2020］『生産職場の戦後史』御茶の水書房

植田欣次［2011］『日本不動産金融史』学術出版会

植田浩史［2004］『戦時期日本の下請工業』ミネルヴァ書房

上野和彦［1987］『地場産業の展望』大明堂

上原兼善［2016］『近世琉球貿易史の研究』岩田書院

上村雅洋［2000］『近江商人の経営史』清文堂出版

―――［2014］『近江日野商人の経営史』清文堂出版

上山和雄［1975］「農商務省の設立とその政策展開」『社会経済史学』第 41 巻 3 号

―――［2005］『北米における総合商社の活動』日本経済評論社

―――［2016］『日本近代蚕糸業の展開』日本経済評論社

上山和雄・吉川容編著［2013］『戦前期北米の日本商社』日本経済評論社

宇佐美英機［2008］『近世京都の金銀出入と社会慣習』清文堂出版

牛米努［2017］『近代日本の課税と徴収』有志舎

宇田川勝［2015］『日産コンツェルン経営史研究』文眞堂

宇野弘蔵［1935］「資本主義の成立と農村分解の過程」『中央公論』第 576 号（11 月号）

―――［1954］『経済政策論』弘文堂

梅村又次・山田三郎・速水裕次郎・高松清信・熊崎実［1966］『長期経済統計 9　農林業』東洋経済新報社

梅村又次・新保博・西川俊作・速水融編［1976］『日本経済の発展』（数量経済史論集 1）日本経済新聞社

梅村又次ほか編［1988～90］『日本経済史』第 1 巻（速水融・宮本又郎編，経済社会の成立），第 2 巻（新保博・斎藤修編，近代成長の胎動），第 3 巻（梅村又次・山本有造編，開港と維新），第 4 巻（西川俊作・阿部武司編，産業化の時代（上）），第 5 巻（西川俊作・山本有造編，産業化の時代（下）），第 6 巻（中村隆英・尾高煌之助編，二重構造），第 7 巻（中村隆英編，「計画化」と「民主化」），第 8 巻（安場保吉・猪木武徳編，高度成長），岩波書店

浦長瀬隆［2001］『中近世日本貨幣流通史』勁草書房

海野福寿［1967］『明治の貿易』（塙選書）塙書房

江頭恒治［1965］『近江商人中井家の研究』雄山閣出版，復刻版［1992］

榎一江［2008］『近代製糸業の雇用と経営』吉川弘文館

榎原雅治編［2003］『日本の時代史 11　一揆の時代』吉川弘文館

老川慶喜［2008］『近代日本の鉄道構想』日本経済評論社

―――［2020］『満州国の自動車産業』日本経済評論社

大石嘉一郎編［1975］『日本産業革命の研究』上・下，東京大学出版会

──編著［1985］『近代日本における地主経営の展開』御茶の水書房

──編『日本帝国主義史』東京大学出版会，第 1 巻［1985］第一次大戦期，第 2 巻［1987］世界大恐慌期，第 3 巻［1994］第二次大戦期

大石嘉一郎・西田美昭編著［1991］『近代日本の行政村』日本経済評論社

大石慎三郎［1998］『享保改革の商業政策』吉川弘文館

大内力［1967］『「経済学」批判』日本評論社

──［2000］『大内力経済学大系 7　日本経済論上』東京大学出版会

大賀郁夫［2005］『近世山村社会構造の研究』校倉書房

大門正克［1994］『近代日本と農村社会』日本経済評論社

──［2012］「「生活」「いのち」「生存」をめぐる運動」安田常雄編『戦後日本社会の歴史 3　社会を問う人びと』岩波書店

──編著［2012］『新生活運動と日本の戦後』日本経済評論社

大門正克・長谷川貴彦編著［2022］『「生きること」の問い方』日本経済評論社

大口勇次郎［1988］「天保飢饉と大塩の乱」前掲井上・永原・児玉・大久保編『日本歴史大系』第 3 巻近世

──［2004］『幕末農村構造の展開』名著刊行会

──［2020］『徳川幕府財政史の研究』研文出版

大島朋剛［2007］「明治期における清酒流通の構造変化とその担い手」『歴史と経済』第 194 号

大島久幸［2010］「総合商社の展開」前掲阿部・中村編著［2010］

大島真理夫編著［2009］『土地希少化と勤勉革命の比較史』ミネルヴァ書房

大塚英二［1996］『日本近世農村金融史の研究』校倉書房

──［2008］『日本近世地域研究序説』清文堂出版

大塚久雄［1955］『共同体の基礎理論』岩波書店

──［1969］『大塚久雄著作集 3　近代資本主義の系譜』岩波書店

大藤修［1996］『近世農民と家・村・国家』吉川弘文館

──［2001］『近世の村と生活文化』吉川弘文館

──［2022］『近世庶民社会論』吉川弘文館

大野瑞男［1996］『江戸幕府財政史論』吉川弘文館

大橋信弥［2019］『古代の地域支配と渡来人』吉川弘文館

大橋泰夫［2018］『古代国府の成立と国郡制』吉川弘文館

大畑貴裕［2012］『GHQ の占領政策と経済復興』京都大学学術出版会

大豆生田稔［1993］『近代日本の食糧政策』ミネルヴァ書房

──［2007］『お米と食の近代史』吉川弘文館

──［2016］『防長米改良と米穀検査』日本経済評論社

──［2023］『戦前日本の小麦輸入』吉川弘文館

──編［2016］『近江商人の酒造経営と北関東の地域社会』岩田書院

大森一宏［2015］『近現代日本の地場産業と組織化』日本経済評論社

大森一宏・大島久幸・木山実編著［2011］『総合商社の歴史』関西学院大学出版会

岡光夫［1988］『日本農業技術史』ミネルヴァ書房

岡崎哲二［1993］『日本の工業化と鉄鋼産業』東京大学出版会

──［2002］「「傾斜生産」と日本経済の復興」後掲原編［2002］

──［2017］「戦前期三菱商事の商品取引におけるリスクとリターン」『三菱史料館論集』第 18 号

岡崎哲二・大石直樹編［2023］『戦前期日本の総合商社』東京大学出版会

岡崎哲二・奥野正寛編［1993］『現代日本経済システムの源流』日本経済新聞社

岡部桂史［2011］「戦時体制と総合商社」前掲大森・大島・木山編著［2011］

岡本真［2022］『戦国期日本の対明関係』吉川弘文館

小川功［2002］『企業破綻と金融破綻』九州大学出版会

──── ［2009］『虚構ビジネス・モデル』日本経済評論社
小川国治 ［1973］『江戸幕府輸出海産物の研究』吉川弘文館
奥田晴樹 ［2001］『日本の近代的土地所有』弘文堂
尾関学 ［2015］『戦前期農村の消費』御茶の水書房
小田康徳 ［1983］『近代日本の公害問題』世界思想社
──── ［1987］『都市公害の形成』世界思想社
小田義幸 ［2012］『戦後食糧行政の起源』慶應義塾大学出版会
尾高煌之助 ［1989］「二重構造」後掲中村・尾高編 ［1989］
落合功 ［2007］『近世の地域経済と商品流通』岩田書院
──── ［2012］『近代塩業と商品流通』日本経済評論社
──── ［2016］『国益思想の源流』同成社
小野一一郎 ［2000］『近代日本幣制と東アジア銀貨圏』ミネルヴァ書房
小野浩 ［2014］『住空間の経済史』日本経済評論社
恩田睦 ［2018］『近代日本の地域発展と鉄道』日本経済評論社
海保嶺夫 ［1984］『近世蝦夷地成立史の研究』三一書房
賀川隆行 ［2002］『江戸幕府御用金の研究』法政大学出版局
──── ［2022］『江戸呉服問屋の研究』吉川弘文館
籠谷直人 ［1985］「大日本紡績連合会」後掲橋本・武田編著 ［1985］
──── ［2000］『アジア国際通商秩序と近代日本』名古屋大学出版会
笠松宏至 ［1983］『徳政令』（岩波新書）岩波書店
春日豊 ［2010］『帝国日本と財閥商社』名古屋大学出版会
粕谷誠 ［2002］『豪商の明治』名古屋大学出版会
──── ［2009］「金融ビジネス」後掲宮本・粕谷編著 ［2009］
──── ［2020］『戦前日本のユニバーサルバンク』名古屋大学出版会
勝俣鎮夫 ［1982］『一揆』（岩波新書）岩波書店
──── ［1996］『戦国時代論』岩波書店
勝山清次 ［1995］『中世年貢制成立史の研究』塙書房
加藤榮一 ［1998］『幕藩制国家の成立と対外関係』思文閣出版
加藤慶一郎 ［2001］『近世後期経済発展の構造』清文堂出版
──── ［2022］『清酒業の社会経済史』御茶の水書房
────編 ［2021］『日本近世社会の展開と民間紙幣』塙書房
加藤圭木 ［2017］『植民地期朝鮮の地域変容』吉川弘文館
加藤諭 ［2019］『戦前期日本における百貨店』清文堂出版
金井雄一・中西聡・福澤直樹編 ［2020］『世界経済の歴史 ［第 2 版］』名古屋大学出版会
金澤史男 ［2010］『近代日本地方財政史研究』日本経済評論社
金森正也 ［2011］『藩政改革と地域社会』清文堂出版
金子拓 ［1998］『中世武家政権と政治秩序』吉川弘文館
金子文夫 ［1991］『近代日本における対満州投資の研究』近藤出版社
株式会社三越編 ［1990］『株式会社三越　85 年の記録』株式会社三越
鎌倉佐保 ［2009］『日本中世荘園制成立史論』塙書房
上岡一史 ［2005］『戦後日本鉄鋼業発展のダイナミズム』日本経済評論社
上川孝夫・矢後和彦編 ［2007］『国際金融史』有斐閣
上白石実 ［2021］『十九世紀日本の対外関係』吉川弘文館
神谷智 ［2000］『近世における百姓の土地所有』校倉書房
神谷力監修 ［1992］『目で見る豊田・加茂の 100 年』郷土出版社
紙屋敦之 ［2013］『東アジアのなかの琉球と薩摩藩』校倉書房
神山恒雄 ［1995］『明治経済政策史の研究』塙書房
川勝平太 ［1991］『日本文明と近代西洋』（NHK ブックス）日本放送出版協会

川勝守［2000］『日本近世と東アジア世界』吉川弘文館

川戸貴史［2008］『戦国期の貨幣と経済』吉川弘文館

──［2017］『中近世日本の貨幣流通秩序』勉誠出版

川端新［2000］『荘園制成立史の研究』思文閣出版

川東竫弘［1990］『戦前日本の米価政策史研究』ミネルヴァ書房

川満直樹編著［2015］『商品と社会』同文舘出版

神田千里［2013］『戦国時代の自力と秩序』吉川弘文館

神立孝一［2003］『近世村落の経済構造』吉川弘文館

神戸航介［2022］『日本古代財務行政の研究』吉川弘文館

菊池勇夫［1997］『近世の飢饉』（日本歴史叢書）吉川弘文館

──［2003］『飢饉から読む近世社会』校倉書房

──［2016］『近世北日本の生活世界』清文堂出版

木越隆三［2000］『織豊期検地と石高の研究』桂書房

岸田真［2002］「東京市外債発行交渉と憲政会内閣期の金本位復帰政策」『社会経済史学』第 68 巻 4 号

岸本雅敏［2021］『日本古代の塩生産と流通』吉川弘文館

鍛代敏雄［1999］『中世後期の寺社と経済』思文閣出版

北浦貴士［2014］『企業統治と会計行動』東京大学出版会

北原糸子［1995］『都市と貧困の社会史』吉川弘文館

橘川武郎［1995］『日本電力業の発展と松永安左エ門』名古屋大学出版会

──［2004a］「経済成長のエンジンとしての設備投資競争」東京大学『社会科学研究』第 55 巻 2 号

──［2004b］『日本電力業発展のダイナミズム』名古屋大学出版会

──［2012］『日本石油産業の競争力構築』名古屋大学出版会

橘川武郎・高岡美佳［1997］「スーパー・マーケット・システムの国際移転と日本的変容」森川英正・由井常彦編『国際比較・国際関係の経営史』名古屋大学出版会

橘川武郎・粕谷誠編［2007］『日本不動産業史』名古屋大学出版会

橘川武郎・久保文克編著［2010］『講座日本経営史⑥　グローバル化と日本型企業システムの変容』ミネルヴァ書房

鬼頭宏［2002］『文明としての江戸システム』（日本の歴史 19）講談社

木下光生［2017］『貧困と自己責任の近世日本史』人文書院

金容度［2021］『日本の企業間取引』有斐閣

金洛年［2002］『日本帝国主義下の朝鮮経済』東京大学出版会

木村健二［2005］「産業革命と流通の新機軸」前掲石井編［2005］

木村茂光［2000］『中世の民衆生活史』青木書店

──［2014］『日本中世百姓成立史論』吉川弘文館

木山実［2009］『近代日本と三井物産』ミネルヴァ書房

清川雪彦［1995］『日本の経済発展と技術普及』東洋経済新報社

櫛木謙周［1996］『日本古代労働力編成の研究』塙書房

工藤恭吉・川村晃正［1983］「近世絹織物業の展開」後掲永原・山口代表編者［1983］

工藤敬一［2002］『荘園制社会の基本構造』校倉書房

久保文克［2022］『戦前日本製糖業の史的研究』文眞堂

久保田裕次［2016］『対中借款の政治経済史』名古屋大学出版会

グライフ，アブナー［2009］『比較歴史制度分析』岡崎哲二・神取道宏監訳，NTT 出版，原著初版［2006］

倉沢愛子［2012］『資源の戦争』岩波書店

蔵持重裕［2007］『中世村落の形成と村社会』吉川弘文館

黒田俊雄［1975］『日本中世の国家と宗教』岩波書店

黒田基樹［2009a］『戦国期領域権力と地域社会』岩田書院

── ［2009b］『戦国期の債務と徳政』校倉書房
桑山浩然 ［2006］『室町幕府の政治と経済』吉川弘文館
小岩信竹 ［2003］『近代日本の米穀市場』農林統計協会
公益財団法人髙梨本家監修・井奥成彦・中西聡編著 ［2016］『醤油醸造業と地域の工業化』慶應義塾
　大学出版会
幸野保典 ［2005］「戦間期の流通と消費」前掲石井編 ［2005］
甲元眞之 ［2004］『日本の初期農耕文化と社会』同成社
小風秀雅 ［1995］『帝国主義下の日本海運』山川出版社
小酒井大悟 ［2018］『近世前期の土豪と地域社会』清文堂出版
小島庸平 ［2020］『大恐慌期における日本農村社会の再編成』ナカニシヤ出版
古庄正 ［1980］「足利織物業の展開と農村構造」『土地制度史学』第 86 号
兒玉州平 ［2017］「日本帝国における工業塩需要」『社会経済史学』第 83 巻 1 号
小葉田淳 ［1968］『日本鉱山史の研究』岩波書店
小林延人 ［2015］『明治維新期の貨幣経済』東京大学出版会
──編 ［2020］『財産権の経済史』東京大学出版会
小林正彬 ［1977］『日本の工業化と官業払下げ』東洋経済新報社
── ［1987］『政商の誕生』東洋経済新報社
小堀聡 ［2010］『日本のエネルギー革命』名古屋大学出版会
── ［2011］「エネルギー供給体制と需要構造」後掲武田編 ［2011］
小松賢司 ［2014］『近世後期社会の構造と村請制』校倉書房
小峰隆夫編 ［2011］『バブル／デフレ期の日本経済と経済政策　歴史編 第 1 巻　日本経済の記録　第
　2 次石油危機への対応からバブル崩壊まで（1970 年代〜 1996 年）』佐伯印刷
米家泰作 ［2019］『森と火の環境史』思文閣出版
今和次郎 ［1987］『考現学入門』（ちくま文庫）筑摩書房
近藤光男 ［2003］「会社法と日本型資本主義」宮本又郎・杉原薫・服部民夫・近藤光男・加護野忠
　男・猪木武徳・竹内洋『日本型資本主義』有斐閣
斎藤修 ［1988］「大開墾・人口・小農経済」後掲速水・宮本編 ［1988］
── ［1998］『賃金と労働と生活水準』岩波書店
── ［2008］『比較経済発展論』岩波書店
── ［2014］『環境の経済史』岩波書店
── ［2018］「1600 年の全国人口」『社会経済史学』第 84 巻 1 号
斎藤善之 ［1994］『内海船と幕藩制市場の解体』柏書房
財務省財務総合政策研究所編 ［2006］『安定成長期の財政金融政策』日本経済評論社
酒井雅代 ［2021］『近世日朝関係と対馬藩』吉川弘文館
坂江渉 ［2016］『日本古代国家の農民規範と地域社会』思文閣出版
栄原永遠男 ［1992］『奈良時代流通経済史の研究』塙書房
── ［2011］『日本古代銭貨研究』清文堂出版
坂口正彦 ［2014］『近現代日本の村と政策』日本経済評論社
坂根嘉弘 ［2011］『＜家と村＞日本伝統社会と経済発展』農山漁村文化協会
── ［2012］『日本戦時農地政策の研究』清文堂出版
酒匂由紀子 ［2020］『室町・戦国期の土倉と酒屋』吉川弘文館
桜井英治 ［1996］『日本中世の経済構造』岩波書店
── ［2002a］「中世の貨幣・信用」後掲桜井・中西編 ［2002］
── ［2002b］「中世・近世の商人」後掲桜井・中西編 ［2002］
── ［2017］『交換・権力・文化』みすず書房
桜井英治・中西聡編 ［2002］『新体系日本史 12　流通経済史』山川出版社
櫻木晋一 ［2009］『貨幣考古学序説』慶應義塾大学出版会
佐々木銀弥 ［1972］『中世商品流通史の研究』法政大学出版局

――［1994］『日本中世の流通と対外関係』吉川弘文館

佐々木聡［2015］『地域卸売企業ダイカの展開』ミネルヴァ書房

――［2019］『中部地域有力卸売企業・伊藤伊の展開』ミネルヴァ書房

――［2023］『西日本の有力卸売企業サンビックの成立と展開』ミネルヴァ書房

佐々木聡・中林真幸編著［2010］『講座日本経営史③　組織と戦略の時代』ミネルヴァ書房

佐々木淳［2006］『アジアの工業化と日本』晃洋書房

定兼学［1999］『近世の生活文化史』清文堂出版

佐藤健太郎・荻山正浩・山口道弘編著［2019］『公正から問う近代日本史』吉田書店

佐藤健太郎・荻山正浩編著［2022］『公正の遍歴』吉田書店

佐藤昌一郎［2003］『官営八幡製鉄所の研究』八朔社

佐藤進一［1983］『日本の中世国家』岩波書店

佐藤秀昭［2022］『近代住友の事業多角化』京都大学学術出版会

佐藤政則［2016］『日本銀行と高橋是清』麗澤大学出版会

佐藤泰弘［2001］『日本中世の黎明』京都大学学術出版会

――［2004］「荘園制と都鄙交通」後掲歴史学研究会・日本史研究会編『日本史講座』第3巻中世の
　形成

佐野静代［2008］『中近世の村落と水辺の環境史』吉川弘文館

――［2017］『中近世の生業と里湖の環境史』吉川弘文館

佐原真編［2002］『稲・金属・戦争――弥生（古代を考える）』吉川弘文館

沢井実［1992］「戦時経済と財閥」後掲法政大学産業情報センター・橋本・武田編［1992］

――［1996］「機械工業」後掲西川・尾高・斎藤編著［1996］

――［1998］『日本鉄道車輌工業史』日本経済評論社

――［2007］「戦前から戦後へ」宮本又郎・阿部武司・宇田川勝・沢井実・橘川武郎『日本経営史』
　（新版）有斐閣

――［2012a］『近代日本の研究開発体制』名古屋大学出版会

――［2012b］『近代大阪の工業教育』大阪大学出版会

――［2013］『マザーマシンの夢』名古屋大学出版会

――［2017］『見えない産業』名古屋大学出版会

――［2019a］『現代大阪経済史』有斐閣

――［2019b］『海軍技術者の戦後史』名古屋大学出版会

――［2022］『輸出立国の時代』名古屋大学出版会

塩地洋／T. D. キーリー［1994］『自動車ディーラーの日米比較』九州大学出版会

志賀節子［2008］「和泉国日根庄入山田村・日根野村「村請」をめぐって」『史敏』5号

――［2017］『中世荘園制社会の地域構造』校倉書房

鹿野嘉昭［2011］『藩札の経済学』東洋経済新報社

――［2023］『日本近代銀行制度の成立史』東洋経済新報社

鎮目雅人［2009］『世界恐慌と経済政策』日本経済新聞出版社

――編［2020］『信用貨幣の生成と展開』慶應義塾大学出版会

篠田謙一［2022］『人類の起源』（中公新書）中央公論新社

柴孝夫・岡崎哲二編著［2011］『講座日本経営史④　制度転換期の企業と市場』ミネルヴァ書房

柴田善雅［2002］『戦時日本の特別会計』日本経済評論社

――［2017］『満洲における政府系企業集団』日本経済評論社

澁谷隆一［2001］『庶民金融の展開と政策対応』日本図書センター

島田克美・黄孝春・田中彰［2003］『総合商社』ミネルヴァ書房

島田次郎［2001］『荘園制と中世村落』吉川弘文館

島田昌和［2007］『渋沢栄一の企業者活動の研究』日本経済評論社

島西智輝［2011］『日本石炭産業の戦後史』慶應義塾大学出版会

清水克行［2004］「荘園制と室町社会」『歴史学研究』第794号

清水美里［2015］『帝国日本の「開発」と植民地台湾』有志舎

清水有子［2012］『近世日本とルソン』東京堂出版

清水洋二［1987］「農業恐慌」前掲大石編［1987］

――［2007］「戦後危機と経済復興 1」前掲石井・原・武田編［2007］

――［2010］「都市化と農村の変貌」前掲石井・原・武田編［2010a］

下谷政弘［2008］『新興コンツェルンと財閥』日本経済評論社

下谷政弘・鈴木恒夫編著［2010］『講座日本経営史⑤ 「経済大国」への軌跡』ミネルヴァ書房

下谷政弘監修・住友史料館編［2020］『住友近代史の研究』ミネルヴァ書房

社団法人糖業協会監修・久保文克編著［2009］『近代製糖業の発展と糖業連合会』日本経済評論社

庄司俊作［2012］『日本の村落と主体形成』日本経済評論社

白川部達夫［2001］『江戸地廻り経済と地域市場』吉川弘文館

――［2012］『近世質地請戻し慣行の研究』塙書房

――［2019］『近世の村と民衆運動』塙書房

白木沢旭児［1999］『大恐慌期日本の通商問題』御茶の水書房

――［2016］『日中戦争と大陸経済建設』吉川弘文館

白戸伸一［2004］『近代流通組織化政策の史的展開』日本経済評論社

白鳥圭志［2017］『戦後日本金融システムの形成』八朔社

――［2021］『横浜正金銀行の研究』吉川弘文館

白水智［2018］『中近世山村の生業と社会』吉川弘文館

新修豊田市史編さん専門委員会編［2021］『新修豊田市史』第 4 巻通史編近代，豊田市

新城常三［1994］『中世水運史の研究』塙書房

新保博［1956］「徳川時代の信用制度についての一試論」『神戸大学経済学研究年報』3 号

――［1978］『近世の物価と経済発展』東洋経済新報社

末岡照啓［2022］『五代友厚と北海道開拓使事件』ミネルヴァ書房

末田智樹［2010］『日本百貨店業成立史』ミネルヴァ書房

末廣昭［1998］「開発主義とは何か」東京大学社会科学研究所編『現代日本社会 4 開発主義』東京
　大学出版会

菅山真次［2011］『「就社」社会の誕生』名古屋大学出版会

菅原慶郎［2022］『近世海産物の生産と流通』吉川弘文館

杉原薫［2020］『世界史のなかの東アジアの奇跡』名古屋大学出版会

杉森玲子［2006］『近世日本の商人と都市社会』東京大学出版会

杉山伸也［2012］『日本経済史　近世～現代』岩波書店

――［2017］『日英経済関係史研究　1860～1940』慶應義塾大学出版会

杉山伸也・牛島利明編著［2012］『日本石炭産業の衰退』慶應義塾大学出版会

鈴木敦子［2000］『日本中世社会の流通構造』校倉書房

鈴木淳［1996］『明治の機械工業』ミネルヴァ書房

――［1999］『新技術の社会誌』（日本の近代 15）中央公論新社

――［2000］「重工業・鉱山業の資本蓄積」前掲石井・原・武田編［2000b］

――［2009］「ものづくりと技術―断絶―」後掲宮本・粕谷編著［2009］

鈴木恒夫・小早川洋一・和田一夫［2009］『企業家ネットワークの形成と展開』名古屋大学出版会

鈴木哲雄［2001］『中世日本の開発と百姓』岩田書院

――［2021］『日本中世の村と百姓』吉川弘文館

鈴木正幸・水林彪・渡辺信一郎・小路田泰直編［1992］『比較国制史研究序説』柏書房

鈴木康子［2004］『近世日蘭貿易史の研究』思文閣出版

――［2007］『長崎奉行の研究』思文閣出版

鈴木淳也［2020］『近世豪商・豪農の〈家〉経営と書物受容』勉誠出版

須永徳武［2005］「高度大衆消費社会の到来と流通業」前掲石井編［2005］

――編著［2015］『植民地台湾の経済基盤と産業』日本経済評論社

隅谷三喜男［1968］『日本石炭産業分析』岩波書店
関根達人［2014］『中近世の蝦夷地と北方交易』吉川弘文館
宣在源［2006］『近代朝鮮の雇用システムと日本』東京大学出版会
添田孝史［2021］『東電原発事故 10 年で明らかになったこと』（平凡社新書）平凡社
孫一善［1994］「高度成長期における流通系列化の形成」『経営史学』第 29 巻 3 号
高岡裕之［1993］「観光・厚生・旅行」赤澤史朗・北河賢三編『文化とファシズム』日本経済評論社
高岡美佳［2010］「小売業態の転換と流通システム」前掲下谷・鈴木編著［2010］
──［2011］「衣料品消費の変化と百貨店の興隆」前掲岡﨑編著［2011］
高木徳郎［2008］『日本中世地域環境史の研究』校倉書房
高木久史［2016］『通貨の日本史』（中公新書）中央公論新社
──［2017］『近世の開幕と貨幣統合』思文閣出版
高崎経済大学附属産業研究所編［1999］『近代群馬の蚕糸業』日本経済評論社
高崎経済大学地域科学研究所編［2016］『富岡製糸場と群馬の蚕糸業』日本経済評論社
高嶋修一［2013］『都市近郊の耕地整理と地域社会』日本経済評論社
高島正憲［2017］『経済成長の日本史』名古屋大学出版会
高槻泰郎［2012］『近世米市場の形成と展開』名古屋大学出版会
──編著［2022］『豪商の金融史』慶應義塾大学出版会
高橋一樹［2004］『中世荘園制と鎌倉幕府』塙書房
──編［2003］「室町期荘園制の研究」『報告（歴博）』第 104 集
高橋敏［1990］『近世村落生活文化史序説』未來社
高橋裕文［2020］『中世東国の村落形成』岩田書院
──［2021］『中世東国の郷村結合と地域社会』岩田書院
高橋誠［1964］『明治財政史研究』青木書店
高橋美由紀［2005］『在郷町の歴史人口学』ミネルヴァ書房
高橋泰隆［1997］『昭和戦前期の農村と満州移民』吉川弘文館
高橋美貴［2013］『近世・近代の水産資源と生業』吉川弘文館
高村直助［1971］『日本紡績業史序説』上・下巻，塙書房
──［1980］『日本資本主義史論』ミネルヴァ書房
──［1987］「資本蓄積（2）　軽工業」前掲大石編［1987］
──［1995］『再発見　明治の経済』塙書房
──［1996］『会社の誕生』（歴史文化ライブラリー）吉川弘文館
──編著［2004］『明治前期の日本経済』日本経済評論社
高柳友彦［2021］『温泉の経済史』東京大学出版会
滝澤昭義・細川允史編［2000］『流通再編と食料・農産物市場』筑波書房
竹内誠［2009］『寛政改革の研究』吉川弘文館
竹内祐介［2020］『帝国日本と鉄道輸送』吉川弘文館
竹岡敬温［1990］『「アナール」学派と社会史』同文舘出版
武田晴人［1987］『日本産銅業史』東京大学出版会
──［2002］「景気循環と経済政策」前掲石井・原・武田編［2002］
──［2009］『日本経済の事件簿』（新版）日本経済評論社，初版 1995 年新曜社
──［2017］『鈴木商店の経営破綻』日本経済評論社
──［2020］『日本経済の発展と財閥本社』東京大学出版会
武田晴人・関口かをり［2020］『三菱財閥形成史』東京大学出版会
武田晴人編［2003］『地域の社会経済史』有斐閣
──編［2007］『日本経済の戦後復興』有斐閣
──編［2008］『戦後復興期の企業行動』有斐閣
──編［2011］『高度成長期の日本経済』有斐閣
──編［2021］『高成長期日本の産業発展』東京大学出版会

竹原万雄［2020］『近代日本の感染症対策と地域社会』清文堂出版
竹村民郎［1996］『笑楽の系譜』同文舘出版
──［2004］『大正文化　帝国のユートピア』三元社
田島佳也［1988］「漁村と漁業」前掲井上・永原・児玉・大久保編『日本歴史大系』第 3 巻近世
──［2014］『近世北海道漁業と海産物流通』清文堂出版
田代和生［2007］『日朝交易と対馬藩』創文社
田中彰［2012］『戦後日本の資源ビジネス』名古屋大学出版会
田中誠二［2013］『萩藩財政史の研究』塙書房
田中隆之［2012］『総合商社の研究』東洋経済新報社
田中智晃［2021］『ピアノの日本史』名古屋大学出版会
田中光［2018］『もう一つの金融システム』名古屋大学出版会
田中傑［2006］『帝都復興と生活空間』東京大学出版会
谷内正往［2014］『戦前大阪の鉄道とデパート』東方出版
谷口央［2014］『幕藩制成立期の社会政治史研究』校倉書房
谷本晃久［2020］『近世蝦夷地在地社会の研究』山川出版社
谷本雅之［1998］『日本における在来的経済発展と織物業』名古屋大学出版会
──［2000］「在来産業の変容と展開」前掲石井・原・武田編［2000a］
玉真之介［2013］『近現代日本の米穀市場と食糧政策』筑波書房
──［2016］『総力戦体制下の満洲農業移民』吉川弘文館
──［2018］『日本小農問題研究』筑波書房
玉井金五［2022］『共助の稜線』（増補版）法律文化社
田村均［2004］『ファッションの社会経済史』日本経済評論社
田谷博吉［1963］『近世銀座の研究』吉川弘文館
千枝大志［2011］『中近世伊勢神宮地域の貨幣と商業組織』岩田書院
千葉徳爾［1991］『はげ山の研究』（増補改訂版）そしえて
張楓［2021］『近現代日本の地方産業集積』日本経済評論社
塚本学［1991］『都市と田舎』（平凡社選書）平凡社
津田秀夫［1977］『幕末社会の研究』柏書房
筒井正夫［2016］『巨大企業と地域社会』日本経済評論社
常松隆嗣［2014］『近世の豪農と地域社会』和泉書院
鶴来航介［2023］『木材がつなぐ弥生社会』京都大学学術出版会
靎見誠良［1991］『日本信用機構の確立』有斐閣
寺西重郎［2011］『戦前期日本の金融システム』岩波書店
──［2014］『経済行動と宗教』勁草書房
──［2017］『歴史としての大衆消費社会』慶應義塾大学出版会
──［2022］『日本資本主義経済史　文化と制度』勁草書房
寺村泰［2008］「戦後日本の輸出カルテルと輸出組合」『静岡大学経済研究』第 12 巻 4 号
寺本益英［1999］『戦前期日本茶業史研究』有斐閣
暉峻衆三編［1996］『日本農業 100 年のあゆみ』有斐閣
──編［2003］『日本の農業 150 年』有斐閣
東條由紀彦［1990］『製糸同盟の女工登録制度』東京大学出版会
東洋経済新報社編［1991］『完結昭和国勢総覧』全 4 巻，東洋経済新報社
徳永和喜［2005］『薩摩藩対外交渉史の研究』九州大学出版会
所三男［1980］『近世林業史の研究』吉川弘文館
鳥羽欽一郎［1979］『日本の流通革新』日本経済新聞社
友部謙一［2007］『前工業化期日本の農家経済』有斐閣
戸谷敏之［1941］「徳川時代に於ける農業経営の諸類型」日本常民文化研究所編［1973］『日本常民生活資料叢書』第 6 巻，三一書房に所収

―――［1943］「明治前期に於ける肥料技術の発達」同上所収

豊田武［1982～1983］『豊田武著作集』全8巻　吉川弘文館

内藤隆夫［2003］「石油産業における市場競争と販売網形成」後掲中西・中村編著［2003］

―――［2004］「官営石油事業の挫折」前掲高村編著［2004］

中井信彦［1971］『転換期幕藩制の研究』塙書房

永井秀夫［1990］『明治国家形成期の外政と内政』北海道大学図書刊行会

永江雅和［2013］『食糧供出制度の研究』日本経済評論社

長岡新吉［1971］『明治恐慌史序説』東京大学出版会

―――［1984］『日本資本主義論争の群像』ミネルヴァ書房

中岡哲郎［2006］『日本近代技術の形成』（朝日選書）朝日新聞社

中川すがね［2003］『大坂両替商の金融と社会』清文堂出版

中北浩爾［2002］『1955年体制の成立』東京大学出版会

中込律子［2013］『平安時代の税財政構造と受領』校倉書房

長坂寿久編著［2008］『日本のフェアトレード』明石書店

長澤伸樹［2017］『楽市楽座令の研究』思文閣出版

長島修［2000］『日本戦時企業論序説』日本経済評論社

―――［2012］『官営八幡製鐵所論』日本経済評論社

中島楽章［2020］『大航海時代の海域アジアと琉球』思文閣出版

中島圭一［2003］「室町時代の経済」前掲榎原編［2003］

中島裕喜［2019］『日本の電子部品産業』名古屋大学出版会

中塚武監修［2021］『新しい気候観と日本史の新たな可能性』（気候変動から読みなおす日本史第1
　巻）臨川書店

長妻廣至［1988］「醸造業」前掲井上・永原・児玉・大久保編『日本歴史大系』第3巻近世

―――［2001］『補助金の社会史』人文書院

永積洋子［2001］『朱印船』（日本歴史叢書）吉川弘文館

中西啓太［2018］『町村「自治」と明治国家』山川出版社

中西聡［1998］『近世・近代日本の市場構造』東京大学出版会

―――［2002a］「近世・近代の商人」前掲桜井・中西編［2002］

―――［2002b］「近世・近代の貿易」前掲桜井・中西編［2002］

―――［2002c］「近代の商品市場」前掲桜井・中西編［2002］

―――［2009］『海の富豪の資本主義』名古屋大学出版会

―――［2016］『旅文化と物流』日本経済評論社

―――［2019］『資産家資本主義の生成』慶應義塾大学出版会

―――［2021］「近代日本における山の資源活用からみた持続的地域社会の可能性」『21世紀における
　持続可能な経済社会の創造に向けて』（日本経済学会連合）第1巻1号

―――編［2017］『経済社会の歴史』名古屋大学出版会

中西聡・二谷智子［2018］『近代日本の消費と生活世界』吉川弘文館

中西聡・中村尚史編著［2003］『商品流通の近代史』日本経済評論社

中西聡・井奥成彦編著［2015］『近代日本の地方事業家』日本経済評論社

中西偉太郎［2003］『近代日本における農村生活の構造』古今書院

長野暹編著［2003］『八幡製鐵所史の研究』日本経済評論社

中林真幸［2003］『近代資本主義の組織』東京大学出版会

永原慶二［1960］「荘園制の歴史的位置」同［1961］『日本封建制成立過程の研究』岩波書店に所収

―――［1973］『日本中世社会構造の研究』岩波書店

―――［1997］『戦国期の政治経済構造』岩波書店

永原慶二・山口啓二代表編者『講座・日本技術の社会史』日本評論社，第2巻［1985］塩業・漁業，
　第3巻［1983］紡織

長廣利崇［2009］『戦間期日本石炭鉱業の再編と産業組織』日本経済評論社

―― ［2017］『高等商業学校の経営史』有斐閣

中村哲 ［1968］『明治維新の基礎構造』未來社

中村修也 ［2005］『日本古代商業史の研究』思文閣出版

中村太一 ［2020］『日本古代の都城と交通』八木書店

中村隆英 ［1971］『戦前期日本経済成長の分析』岩波書店

―― ［1982］「マネタリズムの経済政策」経済展望談話会編『アメリカの戦略と日本』（経済展望談話会セミナー第 10 集）経済展望談話会

―― ［1985］『明治大正期の経済』東京大学出版会

中村隆英・尾高煌之助編 ［1989］『日本経済史 6　二重構造』岩波書店

中村質 ［1988］『近世長崎貿易史の研究』吉川弘文館

中村尚史 ［2010］『地方からの産業革命』名古屋大学出版会

―― ［2016］『海をわたる機関車』吉川弘文館

中村政則 ［1979］『近代日本地主制史研究』東京大学出版会

中村勝 ［1981］『近代市場制度成立史論』多賀出版

奈倉文二 ［2013］『日本軍事関連産業史』日本経済評論社

名武なつ紀 ［2007］『都市の展開と土地所有』日本経済評論社

波形昭一 ［1985］『日本植民地金融政策史の研究』早稲田大学出版部

波平恒男 ［2014］『近代東アジア史のなかの琉球併合』岩波書店

奈良岡聰智 ［2015］『対華二十一カ条要求とは何だったのか』名古屋大学出版会

新鞍拓夫 ［2022］『九州の企業家　麻生太吉の産業統治』一粒書房

仁木宏 ［1997］『空間・公・共同体（日本の歴史　近世）』青木書店

―― ［2010］『京都の都市共同体と権力』思文閣出版

西川俊作（牛島利明・斎藤修編）［2013］『数量経済史の原点』慶應義塾大学出版会

西川俊作・尾高煌之助・斎藤修編著 ［1996］『日本経済の 200 年』日本評論社

西川博史 ［2014］『戦中戦後の中国とアメリカ・日本』HINAS（北海学園北東アジア研究交流センター）

西坂靖 ［2006］『三井越後屋奉公人の研究』東京大学出版会

西田美昭 ［1994］「戦時下の国民生活条件」前掲大石編 ［1994］

―― ［1997］『近代日本農民運動史研究』東京大学出版会

西谷正浩 ［2006］『日本中世の所有構造』塙書房

西成田豊 ［1988］『近代日本労資関係史の研究』東京大学出版会

西野寿章 ［2020］『日本地域電化史論』日本経済評論社

西別府元日 ［2002］『律令国家の展開と地域支配』思文閣出版

西向宏介 ［1991］「幕末期姫路木綿の流通と大坂問屋資本」『ヒストリア』第 133 号

西谷地晴美 ［2012］『日本中世の気候変動と土地所有』校倉書房

日ソ戦争史研究会編 ［2023］『日ソ戦争史の研究』勉誠出版

似鳥雄一 ［2018］『中世の荘園経営と惣村』吉川弘文館

日本銀行統計局編 ［1999］『明治以降本邦主要経済統計』（復刻版）並木書房

沼尻晃伸 ［2015］『村落からみた市街地形成』日本経済評論社

沼田誠 ［2001］『家と村の歴史的位相』日本経済評論社

ノース，C. ダグラス ［1994］『制度・制度変化・経済効果』竹下公視訳，晃洋書房

納富一郎・岩元和秋・中村良広・古川卓萬編 ［1988］『戦後財政史』税務経理協会

農林省統計情報部編 ［1974］『農業経済累年統計 1　農家経済調査』農林統計研究会

「農林水産省百年史」編纂委員会編 ［1982a・b］『農林水産省百年史』（中巻：大正・昭和戦前編 ［1982a］，下巻：昭和戦後編 ［1982b］）農林統計協会

野口華世 ［2007］「女院領研究からみる「立荘」論」『歴史評論』第 691 号

―― ［2010］「中世前期公家社会の変容」『歴史学研究』第 872 号

野尻泰弘 ［2014］『近世日本の支配構造と藩地域』吉川弘文館

野依智子 ［2010］『近代筑豊炭鉱における女性労働と家族』明石書店

橋口勝利［2017］『近代日本の地域工業化と下請制』京都大学学術出版会

――［2019］「尾西産地の製品転換と工業化」『社会経済史学』第 84 巻 4 号

――［2022］『近代日本の工業化と企業合併』京都大学学術出版会

橋野知子［2007］『経済発展と産地・市場・制度』ミネルヴァ書房

橋本寿朗［1984］『大恐慌期の日本資本主義』東京大学出版会

――［1989］「巨大産業の興隆」前掲中村・尾高編［1989］

――［2001］『戦後日本経済の成長構造』有斐閣

橋本寿朗・武田晴人編著［1985］『両大戦間期日本のカルテル』御茶の水書房

橋本道範［2015］『日本中世の環境と村落』思文閣出版

長谷川彰［1993］『近世特産物流通史論』柏書房

長谷川裕子［2009］『中近世移行期における村の生存と土豪』校倉書房

――［2011］「15〜17 世紀における村の構造と領主権力」『歴史学研究』第 885 号

長谷部弘［1994］『市場経済の形成と地域』刀水書房

長谷部弘・高橋基泰・山内太編［2022］『近世日本における市場経済化と共同性』刀水書房

花井俊介［2000］「軽工業の資本蓄積」前掲石井・原・武田編［2000b］

濱口桂一郎［2021］『ジョブ型雇用社会とは何か』（岩波新書）岩波書店

浜野潔［2007］『近世京都の歴史人口学的研究』慶應義塾大学出版会

林健久・山崎広明・柴垣和夫［1973］『講座帝国主義の研究 6　日本資本主義』青木書店

林玲子［1988］「紡織業」前掲井上・永原・児玉・大久保編『日本歴史大系』第 3 巻近世

――編［1990］『醤油醸造業史の研究』吉川弘文館

林玲子・天野雅敏編［1999］『東と西の醤油史』吉川弘文館

早島大祐［2006］『首都の経済と室町幕府』吉川弘文館

――［2018］『徳政令』（講談社現代新書）講談社

林屋辰三郎編［1981］『兵庫北関入舩納帳』（燈心文庫）中央公論美術出版

速水融［2003］『近世日本の経済社会』麗澤大学出版会

――［2009］『歴史人口学研究』藤原書店

速水融・宮本又郎編［1988］『日本経済史 1　経済社会の成立』岩波書店

原朗［2013］『日本戦時経済研究』東京大学出版会

――編［2002］『復興期の日本経済』東京大学出版会

――編著［2010］『高度成長始動期の日本経済』日本経済評論社

――編著［2012］『高度成長展開期の日本経済』日本経済評論社

原朗・山崎志郎編著［2006］『戦時日本の経済再編成』日本経済評論社

原田信男［1999］『中世村落の景観と生活』思文閣出版

原田政美［1991］『近代日本市場史の研究』そしえて

原山浩介［2011］『消費者の戦後史』日本経済評論社

春田直紀［2018］『日本中世生業史論』岩波書店

鳩澤歩［2021］『ナチスと鉄道』（NHK 出版新書）NHK 出版

韓戟香［2010］『「在日企業」の産業経済史』名古屋大学出版会

――［2018］『パチンコ産業史』名古屋大学出版会

ハンター，ジャネット［2008］『日本の工業化と女性労働』阿部武司・谷本雅之監訳，有斐閣，原著
　　初版 2003 年

尾藤正英［1992］『江戸時代とはなにか』岩波書店

平井健介［2017］『砂糖の帝国』東京大学出版会

平井晶子［2008］『日本の家族とライフコース』ミネルヴァ書房

平川新［2012］「東日本大震災と歴史の見方」歴史学研究会編『震災・核災害の時代と歴史学』青木
　　書店

平沢照雄［2001］『大恐慌期日本の経済統制』日本経済評論社

平野哲也［2004］『江戸時代村社会の存立構造』御茶の水書房

平本厚［2010］『戦前日本のエレクトロニクス』ミネルヴァ書房
平山勉［2019］『満鉄経営史』名古屋大学出版会
廣田誠［2007］『近代日本の日用品小売市場』清文堂出版
深井甚三［1997］『江戸の旅人たち』（歴史文化ライブラリー）吉川弘文館
―――［2009］『近世日本海海運史の研究』東京堂出版
深尾京司・中村尚史・中林真幸編［2017～18］『岩波講座日本経済の歴史』第 1 巻中世，第 2 巻近世，
　　第 3 巻近代 1，第 4 巻近代 2，第 5 巻現代 1，第 6 巻現代 2，岩波書店
深谷幸治［2020］『中近世の地域と村落・寺社』吉川弘文館
福島正夫［1970］『地租改正の研究』（増訂版）有斐閣
藤井信幸［1998］『テレコムの経済史』勁草書房
―――［2004］『地域開発の来歴』日本経済評論社
藤井典子［2021］「『後期山田羽書』を支えた商人の役割」前掲加藤編［2021］
藤岡里圭［2006］『百貨店の生成過程』有斐閣
藤木久志［1997］『村と領主の戦国世界』東京大学出版会
―――［2005］『刀狩り』（岩波新書）岩波書店
藤田覚［2005］『近世後期政治史と対外関係』東京大学出版会
藤田達生［2000］『日本中・近世移行期の地域構造』校倉書房
藤田貞一郎［1995］『近代日本同業組合史論』清文堂出版
藤原隆男［1999］『近代日本酒造業史』ミネルヴァ書房
藤村聡［2000］『近世中央市場の解体』清文堂出版
藤本隆士［2014］『近世匁銭の研究』吉川弘文館
二谷智子［2009］「1879 年コレラ流行時の有力船主による防疫活動」『社会経済史学』第 75 巻 3 号
古市晃［2019］『国家形成期の王宮と地域社会』塙書房
古尾谷知浩［2006］『律令国家と天皇家産機構』塙書房
―――［2020］『日本古代の手工業生産と建築生産』塙書房
フランクス，ペネロピ／ジャネット・ハンター編［2016］『歴史のなかの消費者』中村尚史・谷本雅
　　之監訳，法政大学出版局，原著初版 2012 年
フリース，ヤン・ド［2021］『勤勉革命』吉田敦・東風谷太一訳，筑摩書房，原著初版 2008 年
法政大学大原社会問題研究所・榎一江編著［2018］『戦時期の労働と生活』法政大学出版局
法政大学産業情報センター・橋本寿朗・武田晴人編［1992］『日本経済の発展と企業集団』東京大学
　　出版会
細谷亨［2019］『日本帝国の膨張・崩壊と満蒙開拓団』有志舎
ポメランツ，K.［2015］『大分岐』川北稔監訳，名古屋大学出版会，原著初版 2000 年
堀和生［1987］「「満州国」における電力業と統制政策」『歴史学研究』第 564 号
―――［1995］『朝鮮工業化の史的分析』有斐閣
―――［2009］『東アジア資本主義史論』第 I 巻，ミネルヴァ書房
堀内義隆［2021］『緑の工業化』名古屋大学出版会
本城正徳［1994］『幕藩制社会の展開と米穀市場』大阪大学出版会
―――［2012］『近世幕府農政史の研究』大阪大学出版会
本多博之［2006］『戦国織豊期の貨幣と石高制』吉川弘文館
前田和利［1991］「流通」米川伸一・下川浩一・山崎広明編『戦後日本経営史』第 3 巻，東洋経済新
　　報社
前田廉孝［2022］『塩と帝国』名古屋大学出版会
前田裕子［2014］『ビジネス・インフラの明治』名古屋大学出版会
真栄平房昭［2020］『琉球海域史論』全 2 巻，榕樹書林
牧野邦昭［2018］『経済学者たちの日米開戦』（新潮選書）新潮社
―――［2020］『新版　戦時下の経済学者』（中公選書）中央公論新社
牧野文夫［1996］『招かれたプロメテウス』風行社

牧原成征［2004］『近世の土地制度と在地社会』東京大学出版会
──［2023］『日本近世の秩序形成』東京大学出版会
松浦章［2005］『近代日本中国台湾航路の研究』清文堂出版
松浦正孝［2002］『財界の政治経済史』東京大学出版会
──［2010］『「大東亜戦争」はなぜ起きたのか』名古屋大学出版会
松嵜久実［2001］『地域経済の形成と発展の原理』シーエービー出版
松沢裕作［2009］『明治地方自治体制の起源』東京大学出版会
──［2022］『日本近代村落の起源』岩波書店
──編［2019］『森林と権力の比較史』勉誠出版
松下幸之助［1986］『私の行き方考え方』（PHP 文庫）PHP 研究所
松田忍［2012］『系統農会と近代日本』勁草書房
松本四郎［1967］「幕末・維新期における経済的集中の史的過程」『歴史学研究』第 329 号
松本武祝［2005］『朝鮮農村の〈植民地近代〉経験』社会評論社
松元宏編［2010］『近江日野商人の研究』日本経済評論社
マディソン，アンガス［2004］『経済統計で見る世界経済 2000 年史』政治経済研究所訳，柏書房，原
　著初版 2001 年
丸山雍成［1988］「交通路の整備」前掲井上・永原・児玉・大久保編『日本歴史大系』第 3 巻近世
萬代悠［2019］『近世畿内の豪農経営と藩政』塙書房
三上喜孝［2005］『日本古代の貨幣と社会』吉川弘文館
──［2013］『日本古代の文字と地方社会』吉川弘文館
三木理史［2010］『都市交通の成立』日本経済評論社
──［2023］『満鉄輸送史の研究』塙書房
三澤勝衛［2008］『風土の発見と創造　三澤勝衛著作集 3　風土産業』農山漁村文化協会
水島司編［2008］『グローバル・ヒストリーの挑戦』山川出版社
水野章二［2009］『中世の人と自然の関係史』吉川弘文館
──［2015］『里山の成立』吉川弘文館
──［2020］『災害と生きる中世』吉川弘文館
水本邦彦［1993］『近世の郷村自治と行政』東京大学出版会
溝口常俊［2002］『日本近世・近代の畑作地域史研究』名古屋大学出版会
溝口優樹［2015］『日本古代の地域と社会統合』吉川弘文館
三井文庫編［1980］『三井事業史』本篇第 1 巻，三井文庫
──編［1989］『近世後期における主要物価の動態』（増補改訂版）東京大学出版会
満薗勇［2014］『日本型大衆消費社会への胎動』東京大学出版会
──［2021］『日本流通史』有斐閣
湊照宏［2011］『近代台湾の電力産業』御茶の水書房
簑島栄紀［2014］「古代北海道地域論」『岩波講座　日本歴史』第 20 巻地域論，岩波書店
峰岸純夫［2009］『中世荘園公領制と流通』岩田書院
三村昌司［2021］『日本近代社会形成史』東京大学出版会
宮川麻紀［2020］『日本古代の交易と社会』吉川弘文館
三宅明正［2007］「戦後危機と経済復興 2」前掲石井・原・武田編［2007］
宮崎忠恒［2011］「設備資金調達と都市銀行」前掲武田編［2011］
宮島英昭［2004］『産業政策と企業統治の経済史』有斐閣
宮地英敏［2008］『近代日本の陶磁器業』名古屋大学出版会
宮本憲一［2014］『戦後日本公害史論』岩波書店
宮本又次［1970］『小野組の研究』全 4 巻，大原新生社
宮本又郎［1988］『近世日本の市場経済』有斐閣
宮本又郎・平野隆［1996］「商業」前掲西川・尾高・斎藤編著［1996］
宮本又郎・粕谷誠編著［2009］『講座日本経営史①　経営史・江戸の経験』ミネルヴァ書房

三輪宗弘［2004］『太平洋戦争と石油』日本経済評論社

三和良一［1982］「経済政策体系」社会経済史学会編『1930年代の日本経済』東京大学出版会

── ［2002］『日本占領の経済政策史的研究』日本経済評論社

── ［2003］『戦間期日本の経済政策史的研究』東京大学出版会

三和良一・原朗編［2010］『近現代日本経済史要覧』（補訂版）東京大学出版会，初版［2007］

三和良一・三和元［2021］『概説日本経済史　近現代』（第4版）東京大学出版会，初版［1993］

村井章介［1988］『アジアのなかの中世日本』校倉書房

村上勝彦［2000］「貿易の拡大と資本の輸出入」前掲石井・原・武田編［2000b］

村上龍・テレビ東京報道局編［2012］『カンブリア宮殿　村上龍×経済人3』日本ビジネス文庫

室山義正［2004］『松方財政研究』ミネルヴァ書房

持田恵三［1970］『米穀市場の展開過程』東京大学出版会

森明彦［2016］『日本古代貨幣制度史の研究』塙書房

森武麿［2005］『戦間期の日本農村社会』日本経済評論社

森靖夫［2020］『「国家総動員」の時代』名古屋大学出版会

守田逸人［2010］『日本中世社会成立史論』校倉書房

森本幾子［2021］『幕末・明治期の廻船経営と地域市場』清文堂出版

盛本昌広［1997］『日本中世の贈与と負担』校倉書房

谷ヶ城秀吉［2012］『帝国日本の流通ネットワーク』日本経済評論社

八木哲浩［1962］『近世の商品流通』（塙選書）塙書房

安国良一［2016］『日本近世貨幣史の研究』思文閣出版

柳沢遊［1999］『日本人の植民地経験』青木書店

柳沢遊・倉沢愛子編著［2017］『日本帝国の崩壊』慶應義塾大学出版会

柳原敏昭［2011］『中世日本の周縁と東アジア』吉川弘文館

藪田貫［1992］『国訴と百姓一揆の研究』校倉書房

山内晋次［2003］『奈良平安朝の日本とアジア』吉川弘文館

山形万里子［2008］『藩陶器専売制と中央市場』日本経済評論社

山口明日香［2015］『森林資源の環境経済史』慶應義塾大学出版会

山口啓二［1993］『鎖国と開国』岩波書店（岩波現代文庫2006年）

山口徹［1991］『日本近世商業史の研究』東京大学出版会

山口由等［2014］『近代日本の都市化と経済の歴史』東京経済情報出版

山崎志郎［2011］『戦時経済総動員体制の研究』日本経済評論社

── ［2012］『物資動員計画と共栄圏構想の形成』日本経済評論社

── ［2016］『太平洋戦争期の物資動員計画』日本経済評論社

山崎広明［1975］『日本化繊産業発達史論』東京大学出版会

── ［1979］「日本戦争経済の崩壊とその特質」東京大学社会科学研究所編『ファシズム期の国家と社会2　戦時日本経済』東京大学出版会

山崎廣明［1991］「日本企業史序説」東京大学社会科学研究所編『現代日本社会5　構造』東京大学出版会

── ［2000］『昭和金融恐慌』東洋経済新報社

山崎広明［2015］『豊田家紡織事業の経営史』文眞堂

山崎広明・阿部武司［2012］『織物からアパレルへ』大阪大学出版会

山田達夫・徳永光俊編［2001］『社会経済史学の誕生と黒正巌』思文閣出版

山本一雄［2010］『住友本社経営史』上・下巻，京都大学学術出版会

山本栄治［1997］『国際通貨システム』岩波書店

山本有造［1992］『日本植民地経済史研究』名古屋大学出版会

── ［1994］『両から円へ』ミネルヴァ書房

── ［2003］『「満洲国」経済史研究』名古屋大学出版会

── ［2011］『「大東亜共栄圏」経済史研究』名古屋大学出版会

湯澤規子［2018］『胃袋の近代』名古屋大学出版会

湯沢雍彦［2011］『昭和前期の家族問題』ミネルヴァ書房

柚木學［1979］『近世海運史の研究』法政大学出版局

柚木学［1998］『酒造経済史の研究』有斐閣

柚木學［2001］『近世海運の経営と歴史』清文堂出版

呂寅満［2011］『日本自動車工業史』東京大学出版会

横浜市・横浜の空襲を記録する会編［1975］『横浜の空襲と戦災 6　世相編』横浜市・横浜の空襲を
　記録する会

吉岡康暢［1995］「東国の都市と物流をめぐって」峰岸純夫・村井章介編『中世東国の物流と都市』
　山川出版社

吉川真司［2022］『律令体制史研究』岩波書店

吉川洋［1992］『日本経済とマクロ経済学』東洋経済新報社

――［2012］『高度成長』（中公文庫）中央公論新社

吉田惠二［2019］『日本古代の窯業と社会』六一書房

吉田伸之［2012］『伝統都市・江戸』東京大学出版会

吉田文和［1980］『環境と技術の経済学』青木書店

吉田ゆり子［2000］『兵農分離と地域社会』校倉書房

吉永昭［1973］『近世の専売制度』（日本歴史叢書）吉川弘文館

吉村豊雄［2013］『日本近世の行政と地域社会』校倉書房

吉村雅美［2012］『近世日本の対外関係と地域意識』清文堂出版

歴史学研究会・日本史研究会編［2004～05］『日本史講座』全 10 巻，東京大学出版会

六本木健志［2002］『江戸時代百姓生業の研究』刀水書房

若林幸男［2007］『三井物産人事政策史 1876～1931 年』ミネルヴァ書房

脇田修［1963］『近世封建社会の経済構造』御茶の水書房

――［1977］『近世封建制成立史論―織豊政権の分析 II』東京大学出版会

脇田晴子［1969］『日本中世商業発達史の研究』御茶の水書房

和田一夫［2009］『ものづくりの寓話』名古屋大学出版会

渡辺治［1996］『現代日本の帝国主義化』大月書店

渡邉恵一［2005］『浅野セメントの物流史』立教大学出版会

渡辺純子［2010］『産業発展・衰退の経済史』有斐閣

渡辺尚志［2007］『豪農・村落共同体と地域社会』柏書房

――［2014］『幕末維新期の名望家と地域社会』同成社

――［2020］『日本近世村落論』岩波書店

――［2021］『近世の村と百姓』勉誠出版

――［2022］『川と海からみた近世』塙書房

渡邊忠司［2020］『近世徴租法成立史の研究』清文堂出版

渡辺則文［1985］「前近代の製塩技術」前掲永原・山口代表編者［1985］

渡邊誠［2012］『平安時代貿易管理制度史の研究』思文閣出版

渡辺美季［2012］『近世琉球と中日関係』吉川弘文館

――［2020］「過去の痕跡をどうとらえるのか」東京大学教養学部歴史学部会編『歴史学の思考法』
　岩波書店

綿貫友子［1998］『中世東国の太平洋海運』東京大学出版会

――［2003］「中世の都市と流通」前掲榎原編［2003］

あ と が き

　これまでの通史の概説書には大きく2つのタイプがあったように思われる。1つは，単独の著者が，独自の視点で歴史の流れを通して執筆するタイプで，視点の統一がとれているため読みやすく，歴史の流れをつかむのに有益な概説書と言える。ただし，単独の著者のため，記述する視点に偏りが見られ，概説としての必要な事項を十分に確保することが難しく，同じ時代の横の関係においてバランスに欠けやすい。いま1つは，それぞれの時代ごとにその時代を専門に研究している著者が，分担して執筆するタイプで，各時代の専門研究者が執筆しているために，概説としての必要な事項を確保することは可能となるが，各時代の執筆者により視点が異なるため，各時代の縦の流れにおいてバランスに欠けやすい。

　このように通史の概説書の執筆には困難が伴うことになるが，上述の難点を可能な限り克服するために，本書では，編者ができるだけ各章の執筆に加わり，全体的な視点の統一を図りつつ，各時代の専門研究者にもそれぞれの時代の執筆に加わっていただき，編者の視野の限界をできるだけ補うよう工夫をした。各章の執筆者の分担は節ごとに完全に区分したわけではなく，相互に乗り入れながら，全体として共同執筆の形をとった。なお第3・4章については，編者が専門に研究している近世期であるため，編者の単独執筆とし，第1章は，古代の日本経済史を専門に研究している研究者が少ない現状から，関連分野の本書執筆者のアドバイスを得ながら編者が執筆した。

　また，本書は日本経済史の概説書ではあれ，序章に記したように経済活動の背後にある社会全体の変化にも目を向けたいと考え，古代・中世社会を扱った第Ⅰ部，17〜19世紀を扱った第Ⅱ部，20世紀を扱った第Ⅲ部のそれぞれの各時代の社会の特徴を示すテーマを取り上げて，その専門の研究者に論じていただいた。それに加えて，より深めたい視点についても，全体で17個の解説を配置して，読者の便宜を図った。そして，末尾には，日本経済史をより深く学びたい読者のための学説的な入門ガイドを置いた。

　こうして本書では何よりも，経済の事項を中心としつつその周辺の動きまで含

めたバランスのよい記述に努めた。それを可能にした学問的蓄積は，入門ガイド
でも述べたように，長年の歴史研究者の実証研究の積み重ねであった。身近な歴
史を丹念に明らかにしてきた先人の研究成果が，本書には凝縮している。特に，
参考文献で挙げた井上ほか編『日本歴史大系』全6巻，山川出版社，1984〜90
年，石井寛治ほか編『日本経済史』全6巻，東京大学出版会，2000〜10年，お
よび『講座日本経営史』全6巻，ミネルヴァ書房，2009〜11年はいろいろな箇
所で参考にさせていただいた。それゆえ，大学教育における日本経済史のテキス
トを念頭に置いているものの，大学生のみでなくより広い読者が本書を手にとっ
ていただけることを期待したい。本書の姉妹編でもある金井雄一・中西聡・福澤
直樹編『世界経済の歴史』（名古屋大学出版会，2010年）と合わせて読んでいた
だけると，日本経済が世界経済と密接に関連して展開してきたことがより一層明
らかになると思われる。

　このような特徴をもつ本書の完成までには，本文・テーマ・解説を執筆してい
ただいた方々をはじめとして多くの皆様の協力を得た。ひとりひとりお名前を挙
げることは控えるが，ここに深く感謝申し上げたい。そして，編者のこだわりを
理解していただき，より良い本にするために粘り強く努めて下さった名古屋大学
出版会の三木信吾氏にも心より御礼申し上げたい。

　2013年3月

　　　　　　　　　　　　　　　　　　　　　　　　　中　西　　聡

[改訂にあたって]

　2013 年 5 月 25 日に『日本経済の歴史』（初版）を刊行してから 10 年が経ち，この間，本書の関連分野でも，学術研究書そして日本経済史の大学教育向けテキスト，などが多数刊行され，新しい研究や視角が蓄積されました。本書の姉妹書の『世界経済の歴史』も初版を刊行してから 10 年後に第 2 版を刊行しましたが，本書も，この 10 年間の新しい研究や視角を踏まえて大幅な改訂を行い，頁数もかなり増えました。初版の文章を執筆者全員で全面的に見直すとともに，第 8 章に 21 世紀の 20 年間の経済動向を概観した記述を新たに加え（執筆担当：石井さん），近代の記述を充実させるために，橋口さんに新たに執筆に加わっていただきました。また，初版の内容に新たな加筆修正を行いつつ，各章の冒頭に世界経済との関連に触れた「序」を設けました。特に，この 10 年間で古代・中世日本に関する研究が進展し，その内容を組み込むことで，古代から 21 世紀までバランスよく日本経済の歴史を概説するという本書の特徴がよく表れた第 2 版になったと思います。改訂に際してご協力をいただいた執筆者の皆様，そして丁寧な編集・校閲作業をしていただいた名古屋大学出版会の三木信吾氏と神舘健司氏に心よりお礼を申し上げます。

　2023 年 4 月

中　西　　聡

索　引

402

406

執筆者紹介 （執筆順，＊は編者）

＊中 西　　聡　（なかにし・さとる）　　　→奥付参照（序章，各部はじめに，第1〜8章，
　　　　　　　　　　　　　　　　　　　　　　終章，テーマ I，入門ガイド）

　綿 貫 友 子　（わたぬき・ともこ）　　　神戸大学教授（第2章）

　内 藤 隆 夫　（ないとう・たかお）　　　東京経済大学教授（第5章）

　北 澤　　満　（きたざわ・みつる）　　　九州大学准教授（第6章）

　橋 口 勝 利　（はしぐち・かつとし）　　慶應義塾大学教授（第6章）

　岡 部 桂 史　（おかべ・けいし）　　　　立教大学教授（第7章）

　小 堀　　聡　（こぼり・さとる）　　　　京都大学准教授（第7章，解説 III-6）

　山 口 由 等　（やまぐち・よしと）　　　流通経済大学教授（第8章）

　石 井　　晋　（いしい・すすむ）　　　　学習院大学教授（第8章）

　桜 井 英 治　（さくらい・えいじ）　　　東京大学教授（テーマ I）

　鬼 頭　　宏　（きとう・ひろし）　　　　上智大学名誉教授（テーマ II）

　鈴 木　　淳　（すずき・じゅん）　　　　東京大学教授（テーマ III）

　中 村 修 也　（なかむら・しゅうや）　　文教大学教授（解説 I-1）

　櫻 木 晋 一　（さくらき・しんいち）　　朝日大学教授（解説 I-2）

　長谷川裕子　（はせがわ・やすこ）　　　跡見学園女子大学教授（解説 I-3）

　本 城 正 徳　（ほんじょう・まさのり）　元奈良教育大学教授（解説 II-1）

　真栄平房昭　（まえひら・ふさあき）　　元琉球大学教授（解説 II-2）

　髙橋美由紀　（たかはし・みゆき）　　　立正大学教授（解説 II-3）

　長 谷 部 弘　（はせべ・ひろし）　　　　東北大学名誉教授（解説 II-4）

　田 村　　均　（たむら・ひとし）　　　　埼玉大学名誉教授（解説 II-5）

　髙 柳 友 彦　（たかやなぎ・ともひこ）　一橋大学専任講師（解説 II-6）

　渡 邉 恵 一　（わたなべ・けいいち）　　駒澤大学教授（解説 III-1）

　榎　　一 江　（えのき・かずえ）　　　　法政大学教授（解説 III-2）

　満 薗　　勇　（みつぞの・いさむ）　　　北海道大学准教授（解説 III-3）

　松 浦 正 孝　（まつうら・まさたか）　　立教大学教授（解説 III-4）

　竹 野　　学　（たけの・まなぶ）　　　　北海商科大学教授（解説 III-5）

　田 中　　彰　（たなか・あきら）　　　　京都大学教授（解説 III-7）

　二 谷 智 子　（ふたや・ともこ）　　　　愛知学院大学教授（解説 III-8）

《編者紹介》

中西　聡
なか　にし　　さとる

1962 年　愛知県に生まれる
1993 年　東京大学大学院経済学研究科博士課程単位取得退学
東京大学社会科学研究所助手，北海道大学経済学部助教授，名古屋大学大学院経済学研究科教授
などを経て
現　在　慶應義塾大学経済学部教授，博士（経済学）
著　書　『資産家資本主義の生成──近代日本の資本市場と金融』（慶應義塾大学出版会，2019 年）
　　　　『近代日本の消費と生活世界』（共著，吉川弘文館，2018 年）
　　　　『旅文化と物流──近代日本の輸送体系と空間認識』（日本経済評論社，2016 年）
　　　　『海の富豪の資本主義──北前船と日本の産業化』（名古屋大学出版会，2009 年，日本学
　　　　士院賞）
　　　　『近世・近代日本の市場構造──「松前鯡」肥料取引の研究』（東京大学出版会，1998 年）
　　　　『世界経済の歴史〔第 2 版〕──グローバル経済史入門』（共編，名古屋大学出版会，
　　　　2020 年）
　　　　『経済社会の歴史──生活からの経済史入門』（編，名古屋大学出版会，2017 年）
　　　　『近代日本の地方事業家──萬三商店小栗家と地域の工業家』（共編著，日本経済評論社，
　　　　2015 年，企業家研究フォーラム賞）
　　　　『産業化と商家経営──米穀肥料商廣海家の近世・近代』（共編，名古屋大学出版会，
　　　　2006 年）他

日本経済の歴史〔第 2 版〕
──列島経済史入門──

2013 年 5 月 25 日　初　版第 1 刷発行
2023 年 5 月 25 日　第 2 版第 1 刷発行

定価はカバーに
表示しています

編　者　　中　西　　　聡

発行者　　西　澤　泰　彦

発行所　一般財団法人　名古屋大学出版会
〒 464-0814　名古屋市千種区不老町 1 名古屋大学構内
電話(052)781-5027 / FAX(052)781-0697

© Satoru Nakanishi, et al., 2023
印刷・製本　㈱太洋社
乱丁・落丁はお取替えいたします。

Printed in Japan
ISBN978-4-8158-1124-2